기로에 선 촌락

식민권력과 농촌사회

기로에 선 촌락

식민권력과 농촌사회

기로에 선 촌락

식민권력과 농촌사회

김 민 철 지음

혜안

책 머리에

1

책의 머리글을 준비하면서 많은 상념들이 떠오른다. 서른이 되던 해, 천성이 놀기 좋아하고 엉덩이가 무겁지 못해 학문으로 무언가를 성취할 수 있으리라는 꿈은 놓았다. 세상의 부조리에 눈을 뜨면서 학문을 통해 세상을 바꿔보겠다는 꿈은 이제 미련으로만 남아있다. 하지만 여전히 그 세계를 벗어나지는 못하고 있는 것은 아마도 미련이 큰 탓인가 보다.

젊은 날, 혁명에 투신하기에는 용기가 부족하고, 세상의 부조리를 외면하기에는 양심이 허용하지 않아 운동과 학문 사이를 왔다 갔다 하는 어정쩡한 세월을 보냈다. 1980년대 중반 들어 세상이 그나마 바뀌어 말이라도 겨우 할 수 있게 되었을 때 학술운동이라는 말이 등장했고, 그것이 꽤나 그럴듯하게 다가온 적도 있었다. 그런 시대의 분위기 속에서 변혁운동의 연원을 찾는 작업에 참여했다. 식민지기 군 단위별로 농민운동과 노동운동, 청년운동 등을 정리하는 일이 그것이었다. 당시만 해도 운동사 자료가 많지 않아 정보의 보고라 할 수 있는 신문을 중심으로 운동사를 체계적으로 정리하는 작업이었다. 김봉우 선배의 권유로 시작한 이 일은 중도에 포기했다. 계획 자체가 너무 방대해서 많은 사람들이 작업에 참여했지만, 결국 시간과 돈, 인력 부족으로 그만둘 수밖에 없었다. 다만 그 작업의 부산물(?)로 나온 것이 『일제하 사회운동사 자료집』(12권, 한울, 1991)이다. 군 단위별로 서술하는 것이 물리적으로 불가능해서 군 단위별로 신문 스크랩한 것을 정리하는 수준에서 자료집으로 낸 것이다. 자료가 흔치 않았던 당시로서는 그 자체만으

6

로도 의미가 있는 일이었다. 자료집을 내기 위해 남산도서관에서 『동아일보』
와 『조선일보』 외에 『시대일보』, 『중앙일보』, 『조선중앙일보』 등을 대출받아
관련 기사를 찾고 복사를 맡기던 일을 꼬박 3개월 동안 했다. 교도소에서
갓 나온 선배, 연구자, 운동가 등 많은 사람들의 손을 거쳐 쓴 초고들은
아직도 햇빛을 보지 못하고 있다. 언젠가 그들의 이름으로 식민지기의 사회운
동사를 종합적으로 정리하겠다고 마음먹었지만 여전히 기약은 없다. 이런저
런 사정으로 쫓기면서 그 미련한 작업을 다시 할 생각을 하니 엄두가 나지
않은 탓도 있지만, 지금은 어지간한 자료들을 인터넷상에서 찾아볼 수 있어
굳이 다시 그 일을 해야 하나 하는 의문도 든다.

돌이켜 보면, 운동으로 시작한 이 일이 역사 자료를 보는 힘을 키워주게
된 것 같다. 많은 사실들을 보면서 이론이나 이념에 의해 정리된 역사가
갖는 허점들을 볼 수 있었다. 자료들을 통해 변혁운동의 수많은 패배와
이해관계 앞에 무너지는 적나라한 분열상들도 보았다. 그러면서도 끊이지
않고 새로 일어나는 힘도 보았다. 역사책보다는 철학과 사회과학 책들을
더 즐겨보면서도 이론에 매몰되지 않았던 것도 이런 사실을 보는 훈련 때문이
었는지 모르겠다.

1986년 '아시아아프리카라틴아메리카연구원'을 만들 때 참여하면서부터
시작한 학술운동은 1991년 한국사회에서 친일 문제와 홀로 씨름한 임종국
선생의 유지를 이어 설립한 '반민족문제연구소'(지금의 민족문제연구소)에
서 본격적으로 전개되었다. 많은 사람들이 동의하듯이 '민족문제연구소'는
학술과 대중이 함께 만들어낸 매우 독특한 조직이라 할 수 있다.

연구소는 핵심 목표인 친일 문제와 함께 일제의 식민지배 정책에 대한
조사와 연구를 해왔다. 한국사회에서 친일 문제는 학술적인 문제이기 이전에
사회문제이자 가치문제였으며, 지배계급에 대한 문제제기였다. 따라서 친일
문제는 과거를 매개로 현실의 잘못을 바로잡으려는 열망이 담긴 과제였다고
할 수 있다. 그 열망이 마침내 『친일인명사전』 편찬으로 결실을 맺었다.
또 식민지배에 대한 연구는 2001년 총 98권의 『일제하 전시체제기 정책사료총

서』를 편찬해 1930~40년대의 식민지배 정책사료를 체계적으로 제공함으로써 나름대로 역사학계에 기여한 바 있다고 생각한다.

2

머리말의 시작부터 책과 직접 관계없는 내용으로 길어졌다. 1991년 대학원에 들어가고 난 뒤 박사학위논문을 쓰기까지 꽤나 긴 시간이 걸린 것을 다소나마 변명하고 싶은 얄팍한 마음 때문인 것 같다. 지금까지 개인적인 글쓰기와 연구는 연구소의 주요 사업과 궤를 같이 해 왔다. 친일 문제를 비롯하여 한일간의 과거청산 문제와 식민지배 정책과 관련한 내용은 모두 연구소의 사업과 직접 연결된 것들이라 할 수 있다. 친일 문제와 과거청산 문제를 다룬 글은 대부분 현실적인 사안과 관련된 만큼 논쟁적이고 시사적인 성격이 많았던 반면에, 식민지배 정책을 다룬 글들은 학술적인 성격이 컸다. 그 중에서도 특히 이 책은 지금까지 쓴 글 중에서 가장 전문적인 학술서에 해당한다.

이 글은 2008년 여름 경희대학교에서 『조선총독부의 촌락지배와 촌락사회의 대응』으로 박사학위를 받은 논문을 다소 수정한 것이다. 당초는 논문을 쓰는 과정에서 뺐던 부분까지 포함해서 대폭 수정해 출간할 계획이었으나 여러 사정으로 결국에는 서론과 결론만 수정했다.

논문을 구상할 당시는 한국사에서 '국가'란 무엇인가에 관심을 두고 있었다. 일반적으로 한국사회의 특징 가운데 하나로 사회에 비해 국가가 비대하게 발달했으며, 현재 또한 그렇다고 할 수 있다. 왕조시대의 중앙집권국가론, 식민지기와 해방 이후의 과대성장국가론과 개발독재론, 권위주의국가론 등 모두 '강한 국가'의 성격을 반영한 주장들이다. 이들 모두 국가가 사회에 대해 우월적인 지위에 있을 뿐만 아니라, 국가권력이 중앙에 집중되어 있는 특성을 공통적으로 강조하고 있다. '강한 국가—약한 사회'라는 테제로 요약되는 이 주장에서 현재 '약한 사회론'의 설득력은 약해져 가고 있지만, '강한

국가론’ 만큼은 여전히 유효한 설명틀이라 할 수 있다. 그래서 한국사회를 이해하는 주요한 열쇠인 이 문제에 나름의 견해를 세우고 싶었으며, 이를 위한 예비작업으로 현대 국가의 역사적 연원이라 할 수 있는 식민지기의 국가 문제를 먼저 정리하고자 했다.

식민지 국가권력의 실태를 규명하는 일은 식민지 국가기구의 형성과 변화 및 식민권력의 운영체계를 다루는 문제와 권력이 위에서부터 아래로 침투해 가는 과정과 주민동원체계, 그리고 이에 대한 주민의 대응과 촌락사회의 변화 등을 해명하는 주제와 관련되어 있다. 초기에는 식민지 조선사회에 구축된 조서총독부라는 최고 권력기구의 성립가 전개, 운영에서부터 식민권력이 식민지 주민에게 어떤 경로를 통해서 자신의 의사를 관철시켜 나갔는가에 초점을 두었다. 이는 위에서부터 아래로 식민권력이 집행되고 관철되는 방식과 과정을 해명하는 문제로서 정책사와 제도사 연구라 할 수 있다. 반면, 식민권력의 정책으로 인한 촌락사회의 변화와 주민들의 대응 등을 해명하는 일은 사회사의 영역에 해당한다. 식민정책과 통치기구 등을 분석할 때는 비교적 자료가 특정되어 많은 시간을 투입하지 않아도 되었으나 사회사의 영역으로 넘어가면서부터 자료의 수집과 정리에 많은 시간을 투입했다.

촌락사회에서 식민권력의 대리인이자 대표자로서 기능했던 이른바 ‘중견인물’의 실태는 물론, 촌락사회의 변화를 보여주는 자료들은 단편적인 것이 대부분이어서 몇 가지 사례를 일반화시키는 오류를 최대한 줄이고 가능하면 전체적인 모습을 그려내기 위해 신문과 각종 기관지, 잡지 등에서 확인한 사례들을 최대한 모았다. 그러나 이건 일종의 늪과 같아 그 끝이 잘 보이지 않았다. 그래서 자료가 어느 정도 모인 뒤에는 추가 자료들이 갖는 의미가 단지 사례의 단순 확대에 지나지 않는다고 판단되어 수집을 마무리했다. 이렇게 모은 자료들을 데이터베이스로 구축한 결과 비로소 전체적인 모습과 변화의 양상을 그릴 수 있게 되었고, 또한 몇 가지 유형으로 정리할 수 있게 되었다.

다소 미련할 정도로 사례 수집에 매달렸던 것은 몇 가지 사례로 일반화를 시도하는 연구가 실제의 역사상을 제대로 반영하지 못할 뿐만 아니라 심지어 왜곡하는 일들이 많이 있어 이에 대한 경계가 컸기 때문이다. 이론(방법론)이 없는 사실의 집적은 좌표 잃은 항해와 같고, 반대로 사실에 기초하지 않은 이론은 공허한 주장에 머물 뿐이다. 그렇기에 이론과 사실 사이에는 끊임없는 긴장관계가 형성된다. 현실과 인식 사이의 괴리, 그 간격을 메우는 일에 학문의 존재이유가 있겠지만, 현실과 이론의 변증법적 통일이야말로 연구자의 영원한 꿈이 아닐까.

젊은 날의 설익은 경험도 현실(사실)을 중시하게 하는데 한 역할을 했다. 1980년대 중반부터 한국의 변혁운동에 밀어닥친 이론의 열풍은 유행의 수준을 넘어 서 있었다. 그 결과 현실이 이론을 규정하는 것이 아니라 이론이 현실을 규정하는 일이 너무 흔히 일어났다. 현실을 바꾸겠다고 하면서 정작은 가장 비현실적인 말을 사용한 것이다. 나 또한 그런 흐름 속에서 예외일 수는 없었다. 오히려 더 심했지 않았을까 싶다. 다행히 역사를 공부하면서 사실을 보는 힘을 갖게 되는 기회를 가졌기 때문에 빨리 헤어날 수 있었을 것이다. 젊은 날의 경험들이 역사를 배우고 실천하는 과정에서 쉽게 이론에 경도되거나 교조적인 사고에 빠지는 것을 경계하게 만들었다고 생각된다. 그런 경계가 이 책에서도 잘 반영되었다고 자신하진 못한다. 다만 그런 노력을 게을리하진 않았다고는 말할 수 있겠다.

3

대학원에 들어가고 난 뒤 박사학위논문을 쓰기까지 너무 많은 시간이 지났다. 현실적인 과제 때문에 학위논문은 항상 후순위로 밀렸다. 그래서 존경하는 은사이신 김태영 선생님께 죄송스러울 따름이다. 치열하게 학문하는 자세, 세상과 타협하지 않고 외골수로 걸어오신 삶, 강자에게 굴하지 않은 태도는 사표로서, 지식인으로서 가져야 할 태도를 보여주셨다. 칠순을 훨씬 넘기신 지금도 매일 연구실에서 집필에 몰두하시는 모습은 아름답기까지 하다. 이 책을 냄으로써 그나마 선생님께 가졌던 마음의 빚을 조금이나마 덜 수 있었으면 다행이다. 한 가지 더 위로를 삼을 수 있는 것은 학위논문이 경희대학교 2008년 여름학기 최우수학위논문상을 받았으며, 논문 중 일부는 학술진흥재단에서 뽑는 '우수논문사후지원'에 선정된 일이다. 아마도 많은 사례들을 수집한 수고에 후한 점수를 준 것이라 생각된다.

모든 책들이 항상 그렇듯이 이 책도 많은 분들의 도움을 받았다. 우선 책의 모태가 된 학위논문 심사에서 전체적인 틀과 부족한 점들을 지적해주신 권태억 교수님과 김경일 교수님, 조인성 교수님, 그리고 구만옥 교수께 감사드린다. 또한 논문을 쓰는 과정에서 한상구 선배를 비롯하여 한긍희, 허영란, 류준범, 김대호, 장용경, 정미성, 이용기 등 '마을반' 동학들은 방향에서부터 내용에 이르기까지 적잖은 조언을 해주었다. 특히 장용경 선생은 책 제목을 멋지게 달아주었다. 윤해동 선배 또한 구성과 시각에서 많은 자극을 주었다.

이 책이 나올 수 있었던 것은 운 좋게도 학부와 대학원을 무료로 다닐 수 있었기 때문이다. 아마 그런 운이 없었다면, 경제적인 문제로 공부할 생각을 애초부터 가지지 못했을 것이다. 다른 사람들에게 돌아가야 할 몫을 부당하게 가져온 것은 아닌가 하는 마음의 빚을 갖고 있으며 또한 감사할 따름이다. 논문을 책으로 내도록 출판비를 지원해준 연세대학교 근대한국학 연구소와 부족한 글을 추천해준 왕현종 교수께 심심한 감사를 드린다. 편집과 교정을 깔끔하게 해 준 도서출판 혜안 편집부원과 오일주 사장님께도 고마운 마음 전한다. 감사의 인사 목록에서 빼놓을 수 없는 것은 식구들이다. 시민운동과 연구에 쫓긴 시간만큼 아내와 두 아들과 많은 시간을 갖지 못했다. 미안하고 고맙다.

요즘 같이 말과 글이 번성한 시절에 또 하나의 문자 공해나 만들지는 않았나 걱정하며 조심스런 마음으로 이 책을 세상에 내놓는다.

임진년(2012년) 정월에
김민철

차 례

표 차례

서 론

1. 문제의식

이 글은 조선총독부로 상징되는 식민지 국가권력의 촌락[1]지배와 촌락사회의 대응을 분석하기 위한 것이다. 이 과제는 크게 두 가지 차원의 문제를 갖고 있다.

하나는 식민지 조선사회에 이식된 국가권력이 국가론 차원에서 어떤 유형에 해당하며 그 성격은 무엇인가를 분석하는 일과 식민권력이 자신의 정책의지를 어떤 경로와 방식으로 관철시키려 했으며 그 지배력은 어느 정도였을까를 해명하는 일이다. 전자가 식민지 조선사회에 수립된 국가권력의 이념과 제도, 기구 등에 관한 주제라면,[2] 후자는 이른바 '국가능력'에 관한 주제라

---

1) 촌락이라는 명칭은 동리, 자연촌락, 마을, 부락 등의 용어로도 쓰인다. 이 가운데 부락이라는 용어는 일본인들이 사용한 것으로 일본의 '차별 부락'을 가리키는 것이기도 하지만, 조선에서는 部分村落이라는 맥락에서 면제 실시 이전의 구동리나 행정동리, 자연촌락 중 어느 하나를 편의적으로 지칭하였다는 연구가 있다(윤해동, 2006, 『지배와 자치』, 역사비평사, 192~193쪽). 그리고 "자연촌락은 촌민들의 일상적 호칭으로는 '마을'이며, 행정적 파악의 대상이 되는 경우에 '자연부락'으로 통칭되는 촌락 사회의 기초적인 사회·영역적 단위"(정진원, 1991, 『한국의 자연촌락에 관한 연구』, 서울대학교 박사학위논문, 3쪽)라는 개념에서도 보듯이 두 가지 의미를 내포하고 있다. 즉 사회적 통일성의 최소 단위이자 식민권력과 대응하는 최소공간으로서 촌락은 '생산과 생활공동체로서의 촌락'과 '행정단위로서의 부락'이라는 의미가 함께 있다. 따라서 이 글에서는 촌락으로 통칭해서 사용하면서 필요에 따라 마을, 동리, 부락 등의 용어도 같이 사용하겠다.

할 수 있다. 전자는 식민 본국과 식민지 통치기구(권력) 사이의 관계, 식민지 정치체제의 법체계와 이데올로기, 그리고 중앙과 지방의 각종 통치기구, 관료제 등 지배권력의 연원과 구조에서부터 집행에 이르기까지 식민국가의 원리와 이념, 정책과 제도적 장치 등을 해명하는 과제와 관련된다.

후자의 '국가능력'을 밝히는 문제는 후쿠야마의 지적처럼 국가권력이 취급하는 '범위'와 권력침투의 '정도'로 구분해서 접근할 수 있다.[3] 식민지

---

2) 박명규는 국가론의 차원에서 식민지 국가권력을 해명하기 위해 시론을 쓴 바 있다. 그는 「1910년대 식민통치기구의 형성과 성격」(권태억 외, 2005, 『한국근대사회와 문화Ⅱ』, 서울대학교출판부)에서 '국가부재론'과는 달리 식민지의 권력을 일종의 국가권력으로 파악하는 '식민국가론(colonial state)'의 입장에서 아시아, 아프리카의 식민지 국가들에 대한 서구의 이론을 비판적으로 검토한 뒤, 식민권력의 유형으로서 '식민독재론'을 제안하였다. 필자 또한 식민국가론의 시각에서 식민지기의 권력 문제를 다룬 박명규의 제안을 지지한다. 다만 식민지 조선의 권력형태를 '식민독재'로 규정하기보다는 '총독제'로 규정하는 것이 더 적절하다고 본다. 국가론 차원에서 '국가유형―국가형태―국가기능―국가기구'라는 분석틀을 활용한다면 국가형태 에는 군주제, 대통령제, 의원내각제 등이 있다. 권력의 형태에 따른 이 구분을 식민지에 적용한다면 '식민독재'라기보다는 '총독제'라 부르는 것이 더 구체성을 띤다. 일반적 으로 총독은 본국(왕 또는 의회)으로부터 식민지를 통치할 권한을 부여받았으며, 입법과 사법, 행정 전반에 대해 전권을 갖고 있다. 물론 인도처럼 식민지 원주민에게 제한된 자치권을 부여하는 경우도 있지만, 총독이 독재적인 권력을 행사한다는 점에서는 공통적이다. 국가론의 분석틀에 대해서는 ソ聯邦科學アカデミー國家·法研 究所의 『マルクスレーニン主義國家·法の一般理論』(上下, 藤田勇 監譯, 1973, 日本評論 社), 鄭用德의 「'資本主義國家論'에 의한 韓國 中央國家機構의 類型別 分析」(한국행정 학회, 『한국행정학보』 27-3, 1993년 가을호)과 『한·일 국가기구 비교연구』(2002, 대영문화사), 猪口孝 저·이형철 역의 『국가와 사회』(1990, 나남)가 참고할 만하다. 또한 식민국가에 대해서는 위르겐 오스터함멜의 『식민주의』(박은경·이유재 옮김, 2006, 역사비평사)에서 간결하지만 매우 함축적으로 다루고 있다. 세계 각국의 식민국 가 유형을 비교사적으로 이해하는 데 시사하는 바가 크다. 그는 식민국가의 국가형태 를 '소수의 정착민 체제, 관료주의적-세습국가, 총독전제정'으로 구분하고, 식민지 조선을 총독전제정의 유형에 해당한다고 설명한다. 함멜이 주장하는 총독전제정이 란 "총독의 직위에 모든 권력이 집중되어 있는 통치 형태"(90~91쪽)를 말하는데, 이는 필자가 생각하는 총독제와 같은 개념이다.

3) 프랜시스 후쿠야마는 國家性을 이해하는 방식의 하나로 '국가 활동의 범위'와 '국가권 력의 힘'을 분명하게 구분할 것을 제안하였다. 그에 따르면 국가 활동의 범위란 정부가 떠맡는 다양한 기능과 목표를 말하며, 국가권력의 힘 또는 국가의 능력이란 정책을 입안·시행하고 법을 깨끗하고 투명하게 집행하는 능력을 말한다. 국가성을 이해하는 과정에서 생기는 혼란 가운데 하나는 '힘'과 '범위'를 같은 의미로 쓰는

조선의 경우, 식민권력이 취급하는 범위는 일반행정은 물론이고 위생사무를 비롯하여 단발, 색의착용, 관혼상제비 절약 등 풍속에 이르기까지 광범위하게 걸쳐 있었다. 권력침투의 정도를 단적으로 보여주는 예로는 농촌진흥운동기 행정당국에 의한 가계부 지도가 상징적이다.[4] 개별농가의 가정경제까지 국가가 관리하겠다는 발상은 그 성과 여부를 떠나 권력침투의 의지를 웅변하고 있다. 비교사적으로 볼 때 식민지 조선은 식민권력의 침투 범위가 다른 식민지보다 넓고 깊은 사회에 해당한다. 특히 일제의 전시 총동원체제에 깊숙하게 편입되어 있었던 만큼 권력침투의 범위가 훨씬 더 광범위했으며, 정도 또한 컸다. 이때 형성된 '비대하게 발달한 식민관료 지배체제'는 해방 이후의 국가체계에도 큰 영향을 미쳤기 때문에 식민지기의 국가능력 해명은 현대 국가를 이해하기 위한 하나의 '기원'으로서 의미가 있다.[5]

다른 하나는 식민권력의 침투로 인해 변화를 강요받고 있는 기층사회의 대응양상에 관한 문제이다. 식민권력의 침투로 인해 지역 단위(부군-읍면-동리·촌락)에서 인적·물적 자원의 동원과 분배 등을 둘러싸고 '식민권력-지역유력자[6]-지역주민' 사이에 협력과 갈등의 새로운 긴장관계가 형성된다.[7]

데서 생겨난다는 것이다(프랜시스 후쿠야마, 2005, 『강한 국가의 조건』, 황금가지). 또한 강민은 '국가능력'을 구성하는 기본요소로 ① 사회에 침투할 수 있는 능력, ② 사회관계를 규제할 수 있는 능력, ③ 자원을 추출(extract)하는 능력, ④ 결정된 방향으로 자원을 충당하거나 이용하는 능력, 네 가지를 든다. 강한 국가(strong state)는 이들 네 가지에서 높은 정책능력을 가진 나라라 할 수 있으며, 한국이 그 전형에 해당한다고 분석하였다(강민, 1989, 「한국 국가이론의 재조명-국가정책의 이론적 위상」 『한국정치학회보』). 식민지 국가 문제를 이해하는 방법론으로서 시사받은 바가 크다.

4) 가계부 지도를 통해서 식민지 관료제의 촌락지배 양상에 주목한 성과로 板垣龍太, 1997, 「植民地朝鮮における官僚制と村落-文書を介した支配の普及と社會變化」, 東京大學大學院 修士學位請求論文이 있다.

5) 최근의 비교사 연구로는 윤충로·송광성, 2005, 「식민지 조선과 베트남에서의 지방통제체제 비교연구」『담론201』과 윤충로, 2005, 『베트남과 한국의 반공독재국가형성사』, 선인 참조.

6) 엘리트이론에 기초한 연구는 일반적으로 지역 정치엘리트의 지도력(leadership) 역할 연구에 집중하였던 관계로 지역엘리트를 비교적 좁은 범위로 규정하고 있다. 그러나 필자는 지역사회에서 일정한 영향력을 지닌 인물로서 좁은 범위의 정치적 지도력을

이른바 '지역정치'라고도 부를 수 있는 이 현상은 3자가 각각의 층위에서 문제 해결을 위해 취한 새로운 체계와 대응방식이기도 하다. 군 단위의 지역유지정치, 면과 촌락의 정치, 도·군·면을 넘나드는 '시민대회' 등의 논의는 이를 다룬 것이라 할 수 있다.[8]

이 글은 여러 층위 중 촌락을 분석대상으로 제한해서 식민국가의 권력이 어떤 경로와 방식으로 촌락까지 침투해 들어갔으며, 그것이 촌락 내부에

지닌 집단을 상정하는 지역엘리트가 아니라 폭넓은 함축성을 가진 '지역유력자(local influentials)'라는 용어를 사용한다. '지역유력자'는 한 지역의 지배층과 지도층을 포괄하는 개념으로서 정치적으로는 파워엘리트, 경제적으로는 지배계급, 사회적으로는 지배신분, 문화적으로는 이데올로그 등이 여기에 해당한다. 조선 후기까지는 대체로 양반과 향리층이 '지역유력자'의 중심이었지만, 근대에 들어서는 조선 후기 이래의 사회경제적 변동을 배경으로, '능력'(재산·지식·행정경험 등)을 위주로 한 새로운 성격의 '지역유력자층'이 형성된다. 즉 전통적 지방지배층인 양반·향리층 이외에도 지방행정관료·지역유지·지주·기업가·사회운동가·여론주도층 등이 각각의 사안을 두고 영향력을 행사하려고 했다. 이 주제에 대해 정력적인 연구를 한 지수걸은 지역유력자를 크게 '유지집단'과 '혁신청년집단' 두 부류로 나누어서 규정하고 있다(지수걸, 2005, 「일제시기 충남 부여·논산군의 유지집단과 혁신청년집단」, 『한국문화』 36호). 이러한 구분이 갖는 방법론적 의의를 인정하면서도 이 개념을 사용하지 않는 것은 상당한 경제력을 소유한 지주 출신의 '유지청년'과 사회주의적인 소양을 가진 '혁신청년' 사이에 있는 온건집단(식민권력과 정면으로 대결하지 않으면서 긴장관계를 유지한 채 지역의 공공사업에도 참여하거나 하려는 20~30대 집단)이 시야에 잡히지 않기 때문이다.

7) 한상구는 「일제시기 지역사회의 '二重權威構造'에 대한 연구 시론」(2002, 역사문제연구소 월례발표회 발표문)에서 일제시기 지역사회에 대한 연구를 '총독부 권력─지역유지─지역주민'이라는 세 주체의 상호관계를 중심으로 분석해야 한다고 제안했다. 이는 지역사회의 주요 주체이지만 사실상 분석에서 빠져 있던 '지역주민'을 설정함으로써 지역사회에서 벌어진 각종 정치사회운동에 대한 시야를 확장할 수 있게 했다는 점에서 방법론적 의의가 있다. 허영란의 「시가지 개조를 둘러싼 지역주민의 식민지 경험─안성의 철도·시장·공원 그리고 지역주민」(2007, 『역사문제연구』 17, 역사비평사)은 안성의 사례를 통해 세 주체 사이의 관계와 변화를 분석한 글이라 할 수 있다.

8) 공주 지역을 중심으로 한 지수걸의 각종 사례 연구와 최근의 비평논문(2007, 「일제하의 지방통치 시스템과 프로세스」, 『역사와 현실』 63(2007년 3월호), 한국역사연구회)이 군을 중심으로 지배체제의 특성을 밝힌 것이라면, 윤해동의 『지배와 자치』(2006, 역사비평사)는 면과 촌락에 초점을 두고 지역정치를 분석하였다. 반면 한상구의 「일제시기 지역사회의 '이중권위구조' 연구─지역 '시민대회' 분석을 통하여」(미정고)는 사안에 따라 도군면을 넘나드는 운동의 양상과 유형을 분석하고 있다.

어떤 변화를 일으켰는가에 초점을 두고 있다. 따라서 지배기구라 하더라도 촌락을 직접 상대로 하는 정책과 기구에 제한을 두고 있다. 근대 식민국가의 성립과 전개는 촌락내 관료제 질서의 침투와 확장을 수반한다. 그런데 식민국가의 권력이 촌락까지 다다르는 과정은 일차적으로는 무력에 기초한 강제인 것이 분명하나, 그 과정이 반드시 전통적인 자치질서를 부정하는 형태로만 진행되지 않았을 뿐만 아니라, 일방적인 관철로만 된 것도 아니었다. 권력과 자본의 촌락 침투가 촌락의 변화를 초래했지만, 그 변화는 식민국가나 자본에 의한 일방적인 변화가 아니라 식민국가에 의해 주어진 식민성·근대성에 대한 행위 주체들의 전략적이고 선택적인 반응이기도 했다는 것이다. 물론 그 대응은 비대칭적이었으며, 변화의 주도권은 압도적인 권력을 가진 식민국가에 있었다. 그러나 그 힘은 처음부터 고정되어 있던 것이 아니라 주변의 조건(사회경제적, 자연적, 정치적 조건 등)과 시간의 변화에 따라 바뀌어갔으며, 그 변화 속에서 촌락사회는 저항에서부터 대립, 일탈, 순응, 활용에 이르기까지 다양한 대응을 해나갔다. 촌락사회의 다양한 대응양상을 규명하는 것은 식민지기 촌락사회의 실태를 이해하고 질서변화의 장기적인 전망을 해명하는 일에 하나의 단서를 제공할 수 있을 것이다.[9]

식민지 조선사회의 촌락(공동체)은 생산과 분배의 장이자 일상생활을 영위하는 공간이었다. 鈴木榮太郎은 '사회적 통일성'이라는 개념을 통해 강한 응집력을 가진 사회조직의 기본단위로서 자연촌락을 분석한 바 있다.[10] 지리학의 한 연구 성과에 따르면 19세기 후반에 들어가면 약 7만여 개의 자연촌락이 국토에 '充塡'되었으며, 이 충전된 자연촌락은 강인한 생명력을 유지하면서 1970년대까지 존속했다고 밝혔다. 즉 식민지기와 해방 이후, 그리고 산업화 과정에서 수차례 행정리가 변경되었음에도 자연촌락은 농민

---

9) 촌락사회의 다양한 대응양상을 밝히는 일은 식민지 국가와 사회의 관계를 이해하는 데도 중요한 역할을 한다. 이에 대한 논의는 신기욱의 「식민지 사회운동과 역사변동」 (석현호·유석춘 공편, 2001, 『현대 한국사회 성격논쟁 식민지, 계급, 인격윤리』, 전통과 현대) 참조.

10) 鈴木榮太郎, 1973, 『朝鮮農村社會の硏究』, 未來社.

22

의 기초 생활단위로서 강고하게 유지되었다는 것이다.[11]

그렇다면 이처럼 강고한 응집력을 가진 촌락사회에 식민권력은 어떤 경로와 방식으로 자신의 지배의지를 관철시켜 나갔을까. 식민권력이 자신의 의지를 주민에게 관철시키는 경로는 크게 다섯 가지였다. ① 군과 경찰에 의한 물리적 지배, ② 조선총독부→도부읍면·町洞→주민으로 이어지는 행정적 지배, ③ 경제단체(농회, 금융조합, 산업조합)를 통한 경제적 지배, ④ 半官半民의 관제단체(儒道會, 부락진흥회, 국민정신총동원조선연맹 등)를 통한 사회적 지배, ⑤ 학교를 통한 이데올로기적 지배 등 다섯 가지 경로를 들 수 있다.[12] 다섯 가지 경로 가운데 ①, ②, ③, ⑤는 식민지 전 기간에 걸쳐 이루어졌으나 ④는 1930년대 이후 특히 1937년 중일전쟁 이후 두드러지게 강화되는 모습을 띤다. ①을 제외한 네 가지 경로는 각각의 영역에서 분립해서 작동하다가 1940년 10월 16일 국민총력조선연맹 결성을 계기로 통합되었다. 이로써 주민에 대한 획일적이고 일원적인 지배체제가 기구로서 정비되어 중앙에서 결정된 명령이 촌락까지 '침투'할 수 있는 시스템이 전국적으로 완성되었다고 할 수 있다.

한편, 식민권력의 촌락지배에 대한 촌락사회의 대응방식은 다양한 형태로 나타났으며, 이는 촌락내 권력구조(질서)의 문제를 반영한 것이기도 했다. 식민권력의 침투로 촌락 내에 구축된 관료제 질서는 행정과 자치를 분화시키는 '二元構造'를 낳게 된다. 즉 국가권력의 발달은 관료제 질서의 촌락 침투를 강화하였으며, 이는 촌락내 새로운 질서구조―새롭게 성립한 관료제 질서와 전통적인 자치질서의 병존―를 낳으면서, 관료질서를 매개로 한 새로운 세력의 등장을 동반한다. 일찍이 양회수가 명명한 '二重構造'[13]를 비롯하여

---

11) 정진원, 1991, 「한국의 자연촌락에 관한 연구―형성과 형태를 중심으로」, 서울대학교 지리학과 박사학위논문.

12) 다섯 가지 경로 중 군과 경찰로 상징되는 물리적 지배가 식민지배의 대전제임은 새삼 강조할 필요가 없다. 다만 한 가지 지적하고 싶은 것은 1920년대 이후 군이 치안의 1선에서 2선으로 후퇴하고 문관인 경찰이 치안행정의 전면에 등장함으로써 군사적 지배 또한 경찰행정을 통한 지배로 대체되었다는 점이다.

사회학자들로 하여금 지속적인 관심을 갖게 했던 촌락 내 공식부문과 비공식
부문(공식지도자와 비공식지도자)간의 관계가 바로 이를 말한다.[14]

1960년대의 한 논자는 "오늘날 어떻게 하면 농민들을 국가조직 속에 편입시
켜 민족과 일체감을 갖게 하고 생산적인 사회성원으로 만들어낼 수 있을까"[15]
라는 문제의식에서 출발해 국가권력의 침투와 촌락내 권력구조와의 상관관
계를 해명한 바 있다. 그는 두 가지 경우를 들어 양자의 관계를 설명하였다.
첫째, 촌락 내 행정조직과 자생조직이 별도의 세계를 형성하고 있을 때,
행정조직의 요구와 주민의 요구가 서로 배타적이어서 행정조직은 명목상의
형태만 유지하고 실질적으로는 촌락의 자생조직이 마을 전체를 지배하고
있다고 한다. 둘째, 행정조직에 협조하는 자생조직이 촌락의 한두 집단에
그쳐 촌락 전체의 의사가 행정조직의 그것과 일치하지 않을 때, 이장·반장
이외에 촌락내의 특정종파나 일부 특수층만 행정에 관여함에 따라 행정기관
이 제공한 혜택이 촌락의 일부에만 치중되어 주민이 대립하거나 저항하게
된다. 그리고 노년층과 청년층의 대립, 몇 개 성씨간의 대립, 부유층과 빈곤층
의 대립 등이 촌락 내에 혼재되어 있는 경우에도 같은 현상이 일어난다는
것이다. 따라서 행정조직과 자생조직을 일치시키거나 협조케 하는 방법만이
행정적 효과를 '침투'시킬 수 있는 최선의 길이며, 이는 촌락의 비공식적
지도인물을 공식조직의 장으로 선임함으로써 그 목적을 달성할 수 있다고

---

13) 양회수, 1967, 『韓國農村의 村落構造』, 고려대학교출판부. 그는 면제 실시 이후 행정단
　　위로서의 면과 생산·생활단위로서의 부락이라는 이중구조 위에 국가의 지방체제가
　　수립되어 있다고 보았다(495~528쪽).
14) 일반적으로 공식지도자는 면장, 동리장, 구장, 식산계 주사 등을 지칭하며 비공식지도
　　자는 유지, 동네어른, 문장 등을 일컫는다. 논자에 따라서는 전자와 후자를 제도적
　　지도자와 배후지도자(신행철, 1995, 「제주 농촌지역사회의 권력구조」, 신행철 외
　　지음, 『제주사회론』, 한울), 지도자와 유지(최재석, 1975, 『한국농촌사회연구』, 일지
　　사), 제도적 엘리트와 비제도적 엘리트(김경동·안청시, 1984, 「한국지방 정치체제와
　　지역사회발전」 『사회과학과 정책연구』 6-4, 서울대 사회과학연구소) 등으로 규정하
　　고 있다.
15) 고영복, 1966, 「부락공동체를 중심으로 한 행정침투의 효과적 방안」 『지방행정』
　　150, 49쪽.

24

설명하였다.16)

　이러한 주장은 식민권력의 촌락지배를 이해하는 데 두 가지 의미에서 시사적이다. 하나는 권력자의 관점에서 ‘어떻게 하면 촌락 내에 권력을 효과적으로 침투시킬 수 있는가’라는 공통된 문제의식을 갖고서 촌락 내부를 들여다보려 했다는 점이다. 다른 하나는 촌락 내부에 존재하고 있던 행정조직과 자생조직 간의 관계를 분석의 대상으로 삼았다는 점이다. 그런데 행정조직(공식조직)과 자생조직(비공식조직)의 이원구조는 근대 이후 식민권력이 농촌사회에 침투하면서 형성된 것으로 1970년대의 산업화시기까지는 잔존하고 있었다. 따라서 식민지기의 村落像을 직접 조사할 수 없는 상황에서는 1960~1970년대의 농촌사회에 대한 정책상의 관심과 사회학의 연구성과가 식민지기 촌락사회의 내부구조를 분석할 때 유용한 방법론을 제시할 수 있다고 생각된다.17)

　식민권력이 촌락 내부로 침투함에 따라 나타나는 行政과 自治의 분화는 관료제 질서와 자치질서의 병립이라는 ‘二元構造’를 만듦과 동시에 관료제 질서의 대리인(agent)인 구장이나 동리장의 성격 또한 양면성(권력의 대리인이자 주민의 대표자)을 갖게 한다. 따라서 행정과 자치의 분화로 인해 수립된 촌락사회의 이원구조는 ‘행정조직(공식조직)과 자치조직(비공식조직)의 병립’과 ‘행정조직 담당자의 양면성’이라는 두 가지 측면을 함께 갖고 있다고 할 수 있다. 윤해동이 말한 ‘동리 운영의 이원구조’란 후자에 주목하고 그 역사적 형성과 성격을 규명한 것이나18) 두 측면을 같이 검토해야만 ‘이원구조’가 온전히 해명될 수 있으리라 생각된다. 이처럼 식민권력의 촌락지배는

---

16) 같은 글, 51~53쪽.

17) 이 논문은 1930~1940년대의 촌락을 분석 대상으로 하고 있지만, 1960~1970년대의 촌락 사례를 통해 식민지기의 촌락상을 분석할 수 있다는 점에서 그 연구성과를 함께 활용하였다.

18) 윤해동, 앞의 책, 227~243쪽. 면장과 구장의 법적 지위와 유급제 논의를 통해 동리운영의 이원구조를 설명하면서 총독부가 이원구조를 해소하려는 정책을 폈으나 실패했다고 분석했다. 그러나 실패 이유를 구체적으로 밝히지는 않았다.

촌락 내 이원구조의 성립과 전개라는 새로운 양상을 초래했고, 이로 인해 촌락 질서도 변화를 겪는다. 변화의 양상, 전개과정을 규명하고 싶은 것이 이 책이 가진 또 하나의 문제의식이다.

2. 연구사 검토

식민권력의 촌락지배를 다룬 기존의 연구는 크게 두 영역으로 나눌 수 있다. 하나는 촌락에 대한 총독부의 지배정책과 그에 따른 촌락 내부의 변화양상을 다룬 것이며, 다른 하나는 지역유지로 통칭되는 촌락지도자와 촌락 내 질서변동을 다룬 연구이다.

먼저 총독부의 촌락정책과 촌락 내부의 변화를 다룬 연구부터 보자. 이 분야의 선구적인 연구로는 일제하 동계의 성격과 변화에 주목하여 일제의 농촌지배정책을 분석한 김경일의 글이 있다. 그는 동계를 '마을공동체인 洞과 마을결사체인 契'가 결합된 자치기구로 규정하고, 식민화 과정에서 자치기구로서의 성격을 잃고 농촌진흥운동을 계기로 진흥회로 대체됨으로써 촌락 내에 행정촌적 질서가 강제로 이식되었다고 설명하였다. 시론적인 글이긴 하지만 일제하 동계에 대한 시각과 분석틀은 이후의 연구에 많은 시사점을 제공하였다.[19] 靑野正明은 모범부락과 모범부락내의 자치단체에 주목하여 일제의 촌락 지배정책을 이론화하였다. 총독부가 면의 행정력을 촌락으로 침투시키기 위해 행정동리에 있는 '관제'자치에 착목하는 형태로 模範部落을 장려했다고 평가하면서, 모범부락을 洞契가 재편된 유형, 洞約이 실시된 유형, 振興會 등의 자치단체가 설치된 유형, 계나 조합이 조직된 유형 등으로 유형화했다. 이는 모범부락 내의 자치조직에 주목하여 질서의 변화를 분석하고 그것을 유형화했다는 점에서 의의가 크다. 그러나 사례가

---

19) 김경일, 1984, 「朝鮮末에서 日帝下의 農村社會의 洞契에 관한 연구」『한국학보』 35.

모범부락에 제한되어 있고, 촌락 내에 수립된 조직의 성격을 모두 관제자치로 파악한 점은 한계로 남는다.[20] 이하나는 농촌진흥운동으로 대량 조성된 모범부락이 수탈과 통치의 거점으로 기능했으며, 남부지방은 수탈거점, 북부지방은 통치거점, 중부는 양자를 겸하고 있었다고 분석하였다. 모범부락을 지역과 연결시켜 유형화한 점이 성과이지만, 남부에는 경제적 기준을, 북부에는 정치적 기준을 적용함으로써 기준 적용이 편의적이라는 한계를 낳았다.[21]

일제의 촌락 지배정책과 촌락 내 자치조직에 관한 본격적인 연구는 윤해동에 의해 이루어졌다.[22] 그는 '면－촌락－촌락조직'이라는 이른바 '三局面構造'를 설정하고 일제의 촌락정책과 촌락 내 자치기구의 변화양상을 분석히였다. 그는 1910년대 이래 '자치기구로서의 洞契'와 '행정담당조직으로서의 洞會'가 분리되는 한편, 촌락 내 조직이 촌락 내부의 계층화·위계화·상업화를 반영하여 공익기구인 동계류 조직과 생산기구, 생활기구, 금융기구로 분화되고 있다고 설명한다. 그리고 1920년대 이후 모범부락정책과 향약실시정책으로 동계류 조직의 공익적 성격은 약화되고 조합으로서의 성격이 강화되는 한편, 행정지배의 기초 단위로서 총독부에 의해 강요되지만 촌락조직의 자율성은 유지되고 있었다고 한다. 그의 연구는 식민권력의 침투로 인한 촌락 내 '자치와 행정의 분화', 그리고 촌락 내 조직의 기능분화 과정을 구조적으로 설명하였다는 점에서 의의가 있다. 그러나 관료적 요소가 강요된 農村振興會에 대한 총독부의 정책과 실태에 대한 분석이 빠져 있고, 촌락조직이 동계에서 진흥회로 변화되는 과정과 다양한 대응양상은 해명하지 못했다.

이용기는 전남 장흥의 어서리 마을을 중심으로 근 100여 년에 걸쳐 존재했던 동계를 수차례의 현장조사를 통해 추적하고, 이를 토대로 권력과 자본의

---

20) 靑野正明, 1990, 「植民地期朝鮮における農村再編成政策の位置付け」 『朝鮮學報』第136輯(1990년 7월), 朝鮮學會.

21) 이하나, 1994, 「1910~32년 일제의 조선농촌 재편과 '모범부락'」, 연세대 석사학위논문.

22) 윤해동의 『지배와 자치－식민지기 촌락의 삼국면구조』 제3부 「촌락의 재편과 '중간지배층'」, 제4부 「동계류조직의 변화와 촌락조직의 분화」가 이를 다루고 있다.

침투에 따른 마을의 대응양상을 생생하게 그려내고, 촌락조직의 다양한 모습을 밝힘으로써 근현대 촌락사회의 내부를 이해하는 데 중요한 정보를 제공하였다. 그는 '동계와 행정의 분리'를 동등한 위상을 갖는 두 개의 질서가 형성되는 것이 아니라 서로 다른 층위의 질서를 갖는 것으로 현실에서는 행정질서를 중심으로 마을이 운영되나 그 배경에는 마을의 공동체적 질서의 담지자이자 최종적인 안정망이 뒷받침하고 있었다고 설명하였다. 자치와 행정의 분화가 가장 느리게 진행되었던 어서리의 모습을 통해 국가의 지배와 마을/농민의 자율성을 '아래로부터의 관점'에서 해명한 것이다.[23] 그러나 어서리가 권력과 자본의 침투에 매우 보수적으로 대응했던 유형이라는 점에서 다른 촌락과의 비교가 필요하다. 즉 국가권력과 자본의 침투에 따른 촌락의 대응양상이 내부의 구성(반/민촌, 동성촌/각성촌, 계급구성)과 촌락지도자의 성격 등에 따라 다양하게 나타난다고 할 때, 어서리는 이 스펙트럼의 한 쪽 끝(보수)에 위치한 마을이라는 점을 고려하여야 할 것이다.

다음으로 지방유지, 신흥유력자, 중간지배층, 중심·중견인물 등 다양한 이름으로 불리는 새로운 세력에 대한 연구는 지역의 권력구조 변동과 관련해서 많이 축적되었다. 일제의 지방지배와 사회이동이라는 큰 범주에서 다룬 대표적인 연구는 홍성찬, 김익한, 지수걸, 松本武祝, 윤해동 등을 들 수 있다.[24] 이 주제는 많은 논쟁점을 담고 있다. 예를 들어 식민지기 지방지배의 중추가 군인가 면인가, 그리고 지방지배체제의 협력자로 등장한 인물들이 어떤 사람들이며 그 성격은 무엇인가를 둘러싸고 견해가 대립하고 있다.[25] 분석대

---

23) 이용기, 2007, 「19세기 후반~20세기 중반 洞契와 마을자치」, 서울대 박사학위논문.

24) 홍성찬, 1992, 『한국 근대 농촌사회의 변동과 지주층』, 지식산업사 ; 金翼漢, 1996, 『植民地期朝鮮における地方支配體制の構築過程と農村社會變動』, 東京大學 博士學位論文 ; 박섭, 1997, 『한국근대의 농업변동』, 일조각 ; 松本武祝, 1998, 『植民地勸力と朝鮮農民』, 社會評論社 ; 윤해동, 2006, 『지배와 자치─식민지기 촌락의 삼국면구조』, 역사비평사 ; 지수걸, 1998, 「일제하 충남 서산군의 '관료-유지지배체제'─『瑞山郡誌』(1927) 분석을 중심으로」, 역사문제연구소 편, 『역사문제연구』 3 외 다수의 공주지역 사례 연구.

25) 이 주제와 관련해서는 최근의 비평논문 지수걸, 2007, 「일제하의 지방통치 시스템과

상을 촌락으로 제한해 그간의 연구경향을 정리하면 다음과 같다.

① 총독부는 1930년대 농촌진흥운동의 민간측 담당자로서, 미래의 '농촌지도자'로서 총독부의 조선 지배를 '아래'로부터 지탱해줄 인물로 중견인물을 양성했다. 중견인물 양성정책은 1920년대의 '졸업생 지도'를 확대·강화한 시기(1930년대 전반)와 농촌청년훈련소를 통한 육성시기(1935~1940년)로 구분된다. 주 대상은 자작과 자소작농 상층의 청년이었다.26)

② 여주군의 사례를 통해, 총독부에 의해 양성된 중견인물은 마을의 실제 중견인물이 되지 않고, 면사무소의 서기, 技手 등이 되었다. 또한 양성된 중견인물이 받은 교육은 神社信仰에 기초해서 農民道를 실현하고 갱생하도록 이끈다는 것이었지만, 갱생의 대상이었던 농민들이 신사신앙에 저항했기 때문에 실패했다.27)

③ 농촌진흥운동 시기에 촌락조직의 지도층은 지주, 公職者 등 당시에 地方有志라고 불렸던 사람들이었다.28) 총독부는 군면 단위의 중심인물과 촌락단위 중견인물을 결합(서열화)하여 농촌진흥회를 조직한 뒤, 이를 매개로 '관료-유지지배체제'의 규정력을 촌락까지 관철시키고자 했다. 국민총력운동기에는 중견인물='끄나풀29)'을 직접 동원하였다. 따라서 농촌진흥운동은

프로세스」『역사와 현실』63(2007년 3월호), 한국역사연구회에서 본격적으로 다루고 있으므로 참고하기 바란다.

26) 富田晶子, 1981, 「農村振興運動下の中堅人物の養成」『朝鮮史硏究會論文集』18호 ; 최원규, 1987, 『일제말기 파시즘과 한국사회』, 청아출판사에 재수록(이하 인용쪽수는 이 책에 따름). 이기훈의 「일제하 농촌보통학교의 '졸업생 지도'」(2000, 『역사문제연구』 제4호, 역사비평사)도 크게 보면 여기에 해당한다.

27) 靑野正明, 1991, 「朝鮮農村の'中堅人物' : 京畿道驪州郡の張合」『朝鮮學報』141집, 69~71쪽.

28) 지수걸, 1984, 「1932~35년간의 농촌진흥운동」『韓國史硏究』46호 ; 지수걸, 1998, 「일제하 충남 서산군의 관료-유지지배체제」『역사문제연구』 제3호, 역사비평사 ; 지수걸, 1999, 「일제의 군국주의파시즘과 '조선농촌진흥운동'」『역사비평』47호(1999년 여름호), 역사비평사.

29) 이 개념은 이태일의 「한국농촌부락의 지배구조 : 국가'끄나불'조직의 지배」(한국농어촌사회연구소 편, 1989, 『한국농업농민문제연구』II, 연구사)에서 중점적으로 다루어졌다.

군면 단위의 '관료-유지지배체제'를 매개로 한 관료－유지－끄나풀 주도의 관제농민운동이었다.[30]

④ 중견인물 양성정책은 총독정치의 협조자를 양산하는 데 머무르지 않고, 총독정치의 농민측 담당자를 육성할 목적으로 시행되었다. 그리고 배출된 이들이 갱생지도부락은 물론, 일반 촌락에까지 확대되어 총독부가 농촌조직화를 위한 인적기반을 확보하게 되었다.[31]

⑤ 1930년대 중반에 들어 총독부의 행정과 직접 관계없는 사람들 속에서 중심인물이 형성되었다. 이는 총독부 관료들이 중심인물을 발굴하고 육성한 결과였다. 또한 중심인물 속엔 1920~1930년대를 통해 경제적 실력을 키워온 농민이 많았다.[32]

⑥ 지방유지로서 재촌중소지주의 역할은 1920년대 후반 이후 특히 소화공황기에 약화됐으며, 그에 따라 촌락의 질서도 안정성을 잃어갔다(소작쟁의에 대한 내부 조정력 상실). 이에 조선총독부는 종래의 지방유지 역할을 보완·대

---

30) 지수걸, 1999, 「일제의 군국주의파시즘과 '조선농촌진흥운동'」 『역사비평』 47호(1999년 여름호), 역사비평사, 30쪽. 그리고 이하나의 「1910~32년 일제의 조선농촌 재편과 '모범부락'」(연세대 석사학위논문, 1994)와 金春秀의 「1930년대 일제의 농촌지배와 '중견인물' 양성」(성균관대 석사학위논문, 1997)도 같은 논리선상에 있다.

31) 金翼漢, 1996, 『植民地期朝鮮における地方支配體制の構築過程と農村社會變動』, 東京大學 博士學位論文. 그는 지역유지를 지역명망가층과 신흥유력자층으로 구분하고 다음과 같이 규정하고 있다. 지역명망가층이란 '경제적으로는 대개 중소지주에 해당하며, 역사적으로 조선후기·한말 이래 재지 양반을 잇는 사회계층이다. 이들은 읍치지역이 아니라 동리지역에 거주하며 尊位·解事人 등으로 불리면서 동리의 자치적 운영을 지도·담당하는 위치에 있고, 학문적인 소양을 가져 지역사회로부터 신망의 대상이 되었던 계층'을 말한다(2쪽). 반면 신흥유력자층은 주로 읍치에 거주하면서 실무행정 등에 종사한 향리층을 잇는 사회계층으로, 이들은 조선후기이래 대지주층으로 성장하기도 하지만 신분제의 동요와 함께 한말에 다수의 관리를 배출, 사회적 지위를 상승시켜간 계층을 말한다. 이러한 전형 이외에 그는 '동리 등의 지역기반과 무관하게 실무능력 혹은 교육 및 하급관리에로의 진출을 통하여 식민지하에서 스스로 사회적 지위를 적극적으로 상승시켜간 부분을 총칭'(75쪽)하여 신흥유력자층이라 부르고 있다. 그리고 1920년 면협의회가 신설된 이후 지역명망가층은 분열하고 대신 실무행정력을 가진 신흥유력자층이 대두되었으며, 1930년대는 30~40대의 친일적 신흥유력자층이 지역에서 압도적인 영향력을 행사하였다고 분석하였다.

32) 박섭, 1997, 「제3장 국가, 농민, 지주」 『한국근대의 농업변동』, 일조각.

30

체하는 새로운 지도층=중견인물을 촌락내의 중상층 농민 가운데서 육성하려고 했다. 家族勞作型 소농민 경영의 호주(또는 그 자제)로 대표되는 중견인물이 농촌진흥운동의 주체로 기대된 것이다. 이들은 農用林地 설정사업이나 부채정리사업, 경지알선사업 등을 통해 촌락 내에서 주도권을 장악하기 시작하였다. 따라서 1930년대 후반 이후는 재촌중소지주층을 대신하여 중산층 농민이 중견인물로서 지방유지의 역할을 보완·대체하는 경향과 식민권력에 의한 정책적인 구조가 촌락 수준까지 침투하는 경향이 상호 연관 속에서 강화되는 과정이었다.[33]

위의 연구들은 공통적으로 첫째, 1910·1920년대는 식민권력이 지주를 농정의 파트너로 설정했으나, 1930년대 이후는 총독부가 중심·중견인물을 육성하거나 발굴해 동원했으며, 둘째, 전통적인 지배세력과는 다른 새로운 세력층이 등장하여 식민권력과 주민을 매개하였다고 분석하고 있다. 그러나 ①~④가 총독부의 식민정책 파트너라는 데 초점을 맞춰 중심·중견인물이 갖는 체제내 협력성(대리인이라는 점)을 강조했다면, ⑤~⑥은 이들이 농업경영의 주체로서 새로운 변화를 적극 수용한 자율성이 강한 세력임을 강조하는 차이를 보이고 있다. 지방지배의 구조 차원에서도 전자 특히 지수걸은 '관료·유지→중견인물(끄나풀)'을, 박섭·松本은 '관료→중견인물'의 지배 구도를 그리고 있다.

이런 차이가 있으나 기존의 연구는 몇 가지 공통된 문제를 갖고 있다. 첫째, 조선총독부가 중심인물과 중견인물을 혼용해서 사용함에 따라 이에 대한 연구도 혼란을 빚고 있는 경향이 있다. 즉 상대적으로 사회적인 지위나 경제적인 실력이 낮은 중견인물을 중심인물로 이해하고, 이에 기초하여 지역내 새로운 세력의 등장이라는 과도한 분석을 함으로써 실체와 어긋난 해석을 하고 있다. 용어의 관습적 사용과 실체와의 괴리, 그리고 다양한 유형의 중심인물과 중견인물을 구분하지 못한 것에서 비롯된 결과이다.

---

33) 松本武祝, 1998, 『植民地勸力と朝鮮農民』, 社會評論社, 5장~6장.

『農山漁村振興功績者銘感』(1937, 朝鮮總督府)처럼 총독부가 농촌진흥운동을 추진하면서 공적이 있다고 표창하거나 선전한 사례에는 중심인물과 중견인물이 함께 들어 있다. 그러나 기존의 연구는 양자를 구분하지 않고 편의적으로 사용함으로써 복잡한 실상을 단순화시켜버렸다.

크게 보면, 중심인물은 40~50대로 면장, 구장 등 공직에 있으면서 지방개량과 농사개량 등을 주도한 지역유력자에 해당하며, 중견인물은 총독부가 각종 양성시설을 통해 정책적으로 육성하려 한 20~30대의 청년으로 구분할 수 있다. 따라서 1930년대 들어 총독부가 육성의 대상으로 삼은 것은 중견인물이지 중심인물이 아니었다. 중견인물이 향후 지역의 중심인물로 성장하면서 총독부의 정책을 '아래'로부터 지지하기를 기대한 것이다. 이 점을 명확히 해야 양자의 실태가 좀 더 분명하게 드러날 것이다. 실제 1930년대 '육성'된 중견인물 중에는 1940년대의 전시체제기에 위로부터 쏟아져오는 각종 전시행정의 요구를 촌락 단위에서 수행하는 중심인물로 성장해 간 사례들도 있다. 그러나 이들이 흔히들 말하는 지역유지로서의 사회적 지위를 갖고 있었다고는 할 수 없다. 또한 농촌진흥운동이 한창이던 1930년대 중반까지도 총독부는 두 개념을 명확하게 구분하지 않은 채 사용하고 있었다. 이것은 그만큼 중심인물 또는 중견인물의 실체가 다양하다는 것을 뜻한다. 이 글이 관심을 가진 것은 바로 이들 인물들의 구체적인 실태이다.

둘째, 인식과 서술의 문제로 사물의 한 면만을 강조하고 있다. ①~④의 경우 정책이 갖는 이데올로기적인 성격을 해명하고 그 허구성을 밝혔다는 점에서 중요한 성과를 낳았다. 그러나 중심·중견인물의 협력성(친일성), 체제 편입의 측면만 강조함으로써 사실상 농민의 자발성을 무시하는 결과를 낳았다. 즉 식민지하 농민들은 정책에 의해 동원되기도 하지만, 동기부여가 주어진다면 적극 정책에 참여하기도 하고, 또는 이해가 대립했을 경우 저항하기도 한다. 전자의 연구는 이 점을 간과한 측면이 있다. 특히 '끄나풀'론에서는 지배자의 목소리만 있을 뿐, 구장이나 농촌진흥회 간부 등으로 대표되는 중심·중견인물이 가진 마을 또는 조직의 대표성은 발견하기 힘들다. ⑤~⑥은 이러한 문제점을 극복하기 위해 중심·중견인물의 자율성, 특히 경영 주체로서의 자율성을 분석의 토대로 삼아 중견인물이 농사개량 등을 통해 1910~1929년대에 촌락 내 새로운 세력으로 성장하고 있음을 규명했다는 점에서 연구의의의가 있다. 그러나 이들의 자율성에 초점을 맞추다보니 식민권력에 의해어떻게 이들이 체제내로 흡수되어 전자가 주장한 대리인이라는 성격을 강요받았는가엔 관심을 기울이지 않았다. 또한 '관료→중견인물'의 지배 구도에서는 식민지지주제를 담당하고 있는 지주세력이 사실상 배제되는 해석을 낳았다. 1930년대 중반 이후 식민지지주제가 다소 둔화되는 현상을 보이긴 하나여전히 식민지 농업생산이 중심을 차지하고 있었디. 특히 대토지소유가발달한 지역(전라도, 충청도, 황해도 등)의 지주제는 조선의 농업생산뿐만아니라 식민지지주제를 선도하고 있었다.[34] 이 지역은 일본인이 소유한농장이 발달한 곳으로 소작농민이 생산에서 판매, 그리고 생활에 이르기까지농장관리인이나 마름의 지휘·감독을 받고 있었기에 경영주체자라는 지위를갖지 못했다. 농장관리인이나 마름 또한 경영의 주체자가 아니라 자본의대리인 역할만 수행하는 존재였다. 따라서 지역차와 경제적 조건을 고려하지않은 중견인물론은 매우 제한적인 설명일 수밖에 없다.

윤해동의 중간지배층론은 중견인물이 갖고 있는 양면성을 주목한 점에서의의가 있다. 일제의 지방지배를 면―촌락―내부조직이라는 3개의 층위를가진 새로운 촌락구조가 만들어지는 과정으로 이해한 그는 촌락의 행정적재편과 면을 포함하는 촌락 단위 중간지배층의 성격을 통해 이른바 '촌락단위의 정치'가 어떻게 변화해 가는지를 분석하였다. 즉 중간지배층은 출신, 신분, 계층을 불문하고 중간적·매개적·이중적인 사회적 역할을 수행하는집단이며, 구장으로 대표되는 중간지배층은 행정과 자치의 담당자라는 '양면

---

34) 馬淵貞利, 1975, 「第1次大戰期韓國農業の特質と3·1運動」, 朝鮮史研究會編, 『朝鮮史研究會論文集』 12集(淺田喬二 외, 1982, 『抗日農民運動研究』, 동녘에 수록) '제2절 농촌의 지역적 특질'과 熊野聰의 『朝鮮農村の實態的 研究』는 지역차와 토지소유관계를 결합시켜 이해하는 데 중요한 참고가 되었다.

성'을 본래적 속성으로 가지고 있다. 그리고 조선총독부가 육성한 중간지배층은 자치의 측면보다는 지배의 측면을 대표하고 있으며, 중견인물의 부상은 촌락의 갈등과 충돌을 낳을 가능성을 증폭시켰다는 설명이다.[35] 필자도 같은 문제의식—중견인물의 양면성—에서 출발했다. 그러나 중견인물이 조선총독부에 의해 '육성'된 측면(정책사적인 면)도 있지만 농사개량 등을 통해 성장하고 있던 인물들을 파악하여 '선정'한 면도 있었다는 점, 그리고 중견인물이 다양한 그룹으로 구성되어 있으며, 그 성격 또한 일률적으로 규정할 수 없음을 확인하였다.[36] 따라서 윤해동이 이들을 '중간지배층'으로 규정하는 것은 사태를 과장해서 파악했거나 개념을 잘못 적용한 것이라 할 수 있다. 사회적 실체·집단으로서 이들에 대한 연구가 일천하다는 점은 차지하더라도, 지배층으로 부를 만한 최소한의 공통된 조건(사회경제적 조건이나 심리적 요소, 정체성 등)을 이들 속에서 도출하기 어렵다. 굳이 개념화시킨다면 '중간적·매개적·이중적인 사회적 역할을 수행하는 집단'을 '중간지배층'이 아니라 '중간층'(면이나 촌락을 단위로 활동하는) 정도가 될 것이다. 그러나 이 또한 과도적 개념에 불과할 뿐 하나의 사회적 계층으로서 규정하기에는 무리가 따른다.

한편, 신기욱은 '식민조합주의론'을 제안하면서 중견인물의 중요성을 주장하였다. 즉, 1930년대 들어서면 식민권력은 공황으로 피폐해가는 농촌의 안정화가 무엇보다도 시급하다고 인식해 산미증식계획으로 대표되는 생산중심의 농정에서 사회정책 농정으로 전환하게 된다. 아울러 지주계급에 의존하던 기존의 농촌통제책 역시 지주-소작인간 갈등의 첨예화로 뚜렷한 한계를 보임에 따라 농촌의 새로운 리더십이 필요하게 되었고, 일제는 중견인물을 양성해 이를 축으로 농촌사회를 유기적이고 위계질서적인 단위로 조직화하여 효과적인 통제를 하려고 시도하였다고 한다. 이러한 양상을 그는 '식민조합

---

35) 윤해동, 2006, 「제3부 촌락의 재편과 '중간지배층'」 『지배와 자치』, 역사비평사.
36) 김민철, 2004, 「조선총독부의 농촌 중견인물 정책 연구」 『한국민족운동사연구』 41, 한국민족운동사학회.

34

주의'라 규정하고 1932년부터 진행된 농촌진흥운동을 그 대표적인 사례로 들었다. 그리고 1930년대의 식민권력-사회관계에 주목하여 이 시기의 패턴이 이전이나 이후에 비해 해방 후 남북한의 국가-사회관계와 유사하다고 주장하였다.[37]

　그러나 박명규의 비판에서도 지적되었듯이 식민조합주의는 식민국가와 일반국가를 동일시하는 오류를 범하고 있다.[38] 또한 '강한 국가'는 ① 조직 설계와 관리, ② 정치체계 설계, ③ 합법성의 토대, ④ 문화적·구조적 요소 네 가지에 영향을 받는다는 후쿠야마의 분류법을 빌린다면,[39] 식민국가는 세 번째 요소인 합법성이 근본적으로 결여되어 있으며, 이식된 권력인 만큼 네 번째 요소인 문화적·구조적 요소에서도 이질성이 크다. 문화적·구조적 요소와 관련해서 참고할 만한 최근의 역작으로는 안승택의 연구를 들 수 있다. 그는 일본과 조선의 자연환경을 무시하고 일본 남서부 지방에서 개발된 논농사 중심의 근대농법, 즉 후쿠오카농법을 조선에 강제로 이식하는 과정에서 빚어진 재래농법과의 마찰과 식민당국자의 인식, 그리고 정책의 좌절과

---

37) 석현호·유석춘 공편, 앞의 책, 14~15쪽.
38) 식민조합주의의 한계에 대해서는 박명규의 다음과 같은 비판이 핵심을 찌르고 있다. "그에게 식민국가는 일반적인 국가의 한 유형일 뿐이며 그 특수한 성격에 대한 별다른 고려가 보이지 않는다. 사회구성원의 이해관계를 대변할 정치적 기능이 존재하지 않으면서도 사회적 갈등을 통제하려는 행정적 기능은 수행된다는 특성이 지적되고 있지만 '식민성'을 제대로 드러내는 개념이 되지 못하고 있다. 식민국가의 권력적 이중구도, 즉 식민모국과 식민정부, 그리고 식민지주민 간에 맺어지는 복합적 연관구조가 개념적으로 파악되지 않는다. 실제로 그의 식민조합주의라는 개념은 '식민'이라는 형용사를 제외해도 실상 큰 문제가 되지 않을 정도로 조합주의적 일반 논의에 기초하고 있다. 식민조합주의의 식민성이 제대로 해명되고 검토되기 위해서는 그 식민성의 구조, 다시 말해 식민모국과 식민지의 조합주의적 정책이 어떤 형태로 연계되어 있고, 그것은 일반적인 국가의 조합주의와 어떤 차이를 보일 것인가를 추적할 필요가 있다. 비슷한 맥락에서 해방 후 남북분단에 의해 출현한 정치체도 국가라는 일반 개념으로 접근됨으로써 해방 이전의 식민국가와의 차이는 물론이고 그 이전 전통국가의 형태로 유지되던 정치체와의 이질성과 차별성이 전혀 고려되지 않는다. 당연히 그 정치체들이 작동하던 시간대의 속성도 사상되고 만다."(같은 책, 48~49쪽)
39) 프랜시스 후쿠야마, 앞의 책.

수정과정을 역동적으로 그리면서, 식민농정의 일방적인 강요가 왜 실패할 수밖에 없었는가를 조선의 자연환경은 물론 재래의 농업기술과 농업노동관행 등 기술·문화적 요소와 결합시켜 탁월하게 분석하였다.[40] 식민사회의 문화적·구조적 요소를 고려하지 못한 정책이 결국 주민의 동의를 끌어내지 못함으로써 정책의 실효성=집행능력을 불안정하게 만들고 있음을 확인한 것이다. 따라서 식민지 조선사회에 수립된 국가는 형태상은 매우 강하고 계급으로부터 초월해있는 것처럼 보이지만 합법성(정통성)의 결여와 문화적 이질성으로 불안정한 국가이기도 했다. 이 때문에 식민지기만 제한해서 보면 '강한 국가-약한 사회'라는 테제에서 '강한 국가'는 '강하지만 불안정한 국가'로 수정하는 것이 더 설득력이 있다.

또한 중견인물의 중요성을 강조하면서 식민조합주의론을 주장한 것도 다른 연구와 마찬가지로 몇 가지 사례를 과도하게 일반화시켜 과잉해석이라는 비판을 면하기 어렵다. 중견인물이 지주를 배제하고 직접 총독부와 연결되어 지방지배를 구축할 만큼 영향력을 갖고 있었는지도 문제이지만, 그것이 촌락내 새로운 권력질서의 담당자로서 세력을 형성하며 성장하고 있었는지도 검증되어야 할 과제이다. 먼저 이념적으로 중견인물(형)을 설정해놓고 구조의 변화를 밝히려 한 것에서 빚어진 과도한 추론이라 할 수 있다. 이 책에서 다양한 사례들을 통해 중심인물과 중견인물의 유형과 실태를 보려는 것도 이러한 추론이 타당한지를 검토하기 위함이다.

3. 책의 구성과 자료

이 책은 크게 네 부분으로 구성되어 있다. 1장은 조선총독부의 촌락 지배정책과 농가지도방식을, 2장은 정책을 관철시키기 위한 촌락 외부의 지배기구와

---

40) 안승택, 2007, 「식민지 조선의 근대농법과 재래농법-경기남부 논밭병행영농의 환경·기술·역사에 대한 인류학적 연구」, 서울대학교 인류학과 박사학위논문.

촌락내 단체를, 3장은 권력침투의 민간측 대리인(agent)인 중견인물에 관한 정책과 중심·중견인물의 실태를, 4장은 촌락의 대응양상과 촌락내 질서의 변화를 다룸으로써 조선총독부의 촌락지배를 정책과 기구, 촌락지도자, 그리고 촌락사회 네 가지 차원에서 구성하고자 한다.

1장에서는 조선총독부의 촌락조직화 정책이 어떻게 변화되었는가를 검토하면서 권력침투의 정도를 확인하기 위한 하나의 지표로서 조선총독부의 촌락과 농가조사 방식과 수준이 변화되어 가는 과정을 다룬다. 그리고 농가지도 문제를 통해 지배이념과 식민당국자의 현실적인 고민도 함께 분석함으로써 정책 집행의 실태를 그려보고자 한다.

2장에서는 지배경로와 지배기구를 경제와 사회방면을 중심으로 검토하고, 전시체제하에서 일원적인 지배체제가 수립되어 가는 과정을 촌락을 단위로 분석한다. 조선총독부가 자신의 의지를 주민에게 관철시키는 경로는 크게 다섯 가지로 구분할 수 있다. 즉 ① 군과 경찰에 의한 물리적 지배, ② 조선총독부→도부읍면·町洞→주민으로 이어지는 행정적 지배, ③ 경제단체(농회, 금융조합, 산업조합)를 통한 경제적 지배, ④ 半官半民의 관제단체(儒道會, 부락진흥회, 국민정신총동원조선연맹 등)를 통한 사회적 지배, ⑤ 학교를 통한 이데올로기적 지배 등을 들 수 있다.[41] 이 가운데 ①, ②, ③, ⑤는 식민지기전 기간에 걸쳐 이루어졌으나 ④는 1930년대 후반 특히 1937년 중일전쟁 이후 두드러지게 강화되는 모습을 띤다. 촌락 수준에서 보면 ②, ③, ④의 지배기구들이 각각의 영역에서 운영되다가 1940년 10월 16일 국민총력조선연맹 결성을 계기로 통합되는 형태를 띤다. 이처럼 촌락을 단위로 한 지배기구의 정비와 통합과정, 그리고 그것이 갖는 의미를 해명하고자 한다.[42]

---

41) 다섯 가지 경로 중 군과 경찰로 상징되는 물리적 지배가 식민지배의 대전제임은 새삼 강조할 필요가 없다. 다만 1920년대 이후 군이 치안의 1선에서 2선으로 후퇴하고 문관인 경찰이 치안행정의 전면에 등장함으로써 군사적 지배 또한 경찰행정을 통한 일상적 지배로 대체되었다고 할 수 있다.

42) 이를 밝히는 과정에서 일본 파시즘 지배체제사에 대한 연구성과로부터 많은 시사를 받았다. 지배체제적인 관점에서 일본의 파시즘을 다룬 대표적인 연구로 다음을

3장에서는 식민권력의 민간측 대리인이자 주민의 대표자인 '중심인물' '중견인물'에 대한 조선총독부의 정책을 분석하고, 정책의 의미와 한계를 다루고자 한다. 먼저 중심인물과 중견인물을 구분해서 사용할 것이며, 특히 중견인물을 총독부가 '정책적으로 파악하고 육성한 집단'으로 접근하고자 한다. 이것은 두 가지를 의미한다. 첫째, 총독부가 정책 수행을 위해 의도적으로 육성하거나 '발굴'한 성격이 강하다는 점, 따라서 권력의 민간측 대리인으로 만들려 했다는 점이다. 그러나 이들이 과연 하나의 세력이라 부를 수 있을 만큼 규모를 가지고 육성되었으며, 총독부의 의도대로 충량한 '皇國農民'으로서 역할을 했는가는 해명해야 할 과제이다. 둘째, 지방개량 사업이나 新農法 도입 등을 통해 농업문제 개선에 앞장서거나 자수성가한 인물에게 총독부가 정책적으로 이름을 붙인 사례도 많다는 것이다. 총독부에 의해 중심·중견인물로 불리는 이들을 쉽사리 식민권력의 대리인으로만 규정할 수 없는 것도 이 때문이다. 따라서 식민권력이 요구하는 인물형과 수용자의 태도를 통합적으로 분석하여 중심·중견인물의 모습이 반드시 권력의 요구에 부합하지 않는다는 것을 규명할 것이다. 그리고 중심·중견인물의 다양한 사례 분석을 통해 그 모습을 유형화하는 한편, 그들이 가진 양면성을 밝힘으로써 실상에 좀 더 다가가고자 한다. 그럼으로써 기존 연구가 안고 있던 사례의 편향성과 그로 인한 과도한 일반화의 오류를 극복하고자 한다.

4장에서는 먼저 식민권력의 침투에 따른 촌락사회의 다양한 대응양상을 '권력침투의 정도와 촌락 자율성의 상관관계'라는 이론적 모형을 토대로 유형화하고자 한다. 또한 중심·중견인물과 촌락의 구성을 종합하여 촌락사회가 외부세계의 변화에 대응하는 양상을 '개발'[43]이라는 키워드로 연결하여

들 수 있다. 木板順一郎, 1979, 「日本ファシズム國家論」『體系 日本現代史』第3卷, 日本評論社 ; 安部博純, 1981, 「日本ファシズム體制論」, 日本現代史硏究會, 『日本ファシズム』(1) ; 雨宮昭一, 1996, 『戰時戰後體制論』, 岩波書店 ; 池田順, 1997, 『日本ファシズム體制史論』, 校倉書房.

43) 이때 '개발'이라 함은 외부의 충격에 대한 촌락내의 대응력을 나타내는 하나의 방편으로 사용한 개념이다. 개발이 빠르거나 활발하다는 것은 내부의 대응방식이

검토할 것이다. 이것은 외부의 변화에 대한 촌락의 대응이 촌락지도자뿐만 아니라 촌락 내부의 구성(계급, 동성, 반상 등)에 의해서도 규정된다는 것을 해명하기 위해서이다. 끝으로 촌락사회에 수립된 이원구조를 촌락내의 관료제 질서와 자치질서의 변화양상을 통해 설명하면서 이원구조의 성립과 전개 과정을 다루고자 한다.

촌락내 관료제 질서의 확장에 따른 촌락지도자와 촌락사회의 다양한 대응 양상을 밝히고, 나아가 촌락 내부의 질서변동을 해명하기 위해서는 현지조사를 통하는 방법이 가장 바람직할 것이다. 그러나 이 방법은 시간과 자료상의 제약이 많다. 또한 연구 대상의 한 전형성을 보여준다는 점에서 설득력이 크지만, 무엇을 대표하는 전형인가를 검증해야 하는 문제가 있다. 반면 식민당국이 발간한 홍보자료는 정책이 목표한 인물이나 촌락들의 전형적인 모습과 전체적인 규모를 제시하고는 있으나 촌락 내의 실상을 파악하는 데는 한계가 있다. 따라서 최대한 수집 가능한 자료를 모아 유형화를 통해 그 경향성과 전체적인 위치 등을 해명함으로써 사례 연구가 갖는 제한성을 조금이나마 극복하고자 하였다. 그러나 인물과 촌락의 유형화는 일관된 기준을 적용해서 분류한 것은 아니다. 정보의 편차가 매우 심해 일률적인 기준이나 지표로 유형을 나눌 수 없는 근본적인 제약이 있었기 때문이다. 다만 군집형으로 분류하는 수준에서라도 유형화를 시도하는 것이 식민지기 촌락의 지도자나 사회상을 풍부하게 드러내는 데 기여하는 바가 있다고 여겨 다소 무리를 감수하고 시도하였다.

이를 위해 1910년대의 『朝鮮彙報』에서부터 1943년의 『朝鮮總督府官報』에 이르기까지 농사개량과 촌락개발, 즉 농촌진흥사업과 관련해서 발간된 식민 당국의 홍보자료나 기관지, 잡지 등의 자료를 최대한 모아서 관련 인물과 촌락에 관한 내용을 뽑아 '이름/출생/지역/계급/학력/관공리/주요활동/주요 이력/참고1(재산, 표창)/참고2(부락)/조사시점/출전/기타'의 형태로 정리하였

적극적이라는 의미이고, 개발이 늦다는 것은 상대적으로 대응이 보수적이거나 소극 적이라는 의미를 갖는다.

다. <중심·중견인물과 촌락 데이터>(이하 인물·촌락 데이터로 줄임)라는 이름으로 부록에 실었으며(부록4), 현재까지 조사한 인명과 촌락은 각각 800여 명과 600여 곳에 이르며, 도별-가나다순으로 정리하였다.

<인물·촌락 데이터>에 이용한 주요 자료를 시기별로 정리하면 다음과 같다. 1910년대의 대표적인 자료로는 『朝鮮總督府月報』(1913)와 『朝鮮彙報』(1915, 1916)가 있고, 1920년대는 『優良部落調』(1928), 『勤農共濟組合事跡』·『調査月報』(1930), 『朝鮮農會報』(1928) 등이 있다. 1930년대 전반기는 『勤勞美談』(1930), 『優良農村と篤農家』(1931), 『自力更生彙報』(1933~1939), 『朝鮮の聚落』(1933, 1935), 『更生部落を訪れて』·『朝鮮の更生』(1935) 등이며, 1930년대 후반 이후는 『農山漁村功績者銘感』(1937), 『金融組合を言う』(1938), 『總動員』(1940), 『朝鮮總督府官報』(1938~1943), 『殖産契の經營事例』(1941) 등을 들 수 있다.

이 책이 식민지기 전 기간이 아니라 1930~40년대에 주목한 것은 다음과 같은 이유 때문이다. 세계사적으로 볼 때 1930년대는 이른바 '총력전'을 준비하는 시대였다.[44] 기존의 전쟁과는 다른 새로운 전쟁방식-기계화, 대량 살육, 장기전 등-에 적응하기 위해 제국 열강은 사회를 전면적으로 재편하였다. 식민지 또한 제국 열강의 전쟁 수행체제에 어떤 방식으로든 편입되어 있었다. 조선의 경우, 대륙 침략을 위한 병참기지라는 역할이 주어져 다른 어느 식민지보다 더 깊숙하게 전쟁체제에 편입되었다고 할 수 있다. 따라서 식민지 사회에 직간접으로 강요된 전쟁체제는 일시적인 것이 아니라 제도적으로 정착되어 조선사회의 촌락까지 질적으로 변화시켰다. 또한 1930~1940년대는 주민동원이 본격적으로 추진된 시기였다. 이는 정책 목표를 달성하기 위해 주민동원을 기획하고 조직하고 집행하는 일이 행정을 통해 일상적으로 추진되는 체계가 수립되었다는 것을 뜻한다.[45] 이를 위해서는 주민 파악이

---

44) 에릭 홉스 봄의 『극단의 시대 : 20세기 역사』 제1장 「총력전의 시대」(이용우 옮김, 1997, 까치) 참조.

45) 1930~1940년대에 수립된 이러한 통치체계를 '식민지 파시즘'(방기중 편, 2006, 『식민지 파시즘의 유산과 극복의 과제』, 혜안)으로 규정하는 연구도 있다. 그러나 1930~1940년대 식민지 조선사회의 성격을 식민지 파시즘으로 규정하기 위해서는

전제되어야 했다. 물론 조선시대에도 수취를 위해 주민을 개별호 단위까지 파악하고자 했다. 그러나 이것은 유교적 이념인 국가주의를 반영한 것으로 일상적이고 지속적이지는 않았다. 식민지 조선의 경우는 유교사회의 통치이념과 현상적으로는 같지만 그 질과 형식은 달랐을 것이다. 문서주의에 기초한 행정은 관리의 자의적 집행을 통제하였고, 행정체계의 정비와 침투는 국가주의를 실현할 수 있는 조건을 만들어냈다고 할 수 있다.

사상(이념), 운동, 체제 세 방향에서 종합적인 시도가 있어야 할 것이다. 자발적인 사상과 운동이 배제된, 말 그대로 국가권력에 의해서 동원된 체계를 특정한 시기에 형성된 파시즘으로 규정하기에는 무리가 따른다. 일반적인 독재체제나 전체주의사회와의 차이 등 해명해야 할 과제가 너무 많다. 따라서 굳이 식민지 파시즘이라는 용어를 쓴다면 '지배체제로서의 식민지 파시즘'으로 제한해서 사용할 수도 있을 것이다.

제1장 촌락 지배정책

1. 前史 : 1910~1920년대의 우량면리·모범부락 조성 정책

조선을 무력으로 강점한 일본은 통감부를 설치한 뒤 조선의 지방을 지배하기 위해 두 가지 방면에서 제도적인 행정개혁을 추진했다. 먼저 군현을 행정단위로서 무력화시키고 면을 행정단위의 말단에 위치시키려 했다. 이를 위해 군수의 收稅權과 경찰권, 사법권을 박탈함으로써 군의 행정상의 지위를 격화시키는 정책을 시행했으며, 유생들의 반발을 무릅쓰고 향교재산을 학교로 이관하여 전통적인 지방지배세력을 약화시켜 나갔다. 그리고 군을 약화시키는 것과 더불어 촌락의 자치기능을 해체하기 위해 洞里有 재산을 面有 재산으로 이전시킴으로써 면을 강화하는 방향으로 나아갔다.[1]

이처럼 군과 향촌자치의 기능을 동시에 약화시키고 면을 강화하는 방향으로 지방제도를 재편한 조선총독부는 면을 육성하기 위한 방안의 하나로 1911년 전국의 면 실태를 조사한 뒤 109개의 면을 優良面으로 선정·발표하였다. 실태조사의 주요 내용은 가정과 면사무실의 분리(사와 공의 공간적·형식적 분리)와 정책을 집행하는 면리원의 확보 등이었다. 조사 결과 109개 면 모두 면사무소가 면장 주택의 방 하나를 이용하는 수준이었고, 직원도 公錢領

---

[1] 이하나, 1994, 「1910~32년 일제의 조선농촌 재편과 '모범부락'」, 연세대 석사학위논문 ; 윤해동, 1995, 「일제의 지방지배정책과 촌락재편」, 『역사비평』 28호, 역사비평사 참조.

收員과 서기 각 1명씩 있는 것이 대부분이었다.[2] 조선총독부가 지방을 행정을 통해 안정적으로 지배하게 된 것은 1917년의 면제 시행 이후부터였다. 그러나 지배력이 미치는 범위는 여전히 면 단위에 머물러 있었다. 물론 1910년대에도 행정지배를 촌락 단위까지 확대하려고 시도한 적은 있었다. 1911년 함경남도에서는 道令으로 전도에 洞契를 설립하게 하여 전통적인 자치질서를 행정질서로 흡수하려 했으나 큰 성과는 얻지 못한 것으로 보인다.[3] 평안북도에서도 1918년 洞約에 관한 훈령을 공포, 관내 1,340개 동에 동약을 설치하였으나 3·1운동으로 운영하지 못하였다.[4]

3·1운동 이후 이른바 문화통치를 내건 齋藤實 총독 지배하의 조선은 행정적 지배가 강화되어 가는 시기이기도 하였다. 齋藤 총독과 함께 寺內내각에서 내부대신을 지낸 水野鍊太郎이 정무총감으로 부임하면서 일본에서 지방개량 사업의 경험을 가진 지방관을 대거 동원하였다. 이들은 부임하자마자 지방행정제도와 면 행정을 개선하는 일에 착수하였다. 면 행정의 확립 시도는 模範部落 장려와 직결되었다. 면 행정력을 촌락으로 침투시키기 위해 행정동리의 관제자치에 주목하는 형태로 모범부락이 정책적으로 추진된 것이다.[5]

1926년 '조선농회령'과 '조선산업조합령' 발포를 계기로 총독부는 지주를 매개로 한 농촌지배정책에서 한걸음 더 나아가 직접 농민을 상대로 하는 정책도 시행하였다.[6] 모범부락정책도 이를 계기로 본격화된다. 총독부는 1927년 초 우량면·부락과 단체를 조사하여 『朝鮮農會報』에 발표하였고, 이

---

2) 朝鮮總督府編, 1911, 『朝鮮各道ニ於ケル優良面調査』.

3) 善生永助, 1933, 『朝鮮の聚落』(前篇), 龍溪書店, 593쪽.

4) 梁村奇智城, 1935, 『朝鮮の更生』, 朝鮮研究社, 558쪽.

5) 靑野正明, 1990, 「植民地期朝鮮における農村再編成政策の位置付け」『朝鮮學報』136, 20~22쪽.

6) 이전까지 촌락이 가지고 있던 소작쟁의의 조정능력이 1930년 이후 식민지 권력으로 이전했다고 보고, 이는 농민이 자기 권리의 보호자로서 식민지 권력을 발견했다는 의미이며 이것이 1930년대 이후 일제의 농민조직화 정책의 전제조건이 되었다는 분석도 있다(松本武祝, 1991, 「植民地期朝鮮の農業政策と村落」『朝鮮史研究會論文集』 29).

해부터 모범부락을 조성할 목적으로 보조금을 주어 모범부락과 모범지방개량단체를 장려하였다. 농촌을 이끌어갈 '중견인물'을 양성하기 위해 보통학교 졸업생 지도가 시작된 것도 같은 해였다.[7]

조선총독부가 모범부락을 선정하는 경로는 대체로 '촌락내 각종 영농단체 설립→지도부락 조성→우량부락·모범부락 선정'과 같은 방식이었다. 식민권력과 상품화폐경제가 촌락내로 침투하면서 부유한 촌락을 중심으로 미작개량조합, 전작개량조합, 면작조합, 과수재배조합, 잠업조합, 산업동업조합, 부업조합 등 각종 영농조직이 설립되었다. 총독부는 이들 조합이나 조합이 있는 촌락에 우량종자 보급, 재배방법 지도, 자금 등을 정책적으로 지원하여 지도부락을 조성하고, 그 중에서 성적이 우수한 부락을 모범부락으로 선정, 다른 촌락으로 확대시킨다는 구상을 한 것이다.[8]

이에 따라 조선총독부가 모범부락을 선정할 때 "① 군청·면소·주재소 등의 관공서와 거리가 가깝거나 교통이 편리할 것, ② 일제의 통치방침에 순응하는 영향력 있는 중심인물이 있을 것, ③ 부락민=동리민 전체를 구성원으로 하는 산업조합이나 관제자치단체를 설립하여 도군면, 또는 농회 등의 지도방침을 일사분란하게 시행해 나갈 것, ④ 농사개량이나 부업 등에서 좋은 성적을 올릴 것, ⑤ 사회주의의 영향권 밖에 있어 소작쟁의·농민운동 등이 없을 것을 기준으로 삼았다"고 분석한 연구가 있다.[9] 그러나 근거가 분명하게 제시되어 있지 않아 분석이 다소 객관적이지 못한 면이 있다. 세 번째로 든 기준은 식민당국자의 의지이지 기준은 아니며, 다섯 번째 기준은 식민지라는 전체상을 근거로 추론한 것이어서 이념적인 설명인데다 반대의 사례도 많아 실태를 반영하고 있지 않다. 그러나 경향으로 볼 때

---

7) 善生永助, 1933, 『朝鮮の聚落』(中篇), 龍溪書店, 294~295쪽.

8) 윤해동은 지도부락이 우량부락을 거쳐 모범부락으로 선정되는 방식으로 이해하고 있으나(윤해동, 2006, 『지배와 자치』, 역사비평사, 308쪽), 우량부락과 모범부락이 별개의 촌락이었는지 정책이나 실제에서 확인할 수 없다. 식민당국자는 두 명칭을 발전 정도에 따라 구분하지 않고 편의적으로 사용했던 것으로 보인다.

9) 이하나, 앞의 글, 36쪽.

지역에서 농사개량을 통해 경제적인 영향력을 확대하고 있던 '중심인물'이 있는 면이나 동리를 중심으로 행정력의 침투가 비교적 손쉬운 지역을 선정한 것은 분명하다.

이처럼 총독부는 1920년대 중반 이후 모범부락을 거점으로 식민농정을 일반 촌락으로 확대한다는 방침을 수립했다. 이를 위해 품종개량과 농사개량을 비롯하여 지방개량사업에서 우수한 성적을 보이고 있던 동리나 단체 등에 대한 조사를 실시하였다. 조사자료를 통해 조사의 수준과 우량단체나 모범부락의 사업 등을 확인해보자.

〈표 1-1〉 우량면 · 부락 · 단체와 모범부락의 수

| | 1926년 | | | | 1930년 |
	우량면	우량동리	우량단체	소계	모범부락
경기	19	46	59	124	25
충북	4	4	2	18	22
충남	3	0	26	29	12
전북	2	6	3	11	28
전남	29	44	32	105	33
경북	5	3	4	12	43
경남	20	15	3	38	21
황해	4	8	9	21	19(18)
평남	9	14	7	30	12
평북	2	8	5	15	9(10)
강원	26	2	40	68	10
함남	2	0	2	4	17(16)
함북	4	7	5	16	7
합계	129	165	197	491	258(257)

*출전 : 朝鮮總督府 內務局,「優良面部落竝團體調査表」(1)~(3),『朝鮮農會報』1927년 1~3월호, 각각 96~105쪽, 46~56쪽, 26~35쪽 ; 善生永助,『朝鮮の聚落』(中篇), 129~167쪽.

<표 1-1>은 우량면리와 단체를 조사한 1926년의 자료와 1930년 각 도지사에게 조회하여 조사한 258개 모범부락에 관한 자료이다.[10] 『朝鮮農會報』에

---

10) 이하나가 이 자료를 정리하면서 계산한 통계에는 오류가 있다. 이하나는 『농회보』에 실린 조사대상의 면과 동리, 그리고 단체의 수를 각각 128, 158, 196개, 합계 482개로

소개된 1926년도의 자료에 따르면 우량면과 리, 그리고 우량단체가 총 491개였다(지역과 단체가 중복된 것 22개 포함). 이중 우량면은 129개, 우량동리가 165개, 우량단체가 197개였다. 우량동리에는 평북의 사례처럼 모범부락도 포함되어 있으나 대다수가 행정동리였다. 조사 대상 가운데 우량면과 우량동리가 약 3/5 정도를 차지하고 있어 1920년대 중반까지는 행정력의 지방침투가 면과 행정동리를 중심으로 전개되었다고 할 수 있다.

1926년 자료에 나타난 지역적 특징을 현상적으로 보면 경기와 전남, 강원도에서 우량동리와 단체가 많다. 경기의 경우 상대적으로 행정력의 침투가 빠른 지역이고, 전남은 지주제가 발달하여 농민의 통제가 용이한 곳이며, 강원도는 '지방개량사업'이 활발한 지역이었기 때문이라고 추정할 수 있다.

그러나 1930년 자료에서 보듯이 1920년대 후반으로 갈수록 식민당국의 관심이 촌락으로 확대되었으며, 선정된 촌락도 전국에 골고루 분포되어 있음을 확인할 수 있다. 1926년의 조사대상 중 1930년의 자료에서 다시 확인된 동리와 단체는 32개이며, 이는 1930년 모범부락수의 12%를 조금 넘는다. 이러한 변화를 두고 모범부락이 완전히 개편되었다고 하는 설명도 있다. 그러나 개편이 아니라 총독부의 관심 대상이 바뀌었었다고 해석하는 것이 타당하지 않을까.[11] 1920년대 들어 면행정이 안정됨에 따라 행정력을 촌락단위까지 확대시킬 수 있게 되었고, 또한 말단 행정이 형식상의 행정동리보다는 촌락을 단위로 집행되고 있음을 반영한 것이라는 해석도 가능하다. 그렇다면 조선총독부가 부정하려 했던 재래의 촌락질서와 구조를 인정하고 활용하는 방향으로 정책을 전환했다고 할 수 있다.

한편, 조사에서는 우량단체로 소개된 단체들의 유형과 우량하다고 인정한

계산했으나 잘못된 계산이다. 그러나 전체적인 경향을 분석하는 데는 영향을 미치지 않는다(이하나, 1994, 38쪽). 그리고 1930년의 통계는 원자료, 즉 『朝鮮の聚落』(中篇) 자체에 오류가 있다. 이 책을 쓴 善生永助가 집계 과정에서 황해와 평북, 그리고 함남의 조사부락 수를 잘못 계산했다. <표 1-1>에서 괄호안의 수가 잘못 계산한 수이다.

11) 이하나, 앞의 글, 38쪽.

사업 내용을 소개하였다. 그것을 정리한 것이 <표 1-2>와 <표 1-3>이다.

<표 1-2> 우량단체의 유형

유형		단체수	비고
자치단체	흥풍회	23	강원과 황해, 미풍회·양풍회·교풍회란 이름도 있음
	진흥회	52	전남과 충남
	공조회	17	경기
	순후회	13	돈목회·자성회·친화회·공제회·자치회·부민회 등
	동약회	2	평북
산업단체	계류	22	강원과 경기, 전남북(산업, 부업)
	조합	21	강원과 경기에 다수
부문단체	청년회	26	
	부인회	16	
	소년회	2	
기타		3	
합계		197	

*출전 : 朝鮮總督府 內務局, 「優良面部落竝團體調査表」(1)~(3), 『朝鮮農會報』 1927년 1~3월호, 각각 96~105쪽, 46~56쪽, 26~35쪽.

<표 1-3> 우량하다고 인정할만한 사업의 유형

유형	수	비 고
교육	32	야학 포함
교풍(교화)	131	생활개선 포함
산업개발	232	농사개량, 견작, 면작, 권업, 축산 등
근검저축	155	
부업	23	가마니생산
삼림	5	
부인노동	3	
남녀공동작업	1	
공공사업	33	도로수리 중심
면 사무	4	
수양	4	일본인 중심
교화와 사상선도	3	

*출전 : 위와 같음.

지방에 따라 興風會, 振興會, 洞約會 등으로 불리는 자치단체와 경제적인 목적에서 설립된 계와 조합류의 산업단체, 그리고 청년회, 부인회 등의 부문단체로 나눌 수 있다. 이 중 다수를 차지하고 있는 자치단체의 경우도 <표

1-3>에서 보듯이 산업개발과 근검저축, 그리고 부업 등의 경제활동을 주요 사업으로 채택하고 있어 경제적인 목적으로 설립되었음을 확인할 수 있다. 다음으로 생활개선 등의 교화활동을 주요 사업으로 채택한 단체도 큰 비중을 차지하고 있다.

우량면·동리와 단체 중에서 총독부나 지방행정기구 등으로부터 포상을 받은 곳은 모두 182개며, 2회 이상 포상을 받은 곳은 23개였다. 포상은 주로 도에서 했으며, 총독부에서 포상한 곳은 5개에 지나지 않는다. 총독부가 모범부락·단체 조성과 장려에 본격적인 관심을 기울인 것은 앞서도 언급했듯이 1926년 이후부터였다.

<표 1-4>는 조선총독부가 우량부락이나 단체에 지급한 보조금의 연도별 현황이다. 뒤로 갈수록 지급 대상이 늘어난 반면 촌락·단체당 지급액수는 줄어들고 있다. 초기에는 27개에 평균 330원을 지급하던 것이 1931년에는 38개에 200원으로 바뀌었다. 비록 적은 액수이긴 하지만 지급 대상을 확대함으로써 정책상의 선전효과를 확대시키려는 의도에서 나온 변화였을 것이다.

<표 1-4> 조선총독부의 연도별 보조금 지급 현황

연도	부락·단체수	보조금액(원)	평균보조액(원)
1927	27	8,900	330
1928	28	9,750	348
1929	37	8,800	238
1930	36	9,650	268
1931	38	7,890	208
합계	166	44,990	271

*출전 : 善生永助, 『朝鮮の聚落』(中篇), 188~293쪽.

166개 가운데 2회에 걸쳐 받은 곳은 9개로 그 명단은 <표 1-5>와 같다. 이들 촌락이나 단체는 식민당국의 조사자료나 홍보책자에 자주 등장할 정도로 지방개량 사업에서 성과를 냈던 곳이다.

48

〈표 1-5〉 2회 이상 조선총독부 보조금을 지급받은 부락·단체

보조금을 지급받은 부락·단체	연도(금액, 원)
경기 부천군 문학면 문학부민회	1927(350), 1931(210)
경북 경산군 압량면 조영동부락 제1구	1927(400), 1929(200)
경북 고령군 성산면 무계동부락	1927(350), 1929(200)
전남 강진군 성전면 도림리 민풍진흥회, 청년회	1927(300), 1930(300)
충남 천안군 목천면 도장리진흥회	1929(250), 1930(250)
평북 영변군 연산면 신천동약	1927(250), 1928(250)
평북 운산군 동신면 성지동약	1929(250), 1930(250)
평북 운산군 운산면 화옹동약	1927(250), 1928(300)
황해 연백군 해성면 초량리흥풍회	1927(350), 1930(150)

*출전 : 위와 같음.

이처럼 1920년대 중반 이후 경제적으로 성장하고 있던 일부 모범부락을 중심으로 총독부가 재정지원과 행정지도 등을 통해 가시적인 성과를 낸 곳들이 나타났으나, 전시효과만 보이고 실상은 반대의 결과를 낳은 촌락들도 생겨났다. 당시의 총독부 정책이 가진 문제점을 단적으로 보여준 대표적인 사례가 두 가지 있다.

평안북도 雲山郡 東新面 聖旨洞은 <표 1-5>에서도 소개되었듯이 총독부로부터 2회에 걸쳐 보조금을 받을 정도로 평북 제일의 모범부락이라 불리었다. 그러나 이 마을은 관공리 교제비라는 명목으로 소비되는 금액이 너무 많아 모범부락에서는 살 수 없다 하여 다른 마을로 떠난 가구가 20호에 이르렀다.[12] 전라남도 順天郡 雙岩面 月溪里 역시 모범부락이었으나 100여 호의 마을이 70여 호로 격감되고, 나머지 30여 호는 毀家·空家가 되었다.[13] 두 마을의 쇠퇴는 전시행정의 부작용을 보여주는 전형적인 사례이지만, 1920년대 말~1930년대 초 조선 농촌에 불어닥친 대공황의 물결에 모범부락도 예외 없이 타격을 받고 있음을 보여주는 사례이기도 하다. 전시행정과 농업공황 이외에 모범부락으로 알려진 촌락 가운데 성과가 낮은 또 하나의 이유는 모범부락을 선정하는 과정에서 비롯된 것도 있다. 즉 모범부락을 지정할

---

12) 『동아일보』 1931.8.18.
13) 『동아일보』 1933.5.9.

때 성적이 우량한 부락이 있지만, 도나 군에서 미리 특정 촌락을 지정하여 모범부락으로 만드는 경우가 있었다. 따라서 다음과 같은 식민당국자의 지적은 모범부락이 안고 있는 한계를 잘 보여주고 있다.

> "내가 각지를 實地調査한 바에 따르면 개중에는 부락민이 아직 충분히 자각하지 못하고, 자발적인 활동이 충분치 못한데도 군 당국 등이 모범부락으로 지정한 곳도 있다. 또한 모범부락이기 때문에 다른 부락에 비해 경비와 노동력 부담이 많고, 그 성적이 아직 현저하지 못한 곳도 있다."[14]

즉 식민당국의 필요에 의해 모범부락으로 지정된 경우, 주민들의 자발적인 참여가 저조한 데다 재정과 부역 등의 노동력 부담만 늘어나 모범부락이라는 이름만 있는 곳도 있다는 것이다. 자발적인 주민 참여가 결여된 전시행정의 또 다른 폐해를 보여주고 있다.

2. 농촌진흥운동하의 지도부락 선정과 농민조직화 정책

1) 농촌진흥운동의 정책 수립과 제도 정비(1932~1934)

宇垣총독이 취임할 당시 조선은 심각한 불황에 빠져 있었다. 농업공황의 여파로 쌀값이 폭락하여 나락 1석에 7~8원 하던 것이 5원으로 떨어졌다. 강원도에서는 수리조합 구역내 농민들이 수리조합비를 현물로 내게 해달라고 집단으로 진정까지 했다.[15] 宇垣총독은 공황 타개책의 일환으로 궁민을 구제하기 위한 대규모 토목공사를 벌이는 한편, 농촌진흥운동을 추진하기로 결정하고, 사전 준비로 총독부의 기구개혁을 단행하였다. 즉 총독관방, 내무국, 재무국, 경무국, 학무국, 식산국, 법무국, 토지개량부, 산림부의 6국 2부제와

---

14) 善生永助, 『朝鮮の聚落』(中篇), 167쪽.

15) 山口盛, 1966, 『宇垣總督の農村振興運動』, 友邦シリーズ 제5호, 友邦協會, 6쪽. 1962년 8월 8일, 조선사연구회에서 연술 요지.

50

외국으로 철도, 체신, 전매 3국체제로 전환하였다. 이 가운데서 식산국의 분장을 상공, 수산, 광산 3과로 편성하고, 토지개량부와 산림부를 폐지하여 종래 이 2부가 분장하고 있던 사무와 식산국에 속해 있던 농무, 축산 2과 사무를 일괄 관장하는 농림국을 신설하여, 농촌을 대상으로 하는 일체의 사무를 그 산하로 흡수하였다. 이로써 농촌에 관한 행정기구가 확대·정비되었다.

총독부내에서 농촌진흥운동을 사무적으로 취급하기 시작한 것은 1932년 4~5월경부터였다. 총독의 의중만 파악한 막연한 상태에서 널리 운동의 이념을 천명하고 그 여론을 환기하기 위해 일본에서 농민 지도의 권위자 山崎延吉을 초빙하는 한편, "조선에서 농촌지도자 생활을 한 지 벌써 23년"16)인 八尋生男과 토지개량과의 山口盛으로 해서 3명의 임시팀이 구성되었다. 山崎가 여론을 조성하는 역할을 맡고, 八尋은 농가갱생계획의 책정에 필요한 현황조사, 갱생계획서 등 여러 양식과 실지지도의 요령 입안을 맡고, 山口는 총독의 의도를 구체화하는 데 필요한 운동의 취지 천명, 운동의 전반적 기획과 그 실시 등을 맡았다.17)

농촌진흥운동의 구체적 방책이 제시된 것은 1933년 3월 7일 정무총감이 각 도지사에게 보낸 통첩 「농산어촌진흥계획 실시에 관한 건」(1933.3.7)에서였다. 1년여의 준비 끝에 나온 이 통첩은 농촌진흥운동의 목적, 기본방향, 실천방안을 종합적으로 제시한 것이었다.

농촌진흥운동 '실시에 관한 헌법이자 동시에 성서'18)라고 자평한 통첩은 「농가갱생계획 수립에 관한 방침」과 「농가경제갱생지도계획요강」으로 구성되어 있다. 「농가갱생계획 수립에 관한 방침」에서는 계획은 개별 농가를 대상으로 할 것이며, 노동력의 완전 소화를 위해 종합 경영을 지도하고,

---

16) 八尋生男, 「朝鮮の農村振興運動に顯はれたる種種相」 『朝鮮農會報』 7-12(1933년 12월 호), 27쪽.
17) 山口盛, 1966, 12쪽.
18) 朝鮮總督府, 1935, 『朝鮮に於ける農山漁村振興運動の第一次農家更生計劃實績』, 3쪽.

자급자족을 원칙으로 '식량 충실, 현금수지의 균형, 부채 근절'이라는 세 가지 목표를 달성하기 위한 연차계획을 지시하였다. 그리고 「농가경제갱생지도계획요강」에서는 '① 지도부락 설치 계획 수립, ② 지도부락 선정, ③ 현황조사 시행, ④ 농가경제 갱생계획의 수립, ⑤ 경제 갱생계획의 실행'[19] 순으로 농가와 촌락에 대한 지도방법을 구체적으로 지시하였다.

촌락 단위에서 갱생계획을 추진한 실태를 가장 잘 보여주는 사례로 평안북도를 들 수 있다. 평안북도에서는 1918년에 훈령으로 공포했으나 3·1운동으로 실시되지 못했던 洞約을 1931년에 부활시키고, 다음과 같이 지도부락 설정 3개년 계획을 수립했다.

1. 지도부락은 ① 1918년부터 실행된 동약 가운데 그 실행성적이 비교적 양호한 부락, ② 당국의 장려사항을 실행할 수 있는 부락, ③ 헌신적으로 부락개선에 진력을 아끼지 않는 중심인물이 있는 부락, ④ 군농회, 축산동업조합과 삼림조합의 지도부락 가운데 장래 여러 부문에 걸쳐 보편적으로 발달할 수 있는 소질을 가진 부락을 기준으로 각 면에 1개 씩 선정한다.
2. 지도방법은 「모범부락지도요항」에 따른다.
3. 지도부락은 1군 1부락을 표준으로 조성하고 각종 단체의 조성비 외, 도지방비에서 평균 150원을 교부한다.
4. 매년 3개 부락을 선정하여 모범부락으로 표창한다.
5. 중견청년지도강습회를 개최한다.

이러한 계획 하에 지도부락이 설정되어 3개년 갱생계획을 실시한 결과 186개의 지도부락 가운데 우량부락으로 평가받은 곳은 18개로 총 부락 가운데 10%에 해당하는 실적을 보였다. 모범부락 가운데 도에서 표창을 받은 부락이 6개, 총독부에서 조성금을 1회 교부받은 부락이 3개, 도에서 표창 받고 총독부에서 조성금을 1회 교부받은 부락은 6개, 도에서 표창받고 총독부에서 조성금을 3회 교부받은 부락은 3개였다.[20]

---

19) 朝鮮總督府 農村振興課, 1939, 『朝鮮農村振興關係例規』, 7~12쪽.

이제 촌락 내부로 시선을 돌려 자성군의 사례를 보자. 이 사례는 농가갱생계획을 실행하고 있는 지도부락과 촌락 내의 자치조직 간의 관계를 잘 보여주고 있다. 자성군은 부활시킨 동약을 기초로 '지도부락 소재동 동약→ 근농공제조합과 농산촌실행조합→ 일반 동약'이라는 순서로 농가갱생계획을 확대·발전시켜 나간다는 구상 아래 구체적인 단계별 지도방침과 방법을 제시하였다. 이 지도방침과 방법이 촌락 현장에서 그대로 실행되었는지는 확인할 수 없으나 이론상으로는 가장 잘 정리된 계획이었다.

먼저 단계별 지도방침을 정리하면 <표 1-6>과 같다. 제1차는 지도부락에 있는 동약을 조직화하여 지도하는 단계이다. 지도부락 내에 1개 또는 수개의 진흥실행조합을 만들어 동약을 중심으로 집중적인 지도를 한다. 제2차는 지도부락의 동약과 근농공제조합을 중심으로 '간부의 충실, 실행요목 지시·지도방법의 개선'을 계획하여 장래 집중적인 지도를 쉽게 할 수 있도록 기초를 쌓는다. 제3차는 일반 동약을 대상으로 제2차 방식을 적용하여 개선할 수 있는 조건을 만든다는 것이다.

<표 1-6> 촌락지도방식의 단계

제1차 지도동약(지도부락 소재동)	
기관 개선	1) 동약 간부의 개선 2) 근농공제조합과 농산촌진흥실행조합의 지도 3) 농무계의 조직
특종기관 배치	집약 지도기간 중 면내 독농자, 면서기의 補導 감독
기본조사	1) 청취제도에 따라 중견청년으로 하여금 별지 양식으로 조사하고 진흥위원장에게 모아 제출 2) 기본조사표 수리 후 계획의 수립 자급자족생활의 지도훈련을 한다.
지도	1) 집합지도 : 연 2회 이상 4회 이하 2) 실지지도 : 관계 직원은 분담 구역을 정해 개인별 실지지도를 한다. 필요에 따라 강연을 한다.
지도범위	7개 동, 25개 실행조합, 1,526명
지도기간	1933년 1개년

---

20) 梁村奇智城, 앞의 책, 558~560쪽.

제2차 지도동약의 지도(근농공제조합 자급비료증제)	
기관 개선	1) 동약 간부의 개선 : 1933년 12월 2) 현재 기관의 독려 : 수시
기본조사	1) 양식조사 12월~1월 2) 같은 조치
지도	1) 집합지도 : ① 간부 지도 4·11월 2회, 면농산촌진흥위원장, 경찰관 주재소 주석 1·4·7·11월 4회 ② 동약 또는 지도부락과 실행조합원 지도는 수시 2) 실지지도 : 수시
지도기간	1) 기본조사 : 1934년 1년간 2) 집중지도 1934~1936년 3개년
제3차 지도동약의 지도(일반)	
기관 개선	1) 동약 간부의 개선 2) 현존기관의 독려 활동 : 12월
기본조사	1) 양식조사 12월~1월 2) 조치
지도	1) 집합지도 : ① 간부 지도 4·11월 2회 ② 수시 간부 지도(단 4회 이하) 2) 실지지도
지도범위	30개 동 81개 실행조합 3,938명
지도기간	1) 기초지도 1933~1936년 4개년 2) 집중지도 1936~1939년 3개년
농촌진흥 자력갱생	'一家繁華의 十誡命'을 되풀이해서 실행할 것

*출전 : 梁村奇智城, 1935, 『朝鮮の更生』, 朝鮮硏究社, 590~591쪽.

이러한 방침에 기초하여 제1차 지도동약에서는 근농공제조합 또는 지도부락과 실행조합 아래 共同作業團을 만들고, 다른 동약의 경우는 당분간 종전과 같이 하더라도 동약 간부 중 '노휴완고한 무능력자의 개선'을 단행하여 중심인물을 구하도록 요구하였다. 진흥실행조합은 동약 아래 부락 수에 따라 적절하게 1개 또는 수개를 만들고, 대체로 20호 내외를 표준으로 삼아 독농가가 진흥실행조합을 맡게 하였다. 다시 조합 아래 주거가 서로 인접한 진흥실행조합원을 10명에서 20명 내외로 묶어 몇 개의 작업단을 조직하게 하였다. 이렇게 해서 '촌락…동약→ 진흥실행조합→ 작업단'이라는 촌락 내 조직구조가 형성되고, 이 구조를 통해 농촌진흥운동을 실현하고자 하였다. 물론 이 구조가 촌락내의 위계질서를 의미하지는 않는다. 다양한 계층으로 구성된 촌락 주민을 몇 개의 단위로 묶어 주는 구성을 말하고 있다. 여기서 주목할 것은 진흥실행조합 아래 설립된 몇 개의 작업단이 이후 전시체제기에 촌락마다 만들어진 공동작업반의 원형이라는 점이다.[21]

다음으로 총독부는 경제 수준이 어느 정도의 촌락과 농가를 갱생계획의 대상으로 설정했는지를 살펴보자. <표 1-7>은 강원도 이천군에서 경제갱생계획을 실시한 부락과 농가의 수를 보여주는 1934년의 자료이다. 지도부락의 총 농가 중 지도농가 호수가 차지하는 비율은 약 72%에 이른다. 나머지 28%는 지주이거나 극빈농으로 계획 대상에서 제외된 농가의 비율이다. 이천군의 지도농가 비중은 같은 시기 황해도의 76.9%에 비하면 다소 낮고,[22] 강원두의 68%(총농가 7,169호 중 4,877호)에 비하면 약간 높은 편에 해당한다.[23] 지도부락에 대한 전국적인 조사자료가 없기 때문에 단정하기는 어려우나 이천군의 수준은 평양지대와 산간지대의 중간으로 봐도 크게 무리는 없을 것 같다.

이천군의 지도농가에서 자작, 자소작, 소작이 차지하는 비중은 각각 28, 41, 31%이다. 이 비율을 전국과 강원도의 일반농가 계급비 구성과 비교해 보자. <표 1-8>은 1934년도 전국·강원도의 계급별 구성을 지주를 제외하고 정리한 것이다. 자작 : 자소작 : 소작의 전국 비율은 19 : 26 : 55이고, 강원도는 23 : 29 : 48이다. 강원도 전체 농가에서 자작과 자소작이 차지하는 비율이 전국에 비해 다소 높은 것은 산악지대가 많았음을 고려할 때 자연스런 분포일 것이다. 그런데 강원도내 갱생지도농가의 전체 평균비는 16 : 44 : 40으로 이천군은 강원도에서도 자작은 12%p(percent point) 높고, 소작은 9%p 낮다. 다시 말해서 강원도의 갱생지도농가 가운데 자작과 자소작농이 차지하는 비중은 전국은 물론 강원도의 그것보다 높고, 이천군은 그보다 더 높다. 이것은 결국 조선총독부가 갱생지도농가를 설정할 때 경제적으로 불안정한 빈농보다는 중간 정도의 경제력을 가진 계층을 더 선호했음을 뜻한다.

---

21) 같은 책, 590~591쪽. 이러한 방식은 태천군의 계획에서도 확인된다.

22) 황해도, 1934, 『農村振興彙聚』, 29~50쪽.

23) 朝鮮總督府圖書館, 1939, 『道參與官會同諮問事項答申』, 17~18쪽.

<표 1-7> 강원도 이천군 경제갱생계획 부락 상황

면명	부락명	부락 총호수	지도농가호수			
			자작	자소작	소작	계
이천	신흥리	23	4	16	2	22
용포	문동리 원문동	63	12	11	8	31
동	월암리 하월암	41	8	6	15	29
안협	서성리 야촌	50	1	9	23	33
학봉	성호리 성호	58	24	15	19	58
서	우미리 막동	45	8	14	5	27
산내	송정리 이송정	33	9	8	9	26
낙양	삼포리 상포	31	1	13	11	25
판교	용천리 하용천	30	14	10	3	27
방우	가주리 가상동	35		25		25
웅탄	천막리 녹송목	40	8	7	5	20
계	11	449	89	134	100	323

*출전 : 朝鮮總督府圖書館, 1939, 『道參與官會同諮問事項答申』, 25~35쪽.

<표 1-8> 전국·강원도의 계급별 구성비(1934년 현재)

	총수	자작	자소작	소작
전 국	2,828,592(100)	542,637(19)	721,661(26)	1,564,294(55)
강원도	210,907(100)	48,366(23)	60,875(29)	101,666(48)
강원도내 갱생지도농가	4,877(100)	790(16)	2,156(44)	1,931(40)
이천군 갱생지도농가	323(100)	89(28)	134(41)	100(31)

*출전 :『朝鮮總督府統計年報』(1942), 42쪽 ; 朝鮮總督府圖書館, 같은 책, 17~18쪽. 괄호 안의 수치는 백분비.

2) 농촌진흥운동의 확대와 농가갱생 10개년 확충계획(1935~1936)

1934년 10월 경 宇垣총독은 농촌진흥운동을 확대하기로 결정하고 준비를 지시하였다. 이에 따라 총독부는 농림국 내에 농촌진흥운동과 사업을 전담하는 농촌진흥과를 신설하고, 농가갱생계획의 전면적인 확충안을 기획하였다. 그러나 총독부 내에서 갱생지도부락의 전면적 확충이 시기상조라는 의견이 제기되었고, 또 전국의 군수와 島司, 도의 주요 과장들까지 경성에 모아 회의를 여는 것은 예산상으로도 곤란하다는 비판이 있었다.[24] 총독은 내부의

56

비판을 무시하고 운동의 전면적 확대를 결정했다. 그 배경에는 운동 확대에 대한 총독의 자신감이 있었다고 한다. 山口에 따르면, 宇垣은 두 가지 차원에서 운동이 성공할 것으로 믿었다. 첫째 조선은 발전할 수 있는 역량이 충분하며, 둘째 조선이 갖고 있는 지도력의 특징 때문이라 하였다. 즉 "조선에서는 내지의 행정이 각성으로 분할되어 뿔뿔이 흩어져 있는 것과는 달리 위는 총독으로부터 아래는 읍면의 서기, 기수에 이르기까지 계통적으로 조직되어 있는 하나의 거대한 국가조직이라 할 수 있다." 따라서 "이 하나의 거대 조직을 동원하여 그 통제단결의 힘을 중핵으로 널리 지방의 식자, 선각자, 중견인물 등을 이 운동 아래 모아 그 힘을 발휘한디면 빈드시 성공하리라는 자신을 갖고 있었다. 또 사실 총독의 한마디가 조선을 움직일 수 있는 힘이 있다는 것은 결코 과대평가는 아니었다."25)는 것이다.

　권력이 총독에게 집중되어 있기 때문에 주민 총동원이 가능하다는 이러한 인식은 조선의 전시총동원체제에 대한 분석에서도 다시 한 번 확인할 수 있다. 조선총독부 상공과장인 井坂圭一郎은 조선의 통제경제가 일본이나 만주보다 신속하고 체계적으로 정비된 원인을 분석하면서 첫 번째 원인으로 '총독 정치의 집권력'을 들었다. 즉 "조선에서는 통제를 가장 필요로 하는 곳에 집중된 커다란 힘이 이전부터 준비되어 있었다. 즉 조선총독에게 모든 힘이 집중되어 거기에 대항할 힘이 조선에는 없었다. 이런 사정이 특히 경제통제를 훌륭하게 운행시킨 최대의 원인"26)이라 하였다. 때문에 조선은 통제를 하기에는 가장 좋은 행정조직을 갖추고 있으며 "이점이 조선의 경제통제에서 제1의 특징으로 들 수 있으며, 또한 그것이 근본을 이룬다."고 강조하였다.27)

---

24) 山口盛, 1966, 33~36쪽.

25) 같은 책, 24쪽.

26) 常設戰時經濟懇話會 編, 1941, 『朝鮮經濟統制問答』, 동양경제신보사 경성지국, 27쪽.

27) 같은 책, 29쪽. 그리고 ① 민간이 관청의 통제에 협력적이며, ② 상공회의소 등의 민간기구를 관변기구로 전환시켜 적극 활용하고 있고, ③ 법규를 통한 통제가 아니라 총독의 명령에 의한 통제가 가능한 것 등을 조선의 통제경제가 가진 특징으로

식민지 조선의 행정체계가 갖고 있는 특징을 단적으로 보여주는 이러한 분석은 식민권력의 성격과 관련해서 중요한 의미를 갖고 있다. 즉 식민지 조선의 권력구조는 총독의 독재권력을 견제할 정치적·사회적 장치가 없는 데다, 정책을 결정하고 집행하는 과정 전체가 총독을 정점으로 한 식민관료들의 손에서 이루어지는 형태를 띠고 있었다. 더구나 각 省間에 割據的 경향이 강한 일본 본국과 달리 조선총독부 내의 각 국은 총독의 의사대로 단일하게 움직임으로서 권력의 중앙집중도가 컸다. 이 때문에 농촌진흥운동이 매우 빠른 속도로 추진될 수 있었다고 할 수 있다. 조선총독부의 행정관료를 지냈던 사람의 경험은 이것을 잘 보여주는 사례다.

우가키씨가 농산어촌 진흥이다, 南綿北羊이다 해서, 난 25세에 공무원이 되었는데. 지방에 나가면 각반을 두르고 농가를 하나하나 돌며 가정생활, 경제생활, 그리고 농산물 증산에 협력하라고 했어요. '자네는 학무과장이지만, 산업과장이고 농업과장이고 임업과장이기 때문에, 농가에 가서 1인1인의 농가 재산이 크게 번창해서, 그래서 그 자제가 훌륭한 교육을 받을 수 있도록 그런 방향으로 지도하라'고 해서, 학무과장이 각반을 두르고 농가를 하루 종일 돌았죠.[28]

교육행정을 담당한 학무과장이 농가를 돌면서 농촌진흥운동을 직접 지휘하도록 명령받았다는 사실은 총독부의 주요 행정력이 운동에 지속적으로 동원되었음을 잘 보여주고 있다. 이처럼 농촌진흥운동이 행정력을 비롯하여 조선사회의 주요 자원을 총동원하여 추진된 사업이었던 만큼 그 성과를 부정할 수는 없다. 그러나 성과의 이면에는 당국자의 고백처럼 식민지라는 기본적인 조건이 작동하고 있었다.

우가키라는 사람은 매우 좋은 환경에서 조선을 통치했다고 생각합니다.

들었다(같은 책, 30~37쪽).

28) 미야타 세스코 해설 감수, 정재정 역, 2002, 『식민통치의 허상과 실상』, 혜안, 237쪽.

하나는 역대 총독이 그동안 기울인 노력 덕분에 내부 치안이 확립되어 있었고, 이제 앞으로 뻗어나갈 싹을 데라우치씨나 사이토씨가 만들어 놓았던 것이 하나. 또 하나는 마침 만주사변이 일어나 일본세력이 이미 조선에 이러쿵저러쿵 하던 데서 훨씬 더 앞으로 나아가게 되어 버렸다는 점……우가키씨의 시대부터 殖産을 하고, 그리고 뭐 하고 싶은 대로 했습니다만, 어떻게 그런 것이 가능했을까 하고 생각하면 결국 구석구석까지 빈틈없이 치안이 확립되어 있었기 때문입니다.29)

이 말은 결국 식민지 조선의 지배체계가 무력에 기초한 잘 조직된 사회였으며, 농촌진흥운동은 그러한 무력을 토대로 총독의 강력한 의지 하에 사회 자원을 총동원한 운동이었다는 것을 말해주고 있다.

1935년 4월 30일 제2차 全鮮 군수, 각도 주요 과장 등 지도자 회동에서 총독은 농촌갱생계획을 지속적으로 추진하기 위해 1935년부터 10년간 농촌의 모든 촌락으로 갱생계획을 확대한다는 방침을 밝혔다. 계획을 수립하지 못한 약 7만 촌락의 218만 농가 모두를 대상으로 연차계획에 따라 실시한다는 것이다. 계획대로라면 10년 후에는 읍면수의 92%가 계획 수립을 완료하게 된다(<표 1-9> 참조).30)

그리고 이러한 계획을 실행에 옮기기 위해서는 농가 현황을 먼저 파악할 필요가 있었다. 그래서 총독부는 다음과 같이 농가 현황을 조사하도록 지시했다. 첫째, 지정 부락의 모든 농가를 대상으로 현황조사를 실시하여 1936년 1월 20일까지 완료한다. 둘째, 조사원의 독단적 오류를 피하기 위해 현황조사는 반드시 2명 이상이 진행한다. 셋째, 군에서는 각 읍면마다 현황조사와 계획 수립의 지도담임자(가능한 산업기술원과 일반 군 직원이 1조가 되어 맡는다. 단 금융조합이나 보통학교에서 담당하는 부락일 때는 해당 직원의 입회를 요한다)를 정해 가능한 현황조사 때 입회 지도하게 한다. 넷째, 계획은 부유 농가를 제외한 모든 농가에 수립한다. 다섯째, 1935년도에는 5개년

---

29) 같은 책, 255쪽.

30) 朝鮮總督府, 1936, 『農村振興運動の全貌』, 109~110쪽.

후의 목표와 제1차년도 계획만 수립한다. 여섯째, 계획은 읍면농촌진흥위원
회의 자문을 거쳐 2월 20일까지 군수의 승인을 받아 결정한다.[31]

<표 1-9> 갱생지도부락확충연차계획표[32]

			확충부락에 대한 비율	1읍면 평균부락수
읍면수		2,393		
부락수		74,864		52
부락수내역	기설부락	5,110		2
	예정부락	69,754		30
장래 확충갱생지도부락 연차별 내역	1935	3,849	0.06	1.7
	1936	5,794	0.08	2.4
	1937	6,184	0.09	2.6
	1938	6,620	0.09	2.8
	1939	6,882	0.10	2.9
	1940	7,345	0.11	3.1
	1941	7,599	0.11	3.2
	1942	7,527	0.11	3.2
	1943	7,564	0.11	3.2
	1944	7,531	0.11	3.2
	1945	1,542	0.02	0.7
	1946	849	0.01	0.4
	1947	468		0.2

　여기서 한 가지 흥미로운 사실은 총독부가 농어가갱생지도부락을 조사하
면서 '면사무소에서의 거리'라는 항목을 둔 점이다. 갱생지도부락을 효율적으
로 지도하기 위해서는 면사무소와의 거리도 중요하다고 인식했음을 말한다.
현재까지 확인할 수 있는 자료는 강원도와 전라남도에서 조사한 것으로,
<그림 1>과 <그림 2>는 두 지역의 조사자료를 이용하여 그래프를 만든
것이다. 강원도의 경우 237개 지도부락 중 약 80%인 192개가 읍면사무소에서
4km 이내에 집중되어 있다. 전라남도는 474개 지도부락 중 4km 이내에

---

31) 「明年度指定の更生指導部落」『중선일보』 1935.12.5.
32) 같은 책, 161쪽. 이 계획표는 1947년까지 12년 동안 추진하여 조선의 전체 부락에
　　갱생계획을 수립한다는 목표로 짜여진 것이다.

있는 곳이 304개로 약 64%에 해당한다. 강원도와 비교할 때 평야지대가 많아 면사무소에서 부락까지의 이동이 상대적으로 쉬웠을 것이며, 행정지도의 공간적 범위도 그만큼 확대될 수 있었을 것이다.[33]

〈그림 1〉 갱생지도부락과 읍면사무소 거리-강원도[34]

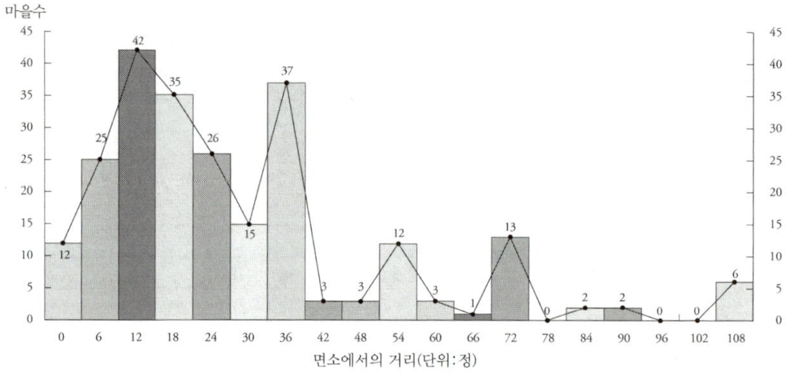

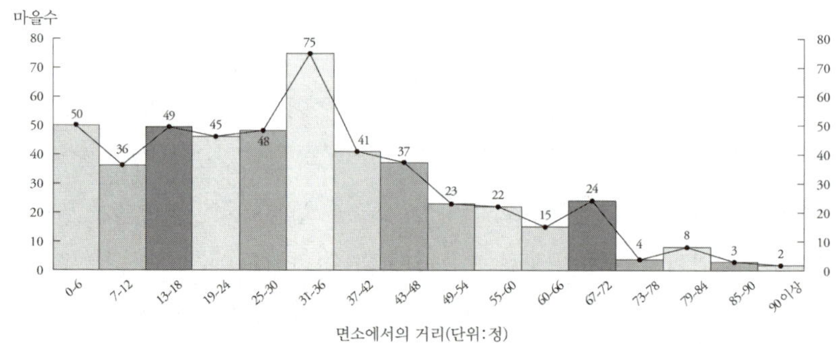

*비고 : 1里=36町, 1정=100.09m, 1리=3.9273km

〈그림 2〉 갱생지도부락과 읍면사무소 거리-전라남도[35]

---

33) 참고로 새마을운동 당시 모범부락으로 설정된 촌락 가운데 178개 모범부락을 조사한 결과 약 44%가 면사무소에서 1~3km, 군청에서 5~10km 내에 있었다. 최창호, 1973, 「새마을 모범부락 비교연구」 『지방행정』 242, 93~94쪽.

34) 조선총독부도서관, 1939, 『道參與官會同諸問事項答申』, 25~35쪽. 강진과 제주 지역 통계는 누락.

35) 全羅南道, 1938, 『昭和十二年度 更生指導部落設置槪要』.

확충계획에서 실시한 현황조사가 기존의 갱생계획에서 실시한 조사와 다른 점은 갱생지도부락의 전체농가가 대상이 되었다는 것이다. 갱생지도부락의 지도농가에서 전체농가로 조사대상이 확대된 것이다. 이는 그만큼 더 많은 행정력의 투입을 요구했고, 그 결과 식민권력의 촌락 침투 수준은 양과 질에서 확대되었다. 식민지배하의 전 기간을 권력침투도에 따른 주민조사의 수준 변화를 정리하면 ① 1911년의 우량면 조사,[36] ② 1926년의 모범부락·단체 조사,[37] ③ 1933년 갱생지도부락 선정을 위한 갱생지도농가 조사(→1935년 갱생지도부락의 모든 농가 조사), ④ 1940년 부락생산확충계획을 위한 모든 부락과 농가 조사로 구분할 수 있다. ④의 경우 全數調査가 어느 정도까지 집행되었는가 또는 현실적으로 가능했는가라는 현실적인 문제가 있긴 하지만 총력전 체제의 장기화에 따라 동원할 수 있는 자원은 모두 동원하고자 했던 식민 관료들의 의지는 확인할 수 있다. 이러한 의지는 전쟁이라는 비상한 상황이 강제한 측면도 있지만 식민지 조선에서 행정력의 발달이라는 객관적 조건이 있었기 때문에 나올 수 있었던 것이다(<부록 1> 지배경로별 식민권력의 주요 정책과 기구 참고).

3. 총력운동하의 촌락조직 정비와 일원적 지배체제의 수립

1) 농촌진흥운동의 수정과 갱생지도부락의 전면화(1937~1939)

1937년 중일전쟁과 南次郎 총독의 부임은 농촌진흥운동의 방향을 수정하는 계기가 되었다. 총독의 경질로 운동의 추진 동력이 다소 떨어졌을 뿐만 아니라 전쟁 수행에 필요한 농업생산물의 안정적 확보가 중요한 과제로 부가되었다. 따라서 농가 경제의 안정을 통한 치안 확보에서 생산 물자의

---

36) 朝鮮總督府 編, 1911, 『朝鮮各道ニ於ケル優良面調査』.

37) 朝鮮總督府 內務局, 「優良面部落竝團體調査表」(1)~(3), 『朝鮮農會報』 1927년 1~3월호, 각각 96~105, 46~56, 26~35쪽.

안정적 확보를 위한 농가 경제의 안정으로 강조점이 바뀌게 되었다. 농촌진흥운동도 촌락 통치 조직의 강화에 더 큰 비중을 두게 되었다. 1937년 9월 9일 각 도지사에게 보낸 정무총감의 통첩과 9월 23일의 훈시는 이러한 변화를 잘 보여준다.

「시국의 진전에 대처해야 할 농산어촌진흥운동의 사명 수행에 관한 정무총감 통첩」(1937.9.9)은 '농산어촌민에 대한 시국의 인식에 관한 사항, 농산어촌민의 恤兵·위문·헌금·현물헌납 등에 관한 사항, 생업보국에 관한 사항, 농회·산업조합·금융조합·어업조합·수리조합 등 각종 단체의 활동에 관한 사항'으로 구성되어 있다. 농민 조직화와 관련해서 「통첩」에서 주목할 내용은 시국 인식과 생업보국에 관한 사항이다. '시국의 인식에 관한 사항'에서는 군도와 읍면의 농촌진흥위원회를 당분간 매월 1회 이상 개최하여 그 기능을 강화하도록 요구하는 한편, 부락진흥회를 모든 촌락에 설치하게 하였다. 즉 진흥회와 같은 단체가 없는 일반 촌락에도 이런 종류의 단체를 보편적으로 설치하게 한다는 것이었다. 모든 촌락에 진흥회를 설치하고, 이를 통해 인적·물적·정신적 동원을 수행하는데 주민의 자발적 참여를 유도하겠다는 구상에서 나온 것이라 할 수 있다. 그리고 '생업보국에 관한 사항'에서는 농산어촌진흥운동의 강화를 촉구하면서 영농과 생활 개선, 부업 실행, 소비 절약, 부채 상환, 비황저축 등 자가의 갱생에 더욱 정진하는 한편, 생산 확충, 특히 비상시 국책과 관계한 농작물의 增收에 유감없도록 할 것을 강조하였다. 생산 증가와 소비 절약 등을 통한 농가경제의 안정에서 전쟁 수행을 위한 식량의 증산과 안정적 공급이라는 과제가 농민들에게 새로 부과되기 시작한 것이다.38)

한편, 1933년에 시작한 제1차 농가갱생지도부락은 1938년 3월로 갱생계획 실행연한이 만료되었다. 총독부는 이들 부락에 대해 "관변의 개별지도에서 부락민의 자조공려로 전환하고, 部落是39)를 수립해서 자주적으로 서로 협력

---

38) 「時局の進展に對處すべき農山漁村振興運動の使命修行に關する政務總監通牒」 『朝鮮農會報』 11-10(1937년 10월호), 97~98쪽.

39) 是의 사전적 의미는 옳음, 도리에 맞음이며, "天의 명령이며 시대의 大勢"라는

해 갱생과 향상을 도모"하는 방식으로 지도방침을 정했다. 그러나 계획이 만료된 부락 중 성적이 매우 불량한 곳은 계속해서 개별 갱생계획을 수립하여 관이 직접 지도한다고 하였다.[40] 갱생계획을 완료하여 자립적인 단계에 이른 갱생공려부락이 일종의 실천규약으로서 부락시를 정해 농촌진흥운동을 계속 수행하도록 요구한 것이다. 일반적으로 갱생공려부락은 '자조공려, 근로애호, 보은감사, 식량충실(또는 자급), 부채근절(또는 방지), 현금수지균형(또는 잉여축적)'을 부락시의 강령으로 정하고, '정신작흥과 민풍개선, 생활개선, 영농개선과 부업실행, 공동시설과 공동사업의 이용확장, 공려조직의 정비, 진도 조사'[41]를 공려사항으로 설정하였다.

1933년도에 실시한 제1차 갱생지도부락 중 1938년에 부락시로 이행한 갱생공려부락과 농가의 상황을 조사한 것이 <표 1-10>이다. '이행률이 도의 방침에 따라 반드시 일치하지 않기 때문에'[42] 도별 이행률이 꽤나 들쑥날쑥한 편이다. 평안남도가 25%에 지나지 않은 반면, 경기도와 경상남도는 100% 부락시를 실행한 것으로 보고되었다. 전라남도를 제외한 전국의 평균값은 84%이며, 평안남도를 제외하면 평균값은 더 올라가 전체적으로 보면 비교적 이행률이 높다고 할 수 있다.

일반촌락 중 부락시로 이행한 촌락은 상대적으로 부촌인데다 지방개량사업을 적극적으로 추진해 온 주민의 자치조직이 강한 촌락이 아닐까 추측한다. 부락시를 실행하는 부락의 농가호수 중 갱생 3목표를 달성하지 못했거나 다른 이유로 개별계획을 계속 수행하는 농가의 비율을 보면, 1차갱생지도농가가 11%인 데 비해 일반농가는 2.6%에 지나지 않는 것에서도 알 수 있다.

용례가 있다. 따라서 部落是는 "부락내 누가 보아도 옳다고 여기는 강령과 같은 것으로 그 구성원은 반드시 따라야 하는 실천사항"을 뜻한다고 해석할 수 있다(이송순, 2003, 「일제말기 전시 농업통제정책과 조선 농촌경제 변화」, 고려대 박사학위논문, 37쪽).

40) 朝鮮總督府, 1938, 『農漁家更生計劃ノ實施槪要』, 24쪽.
41) 朝鮮總督府, 1939, 『更生共勵部落ニ於ケル部落是ノ實施狀況』, 9~15쪽.
42) 朝鮮總督府, 1938, 『農漁家更生計劃ノ實施槪要』, 24쪽.

〈표 1-10〉 부락시 실행 부락 상황

	갱생지도부락수	부락시 이행부락수 (A)	일반부락 중 부락시 이행부락(B)	계 (A+B)	부락시 실행부락의 농가호수(戶)				
					1차갱생지도농가	일반농가	2차갱생지도농가	기타	계
경기	279	279 (1.00)		279	7,673 (33)	1,321		560	9,554 (33)
충북	106	85 (0.80)		85	1,589 (347)	1,730		58	3,377 (347)
충남	99	89 (0.90)		89	2,934 (441)	440			3,374 (441)
전북	186	128 (0.69)		128	4,299 (1,067)	2,098		20	6,417 (1,067)
경북	109	102 (0.94)	6	108	1,780 (314)	2,514	576	220	5,090 (314)
경남	245	245 (1.00)		245	5,227	3,746			8,973
황해	222	210 (0.95)		210	4,829 (726)	3,042 (760)			7,872 (1,468)
평남	197	49 (0.25)		49	1,321 (163)	134			1,455 (163)
평북	123	119 (0.97)	2	121	2,386 (178)	5,326	2,552	13	10,277 (178)
강원	177	142 (0.80)	6	148	2,840 (271)	2,346	146	16	5,348 (271)
함남	129	125 (0.97)	9	134	1,789 (305)	3,691	163	497	6,140 (305)
함북	78	72 (0.92)	32	104	918 (299)	2,339	477	1,790	5,524 (299)
계	1,950	1,645 (0.84)	55	1,700	37,585 (4,144)	28,728 (760)	3,914	3,174	73,401 (4,904)

*출전 : 朝鮮總督府, 1939, 『更生共勵部落ニ於ケル部落是ノ實施狀況』(山崎文庫 611.1-17), 1~2쪽 ; 朝鮮總督府, 1938, 『農漁家更生計劃の實施槪要』, 24~26쪽.

* 주 : ① 부락시 이행부락수의 괄호안 숫자는 제1차 갱생지도부락수에 대한 부락시 이행부락 수의 비율이다. ② 부락시 실행부락의 농가호수 내역 중 괄호안의 숫자는 갱생3목표를 달성하지 못하거나 다른 이유로 개별 갱생계획을 실시하면서 공려하고 있는 농가의 호수이다. ③ 전라남도는 갱생계획을 1934년도부터 실시했기 때문에 생략한다.

다음으로 지도부락의 성적과 이에 따른 공려부락의 선정(부락시 이행)

방법에 대해 사례를 통해 살펴보자. 전북의 경우 1938년 3월 말로 5개년 계획이 종료되는 186개 촌락 중 성적이 우량한 촌락은 128개, 낙제 촌락은 52개였다. 도에서는 성적이 우량한 갱생지도부락을 공려부락으로 전환시킬 수 있는가, 낙제한 촌락은 그 이유가 무엇인가를 다시 심사하기 위해 직원을 1군당 1명씩 파견하여 조사하게 했다.「출장자 조사 요항」에 따르면, 먼저 공려부락의 구역과 공려부락 설정이 적절한지를 조사하고, 예정된 공려부락에서 각 호별 3목표 달성상황을 상세히 조사하도록 하였다. 갱생계획을 계속 수립할 때는 중심인물이 하는 것을 원칙으로 하고 읍면의 지도·원조를 충분하게 할 것이며, 또 기왕의 계획에서 실적이 나오지 않는 것은 그 원인을 탐구해서 해결하되 공연히 신규사항을 계획하지 않도록 하라고 하였다. 그리고 부락시를 실시하지 않는 촌락은 제1차 갱생계획의 실적에 따라 다시 5개년계획을 수립하게 하도록 지시하였다.[43]

그리고 조선총독부는 1933년 5개년 농가갱생계획을 수립하여 1938년 공려부락으로 전환한 촌락 가운데서 성적이 특히 우수한 곳을 선정해서 장려금을 지급하기 위해 각도에 조사를 의뢰한 바 있다. 조사 내용은 '① 부락명, ② 부락의 위치, ③ 교통상황, ④ 직업별 호수, ⑤ 경지와 임야의 면적과 이용상황, ⑥ 부락의 연혁, 특색과 지도상 특히 주의·노력해야 할 사항, ⑦ 부락시, ⑧ 부락시 실시전에 있어 부락공동의 정신적 경제적 목표 달성을 위해 시설한 구체적 사실과 그 실적, ⑨ 종래의 실적에 비추어 금후 특히 시설을 해야 할 구체적 계획' 등 9개 항목에 걸쳐 있었다. 조사 결과 전국에 총 42개 촌락이 추천되어 보조금을 지급받았으며, 각 촌락의 실적사항을 조사한 것을 모은 것이 『지방개량조성보조관계』이다. 이 중에서 전라남도 순천군 내남면 용천리 관대동부락시의 구성과 내용을 소개하면 다음과 같다.[44]

---

43)「共勵部落の名で更に監督指導」『群山日報』 1938.3.19.

44) 조선총독부, 1939, 『地方改良助成補助關係』(국가기록원, 88-113), 35~47쪽.

황국신민서사(생략)

1. 綱領 : 自助共勵, 勤勞好愛, 報恩感謝, 食糧充實, 負債根絶, 現金餘剩蓄積
2. 목표 : 1) 忍苦持久, 剛健不拔의 정신에 의거하여 각자의 직분에 공부를 가해 노력함으로써 생업보국의 實을 거둘 것. 2) 축우는 전호 2두 이상의 사육을 목표로 生飼를 必行하고, 속히 개량증식에 노력할 것. 3) 양잠은 1호당 연 收繭量 15관 이상을 목표로 하고 掃立枚數의 증가, 桑樹의 肥培管理에 노력할 것. 4) 생산물의 개인 거래는 이를 폐지하고 모두 당국이 실시하는 공동판매소에 공동출하를 勵行할 것. 5) 農用林地의 시설을 확충하여 연료·비료와 사료의 증산을 꾀할 것. 6) 全家勤勞하여 동기·농한기를 낭비하지 말고 기미니는 1호당 220매 이상의 생산에 노력할 것.
3. 공려사항 : 1) 교풍과 생활개선—국기게양, 동방요배, 자치공려회 활동, 경신숭조 관념 배양, 청년단 정신 체득, 경로회·愛幼會 행사 실시, 납세이행, 도로 유지보수, 월례회 엄수, 冠婚葬祭의 간소, 색복 착용, 가계부 기입, 天引저금 이행, 부인의 옥외노동, 시장 출입횟수 감소, 공동우물 청소, 위생 철저와 자급비료 증산. 2) 갱생 3목표의 진도—부족식량의 충실, 현금수지 균형, 부채 상환. 3) 영농개선과 부업 실행 등 (하략)

관대동부락시는 그 구성과 내용면에서 전형적인 모습을 보여주고 있다. 조사된 42개 촌락의 부락시는 모두 '강령, 목표, 공려사항'으로 구성되어 있다. 강령은 동일하며, 목표의 내용들은 도마다 차이가 있으나 관대동부락시에 나온 여섯 가지가 기본을 이루고 있다. 주로 생산증대를 위한 농사개량과 근검절약을 지시하고 있다. 공려사항에서는 교풍과 생활개선사항, 갱생3목표와 부업 실행 등 농촌진흥사업의 주요 항목을 다루고 있다.

이처럼 조선총독부는 5개년계획이 끝난 갱생지도부락 중 성적이 우량한 촌락에 부락시라는 관제 촌락규약을 만들어 생산 장려와 전시동원을 위한 기초를 튼튼히 하려고 했다. 이는 부락시를 매개로 농촌진흥운동이 '자력갱생을 통한 개별 농가경제 안정'에서 마을 단위의 연대 책임 하에 '生業報國'으로 바뀌었으며, 공려사항의 '정신작흥·민풍개선'에서 애국일 행사, 국기 게양,

황거요배 등의 통치적 성격의 요소가 강화된 것을 의미한다. 그러나 갱생계획 확충에 따른 지도인력의 증가 문제를 주민의 자주적 실행력으로 보완하고, 갱생운동으로 궁핍에서 일시적으로 회복된 상태를 주민의 각성을 통해 유지시키려는 측면도 강했다. 따라서 부락시는 농가갱생을 위한 기존의 각종 장려사항을 종합함과 동시에 전통적인 자치규범과 질서를 통치체계 내로 흡수하여 식민행정의 요소를 접합시킨 것이라 할 수 있다.

중일전쟁이 일어난 이듬해인 1938년 4월 조선총독부는 「농산어촌진흥지도요항」 중 농촌진흥회에 관련한 내용 일부를 수정한 중대한 정책 변화를 시도한다. 즉 농촌진흥회를 '갱생부락 이외의 일반농촌부락에도 전체적으로 이를 설치하고' 회원 자격도 농어가에서 촌락내 거주자 일반으로 확대하여 촌락을 대표하는 자치기구로 전환하는 한편, '부락진흥회 구역 내의 각종 산업장려 단체나 계를 폐합 정리하여 진흥회로 통일하여 조직을 일원화'한다는 방침을 수립한 것이다. 모든 촌락에 농촌진흥회를 설치한다는 1937년 9월 9일의 통첩 내용을 구체화시키는 한편, 농촌진흥회의 가입대상을 촌락 내 거주자 전체로 확대한다는 방침이었다. 조직과 대상이 확대됨에 따라 총독부는 주민들을 훈련시키기 위해 '부락진흥회경영요항'을 만들어 하달하였다. 계획 확충에 따른 지도인력의 증가 문제를 주민의 자주적 실행력으로 대체하고, 동시에 갱생운동으로 궁핍에서 일시적으로 회복한 경제 상황을 주민의 각성으로 지속시키려는 의도였다.[45]

1938년 7월 7일 총독부는 관과 민의 통합기구인 국민정신총동원조선연맹을 결성한 뒤 9월 22일 「국민정신총동원조선연맹 실천 요목」을 발표하고 '국산품 애용, 철저한 소비절약과 저금 勵行, 國債응모 권장, 생산 증가와 군수품 공출, 자원 애호, 근로보국대의 활약 강화, 1일 1시간 이상 근로 증가 勵行, 농산어촌갱생5개년계획의 완전 실행, 全家勤勞'[46]를 강조하였다.

---

45) 金興洙, 「部落振興會の經營に就て(1)」『釜山日報』1938.7.15. 김흥수는 경상남도 산업부 농림과(1938)와 농촌진흥과(1939)의 지방사회주사를 역임했으며, 이 글은 총 12회에 걸쳐 연재되었다.

실천 요목에서도 확인할 수 있듯이 국민정신총동원운동(이하 정동운동이라함) 단계에서는 농촌진흥운동을 계속 진행시키되「농가경제갱생계획」을부락시로 전환하여 촌락을 단위로 생산력 확충과 농가경제 안정을 동시에추구하였다. 따라서 총독부는 농촌진흥운동과 정동운동을 표리일체 관계로규정하고 서로 긴밀히 연계 통합하여 민중 계도에 함께 힘쓸 것을 강조했다.[47]조직상으로도 국민정신총동원부락연맹과 각 부락진흥회의 구역을 같게 하였으며, 동시에 진흥회장이 부락연맹이사장을 겸임하게 하여 촌락통제의 경로를 단일화하는 방향으로 체제를 정비했다.[48]

2) 국민총력운동과 부락생산확충계획(1940~1945)

1940년 10월 16일 조선총독부는 국민정신총동원조선연맹을 국민총력조선연맹으로 전환한다고 발표하였다. 조직적인 차원에서 볼 때 국민총력조선연맹은 기존의 각종 동원기구 뿐만 아니라 각 부문의 민간운동기구까지 모두통합한 최대의 외곽단체이자 일원적인 총동원기구로서 확대·발전시킨 것이었다. 국민총력조선연맹 이사회는 1940년 12월 11일, 총독부 내에 설립된국민총력운동지도위원회 제6차 회의에서 제안된「국민총력운동실천요강」을 정식으로 결정하였다. '高度國防國家의 건설'을 최고목표로 하는 요강은'사상 통일, 국민 총훈련, 생산력 확충'을 3대 實踐大綱으로 설정했다.[49]

그리고 총독부는 생산력 확충을 위한 방안으로 기존의 국민정신총동원운동과 농촌진흥운동을 통합하여 '농산촌생산보국운동'으로 바꾸고, 그 실행계획으로 '部落生産擴充計劃'을 수립하였다. 1940년 12월 5일 정무총감은 각

---

46) 朝鮮總督府, 1940, 『朝鮮に於ける國民精神總動員』, 34~36쪽.

47) 國民總力朝鮮聯盟 編, 1945, 『朝鮮に於ける國民總力運動史』, 49쪽.

48) 河祥鏞, 1939, 「部落指導體系確立に就ての若干の考察」『金融組合』135(1939년 12월호), 25쪽.

49) 국민총력조선연맹, 1941, 「三大綱領を基幹とする國民總力運動の實踐要綱決定」『國民總力』3-1(1941년 1월호), 17~18쪽.

도지사 앞으로 「농산촌생산보국지도방침에 관한 건」의 통첩을 보내는 한편, 다음과 같은 담화문을 발표했다.

> (전략) 종래의 농촌진흥운동의 직접적인 목표는 물심 양면에서 개별 農山漁家의 생활을 안정·향상시키는 데 있기 때문에 운동의 중심시설인 농어가갱생계획은 농어가의 식량 충실, 수지 균형, 부채 근절을 계획 수립의 요점으로 해 왔다. 그러나 現下의 新政勢를 감안할 때는 자유주의적 관념에 기초한 경영으로는 도저히 시국하 농산촌이 담당해야 할 실무를 수행하는 데 만전을 기하기 어렵고, 또 제일선에 있는 지도의 실정에서 보더라도 이를 전체적·전면적 지도로 바꿔, 이른바 公益優先, 職域奉公의 정신에 기초하여 진정한 國家本位의 경영을 널리 농산촌의 구석구석까지 철저하게 하는 것이 중요한 時務라 믿는다.[50]

담화문은 전쟁의 장기화에 따라 농업정책을 개별농가의 생활 안정과 향상을 목적으로 한 농가갱생계획에서 '국가 본위의 경영'으로 전환할 수밖에 없다고 밝힌 것이다. 여기서 말하는 '국가 본위의 경영'이란 전쟁 수행에 필요한 식량 증산과 공출 확대에 다름 아니었다. 이에 따라 총독부는 「농산촌생산보국지도방침」에서 구체적인 지도방법을 다음과 같이 지시하였다.

1. 부락계획에 의한 지도
1) 종래의 농가갱생계획에 의한 지도를 부락생산확충계획(이하 부락계획이라 함)에 의한 지도로 고친다.
2) 부락계획은 주로 농림 생산의 확보 증진에 관한 사항을 그 내용으로

---

50) 朝鮮總督府 農林局 農政課, 1942, 『朝鮮に於ける部落生産擴充計劃實施槪要』(국립도서관 소장본), 3쪽. 방기중 편, 2005, 『일제파시즘기 한국사회자료집』 8권, 선인에도 같은 자료가 수록되어 있으나 제목은 『部落槪況調査簿』로 되어 있다. 이 자료는 神奈川大學의 소장자료를 이용한 것이다(이경란, 2004, 「총동원체제하 농촌통제와 농민생활」, 방기중 편, 『일제 파시즘 지배정책과 민중생활』, 혜안, 387쪽). 그러나 자료에는 표지가 없고 필기체로 『部落槪況調査簿』라고 쓴 것으로 보아 대학에서 자료명을 확인할 수 없이 임의로 적은 것이라 생각된다.

하고 年限은 대개 3년을 1기로 한다.

3) 부락계획은 郡島 직원 지도 하에 읍면직원으로 간단한 부락개황조사를 하게 하고, 부락연맹 간부와 부락민의 협의 위에 부락을 단위로 이를 수립하며, 상부에서는 府직원이 직접 조사를 맡고, 계획 수립은 다음에 준한다.

(중략)

8) 부락계획의 내용 중 농산물의 종류별 작부 면적 등과 같은 중요한 사항은 부윤, 군수, 島司의 승인을 받지 않으면 변경하지 못한다.

9) 부락계획의 전면적인 실시로 종래의 갱생지도부락 10개년 확충 연차계획은 답습할 필요가 없으며, 따라서 갱생공려부락에 실시하고 있는 部落是와 갱생지도농가에 실시하고 있는 농가갱생계획은 부락계획의 실행 개시와 함께 폐지한다.

(중략)

2. 그밖의 지도

농경지의 적정한 배분, 소작조건의 개선, 농촌 노무대책의 수립 실행, 농업자 이주 계획과 농촌 지도방침의 통합, 부락 협동시설의 확충, 集荷 배급의 합리화 등에 관한 사항도 부락을 단위로 해서 부락 지도와 共勵에 특단의 배려를 한다.[51]

즉, 농림생산의 증대를 반드시 확보하기 위해 종래의 갱생계획서와 部落是를 폐지하고 부락을 단위로 하는 생산확충계획을 전 농촌의 각 부락에 일제히 수립하도록 지시하고, 기타 경제통제와 동원 관계 업무도 부락을 단위로 수행하도록 지시하였다. 이처럼 농산촌생산보국운동의 핵심적인 사항인 부락생산확충계획은 '부락'을 실행 단위로 '국가'의 요청에 따른 계획 생산의 완수를 목표로 해서 수립된 것이다. '반도농업의 계획경제화의 제1단계에 들어가게 되는 실로 획기적 운동'이라고도 평가받는 부락생산확충계획은 보통작물·특용작물·기타 주요가축·부업생산품에 이르기까지 면밀한 증산목표가 각 촌락을 단위로 작성되었다.[52]

---

51) 朝鮮總督府 農林局 農政課, 1942, 『朝鮮に於ける部落生産擴充計劃實施概要』, 5~7쪽.

　그렇다면 이러한 계획은 어느 정도 실행되었을까. <표 1-11>은 총독부가
부락생산확충계획이 수립된 현황을 조사한 자료이다.

<표 1-11> 부락생산확충계획을 수립한 부락수

도명	계획수립 부락수	계획수립 농가호수	부락 호수			부락연맹수	부락연맹 애국반수
			최다	최소	평균		
경기도	5,530	232,685	316	7	42	5,672	24,812
충청북도	3,590	129,655	178	6	36	3,626	13,919
충청남도	6,560	224,385	89	9	34	6,555	23,118
전라북도	6,016	222,440	317	5	37	5,805	23,796
전라남도	8,231	383,453	291		46	8,066	37,998
경상남도	6,036	339,494	315	9	56	6,040	35,025
경상남도	5,929	258,311	354	7	50	6,022	35,403
황해도	8,427	224,724	230	5	27	8,397	21,997
평안남도	5,334	179,210	350	3	34	5,023	17,228
평안북도	5,128	178,453	384	7	41	3,093	18,416
강원도	4,600	197,293	229	3	55	4,117	23,673
함경남도	3,338	159,64	274	5	48	3,336	20,592
함경북도	1,892	66,081	90	8	35	2,138	13,133
합계	70,611	2,822,824				67,890	309,110

*출전 : 朝鮮總督府　農林局　農政課, 1942, 『朝鮮に於ける部落生産擴充計劃實施槪要』,
　　1~2쪽.

　위 표에 따르면 부락생산확충계획이 수립된 곳은 농산촌 74,000여 촌락
중 70,611개 촌락으로 97%에 달하며, 계획을 수립한 농가도 2,822,824호로
전체 농가호수 3,053,446호의 92.4%에 이른다. 그러나 이 통계가 실태를
제대로 반영한 것인지는 의문이다. 뒤에서 검토하겠지만 1942년 1월 조선의
농업을 재편성한다는 취지아래 실시된 '부락과 읍면 기본조사' '농업 적정
경영조사'에서도 남부만 100% 조사를 했고, 중부는 70%, 서북부는 50%에
머물렀다.[53] 이런 점을 고려한다면, 이 통계는 다소 과장되었다고 할 수
있다.

---

52) 大熊良一, 1941, 「農業增産計劃と部落組織の問題」『朝鮮』308호(1941년 1월호), 12쪽.

53) 朝鮮金融組合聯合會, 1941, 「朝鮮農村再編成計劃成る」『調査彙報』22(1941년 11월호),
　　33~34쪽.

부락생산확충계획으로 부락개황조사를 거친 뒤 확충계획을 세운 농가의 비율은 1933년과 1938년에 비하면 가히 경이적이라 할 정도임에는 틀림없다. 즉 1933·34년 제1차 농가경제갱생계획의 대상이 되었던 농가가 전체의 3%, 1935년 갱생지도부락확충계획에 따라 설정된 1938년의 대상 농가가 전체의 18.3%인 것에 비해 자료상으로는 1942년에 확충계획이 수립된 농가는 전체의 90%에 이른 것이다. 물론 이런 계획에 대해 "시국의 요청에 따라 응급적이고 횡렬적으로 수립되어 상호 연락을 가진 체계적인 것이라 말할 수 없다. 이런 의미에서 현재의 증산계획은 아직 진정한 계획 생산이라 할 수 있는 성질을 갖고 있지 않다"[54]는 비판도 있었다. 그러니 증산계획 자제는 임시방변적이었다 하더라도 농민조직화의 관점에 본다면 농촌진흥운동에서부터 국민총력운동에 이르기까지 일련의 연속성을 띠고 정책이 추진되었으며, 그 결과 식민 권력이 촌락 깊숙하게 침투할 수 있는 영역이 확대되었고, 그 정도도 심화되었다고 평가할 수 있다.

한편, 전쟁이 장기화됨에 따라 조선총독부는 1941년 7월 농업생산력을 확대하기 위해 「조선농촌재편성계획」을 발표하였다. 이 계획은 조선 농촌의 인구, 경지, 노동력, 경영에 걸친 기본 조사를 하고 종래의 부락개황조사, 부락생산력 확충계획, 개별 계획서를 참조하여 농업경영의 적정 규모를 지역별로 설정한다는 구상이었다. 이를 바탕으로 ① 농업생산관계 조정과 토지문제의 해결책으로 出入耕作地 정리계획, 경지 적정 배분계획, 자작농지 창정계획, 개척민 송출계획, ② 노무대책으로 농촌노무동원계획, 광공업노무자 선출 계획, ③ 생산력 확충 방안으로 공동시설 확충 계획, ④ 농가경제 안정을 위한 농촌부채 정리계획, 流通交易 자금계획 등을 마련하여 당면한 농촌 문제를 해결하려 했다.[55] 그리고 농촌 재편성 계획을 실행에 옮기기 위한 사전 조사로서 1942년 1월부터 5월까지 '부락과 읍면 기본조사' '농업

---

54) 久間健一, 1943, 『朝鮮農政の課題』, 成美堂書店, 381쪽.

55) 朝鮮金融組合聯合會, 1941, 「朝鮮農村再編成計劃成る」 『調査彙報』 20(1941년 9월호), 41쪽.

적정 경영조사'를 실시하였다. 조사를 실시한 읍면은 인구와 경영규모 등을 고려하여 조선을 3지구로 나누어, 남부는 전 읍면수인 920읍면, 중부는 전체 70%에 해당하는 480읍면, 서북부는 50%에 해당하는 370읍면이었다.[56]

실태조사와 더불어 자작농이 소작농보다 농업생산성이 훨씬 높다는 것을 과학적으로 증명하는 연구도 같이 진행되었다. 군부의 입장에서는 농업생산력을 안정적으로 확보하는 일이 전쟁에 수행하는 데 사활적인 과제라고 판단했기 때문에, 농업생산성을 최대한 높일 수 있는 정책과 제도를 구상했다. 그 구상의 하나가 적정 규모의 토지를 소유한 자작농을 창정하고 유휴노동력을 개척이민이나 징병, 징용으로 동원하기 위해 인위적으로 농촌을 재편한다는 것이었다. 이 계획을 실행하기 위해서는 지주계급의 양보를 받아내야 했지만 그것은 말처럼 쉽지 않았다. 1940년, 1941년 두해에 걸친 흉년으로 식량 생산이 전년에 비해 70% 정도밖에 수확되지 않은 상태에서 지주계급의 반발까지 있게 된다면 군수용 식량 공급도 어려울 수 있는 상황이었다.

1943년 7월 31에 발표된 「조선농업계획요강」은 이러한 상황을 고려하여 일종의 타협책으로 만든 안이라 할 수 있다. 1943년 1월에 구성된 농업계획위원회는 농림국에서 성안한 「조선농업계획책정요강」과 「조선농업계획실시요강」을 검토했다. 위원회는 "자작농 창설이 필요하나 지주들의 이해가 불충분하고, 이농을 방지하기 위해서는 소작료 조정이 필요하나 지주가 자신을 희생하지 않고 있다. 현재의 농업경영은 농민의 민도에 적합하지 않다. 차라리 이해하는 지주가 소작인을 충분히 지도하는 것이 낫다. 농민과 지주의 관계를 더욱 온정주의로 결합시키는 것이 필요하다. 따라서 지주에게 진실로 혼을 불어넣어야 한다"[57]고 하여 지주계급의 적극적인 협조와 참여를 강조하였다. 이러한 인식이 「조선농업계획요강」에 그대로 반영되어 "지주의

---

56) 朝鮮金融組合聯合會, 1941, 「朝鮮農村再編成計劃成る」『調査彙報』 22(1941년 11월호), 33~34쪽.

57) 朝鮮金融組合聯合會, 1943, 「第一回農業計劃委員會開催」『調査彙報』 37(1943년 2월호), 28~29쪽.

활동을 촉진함 — 지주로서 농지의 개량, 소작인의 연성지도, 기술원의 설치 등에 대해 적극적인 시설을 하도록 조치하여 농업의 速急 증산을 도모"[58]하도록 하였다. 이처럼 농업생산력을 최대한 높이기 위해 자작농을 대규모로 창정하고, 이를 기초로 조선 농촌을 재편하겠다는 「조선농촌재편성계획」(1941)은 현실의 장벽에 부딪혀 실현되지 못하고 지주계급의 협조를 구하는 쪽으로 방향을 정한 「조선농업계획요강」(1943)으로 후퇴하고 말았다.

4. 지도방식을 둘러싼 정책 변화와 의미

농촌진흥운동에서 가장 뚜렷한 특징은 개별농가에 대한 지도방식을 들 수 있다. 운동을 준비하는 과정에서 지도방식을 둘러싸고 관료와 총독 사이에 의견 차이가 있었다. 실무 관료들은 개별농가를 지도하는 일은 많은 행정력이 투입되어야 하며, 그 성과도 쉽게 나오지 않기 때문에 기존에 해오던 방식대로 촌락지도를 해야 한다고 주장했다. 반면 총독은 개별농가 지도를 고집했고 그것을 관철시켰다. 그렇다면 총독은 어떤 이유 때문에 개별농가를 직접 지도하는 방식을 고집했을까.[59]

그 이유는 1933년 3월 7일자 정무총감의 통첩에서 잘 요약되어 있다. "각개의 농가가 어째서 못사는지 어떻게 하면 잘 살게 할까 하는 것을 생각하기 전에 부락만 번드르르하게 겉치레하는 데 힘을 많이 쓰고 천편일률적으로 판에 박은 듯이 단체나 죽 만들어놓고 개인이야 어떻게 되었든지 공통되는 공공사업에만 힘을 들이는 폐단이 있어 정말 각개의 농가를 살리는 올바른 계획이 나서지 않았다."[60] 즉 1920년대의 모범부락 정책에서 취한 지도방식에

---

58) 朝鮮金融組合聯合會, 1943, 「朝鮮農業計劃要綱成る」 『調査彙報』 43(1943년 8월호), 2~24쪽 참조.

59) 당시 운동의 기획과 행정 실무를 맡았던 山口盛은 농촌진흥운동 정책을 수립한 것을 자랑스럽게 여기면서 "도대체 우가키상은 어떻게 해서 저와 같은 농가 1호 1호를 대상으로 하여 지도하려는 수단을 과감하게 채택했는가"라고 질문하면서 증언을 시작하였다. 山口盛, 1966, 15쪽.

대한 전면적인 비판 때문이었다. 기존의 정책 또한 농가의 안정을 목적으로 한 것임에도 결과는 정반대의 현실로 나타난 것은 지도방식이 잘못되었기 때문이라고 판단한 것이다.[61]

지도방식의 잘못은 두 가지 방향에서 지적되었다. 첫째는 지도기관의 할거에 따른 부처간 비협조로 농가에 대한 종합적인 지도가 되지 않으며, 이로 인해 농민의 의욕을 오히려 꺾는 결과를 낳았다는 지적이다. 예를 들어 면작계, 축산계, 양잠계 등 각각 전문 분야에 따라 명령, 시달, 지도가 추진됨에 따라 "이들 장려기관 사이는 횡적 연락협조가 있지 않은 것이 통례라는 극단의 말이 있다. 각 장려기관은 할거의 모습으로 말단 읍면에 그 생산목표를 적절하게 배분하고 있지만 군이나 읍면도 사람이 부족하여 충분한 지도력을 결여하고 있다." 따라서 "개별 농가는 그 생산목표 달성을 위해 단순 역할만 하는 존재가 되어, 본래의 목적인 농가의 생활경제에 기여하는 것을 출발로 삼았던 것과 현격하게 멀어지게 되었다." 그래서 宇垣총독은 총독부를 정점으로 하급 관청으로 내려가는 '장려본위'의 행정방식을 '농민본위'로 바꾸어, 농민 스스로의 의지와 의욕에 기초하여 자주·자립하는 방법을 선택하고자 하였다. 그 방법으로 제시된 것이 '농가갱생계획'에 기초한 호별지도였다.[62]

두 번째는 첫 번째의 문제와 연관된 것으로 촌락 단위의 지도방식에 대한 비판이었다. 1920년대의 모범부락 조성 정책은 기본적으로 촌락을 중심으로 한 것이었다. 그 결과 '부락 단위의 정책은 타율적 봉사 작업이 되어 소위 자력갱생의 열의와 노력을 振起시키지 못하'게 되었다.[63] 즉 집단 지도를

---

60) 鄭寅寬, 1938, 「재인식을 요하는 농가갱생계획」『농업조선』 2(1938년 2월호), 13쪽.

61) "모든 시설이 개별 농가의 의사대로, 희망대로 되어 그 농가의 경지와 노동력 등 실제에 적합하도록 경영 속에 짜여지고, 그들 시설이 유기적 결합으로 각각이 가진 기능을 충분하게 발휘할 수 있는 상태가 되는 것이 본래의 방식이며, 그것이 가장 바람직스러운 것임에도 사실은 전혀 그와 반대의 모습을 띠고 있다." 山口盛, 1966, 16쪽.

62) 같은 책, 17~18쪽.

63) 조선총독부 농촌진흥과 편, 1939, 『예규』, 7쪽.

할 경우 자연히 공동시설에 초점을 맞추게 되고, 짧은 시간 안에 가시적인 성과를 만들기에도 행정 관리상 효과가 있었다. 그러나 집단 지도는 개별 농가에 직접적인 이익과 생산 의욕을 불러일으키기에는 그 효과가 크지 않았다.

이처럼 지도기관의 할거로 인한 종합적 지도의 결여와 집단지도에 따른 공동시설 위주의 정책이 빚은 한계에 대한 총독의 강한 불만이 개별 농가에 대한 종합적이고 직접적인 지도라는 독특한 형태를 낳게 되었다. 그리고 이러한 결정의 배경에는 식민 행정력의 발달이라는 조건이 충족되었기 때문이기도 하겠지만, 일본제국주의 특유의 통치이념도 작용했다. 농촌진흥운동의 실무 책임을 맡았던 山口가 농림국장으로 있던 1936년 7월에 작성한 『서정일신의 근본 뜻과 행정의 도덕화·실제화』라는 글은 개별지도의 이념적 배경을 잘 보여주고 있다.

이 글에서 그는 개개인에 대한 지도가 갖는 의미에 대해 "상이한 각각의 행정이 민중의 1호, 1호를 대상으로 그 실정에 맞추어 종합화·합리화하는 것까지 행정이 철저하게 하는 것이 이상이다. 달리 말리면, 민중의 한 사람까지 빠지지 않게 폐하의 大御心이 위정자의 지성봉공에 따라 완전하게 이르게 하고, 민중이 성은을 진실로 感得하는 데까지 가는 것이 행정의 진정한 사명이라 믿는다. 이렇게 생각하면 행정의 심도, 한도는 1호 1호의 민중의 家事, 가정 즉 민중 개개인의 수신제가의 지도에까지 미치는 일이 행정 본래의 이상이자, 폐하의 뜻을 받드는 것"이라고 하였다. 따라서 "정치의 요체는 위정의 자리에 있는 자가 철저하게 폐하의 大御心을 온전하게 받들고 (위정자의 至誠奉公), 민중으로 하여금 정신적·물질적으로 불평불만이 없이 바르게 하고, 유쾌하고 평화롭게 건전·행복한 인생생활을 꾸릴 수 있도록 하여 한 사람의 낙오자도 없게 민중 개개인의 수신제가를 지도하는 데까지 미치게 하며(행정의 도덕적 실천), 민중이 이 지도에 기초하여 폐하의 大御心에 맞도록 실천하는 것(민중의 자각), 이 세 가지로 귀결된다."고 주장했다.[64]

이런 관점에서 볼 때 농민에 대한 기존의 행정지도는 어떠한가.

전체적으로 시설은 진전하여 경제력은 풍부해졌으나 무엇 때문에 개개의 민중은 쉽게 그 생활의 안정을 얻지 못하는가, 거기에 행정상 뭔가의 결함이 있어 반성의 여지가 많지는 않은가 생각하게 한다. 특히 조선처럼 민도가 낮은 농촌을 현재의 궁상에서 구출하는 것은 단지 생산기술의 지도나 시설만으로는 도저히 그 목적을 이룰 수 없다. 한 걸음 더 나아가 민중의 1호 1호에 대해 도덕적으로 모든 수단을 동원하여 교도하고, 친절하게 이야기하는 애정의 발로에 의해 민중의 이해를 깊게 해서 그 자각을 환기하기까지 철저하게 하면 될 수 있다. 만일 이러한 개개인의 생활지도가 도저히 불가능하다고 생각하는 자가 있으면, 기왕의 행정 과정과 행정의 진정한 사명에 대해 깊은 반성을 가해야 할 것이다.[65]

결국 '수신제가치국평천하'라는 유교적 이념과 천황을 정점으로 한 국가주의를 동원하여 개별농가에 대한 행정지도가 필요함을 이론적으로 뒷받침하게 된 것이다.

식민당국자에 의해 개별농가 지도라는 방식이 채택되어 실행되자 이에 대한 비판이 제기되었다. 경성공립농업학교장 野村稔이 "조선의 농촌진흥운동은 개별 농가를 목표로 한 계획과 실행으로 되어 있다. 동시에 단체적 운동은 가능하면 억제해 왔다. 때문에 정신적으로도 경제적으로도 오히려 퇴보한 사실이 있다. 진정으로 국가 백년대계에 심각한 걱정이 아닐 수 없다."[66]고 하여 개별농가를 대상으로 한 총독부의 지도방식을 정면에서 비판하고 나섰다. 그러자 당국자인 八尋은 野村이 정책을 잘못 이해하고 있다고 반론하였다. 즉 통첩에서 말한 지도의 대상은 개별농가이자 동시에 집단으로 둘 중 하나를 선택한 것이 아니라 둘 모두를 지도대상으로 삼고 있다. 따라서 개별농가와 집단(촌락, 나아가 지방 사회)의 관계는 다음과 같이 발전적인 관계를 띠고 있다고 하였다. "개별농가의 진정한 경제적

---

64) 山口盛, 1936, 『庶政―新の根本義と行政の道德化―實際化』, 山崎文庫 611.1-7.

65) 같은 글.

66) 野村稔, 1937, 「農村振興運動管見」 『朝鮮農會報』 11-3(1937년 3월호), 8쪽.

갱생을 중심으로 하고 이를 목표로 가장 簡易卑近하게 효과적인 구체적 계획을 수립하고, 정신지도의 힘으로 그 진정한 이해를 깊게 하여 도의적 의의를 천명한다. 다음으로 발분정진의 신념을 기르고, 또 공동공려의 시설에 의해 상호부조, 이어 개인의 힘이 미치지 못하는 것을 도와 그 효과를 증대하여 개별농가의 완성으로 부락을 완성하고 부락의 완성으로 읍면을 완성하고, 점차 더 나아가 도군에 보급을 철저하게 할 수 있다.”[67]는 주장이 그것이다.

野村은 실제 정책이 강조하는 점과 사례를 들어 八尋의 반론이 틀렸음을 다시 반박하였다. 그 요지를 정리하면, 통첩의 내용은 “전반은 완전하게 개별 농가의 지도정신이 보이고, 후반에서 공동으로 개인을 보조히여, 촌락 완성에 앞서 개인의 완성을 요구하고 있다. 즉 개인이 주고, 공동이 부로 다루어지고 있다.” 그리고 식민당국자들도 운동의 당초 지도 핵심인 방법에서 “내지의 농촌진흥운동은 단체지도 본위이지만 조선의 운동은 개인지도 본위이며, 이것이 조선의 特長”이라고 선전한 바 있다. 실제 도와 군의 지도 방식도 주로 개인을 대상으로 해 왔다. 이 때문에 어느 도에서는 종래 공동경영을 장려해서 공동저금을 하던 것을 본부의 통첩에서 ‘개인이 차금하고 있어 단체의 저금은 불합리하다’고 하여 분배시켜, 공동경영의 기운도 좌절한 예가 있다. 더구나 한 부락 내에서도 식량자급 선상에 있는 농가는 갱생계획 지도의 농가에서 제외되어 있다는 것이다.[68]

논쟁이 더 이상 진행되진 않았지만, 野村이 제기한 문제의 핵심은 총독부의 개별농가 지도 방식이 촌락 사회가 갖고 있던 기존의 공동시설과 기운을 해체시키고 있다는 점이었다. 이러한 문제가 관료 사회가 갖고 있는 경직성 때문에 생겨난 것인지, 아니면 개별농가 지도라는 지도방식 자체에서 비롯된 것인지는 野村 역시 분명하게 말하고 있지 않다. 그러나 농촌에서 직접

---

67) 八尋生男, 1937, 「野村校長の農村振興運動管見を讀みて」『朝鮮農會報』11-4 (1937년 4월호), 51쪽.

68) 野村稔, 1937, 「農村振興運動管見追補」『朝鮮農會報』11-5(1937년 5월호), 6쪽. 논쟁의 전체 개요는 지수걸, 1984, 「1932~35년간의 조선농촌진흥운동－식민지 “체제유지 정책”으로서의 기능에 관하여－」『한국사연구』46 참조.

농가를 지도하고 있는 관료들의 고민은 野村의 문제의식과는 다소 다르긴 하나 집단(촌락) 지도가 더 현실적이라는 데 있었다고 할 수 있다. 그 이유는 소농의 경영 상태가 매우 취약해서 자립할 수 있는 능력을 갖춘 농가가 많지 않아 개별지도가 사실상 난망하다는 현실인식이 있었기 때문이다.

김제 군수 배석린이 개별지도가 아닌 공동경작을 시행한 이유를 설명한 다음과 같은 말은 당시의 상황을 종합적으로 이해하는 데 많은 도움이 된다.

> 지금 가령 이들 소농 또는 농업을 할 수 없는 사람에게 상당한 경지를 경작하게 해도 그 절반은 경작할 資力이 없어 결국은 실패로 돌아갈 현상이라, 지주도 안심하고 그들에게 경지를 줄 수 없어, 소작 겸병은 더욱 진행될 상태가 되었다. 이를 구제·갱생하기 위해서는 개별을 단위로 하지 않고 먼저 부락단체를 단위로 해서 공동경작을 실시하여 일치단결, 과잉노동력의 경제화를 훈치하여 농사개량과 지방증진에 노력함과 더불어 각 개인에게 상당한 자력과 신용을 갖게 하여 점차 소작농을 양성하면 농촌진흥 수행에 일조가 되리라 믿는다. 이에 공동경작을 실시한 것이며 현재 군내에 논 100정 6반9무7보, 밭 7반3무, 단체 또는 부락 97개소 경작인원 3,208명이다.[69]

소농경영의 취약함으로 인해 개별지도를 하더라도 그 효과를 확신할 수 없기에 공동경작을 하게 되었다는 설명이다. 총독부의 방침과 달리 시행할 수밖에 없었던 지도 현장 관리들의 고민을 엿볼 수 있다. 김제군의 경우 다른 지역보다 식민지지주제가 가장 발달한 곳이어서 농가갱생계획의 중핵인 자작농과 자소작농 상층이 상대적으로 적고, 대지주 경영에 예속된 소작농이 많았기 때문에 자립성이 취약한 농가가 많은 지역은 지도의 중심을 촌락에 두었을 것으로 추정된다.

앞서도 언급했듯이 총독부는 1935년 1월 「갱생지도부락확충계획」을 발표하여 10년 동안 갱생지도부락을 확충하기로 했다. 이 확충계획을 분석하면서

---

69) 「金堤郡の專賣特許? 部落共同耕作に就て裵郡守の語る處」『群山日報』 1933.6.29. 밑줄은 인용자 주.

"계획의 핵심은 개별농가를 단위로 수행되었던 농촌진흥운동을 '부락' 단위의 집단 지도방식으로 전환한 것이었다. 여기에는 마을 단위의 집단적 연대책임을 통한 사회 통제를 강화하려는 의도도 있었다. 이것은 농촌진흥운동의 성격이 중일전쟁 이후 부락 단위의 '생업보국' 즉 전쟁 수행을 위한 식량 증산을 중요 목표로 하는 것으로 전환하기 위한 과도기적 모습"[70]이라는 해석이 있다. 그러나 이것은 잘못된 분석이다. 먼저 지도방식이 개별농가에서 촌락으로 전환했다고 주장할 만한 정책의 내용이 없다. 적어도 1935년의 단계에서는 개별농가를 지도대상으로 하고 있었으며, 1938년 5개년 갱생계획이 완료되어 성적이 우수한 우량부락을 갱생공려부락으로 설정하고 이른바 부락시를 실시한 단계에서도 개별농가를 지도한다는 방침은 포기되지 않았다. 따라서 지도대상이 정책적으로 바뀌었다고 분석할 근거가 매우 적다. 다만 앞서도 언급했듯이 농가를 지도하는 현장에서는 소농의 자립성 취약과 행정력의 문제 등으로 개별농가와 촌락 단위의 지도방식이 혼재되어 있었다고 보는 것이 좀 더 사실에 가까울 것이다.

1938년 4월 총독부는 「농산어촌진흥지도요항」 중 일부를 변경하여 촌락 내 각종 단체를 부락진흥회로 통일하고, 갱생계획을 완료한 촌락을 갱생공려부락으로 전환한 뒤 부락시를 실시한다는 방침을 발표했다. 그러자 세간에서는 "조선의 갱생운동은 원래 개별지도가 원칙으로 이는 운동 개시 당시 이미 많은 비난을 받았지만 무리를 해서 오늘에 이르렀다. 그런데 결국은 내지와 같이 부락지도로 전환한 것"이라는 비판이 제기되었다. 이에 경남도청에서 산업부 농림과 지방사회주사로 있던 金興洙라는 농정 담당자가 다음과 같은 요지로 비판에 답하고 있다.

갱생계획이 목적이고 주이면, 지도는 방법이고 종이다. 조선의 갱생운동이 변경을 필요로 한다면 그 지도 방법을 의미한다. 갱생공려부락이 각호의 갱생계획을 폐지하고 부락시에 따른 지도로 바뀌었다고 해서 갱생지도의

---

70) 지수걸, 앞의 글, 131쪽 ; 이송순, 앞의 책, 35쪽.

근본목표가 바뀌었다고 인식해서는 안 된다. 총독부가 방법을 바꾼 것은 제1선의 지도력을 완화하기 위한 것으로 갱생의 목표를 개별농가에 두고 있는 것은 부락시의 내용에서 미루어 분명하다. 경상남도가 부락시와 별도로 각호에 영농계획을 세운 것은 결코 본부의 방침에 배치하는 것이 아니다. 총독부의 방침을 몸으로 하고, 지금보다 좀 더 친절하게 농가를 보살피려는 것이 도의 방침이다. 또한 부락실행단체의 강화를 꾀하는 것이 결코 갱생의 목표를 개별농가에서 부락으로 이동시키는 것이 아니라면 지도의 개인적 접촉을 금지한다는 뜻이 아니며, 오히려 개인적 접촉의 부족을 단체를 통해 공동훈련으로 보완하려는 의도에 다름 아니라는 것이다.[71]

김흥수의 설명에서도 확인할 수 있듯이 경상남도는 총독부의 집단지도 중심에 개별농가의 계획을 보완적으로 계속 추진하고 있었다. 이것은 앞의 김제군 사례와는 반대의 행정집행 사례에 해당한다. 그렇다면 지도방식을 둘러싸고 왜 이런 현상이 일어날까. 두 가지 해석이 가능하다.

첫째는 권력의 속성과 현실의 제약이라는 측면에서 설명할 수 있다. 모든 권력은 자신의 의지를 타인에게 관철시키려고 한다. 국가는 행정을 통해 개개인에 이르기까지 자신의 정책이 집행될 수 있기를 원한다. 그러나 이를 실현시키기 위해서는 행정력이 뒷받침되어야 한다. 행정력이 뒷받침되지 못한 관철 의지는 한낱 선언에 그치고 만다. 그래서 정책은 현실적으로 집행 가능한 수준에서 타협하는 경향이 있다. 개별농가를 지도함으로써 농가경제를 안정시키겠다는 식민권력의 의도는 인적·물적으로 많은 자원을 동원할 수 있는 힘에 의존할 수밖에 없다. 宇垣총독이 개별농가 지도를 고집하고 사실상 총독부의 주요 자원을 모두 동원해서 농촌진흥운동을 추진했다. 그러나 일시적으로는 가능할지 모르나 지속적인 동원은 한계에 부딪칠 수밖에 없었다. 부족한 지도인력을 충원하기 위해서는 예산이 뒷받침되어야 하고, 그 예산은 제국의회의 동의를 구해야 했다. 그러나 인력 충원을 위한 예산 증액은 제국의회를 쉽게 설득하지 못했으며, 대개는 만족할 만한 성과를

---

71) 金興洙, 「部落振興會の經營に就て」(2) 『釜山日報』 1938.7.16.

거두지는 못했다. 따라서 지도 현장의 일손은 항상 부족했고, 이 부족을 보완하는 방법은 두 가지였다. 하나는 주민의 자발적인 참여를 최대한 끌어내는 것이고, 다른 하나는 가시적인 성과를 내기 위해 개인보다는 집단을 지도하는 쪽을 선택하는 것이다. 주민들의 참여야 당국자의 뜻대로 되는 것은 아니기 때문에 결국은 지도방식을 고민하는 것이 더 현실적이었다. 그러나 총독부 당국자들은 개별지도와 집단지도 중 어느 한쪽만을 고수하지 못한 채 둘 사이에서 방황했다고 할 수 있다.

두 번째는 촌락 사회가 갖고 있는 구조적인 문제라는 측면에서 설명이 가능하다. 생산과 분배, 그리고 생활의 기초단위였던 촌락공동체는 久間健一이 지적했듯이 식민권력과 상품화폐경제의 침투로 심각한 동요를 겪고 있었다.72) 자소작농의 몰락과 소작농의 임노동자화, 그리고 빈번하면서 과격해져 가는 소작쟁의는 대면공동체(face-to-face community)73)의 붕괴를 촉진시켰으며, 지주의 이농으로 공동재산 등을 통해 빈농층의 재생산을 가능하게 했던 최소한의 기제마저 위협받고 있었다. 이런 상황 하에서 1920년대의 모범부락 육성정책은 일부 부자농가에게만 해택이 돌아가는 결과를 낳아 빈농들의 경영 개선에는 그다지 효과가 없었다. 따라서 식민권력이 직접 개입하여 개별농가를 지도하여 갱생계획을 수립하고 관리·감독함으로써 농민 경제를 안정시킨다는 정책을 편 것이라 할 수 있다. 그러나 개별농가 지도가 개인의 생산의욕을 불러일으키는 데는 효과가 있으나, 갱생계획을 실시한 농가와 실시하지 않은 농가 사이에 괴리가 생겨 상호부조와 공동노동 등의 촌락 분위기를 만드는 데는 오히려 반대의 결과를 낳았다. 그래서 이 문제를 해결하기 위해 계획 수립 농가를 확대하는 한편, 갱생계획 수립자를 중심으로 '취락 생활자의 和衷協同, 隣保相助의 정신'을 수행할 공려조합을 설립하여 미수립 농가에게도 혜택이 돌아갈 수 있게 한다는 정책을 실시했다.74) 그러나

---

72) 久間健一, 1943, 『朝鮮農政の課題』, 成美堂書店, 4~18쪽 참조.
73) 빈센트 S. R. 브란트 著, 김관태 譯, 1975, 『한국의 촌락』, 시사문제연구사, 97쪽.
74) 岡崎哲郎, 1935, 「慶北の農山漁村振興に就て」『同胞愛』 13-9(1935년 9월호), 조선사회

이것은 다시 공동시설에 초점을 맞추고 있어, 결국은 개인지도와 집단지도가 혼용될 수밖에 없다는 것을 보여주었다.

사업협회, 34쪽.

제2장 촌락 지배기구

1. 식민권력의 촌락지배 경로와 기구

1) 다섯 가지의 촌락지배 경로와 기구

식민권력이 촌락을 지배하는 경로는 크게 무력(물리), 행정, 경제, 사회, 이데올로기 다섯 분야로 나눌 수 있고, 각각의 지배 경로에 따른 지도조직과 단체를 정리하면 다음과 같이 정리할 수 있다.[1]

물리적 지배	조선군, 경찰
행정적 지배	면사무소
경제적 지배	경제단체(농회, 금융조합, 산업조합 등)
사회적 지배	관설조직(농촌진흥회, 국민총력부락연맹 등)
이데올로기적 지배	학교, 중견청년훈련소 등

정치적 지배의 한 형태로서 조선인의 정치적 욕구와 불만을 체제내로 흡수하기 위해 실시한 면협의회를 제외하면, 주요 지배경로와 유형을 정리한

---

1) 이것은 郡面에 거점을 두고 촌락까지 영향력을 행사하고 있는 식민통치기구를 형태상으로 나눈 것이다. 이밖에도 자문기구로서 형식상 주민의 동의를 끌어내기 위한 정치적 지배기구인 면협의회가 있으나, 식민권력의 촌락침투라는 관점에서 논의대상에서 제외했다. 그리고 이 글에서는 사회적 지배기구를 주민 자치조직(주민의 자율적 의지로 만들었든, 관의 지시로 만들었든 간에 상관없이)을 매개한 권력 침투라는 제한된 의미로 사용하고자 한다.

것이라 할 수 있다. 여기서 물리적 지배는 무력으로 국권을 침탈하던 시기나 3·1운동과 같은 비상시기에 전면에 등장한다. 물론 1910년대는 군인인 헌병이 경찰업무를 맡고 있어 사실상 계엄상태 하에 있었기 때문에 군을 통한 물리적 지배가 일상화되어 있었다고 할 수 있다. 그러나 군대 자체가 전면에 나서서 일상적 지배를 수행한 것은 아니고 배후에서 영향력을 행사하고 있었기 때문에 논의에서 제외하고자 한다. 물리적 지배 중 경찰에 의한 지배와 나머지 네 경로는 각각의 영역에서 일상적으로 주민들과 접촉하면서 식민당국자의 정책을 관철시켜 나갔다. 여기서는 식민권력이 각각의 경로에서 어떤 방식과 기구를 통해 촌락으로 침투해 들어갔는가에 초점을 맞춰 다루고자 한다.

각각의 촌락지배 경로를 종합적으로 잘 보여준 것은 농촌진흥운동기의 촌락 지도조직이었다. 평안남도 대동군에서 갱생지도부락을 지도한 주체와 지도부락수를 조사한 자료에 따르면 농회 6개, 면 22개, 보통학교 16개, 금융조합 9개, 파출소 5개, 합계 58개로 보고되었다. 면과 보통학교가 중심이 되어 농촌진흥운동을 주도하였지만, 금융조합과 농회, 파출소 역시 적지 않은 비중을 가지고 있었다. 간이생명보험회사까지 포함한다면 사실상 모든 행정기관과 경제기구, 그리고 사회조직 등이 총동원되어 촌락을 지도한 셈이다.[2]

단일한 정책 목표 하에 다소라도 관계가 있는 기관들이 총동원되어 행정지도에 나설 수 있었던 것은 앞서도 언급했듯이 식민지 행정의 특징, 즉 총독에게 모든 권력이 집중되어 있는 데다 획일적으로 정책을 추진할 수 있는 행정체계를 반영한 것이다. 물론 이것은 식민 본국인 일본이나 만주국과 비교해서 상대적인 의미에서 그렇다는 것이다. 조선의 경우도 일본과 마찬가지로 부서간의 이해관계가 충돌하여 대립·경쟁하고, 심지어는 분열의 현상까지 보이는 것도 있지만, 행정체계가 중앙통제적인 성격이 강했던 만큼 통제와

---

2) 森幸次郎 編, 1935, 『更生部落を訪れて』, 平壤每日新聞社, 95쪽.

조정이 쉬웠다고 할 수 있다.

<그림 3>은 농촌진흥을 지도하는 각 기관의 연락상황을 정리한 강원도 사례이다. 그림에서도 확인할 수 있듯이 도-군-읍면-촌락이라는 공간체계 또는 행정질서에 맞춰 각 기관이 촌락 지도에 관여하고 있다. 도 단위에서는 도청이 총독부의 기본방침을 군청으로 전달하는 한편 촌락을 지도하는 각 기관을 통할하고 있고, 군 단위에서는 군청과 더불어 금융조합이 중심기구로 활동하고 있다. 면 단위에서는 면사무소와 학교가 중심이고, 주재소가 보조적인 역할을 수행하고 있다. 그리고 촌락 단위에서는 진흥운동의 실행주체인 진흥회를 중심으로 근농공제조합, 부인회, 청년회, 각종 조합과 자치조직이 운동에 참여하고 있다.

네 가지 경로와 기구 가운데서 경제적 영역은 농촌진흥운동의 실질적인 목적이 농가경제갱생에 있었던 만큼 그 중요도가 클 뿐만 아니라 농촌진흥운동 과정을 통해서 기구가 확대되어 간 대표적인 영역이다. 사회적 지배경로와 기구의 경우, 촌락 내에 설립된 농촌진흥회가 권력침투의 매개체이자 주민동원의 핵심조직의 역할을 수행했다. 여기서 동원이란 개념은 "사람들을 행동하도록 모으는 것……어떤 문제를 해결토록 하거나 어떤 목표를 달성토록 하는 것"이며 "어떤 집단이 행동에 필요로 하는 자원에 대해 집합적 통제를 하는 과정"[3]을 차용한 것이다. 이때 동원의 대상이 되는 자원은 크게 인적 자원과 물적 자원, 그리고 제도와 조직 자원을 들 수 있으며, 권력과의 관계에서 보면 촌락 단위에서의 권력은 이러한 자원을 누가 어떻게 동원하는가에 따라 달라질 것이다. 그리고 권력자의 눈에서 보면 동원이지만 주민의 눈으로 보면, 그것이 적극적이든 소극적이든 간에 참여의 의미를 갖는다.[4] 이런 측면에서 보면 농촌진흥운동기 동원대상의 조직체로서 핵심적인 기능을 한 농촌진흥회는 권력의 요구에 대한 주민의 대응이 구체적으로

---

3) Charless Tilly, *From Mobilization to Revolution* (Reading, Mass. : Addison Wesley Publishing Co., 1978)/ 경남대학교극동문제연구소 옮김, 1995, 『동원에서 혁명으로』, 9~10쪽.

4) 申幸澈, 1989, 『제주 농촌 지역사회의 권력구조』, 一志社, 146~147쪽.

논의되고 발현되는 장이라 할 수 있다.

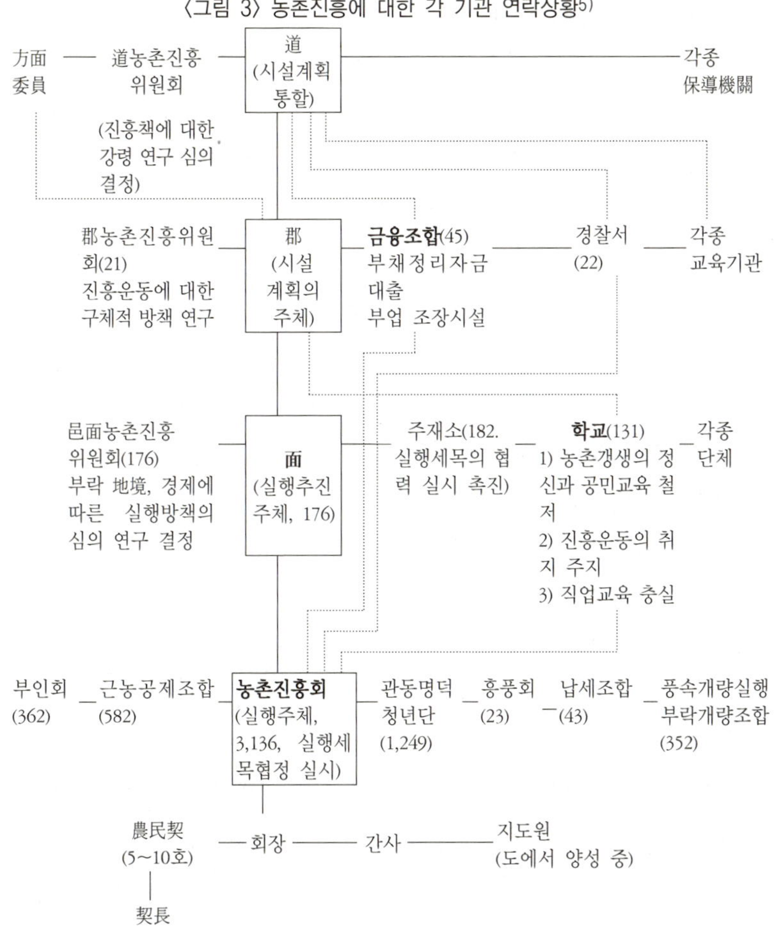

〈그림 3〉 농촌진흥에 대한 각 기관 연락상황[5]

따라서 경제적 지배와 사회적 지배는 그 중요성 때문에 별도의 장에서 다루고 여기서는 간단하게 행정과 학교를 통한 지배를 먼저 살펴보겠다.

먼저 행정적 지배경로 중 도−군−읍면으로 이어지는 일반 행정기구의

---

5) 朝鮮總督府, 1934, 『道參與官會同諸問事項答信』, 594쪽. 강조는 인용자 주.

지도내용을 충청북도의 사례를 통해 보자. 충청북도는 1936년 2월 5일 관할 각 군수와 관계기관에 갱생지도부락지도요령 중 일부 지도방침을 변경하거나 새로 추가한 통첩을 내린 바 있다. 통첩은 크게 도의 지도조직과 지도에 관한 내용과 군·읍면의 지도조직과 지도 내용, 두 가지로 구성되어 있다. 첫째, 도에서는 각 과장과 산업기술관, 기술원, 기타 직원이 농촌진흥운동과 관련 없는 업무로 군에 출장할 때도 가능한 갱생지도부락을 시찰하여 지도하도록 해 모든 과가 농촌진흥업무를 수행하도록 지시했다. 이를 위해 각 과에 군을 배정하여 지도하게 한 것이다. 즉 지방과는 옥천·충주·제천군을, 학무과는 영동군, 산업과는 청주·보은·진천군을, 산림과는 괴산·단양군을 맡아 지도하도록 한 것이다. 그리고 각 과는 군별로 지도담임자를 정해 최소한 연 2회 이상 담당 군에 출장해서 지도하는 한편, 매월 10일까지 다음달 농가행사표를 제작하여 이를 지방과로 보내고 농촌진흥위원회 또는 간사회에 부의한 뒤 각 군에 통달하도록 하였다.

둘째, 군에서는 내무계 주임을 사무담임자로 하고, 군 직원이 읍면에 출장할 때 항상 읍면과 갱생부락을 지도할 것은 물론, 특히 군속, 군기수, 산업기수와 교화촉탁으로 하여금 읍면을 적당하게 분담시켜 이들을 주무자로 삼았다. 이에 다른 직원, 산업단체 직원을 배치하여 통제하는 활동에 따라 담당 읍면과 그 읍면내의 갱생부락 지도를 맡게 하였으며, 읍면 담당 직원은 매월 2회 이상 담당 읍면에 출장하여 읍면과 갱생부락을 지도하게 했다. 부락 담당자는 가능한 담당 부락에 거주하면서 상시지도를 하고, 만약 거주하기 힘든 경우 매주 1회(적어도 월 3회) 그 담당부락에 출장 가서 지도하도록 했다.

이처럼 조선총독부는 농촌진흥운동을 추진하면서 모든 행정부서를 동원하여 촌락을 지도하는 업무를 부가하는 한편, 도-군-읍면-촌락으로 이어지는 지휘계통과 기구를 정비한 것이다.[6]

---

6) 「更生指導部落の指導方針一部變更」 『朝新』 1936.2.9.

다음은 치안행정을 맡고 있는 경찰 계통의 정비이다. 전라북도가 1935년 진흥회를 확대한다는 계획을 발표하면서 "종래 경찰에서는 위생부락으로 지도해 온 바 있으나 진흥부락 지도는 처음 참가하기 때문에 경찰관도 뽕, 면화, 벼농사 재배부터 퇴비제조 등의 지식을 알아야 한다. 도에서는 이들 지도요항에 관한 간단한 인쇄물을 편집 중이며 곧 탈고할 예정"이라고 하였다.[7] 즉 경찰에게까지 농촌지도를 할 수 있도록 농업기술에 관한 교양을 쌓도록 하겠다고 지시한 것이다. 그러나 이는 매우 비현실적인 요구였으며, 설령 지도에 투입된다 하더라도 노농들이 젊은 농사지도원의 지도조차 무시하는 일이 많은 상태에서 경찰의 지도는 형식에 머물 소지가 컸다. 따라서 지도 내용이 경찰 업무와 관련해서 제한되어 있었을 것이며, 다음에서 보는 몇 가지 성공사례에서도 이는 확인된다.

경북 영덕경찰서는 각 면에 1개의 경찰지도부락을 선정해서 지도 훈련할 계획을 발표했다. '농어촌생활자가 자기와 현재 사회 狀勢를 반성 인식하여 自奮勞勤, 감사의 생활을 하도록 각성'시키는 것을 지도 목표로 둔 영덕서는 경찰지도부락답게 경제적인 관심보다는 통치와 사회풍습에 중점을 둔 실천 방침을 제시했다. 즉 '國體 관념을 明徵하고, 尊皇敬神의 생각을 고양하는 일' '勤勞汗愛, 저축심을 환기하는 일' 그리고 '公德心을 고취하여 和衷協同, 隣保相助 정신을 조장하고 나아가 공익을 도모하며, 공익 업무에 전력을 다하는 미풍을 함양하는 일'을 주요 지도내용으로 삼았다.[8]

---

7) 「農村經濟の擴充 三千戶以上の集團部落に 十年間に三千三百餘の振興會を結成 全北では各機關を總動員」『京城日報』 1935.1.25.

8) 「各面に一部落づつ警察の指導部落」『民衆日報』 1935.9.18. 세 번째 지도사항을 다시 세분화하면 다음과 같다. ① 축제일에는 국기의 정식게양, ② 神社, 神祠, 사찰 앞 통과 때 참배, ③ 가능한 일찍 일어나 부녀자도 옥외노동을 하고, 시장가는 일은 되도록이면 제한할 것, ④ 관혼상제, 기타 의례는 정신을 존중하고 경비를 절약할 것, ⑤ 미신에 빠지지 말고 弊風을 타파할 것, ⑥ 공동우물, 하수구, 변소, 가옥내외와 우사·돈사·퇴적장을 청결하게 할 것, ⑦ 온돌 아궁이와 灰捨場을 잘 손질하여 화재예방에 노력할 것, ⑧ 화재, 도난, 전염병, 재화방지에 노력하고, 이들 사항을 발견할 경우 속히 신고할 것.

　전북에서는 143개의 모범위생부락을 선정하였는데, 이들 가운데 5개 부락은 성적이 우수하여 경무국장이 직접 표창하였다. 이들 모범위생부락 역시 경북과 마찬가지로 지도 내용이 사회풍습을 중심으로 한 것이었다. 예를 들어 "자발적으로 청소하는 습관이 길러짐. 우물과 변소 개량에 힘을 기울여, 변소는 1호에 1개씩 설치. 파리가 들끓는 계절은 모두 나와 잡는 부락이 많음. 단발은 철저하게 실행하고 색복착용자도 특히 많음. 미신을 배척하고 무당에게 병자를 맡기지 않음. 금주금연을 실행, 위반자에게는 벌금을 부과하여 부락의 적립금으로 삼음. 집집마다 국기를 준비, 축제일에 게양함. 공동경작하여 수익을 부락적립금으로 하여 위생시설에 충당함. 도박을 근절하고, 범죄자가 없음" 등이었다.[9] 이리서장은 지주측과 협의하여 군내 21개 위생모범부락 주민에게 소작권을 주도록 주선하여 주민들에게 동기를 부여하기도 했다.[10]

　장수군 산서면의 주재소 松本부장은 주민의 경신숭조 정신을 함양하기 위해 사재를 내어 "神域 약 1반보를 사 御祠를 조영하고, 청년과 마을 사람들과 흙을 쌓고 못을 파고 나무를 심고 모래를 쌓아 大麻殿을 만들었다." 이후 주민들, 특히 부인들의 참배가 많아졌다고 한다. 또한 그는 山西청년단을 지도하여 간이소방조로도 활용했다. 주재소는 갱생지도부락을 2개 부락으로 나눠 분담하였고, 川上, 金순사가 가가호호의 갱생계획을 직접 지도하여 성적을 올렸다고 홍보하였다.[11]

　이처럼 경찰이 촌락을 지도하는 내용은 위생과 생활개선, 그리고 사상적인 방면에 집중되어 있었다. 경무국장 池田淸이 中樞院에 보고했듯이 식민지 경찰은 "항상 자력갱생운동의 근본방침을 체득하여, 지방의 상황에 따라서는 경찰지도부락을 선정하여 위생시설의 개선 쇄신을 도모하거나 교풍회·자경

---

9) 梁村奇智城, 앞의 책, 252~253쪽.

10) 「模範部落へ 小作權附與」 『釜山日報』 1933.7.2.

11) 八尋生男, 1936, 「全北に於ける農民訓練所その他(1)」 『自力更生彙報』 第30號, 1936년 2월 20일, 11쪽.

단 등을 조직하여 지방에서의 弊習의 矯正, 또는 自衛自警 정신의 환기에
노력하는 등"[12] 측면에서 농촌진흥운동을 지원하고 있었다. 농촌진흥운동에
사회주의자들이 접근하는 것을 예방하는 것도 주요 임무 가운데 하나였다.[13]
1933년의 통계에 따르면 농촌진흥운동에 동원된 경찰 인원이 1만 9천여
명이라 한다. 이는 경찰관 전원이 농촌진흥운동에 직간접으로 관여하고
있음을 말한다.[14]

식민지 조선의 경찰이 가진 특징 가운데 하나로 일반 행정을 지원하는
'조장행정업무'를 경찰이 수행하고 있다는 점을 들 수 있다. 즉 식민지 행정이
원활하게 집행되기 위해서는 무장한 경찰력의 '원조'를 받아야만 한다는
것을 상징적으로 보여주는 기능이다. 이러한 경찰의 조장행정 기능과 역할이
농촌진흥운동을 통해 더 확대되고 강화된 것이다. 식민권력의 지방 지배력이
더 높아졌음을 뜻한다.[15]

이데올로기적인 지배경로 중 학교를 통한 촌락지배의 대표적인 사례로는
함경남도 함주군 상기천면 오노리 공립보통학교를 들 수 있다. 학교에서
야학회(학술강습회)를 개설하여 교육을 할 당시 이 지역 일대는 '사상 악화,
공동심 부족, 국어(일어 : 인용자 주) 해독자 희소, 인민 생활의 저급과 지식
협애, 경제관념 부족, 저축심 없음, 유치한 농업기술, 근로정신 결핍, 의무감
부족' 등 식민당국자의 눈으로 볼 때는 최악의 상황이었다. 게다가 야학회를
개최할 때는 사상 악화로 회원을 희망하는 자도 적었다. 그러나 학교 당국에서
십 수 년간 노력한 끝에 신경리, 죽리 두 동리가 총독과 도지사의 조성금을

---

12) 朝鮮總督府中樞院, 1934, 『第15回中樞院會議議事錄』 부록, 951쪽.

13) 朝鮮總督府中樞院, 1932, 『第13回中樞院會議二於ケル訓示演述說明及答申要項』, 243
～244쪽.

14) 참고로 1943년에 이르면 경찰관은 일본인 14,969명, 조선인 8,178명, 총 23,138명으로
총독부 관리 80,966명의 약 29%를 차지하고 있다. 水野直樹, 1997, 『戰時期植民地統治
資料』IV, 不二出版, 246쪽.

15) 경찰의 조장행정업무의 내용과 의미에 대해서는 김민철, 2005, 「식민지조선의 경찰과
주민」, 한일관계사연구논집편찬위원회 편, 『일제 식민지지배의 구조와 성격』, 경인
문화사 참조.

받는 등 우수한 성적을 올렸다. 야학회는 '① 국민성의 도야에 노력하고 지식 향상을 꾀할 것, ② 국어 보급과 사상 선도, ③ 지방개선과 교화의 보급, ④ 공민으로서 필수적인 상식 양성, ⑤ 농사와 부업 장려 등'을 목표로 개설되어 통치적 성격이 강했다. 야학회의 강사는 보통학교 연구생(졸업생)으로 매년 도지사의 인가를 받아야 했고(각 회당 3~5명), 강사가 될 연구생은 장래 촌락의 중견인물로 성장할 것으로 기대하는 청년 중에서 선정했다. 학과 과정은 보통학교 4년 정도로 하고, 교과목은 수신·국어·산술·조선어·농업이었다. 농업은 실습 위주로 했으며, 실습 중 가마니·짚신·퇴비 제조는 자급자작을 위해 특히 중점을 두어 가르쳤다.[16]

학교를 통한 촌락 지배의 핵심적 역할을 했던 '보통학교 졸업생 지도'는 총독부가 일찍부터 관심을 가지고 추진한 사업으로 그 정책과 실태는 다음 「제3장 식민권력과 중견인물」에서 자세하게 다루도록 하겠다.

2) 경제적 지배와 촌락내 조직

(1) 금융조합과 殖産契

조선총독부가 농촌지배에 중요한 역할을 부여했던 금융조합이 식민지배 초기부터 큰 활약을 수행했던 것은 아니다. 우선 도로와 교통망이 아직 발달하지 않은 상태였고, 총독부의 지배정책도 헌병대의 배치와 경찰기관의 망을 따라 집행되었다. 따라서 농업정책 수행을 위한 기수나 금융조합 이사가 '출장명령을 받으면 제일 먼저 헌병대에 가서 호위방법을 의뢰해 이른바 宿送이라는 형태로 여행하거나' '총과 권총 등을 휴대하고 지도 장려에 종사'하는 상황이었다.[17] 그리고 설립 당초의 지방금융조합은 화폐정리사업의 수행과 납세에 관한 선전, 농사의 지도 장려 등을 수행하는 '정부의 기관'적

---

16) 山口勘太郎, 1933, 「地方の振興部落改善の原動力は一般農家の啓蒙開眼にあり」 『文敎の朝鮮』, 1933년 10월호, 94~97쪽.

17) 小早川九郎, 1944, 『朝鮮農業發達史－政策編』, 146~147쪽, 164~166쪽,

성격이 강했다. 재정자립도 곤란해 조선총독부의 보조금을 빼면 1조합 평균 1,200~1,300엔 정도의 적자를 낳았고, 조합원수도 조선농가 총호수의 5%에 미치지 못한 실정이었다.[18]

이 상태를 변화시킨 것이 1918년의 금융조합령 공포였다. 회원 자격을 일반 주민으로 확대하고, 도시와 농촌 금융조합의 분리, 도 단위의 금융조합연합회 설립 등을 통해 기존의 지방금융조합이 안고 있던 문제들을 시정하였다.[19]

조직과 사업을 확대하고 있던 금융조합은 1920년대 말에 들어 두 가지 문제에 직면했다. 먼저 조합 내부의 문제였다. 昭和공황으로 인해 미가와 토지가격이 하락함에 따라 부동산 담보의 신용도가 낮아져 연체율이 증가하게 되었다. 이와 더불어 경영상의 낭비와 속출하는 금융 부정으로 조합수지가 크게 악화되었다. 더 중요한 것은 조합 외부로부터 주어진 문제였다. 하나는 식산은행이 자체의 자금수요 증가로 금융조합으로부터 차입하는 기관으로 바뀌게 되어, 금융조합이 독자적인 자금조절기구와 자금조달원을 모색해야 했다. 다른 하나는 일본 국내 독점자본의 요구였다. 1929년 대공황의 진행은 대부 감소, 예금증가 및 자금의 공급과잉을 가져왔다. 따라서 금융조합은 일본자본주의의 요구인 과잉자금의 흡수·소화와 농민에 대한 대부 기회 확대라는 식민지 내부의 요구를 충족하기 위해서 광범한 지역적, 계층적 기반을 가진 조직이 요구되었다. 그것이 구체화되어 나타난 것이 1933년부터 적극적으로 추진된 '組合員增容運動'이다.[20]

금융조합 '하강운동'이라고도 불리는 조합원증용운동은 1933~1937년 총 세대의 50%, 1938~1942년 80%를 가입시킨다는 목표를 세웠다. 이것은 전혀 차입 능력을 갖지 못한 소작농을 제외한 자작농과 자소작농까지 금융조합의

---

18) 井口和起, 1990, 「朝鮮總督府の農村支配に關する覺書」, 後藤靖編, 『近代日本社會と思想』, 吉川弘文館, 213~214쪽.

19) 小早川九郎, 앞의 책, 334~338쪽.

20) 조담, 1987, 「1930년대 농촌금융의 실태」 『전남 무안군 망운지역 농촌사회구조 변동 연구』, 전남대학교 호남문화연구소, 66~67쪽.

지배하로 편입하는 것을 뜻했다. 그러나 금융조합 '하강운동'은 동시에 대부금 회수에 따른 위험 증가도 수반했다. 빈농을 조합원으로 끌어들임으로써 발생하는 위험을 줄이기 위해 총독부는 빈농을 모아 단체로 조직하고, 여기에 법인자격을 준 뒤 이 단체를 금융조합에 가입시키는 방법을 고안했다. 이 방법이 기존의 상호연대보증조와 계와 유사한 소단체인 '준식산계'를 활용하여 만든 식산계였다.

1930년에 발족한 상호연대보증조가 개인을 조직한 단체인 것에 비해 양우식산계, 상애계, 식우계 등 다양한 명칭으로 있던 준식산계는 촌락을 단위로 조직되어 있었다. 총독부는 1933년 이들을 통합하여 금융조합의 하부기구인 식산계로 재조직함으로써 농촌의 조직화를 시도한 것이다. 1933년도 말 현재 촌락조합 조합원의 2%만이 상호연대보증조에 가입했으나, 식산계로 재조직된 이후 1936년도 말에는 전체 조합원의 68%를 차지하게 되었다. 그 결과 1936년도 말의 촌락조합 조합원수는 1933년도 말의 1.55배 수준으로 증가했으나 신용대부 구좌수는 같은 기간에 1.69배 수준으로 증가하였고, 신용대부의 1구좌당 평균대부액은 1933년도의 50.30원에서 1936년도 말의 45.34원으로 하락하여 대부금의 소액화 현상을 촉진하였다. 금융조합 하강운동에 따른 현상이었다.[21]

이처럼 식산계는 금융조합의 하부조직으로 설치되어 계원의 생산품 판매와 구매, 필수품의 구입과 복리 증진에 필요한 시설 등을 부대사업으로 하는 촌락단체의 성격을 갖게 되었다. 그렇다면 금융기관인 금융조합이 왜 판매·구매와 利用 사업을 겸영하는 촌락단체의 설치를 필요로 했는가. 문정창은 그 배경을 다음과 같이 정리하였다.

첫째, 금융조합이 1929년 판매·구매 사업에 관한 기능을 삭제함으로써 '利貸자본'으로 전환하는 것은 그 창설의 취지에 반한다는 비난이 높았다. 둘째, 금융조합의 대부사업이 1918년 이래 기하급수적으로 발전해 왔으나

---

21) 같은 글, 72쪽.

1930년 이래 전혀 발전하지 않자, 이에 대한 대책으로 금융사업의 토대를 배양하기 위해 부업 장려, 생산품의 판매 관리 등 이른바 '지도금융론'이란 것이 대두하였다. 셋째, 중농 이상을 대상으로 했던 조합원 정책이 이제 조합 발전에 장애로 되었고, 이 장애를 타개하기 위해 화폐경제의 침투를 받고 있는 세농계급을 농촌진흥운동 진영 내에 포섭하는 이른바 '하강운동'이 활성화되었다. 넷째, 금융조합이 내외 정세와 요구에 대처하기 위해 당연히 다시 판매·구매 사업을 해야 하나, 70% 이상의 조합 외부의 예금과 금융기관의 사업 겸영불가 방침에 따라 직접 이를 할 수 없었다. 따라서 금융조합과 표리일체가 되어 조합을 대신하여 위험을 부담하고 사업을 수행할 별개의 조직이 필요했던 것이다. 식산계가 바로 그 촌락 단체였다.[22]

이런 점에서 식산계 설치는 농촌의 조직화와 관련해서 세 가지 의미를 갖는다. 첫째, 빈농층에게 촌락 단위의 단체로서 금융조합에 가입할 수 있는 길을 열어 놓음으로써 금융조합의 하강운동이 빠른 속도로 추진될 수 있었다. 둘째, 금융조합이 구매·판매 사업을 중요한 업무로 다룸으로써 유통 분야까지 진출하게 되었다. 셋째, 농촌진흥운동과 더불어 금융조합도 촌락 단위의 지도를 더욱 강화하게 되었다.[23]

금융조합의 촌락 지도에 대해 조선금융조합연합회는 한 보고서에서 다음과 같이 말하고 있다.

농촌지방에서는 조합의 구역이 광범하게 걸쳐 있어 이들의 구역에 분산한 조합원층에게 효과적인 지도를 가하기에는 <u>부락 단위의 지도</u>를 하는 것이 가장 필요하다. 따라서 금융조합의 조합원의 지도 양식으로서 단체조직을 취하기에 이른 것은 조합 사업의 수행상 당연한 도정이기 때문에 초창기에도 각종 단체 지도를 하고, 다시 大正 연간부터 昭和 초에 걸쳐 지도부락 또는 모범부락의 설립이 전 조선에 일어나고, 昭和5년경부터는 상호연대보증조의

---

22) 文定昌, 1942, 『朝鮮農村團體史』, 日本評論社, 451~453쪽.

23) 浜口裕子, 1996, 「朝鮮金融組合政策と朝鮮農村社會」『日本統治と東アジア社會』, 勁草書房, 160쪽.

96

조직이 강화되어 昭和8년 전부터 시행된 정부의 농촌진흥운동에 호응하여 각종의 지도부락의 설치를 보기에 이른 것이다.[24]

이처럼 농촌진흥운동의 전개에 따라 금융조합은 촌락의 금융적 지원기관을 역할을 수행하면서 1935년부터는 식산계를 매개로 이른바 '일반적 지도'까지 맡게 되었다. 금융조합에서는 지도 범위에 따라 촌락을 다음과 같이 세 가지로 구분하였다.

첫째, 금융조합 자체에서 지정하여 지도하는 부락(지도부락).
둘째, 총독부가 지정한 갱생부락을 금융조합이 맡아 단일적 지도를 가한 부락(담당부락).
셋째, 총독부가 지정한 갱생부락을 각 기관이 종합적으로 지도할 때 금융조합이 하나의 기관으로 참여해서 협력한 부락(협력부락).[25]

이처럼 금융조합은 세 가지 유형의 부락을 지도하고 있었다. 그 규모가 어느 정도인지를 확인할 수 있는 자료가 <표 2-1>이다.

〈표 2-1〉 금융조합 지도부락의 유형과 통계(각 연도 6월말)

	협력부락			담당부락			지도부락			계	
	부락수	비율	조합원수	부락수	비율	조합원수	부락수	비율	조합원수	부락수	비율
1936	9,502	88.5	20,837	563	5.2	16,407	674	6.3	20,837	10,739	100.0
1937	11,868	85.2	30,559	638	4.6	17,942	1,430	10.3	30,559	13,936	100.0
1938	17,744	92.8	24,173	830	4.3	24,808	552	2.9	24,173	19,126	100.0

*출전 : 朝鮮金融組合聯合會 調査課, 1939, 『金融組合の部落的指導施設』.

조선금융조합연합회에서 발간한 보고서의 내용을 정리한 이 표에 따르면, 세 유형 중 각 기관이 종합적인 지도를 가하는 촌락에 금융조합이 하나의

---

24) 朝鮮金融組合聯合會 調査課, 1939, 『金融組合の部落的指導施設』, 1쪽(밑줄은 인용자 주).
25) 朝鮮金融組合聯合會 調査課, 같은 책, 2쪽.

기관으로 참여한 협력부락이 다수를 차지하고 있다. 협력부락의 경우 1936년
에 비해 1938년의 지도부락수는 거의 2배에 이르고, 조합당 지도부락수도
14개(1936), 17개(1937), 25개(1938)로 늘어났다. 담당부락과 지도부락은 조합
하나가 촌락 하나를 맡아 직접 농가갱생계획을 지도하고 있었다. 1부락당
조합원수(식산계원수)는 대개 20~40명 정도로 구성되었다.[26)

그렇다면 금융조합의 지도유형에 따라 지도내용도 차이가 있을까. 보고서
에 나타난 금융조합의 중점 지도내용을 도별로 정리한 것이 <표 2-2>이다.

<표 2-2> 도별 지도부락의 유형과 통계

	협력부락			담당부락			지도부락		
	조합수	지도부락수	조합원수	조합수	지도부락수	조합원수	조합수	지도부락수	조합원수
경기도	79	2,147	48,350	0	0	0	0	0	0
충청북도	35	821	18,082	35	90	2,291	10	12	372
충청남도	44	1,834	40,111	0	0	0	34	47	1,652
전라북도	61	1,120	30,330	34	66	1,957	41	60	2,557
전라남도	70	1,835	41,076	55	75	2,940	29	33	1,346
경상북도	75	2,172	42,739	74	96	2,763	51	75	3,292
경상남도	91	1,075	30,095	82	97	3,153	65	104	6,139
황해도	71	2,276	29,071	41	51	1,079	35	62	1,719
평안남도	43	764	12,731	42	111	2,557	15	48	1,279
평안북도	46	1,030	26,559	17	55	2,182	27	32	1,350
강원도	45	1,734	41,101	16	58	2,059	12	18	747
함경남도	42	506	11,850	40	60	1,666	22	54	3,432
함경북도	39	429	5,839	4	25	455	6	7	289
계	741	17,743	377,934	440	784	23,102	347	552	24,174

*출전 : 조선금융조합연합회 조사과, 1939, 『金融組合の部落的指導施設』
*비고 : 담당부락 통계에서 함경북도 부령금융조합 담당부락이 20개, 평안북도 선천금융
조합 담당부락이 33개로 특이하게 많다.

협력부락의 경우, 경기도와 충청북도는 '자작농창정, 부채정리, 공동경작
지, 저금, 생활개선, 민풍개선, 기구설치 등'을 지도하여 종합적인 성격이
있지만, 북부지방은 고리채 정리와 산업 지도에 한정하여 지도하였다. 담당부

---

26) 1937년의 금융조합 지도부락 경우만 1조합당 지도부락수가 2개였다.

락의 경우 경기도와 충청남도는 사업을 실시하지 않았고, 충청북도와 평안도
는 종합 지도를 한 반면, 전라북도는 고리채 정리와 산업 방면에만 중점을
두고 지도하였다. 그리고 지도부락의 경우 경기도가 담당부락과 마찬가지로
전혀 사업을 시행하지 않은 것이 특징이며, 전체적으로는 산업과 금융지원이
중심이었으나 충청북도만 종합적인 지도를 하였다. 이처럼 도별로 금융조합
본래의 목적인 금융지원과 고리채 정리만 중점을 둔 것에서부터 생활개선과
민풍개선 등을 포함한 종합지도에 이르기까지 다양한 형태의 촌락지도가
있었다.

다음으로 금융조합이 촌락 지도에 성공한 사례 가운데 대표적인 전남
여수군 쌍봉면 해산리[27]를 통해 그 지도 내용과 촌락 내의 운영실태를 살펴보
자. 해산리는 해산 36호, 고막 8호, 대평 15호, 산곡 7호, 해일 15호로 구성된
신동리였다. 지주는 없으며 자작 2호, 자소작 61호, 순소작 18호이며, 자작지
논 22정 8반보, 밭 18정 9반보, 소작지 논 59정 7반보(이중 21정 5반보는
고뢰농장 간척지 매립에 따른 증가부분임), 밭 8정 4반보 계 논 82정 5반보,
밭 27정 3반보로 1호당 1정보, 밭 3반보 정도의 중농 규모의 촌락이다. 여수고뢰
농장의 간척지 중앙에 해산마을이 있고, 이를 중심으로 동서로 마을이 분산되
어 있으며, 진입로는 고뢰농장에서 땅을 무상 기부하여 주민들이 건설하였다.
여수금융조합 세동지소 부이사 崔吉秀의 지도와 중심인물 申斗安(1898년생)
의 활약으로 1931년 3월 지도부락으로 선정되었으며, 마을 입구에 서 있는
'여수금융조합 세동지소 경영 해산리모범부락'이라는 푯말이 말하듯 모범부
락으로 발전하였다. 금융조합의 지도하에 비료시험지와 공동경작포를 운영
하였고, 청년부의 공동과수원과 집회소(학교, 판매소 겸용)의 공동시설이
있었다. 집회소에는 '일용품구매부, 종합지도부락사무소, 주목판, 금조지도
사무소, 부인회사무소, 근농공제조합사무소, 타종판'이 있어 농촌진흥운동의
종합 지도소 역할을 했다. 고뢰농장의 간척지를 소작하고는 있으나 경영에

---

27) 「麗水郡の理想鄕蟹山里の更生記錄」(1~2) 『木浦日報』 1933.8.27~28 ; 梁村奇智城, 앞
　　의 책, 295~302쪽.

대한 농장의 지배는 없는 것으로 보인다.

신두안을 비롯하여 5명의 청년위원들은 '정신적 지도훈련에 무게를 두고 실천궁행으로 실질건강한 기풍을 길러 尊農情神의 고취, 근검저축 사상의 함양에 노력하여 자급자족의 길을 열고, 산업합리화에 따른 취미의 실익을 주어 도회 집중의 폐단을 방지'하는 것을 부락의 지도이념으로 삼고, 부락 공유재산인 임야 15정 7반보에 공동과수원을 경영하여 마을과 개량서당 유지비에 충당하는 한편, 양우번식공제계, 공려회, 부인회, 상애계 등을 조직하여 지도하였다. 특히 상애계는 5~6인을 1團으로 하여 11개의 상애계를 만들어 공동노작은 물론 대부금의 연대보증책임을 실행함으로써 '식산계의 해산리형'으로서 기능했다.

이처럼 금융조합은 촌락 단위로 설립된 식산계를 통해 경제 방면에서 농촌진흥운동을 지도하는데 중요한 역할을 하였다. 농촌 조직화라는 측면에서 식산계가 차지하는 비중에 대해 사회학자 鈴木榮太郎은 다음과 같이 분석한 바 있다. 농회, 금융조합, 산업조합이 농촌3단체로서 조선의 농촌생활에 미치는 영향은 매우 크나 "부락의 사회구조라는 점에서는 큰 영향을 주지는 않을 것"이다. 식산계는 거의 유일한 농가소조합이라 할 수 있다. 일반사업을 하는 법인격을 가지고 있는 일본의 농사실행조합과 실질상 거의 같은 기능을 가지고 있다. 식산계는 주로 판매구매사업을 위한 조합이지만, "그것이 자연촌의 지반 위에 서 있는 유일한 산업적 단체인 이상 점차 그 사업부문이 증대해 가는 것은 당연한 경향"이다. 이에 따라 전시 총동원기에 들어서도 식산계의 역할을 더욱 중요해져 총독부는 '구장과 국민총력부락연맹이사장과 식산계의 계장'을 동일인으로 하여 촌락을 일원적으로 지배하려 했다.[28]

1935년 초 식산계령의 공포, 1938년 조선금융조합연합회의 식산계 확충5개년계획 수립, 1940년 7월 식산계의 전면 설치를 지시한 농림국장 통첩을

---

28) 鈴木榮太郎, 1943, 「朝鮮の農村社會集團に就いて(2)」『朝鮮總督府調査月報』14-11 (1943년 11월호), 2~3쪽,

거치면서 식산계는 빠른 속도로 설치되어 촌락 내부로 침투해 들어갔다. <표 2-3>에서 보듯이 식산계는 1941년 현재 28,000개의 식산계가 설치되고 100만호를 넘는 농가를 계원으로 확보하였고, 1943년에는 200만호를 넘어섰다.

이처럼 금융조합은 식산계를 통해 촌락사회에 빠른 속도로 침투해 들어갔으며, 전시체제하에서 그 역할도 더 확대되어 갔다. 생산력 확충과 국민저축의 조성, 집하배급의 통제까지 맡은 금융조합은 식산계를 통해 조선 농촌의 유통기구까지 장악할 수 있게 되었다. 1942년 미곡 구입대금 중 14%인 75,791,195엔은 금융조합이 나락공동판매에 참기히여 강제로 원천징수한 '天引貯蓄'額이었다. 조선에서는 촌락의 자급자족적 성격이 강해 시장권을 농민의 생활권의 단위로 평가할 수 없다. 1920년대 인구 1인당 연간 시장거래액은 1인당 생산물의 가격총액의 10%가 되지 않는다. 따라서 촌락을 넘어 일정한 사회적 역할을 수행하는 사회적 구성단위(예를 들어 계급과 길드 등)의 형성은 없었다. 조선 농촌사회의 이러한 성격 때문에 총독부와 금융조합이 촌락을 단위로 하여 농촌을 조직하는 정책을 추진한 것은 효과적이었다. 그 가운데서도 식산계를 통한 촌락 단위의 동원정책은 조선 농촌사회의 특징을 잘 이용한 정책이었다고도 할 수 있다.[29]

〈표 2-3〉 식산계 확장 상황(각년 6월말 현재)

년도	회원수	契數	契員數	同上 비조합 원수	구매액 (엔)	판매액	차입액	공동 사업을 할 만한 契數
1936년 6월	금융조합	143	5,290	?	?	?	?	?
	산업조합	9	443	?	?	?	?	?
1937년 6월	금융조합	1,345	55,027	10,408	692,259	472,782	434,344	?
	산업조합	28	1,243	646	19,926	13,090	24,816	?
1938년 6월	금융조합	3,978	156,533	34,013	2,313,491	4,821,852	1,534,667	571
	산업조합	247	10,191	6,929	74,944	67,567	36,916	

---

29) 浜口裕子, 1996,「朝鮮金融組合政策と朝鮮農村社會」『日本統治と東アジア社會』, 勁草書房, 173쪽.

1939년 6월	금융조합	8,022	305,650	68,516	5,365,678	13,554,803	3,034,434	899
	산업조합	380	14,752	9,877	273,839	245,158	164,237	
1940년 6월	금융조합	17,450	670,219	136,046	11,745,917	8,782,356	6,211,532	2,409
	산업조합	1,066	34,994	21,860	316,986	124,162	181,356	
1941년 6월	금융조합	26,579	1,121,448	227,774	13,344,034	48,233,576	5,868,235	5,385
	산업조합	1,836	67,133	43,009	895,031	591,490	133,598	
1942년 6월	금융조합	39,893	1,895,456	446,475	14,304,528	49,093,828	10,167,679	14,186
	산업조합	1,758	76,210	57,091	1,058,843	428,298	105,480	
1943년 6월	금융조합	47,083	2,492,298	587,268	18,012,924	63,194,539	16,476,719	
	산업조합	896	35,437	27,235	146,598	17,620	106,702	

*출전 : 朝鮮金融組合聯合會, 1944, 『朝鮮金融組合聯合會十年史』, 64~65쪽.

(2) 근농공제조합과 간이보험

경제적 지배기구로서 식산계 외에 소농을 지도하기 위한 촌락내 기구로서 勤農共濟組合 또한 중요한 기능을 수행했다. 근농공제조합(또는 권농공제조합)은 1928년부터 소농에 대한 소액생업자금 대부 사업으로 실시되었다. 근농공제조합은 30명 내외의 조합원으로 구성된 '부락 단위의 相議團體'로 20원 내외의 소액을 대부받아 5년 동안 상환하는 제도였다.[30] 소농이 담보 능력이 없기 때문에 조합을 지도하는 勤農輔導委員의 역할은 매우 중요했다. 따라서 총독부는 마을의 독농가나 老農 중에서 근농보도위원을 선정하고 이들에게 다음과 같은 임무를 부여했다. 첫째 담보능력이 없는 소농에게 일을 주어 노동할 수 있도록 지도하고, 둘째 조합원이 수입의 일부를 저금하게 하고, 셋째 관혼상제비 절약, 색의착용, 단발, 고무신폐지 짚신 사용, 시장 이용 제한, 부인의 야외노동, 금주, 금연 등의 생활합리화를 지도하는 임무였다.[31] 물론 이 중에서 첫 번째가 가장 중요한 임무였다. 강원도는 근농보도위원

---

30) 朝鮮總督府 內務局 社會課, 1930, 『小農生業資金貸付事業に於ける勤農共濟組合勤農輔導委員事績』 서문.

31) 渡邊鐵夫, 1931, 「部落の改良と小農生業資金」 『朝鮮社會事業』 9-5, 朝鮮社會事業協會, 55쪽. 그리고 조합원들은 근농보도위원의 지도 아래 '조합원 실행사항'을 준수하도록 요구받았다. 첫째 근검 치산의 방법을 강구할 것, 둘째 양풍미속을 조장하여 누습악폐를 교정할 것, 셋째 법령을 준수하여 국민된 의무를 다할 것, 넷째 실생활에 필요한 지능을 연마하여 국민된 품성을 향상할 것(白興基, 1931, 「勤農共濟組合の實行項目に就て」 『府邑面雜誌』 1-1, 府邑面雜誌社, 56~59쪽).

의 자질을 강화하기 위해 1940년도부터 군 단위의 근농공제조합공려회를 개최, 매년 각 방면에서 1명의 근농보도위원을 선출하여 우량사례를 조사 발표하게 하였다.[32]

근농공제조합은 식민당국자의 애초 기대를 넘어 예상 밖의 성과를 낸 것으로 평가되었다. 1937년 1월 29일자 『매일신보』 사설에 따르면, 생산자본 보다는 농량자금을 목표로 소농에게 소액을 대출하려 했기 때문에 사업 실시 당초에는 금융조합과 금융관계자들의 반대가 있었다. 금융조합으로서 는 같은 업종이라는 점에서, 금융관계자들은 대출금 회수를 우려해서 반대한 것이다. 그러나 실시 결과는 예상 이상의 성과를 낳아 회수에 대한 걱정도 상당히 해소되었다. 더구나 농민들이 대부금을 사용한 것도 식량 조달이 아니라 소 구입, 양돈, 토지개간, 직물, 가마니짜기 기계 구입 등 생산자금으로 이용한 것이 뜻밖의 수확이었다고 한다.[33]

사실 1933년에 함경남도에서 조사한 농가부채의 원인을 보면, 부채액의 39%가 식량 부족에서 기인한 것이고, 23%가 생활자금, 15%가 관혼상제, 9%가 재난, 5%가 舊債 상환, 6%가 기타였다.[34] 여기서 식량 부족으로 인해 생긴 부채는 대개 고리대였다. 1931년도 경기도 수원지방의 자작농 5호, 자소작농 5호, 소작농 10호, 합계 20호를 표본으로 행한 소규모의 농가부채조 사에 따르면 자작농의 호당 평균부채가 920원(연리 1.0~2.5할), 자소작농은 330원(연리 1.0~3.0할), 소작농은 195원(연리 3.0~6.0할)이었다.[35] 당시의 공금융 이자율이 15%를 넘지 않았던 사정을 고려한다면, 소작농은 거의

---

32) 강원도사회사업협회, 1942, 「勤農共濟組合共勵會實施に付て」『朝鮮社會事業』 20-3, 朝鮮社會事業協會, 18~20쪽.

33) 「勤農共濟組合の擴充」『朝鮮通信』, 朝鮮通信社, 1937.1.29. 당시 한 언론은 근농공제조 합의 개선을 요구하며, 가마니짜기 등의 일반 부업은 이미 생산과잉을 보이고 있어 판로가 없고, 조합에서 융통한 자금 대부분은 농우 구입자금에 투입되어 회수가 곤란하다고 비판하였다(「(社說)勤農組合을 改善하라」『民衆日報』 1930.3.19).

34) 朝鮮總督府, 1935, 「負債整理事業に關す調査」『朝鮮における社會公共事業に關す諸調 査』.

35) 鷄山, 1931, 「농가의 부채와 그 원인」『朝鮮農會報』 5-6(1931년 6월호) 참조.

전적으로 고리대자본에 의존하고 있었음을 알 수 있다. 식민지지주제를 골간으로 하는 일본제국주의의 농촌침탈은 토지소유의 집중과 소작빈농층의 양산을 낳았으며, 이 결과는 농촌금융에서도 계층적 차별성을 가져왔다. 대지주는 식산은행에, 소지주나 자작농 및 자소작농은 금융조합 등의 공금융 기관에 포섭되고, 영세자작농이나 소작농은 농촌에 광범하게 존재해왔던 고리대자본에 포섭되어 있었다.[36] 따라서 소농들은 소액이지만 식량자금으로 소화하기보다는 저리의 대부자금을 생산에 투입하여 그 가치를 극대화하는 방법을 선택한 것이라 할 수 있다. 또한 총독부로서도 생산자금에 투입됨으로써 대부금의 회수속도가 늦은 것을 보완하기 위해 부업에서 생긴 수익 등을 의무적으로 저축하게 하는 한편, 앞서 언급한 상호연대보증조와 같은 방식을 적극 활용하였다.

몇 가지 성공사례를 통해 근농공제조합의 운영 실태를 보자. 먼저 경기도 고양군 지도면 화정리 제2구(62번)의 근농공제조합은 대표적인 성공사례로 꼽힌다. 제2구는 총 57호 중 54호가 소작농인 가난한 마을이었다. 마을의 중심인물 李昌和가 면장과 협의하여 최빈곤자 25명을 선발하여 조합을 조직하고 자신은 근농보도위원이 되었다. 조합원들은 1인당 20원씩 차입하여 25원짜리 제승기를 구입했으며, 부족한 5원은 구장과 보도위원이 융통해 줬다. 면 직원의 지도 강화와 더불어 좋은 결과를 낳자, 화정리 제1구도 자극을 받아 1929년에 조합을 조직했다.[37]

경상북도 성주군 초전면 봉정동 수정부락(244번)도 1933년 경상북도에서 발간한『農村振興施設要項』에 소개될 정도로 잘 알려진 사례에 해당한다.[38]

---

36) 조담, 앞의 글, 81~82쪽.

37) 경기도지부, 1931, 「京畿道勤農輔導事業(其の一)」『朝鮮社會事業』9-10(1931년 10월 호), 朝鮮社會事業協會, 48~50쪽. 괄호 안의 번호는 <인물·촌락 데이터>의 일련번호를 말하며, 이하 같다.

38) 김봉한, 1932, 「星州郡鳳亭洞の振興と權中善氏の努力」『朝鮮農會報』6-5(1932년 5월 호), 60~68쪽 ; 梁村奇智城, 앞의 책, 324~332쪽. 봉정동은 수정부락을 포함하여 3개의 취락으로 구성되어 있다.

104

이 마을은 35호 중 자작 1호, 자소작 20호, 소작 14호로 자작농의 전답 약 4정보를 제외하고 1호 평균 1정1반보를 경작하고 있었으며, 토양은 비옥한 편이었다. 이 마을의 중심인물 權中善은 일찍이 우량부락으로 알려진 조영동을 시찰하고 온 뒤 군면의 지도를 받아 양잠조합(1927)과 동심계(1928, 28명, 저축액 450원), 납세조합(1929.8), 야학회(1927), 농사개량실행조합(1929, 30명), 근농공제조합(1928.8) 등을 설립하여 농촌진흥사업을 적극 주도했다. 30명으로 구성된 근농공제조합은 조합원을 4개 반으로 나누어 운영, 고가의 기계는 공동으로 구입하여 이용했으며, 권중선의 지도하에 자금을 효과적으로 운용하여 축우, 가마니짜기, 양계업 등을 통해 평균 13원의 순익을 낳았다. 근농공제조합의 저축 성적이 우수하여 총독부 사회과에서 활동사진으로 촬영하여 홍보하기도 했다.

〈표 2-4〉 수정부락의 저금 실적

저곡조합 저금	나락 142두, 견적 가격 142원 보유
절미 저금(부인 저금)	조합원 이외 10명 가입하여 40명, 총 141원 17전
근농공제조합 저금	평균 7원 69전, 총액 234원 87전
가마니생산 저금	가마니생산저곡회에 가입한 자 11명, 총 64원 72전
농사개량실행부 저금	공동작업 결과 총 529원
동심계 저금	24명이 1927년부터 매일 1전씩 저금, 현재 논 2반보, 현금 36원 60전 보유

한편, 봉정근농공제조합 보도위원인 권중선은 대지주이면서 직접 농사개량과 촌락 개발을 주도하여 지역에서 상당한 신망을 얻고 있었다. 흉년에는 소작료를 감면하고 주민들의 공과금을 대납하여 '농촌청년의 귀감'으로 신망을 얻었으며, 비교적 젊은 나이에 초전면협의회원, 군농회특별평의원, 학교평의회원, 산림조합평의원 등의 공직을 맡기도 했다. 농사개량사업에도 힘을 기울여 본인은 물론 수정부락도 각종 장려금과 표창을 받았다. 1929년 모범양잠가 표창과 묘대 우량 장려금 50원을 받았으며, 1930년에는 우량 보도위원으로 금일봉을 받는 것 외에 時間勵行功勞者(대판매일신문사장), 위생보건 공적자(조선공중보건협회장)로 상금을 받았으며, 1931년에는 지방개량사업 조성

금으로 250원(총독), 퇴비성적우량으로 10원(군농회)의 상금을 받았다.[39]

전라남도 광주군 극락면 쌍촌리는 47호, 인구 238명의 작은 마을로 穗積식산
국장이 극찬한 곳이다. 주민의 70%가 소작농인 이 마을은 양계조합과 양란공
동출하조합 등을 만들어 지방개량사업을 적극 추진하였다. 식민당국자도
그 성과를 인정하여 1928년 9월 근농공제조합을 설립하게 하였다. 1933년에는
근농공제조합원 25명 중 13명이 금융조합원의 자격을 얻게 될 정도로 성장했
으며, 이 마을을 관할하는 광산금융조합은 지도부락계를 조직, 생업자금과
고리채 정리자금을 대부하여 부채의 45%를 해결하였다고 한다.[40] 농촌진흥
운동과 발 맞춰 금융조합이 하강운동을 전개할 때 일부 지역에서는 금융조합
의 기능과 근농공제조합의 기능이 중복된다 하여 근농공제조합 폐지를 건의
하기도 했다.[41] 광산금융조합은 이러한 문제를 근농조합원 중 성적이 뛰어난
소농 일부를 조합원으로 받아들이는 방식으로 해결한 것이다.

근농공제조합의 전국적인 규모와 성적을 소농생업자금 대부 자료를 통해
검토해 보자. <표 2-5>는 농촌진흥운동이 시작되던 해부터 1942년까지
시행한 소농생업자금 대부사업의 통계자료이다. 조선총독부가 매년 소농에
게 대부한 소액자금 총액 중 약 93%가 5,500여 개의 근농공제조합에 대부하여
절대다수를 차지하고 있다. 전체 읍면 중 사업을 실시한 읍면은 80%이며,
1읍면 당 평균 3개의 촌락에 20~30명의 소농으로 구성된 근농공제조합을
설립하여 1인당 20~25원(평균 23.4원)을 대부하였다. 조합원 중 90% 이상이
조합에서 대부를 받았다. 대부자금 대비 저금률은 1933년에 18%이던 것이
1935년 25%, 1940년 31%, 1942년에는 40%로까지 늘어났으며, 저금의 증가
비율도 1933년을 100으로 했을 때 1941년에는 211로 두 배 이상으로 늘어났다.

---

39) 「選獎された 勤農共濟組合」『朝鮮民報』1930.3.30 ; 1930,『勤農共濟組合』, 90~93쪽 ;
     김봉한, 1932,「星州郡鳳亭洞の振興と權中善氏の努力」『朝鮮農會報』6-5(1932년 5월
     호), 60~68쪽 ;『府邑面雜誌』2-4(1932년 4월호), 24~26쪽 ;『農村振興施設要項(부
     록)』;善生永助,『朝鮮の聚落』(中篇), 149쪽 ;『朝鮮地方行政』11-3, 105쪽.
40) 「自力更生の理想鄕」『木浦日報』1933.1.29 ;「自力更生の理想鄕」『木浦日報』1933.3.2.
41) 「金組と勤農共組の正面衝突表面化」『鴨江日報』1933.8.20.

106

보도위원의 지도하에 부업으로 번 수입을 모두 저금하게 하여 상환에 대비하
게 한 결과 저금의 증가속도가 빠르게 나타난 것이다. 기간이 만료된 대부금의
회수율을 보면 1933년에 75%로 비교적 높은 편이었으나 1940년에는 64%로
하락하였다. 이는 전쟁의 장기화에 따라 농업생산력이 감소되고 있음을
보여준다. 1939년의 55%는 한해가 심해 농산물 수확량이 전년도의 70%에
머물렀기 때문에 회수율이 현격하게 떨어진 것이다.

〈표 2-5〉 소농생업자금 대부사업

	대부자금 총액(엔)	사업실시 읍면수	근농공제조합				조합원의 저금	
			조합수	조합원수	대부		인원	금액
					인원	금액		
1933	3,179,766	1,977	5,003	146,276	135,953	2,820,597	110,345	497,617
1934	3,408,096	1,983	5,401	155,684	145,313	3,078,402	135,642	705,392
1935	3,482,280	1,982	5,536	158,734	148,146	3,196,408	137,252	791,341
1936	3,500,865	1,979	5,682	159,763	150,065	3,271,170	136,646	825,001
1937	3,437,719	1,909	5,603	156,664	145,795	3,216,745	133,662	852,192
1938	3,372,518	1,877	5,575	153,110	142,743	3,162,292	132,994	929,086
1939	3,302,263	1,849	5,569	150,470	138,834	3,106,967	130,009	905,873
1940	3,223,669	1,846	5,524	145,807	134,174	3,003,791	127,460	939,024
1941	3,073,188	1,757	5,377	137,108	121,123	2,828,120	118,767	1,052,017
1942	2,888,995	1,686	4,991	115,023	104,532	2,702,176	102,731	1,075,859

	연도 중의 회수 상황				절체	미회수	
	회수기에 이른 금액		회수				
	원금	이자	원금	이자	원금	원금	이자
1933	2,646,166	247,802	1,994,149	233,036	529,828	122,189	14,766
1934	2,904,172	276,488	2,062,731	259,826	695,830	145,611	16,662
1935	3,081,738	299,527	2,185,070	278,035	722,182	174,486	21,492
1936	3,183,904	303,712	2,176,132	280,463	812,055	195,717	23,249
1937	3,219,991	333,820	2,228,577	312,192	815,813	175,601	21,629
1938	3,172,530	305,602	2,167,972	285,961	849,364	155,194	19,641
1939	3,063,700	300,111	1,690,026	279,276	1,137,200	236,474	20,835
1940	2,964,710	297,892	1,886,458	281,908	926,898	151,354	15,984
1941	2,881,255	280,159	1,905,913	266,416	840,917	134,425	13,743
1942	2,265,234	245,219	1,486,943	233,841	652,639	125,650	11,378

*출전 : 朝鮮總督府 編, 1944, 『昭和17年 朝鮮總督府統計年報』, 238~239쪽.
*비고 : 1942년의 통계에는 평안남도 통계가 빠져 있음.

이처럼 근농공제조합은 소농에게 소액자금을 대부하는 대신, 그들을 조합원으로 조직한 뒤 근농보도위원의 지도하에 부업과 생활개선 등을 통해 농가경제를 안정화시키고자 한 제도였다. 따라서 조합원을 지도하는 근농보도위원의 역할은 매우 중요했다. 그들은 기존의 지주와는 달리 총독부에서 제공한 저리의 대부자금을 운영할 권한을 갖고 있었기 때문에 촌락 내에서 경제적인 영향력을 행사할 수 있었다. 이러한 변화는 분명 촌락 내 새로운 질서의 수립을 예고하는 측면이 있었다.[42] 그러나 이것을 촌락사회 전체의 변화로 확대해석하기에는 무리가 따른다. <표 2-5>에서 보듯이 1읍면 당 평균 3개의 촌락에만 조합이 설립되었고, 그것도 5년이라는 제한된 기간 동안에만 존재했다. 따라서 자원 동원이라는 측면에서 볼 때, 촌락 외부(총독부)에서 동원되는 자원은 매우 한정되어 있고, 시간적으로도 지속성을 띠지 못했다. 그렇기에 근농공제조합 그 자체로는 촌락사회 전체의 변화를 주도하기에는 약했으며, 촌락 내부에서 볼 때도 그 영향력을 지속적으로 행사하는 데는 한계가 있었다. 그러나 제3장 「식민권력과 중견인물」에서 다루겠지만 보도위원 가운데 대다수는 면장이나 구장, 독농가 등 촌락지도자들이 겸직하고 있었기 때문에 근농공제조합 설립을 유치하고 관리하는 것 자체가 지도자의 영향력을 보여주는 일이기도 했다. 그런 점에서 근농공제조합 보도위원은 근농공제조합이 설립된 촌락의 질서에 변화가 일어나고 있음을 보여주는 하나의 약한 지표로서는 의미가 있을 것이다.

끝으로 간이생명보험을 통한 촌락 지도이다. 간이생명보험은 생활상 안정을 잃기 쉬운 중산계급 이하를 대상으로 1929년 4월 1일부터 실시된 제도였다. 농촌진흥운동이 시작되자, 조선간이보험생명주식회사도 1933년 2월 우량부락을 표창한 것을 시작으로 해서 1937년까지 총 163개의 간이보험모범부락을 선정하였다(<표 2-6>). 이러한 간이보험모범부락 선정을 두고 조선간이보험이 가입자 '각 개인의 생활안정에서 각 부락의 갱생으로' 중점을 옮겼다는

---

42) 松本武祝, 1998, 『植民地權力と朝鮮農民』, 社會評論社, 제5장 「1930년대에 있어 농촌진흥운동의 전개」 참조.

점에서 중대한 의의가 있다고 식민당국자는 평가하였다.[43]

<표 2-6> 조선간이보험모범부락의 수(1937년 1월 현재)

구 역	모범부락의 수
경성체신분장국 구내(56)	경기(16), 충북(11), 충남(11), 전북(15), 강원(3)
부산체신분장국 구내(30)	전남(7), 경북(12), 경남(11)
원산체신분장국 구내(37)	함남(15), 함북(18) 강원(4)
평양체신분장국 구내(40)	황해(6), 평남(12), 평북(22)

1936년 7월말 현재 농촌의 간이보험 계약은 총 계약건수의 40%에 해당하는 339,084건, 보험금액은 약 6,600여만 원에 이르며, 농가 1,000호 대비 116호기 간이보험에 가입하였다. 총 적립금액은 960여만 원에 이르며, 이중 580여만 원이 산업개량과 자작농지 설정 자금 등에 융자되어, 농촌진흥운동을 지원하는 역할을 하였다.[44]

간이보험모범부락으로 선정된 지역 사례를 통해 지도 내용을 확인해 보자. 충청북도 제천군 덕산면 신현리 신촌부락은 인구 344명, 총 65호 중 자작농이 3호, 소작농이 62호로 매우 가난한 촌락이었다. 鄭晩澤이라는 중심인물이 가난을 극복하기 위해 주민들을 대표하여 우편소에서 대부를 받아 소형석유 발동기와 정미기를 구입하여 농사개량을 추진했다. 그리고 보험료는 주민들의 근검절약과 부업 수입으로 염출하여 단체로 불입하는 방식을 취했다. 지방개량사업과 보험료 납입에 좋은 성적을 내어 1936년 1월 20일 간이보험모범부락으로 표창을 받게 되었고, 곧이어 면 지정 경제갱생지도부락과 경찰서 지정 위생지도부락으로도 선정되었다. 간이보험모범부락으로서 대표적인 사례였기에 지방 당국도 관심을 갖고 지원하였으며, 표창식 날 벽지에 경성체신국장, 군수, 경찰서장과 다른 면의 유지, 각리 구장 등 200여 명이 모였을 정도였다 한다. 경상북도 안동군 북후면 옹천동은 총 331호, 인구 1,933명의 촌락으로 간이보험 가입건수가 166건에 이를 만큼 조직률이 높은 곳이다.

---

43) 朝鮮總督府 遞信局, 1937, 『朝鮮簡易保險模範部落』, 5~7쪽.

44) 「農村振興運動と朝鮮簡易保險」『自力更生彙報』38호(1936년 10월 20일), 7~8쪽.

이 마을은 구장 姜大駝의 지도 하에 농촌진흥운동을 추진하였으며, 簡易保險田을 구입할 정도였다. 1935년 10월 8일 간이보험모범부락으로 표창받았으며, 구장은 모범부락 조성 공로자로 상을 받았다. 평안북도 신의주군 광성면 연상동 역시 보험 가입률이 높은 촌락이다. 총 49호, 250명 중 가입건수가 59건으로 모든 집이 가입했다고 할 수 있다. 姜利璜(光城수리조합장), 李禎順(농사공동작업계장), 宋國泰(동장) 등이 중심이 되어 농촌진흥운동을 활발하게 추진했으며, 특히 1934년 10월 16일에는 '간이보험영화의 밤'을 개최할 정도였다. 이들 간이보험모범부락에서 공통적인 것은 부업 장려를 통해 보험료 납입을 강조하는 한편, 촌락 단위로 하는 집단 장려에 중점을 두고 추진되었다는 점이다.[45]

3) 사회적 지배와 촌락내 조직

조선총독부는 농촌진흥운동을 추진하면서 농민들의 자발적인 참여와 동원을 위한 하나의 촌락내에 농촌진흥회를 조직하려는 정책을 추진했다. 1910년대에도 농촌진흥회와 같은 조직들이 관 주도로 결성되긴 했다. 그러나 결성 초기를 제외하고는 당국의 관심이나 주민들의 참여가 저조하여 대다수의 조직들이 해산하거나 이름만 남아 있었다. 그러나 1920년대 중반 이후 지방개량사업이 장려되면서 모범부락처럼 식민당국자에 의해 조성되거나 자율적으로 생산증대사업을 추진한 촌락에서 농촌진흥회와 같은 조직들이 활발하게 자치기능을 수행한 경우도 있었다.

<표 2-7>은 靑野가 조사한 진흥회 관련 자료를 보완하여 다시 정리한 것으로 전체적인 규모를 파악하기 위해 농촌진흥회가 실질적으로 활동하고 있는 것 외에 설립 이후 별다른 활동을 하지 않고 이름만 유지한 것까지 망라한 것이다.

---

45) 朝鮮總督府遞信局, 1937, 『朝鮮簡易保險模範部落』에서 정리.

<표 2-7> 도별 진흥회 조직 현황(1933년 현재)

도명	단체명	단체·부락수	회원수	비고
경기	진흥회	7,069	257,861	
충북	진흥회	870	39,519	'진흥회규약준칙' 제정(33.10)
충남	진흥회	2,544		1932년 학무국 사회과에서 조사한 향약
전북	진흥회			1932년 11월 현재 진흥청년단과 진흥부인단 등 포함
강원	진흥회	3,283동리	불명	진흥회 내 농민계 996단체 7,087명
평남	진흥회	188동리	불명	
함남	진흥회	1,042	불명	향약 1,719, 기타 265, 합계 3,026개가 2,273개 동리에 설치
전남	농촌진흥실행조합	134	불명	24개 면 지정, 동리 단위로 조합 설치 예정
경북	농촌진흥조합	5,310	불명	행정 동리수 3,175개, 조합은 5,310개 조직, 농사개량실행조합이라고도 함
황해	흥풍회	3,662	불명	1932년에 명칭 통일
평북	동약	186부락		1914년 도령으로 설치, 촌락 단위
함북	관북향약	349	35,000	1933년 10월 현재, 1910년대는 동계규칙 제정

*출전 : 『朝鮮における農山漁村振興運動』, 『農山漁村振興計劃の實施槪況』, 『昭和八年度 鄕約事業補助書類』; 靑野正明, 1990, 「植民地期朝鮮における農村再編成政策の位置付け」『朝鮮學報』 136(1990년 7월호), 朝鮮學會, 35~36쪽에서 정리.

표에서 보듯이 흥풍회(강원, 황해), 교풍회·공조회(경기도), 교풍회(경남, 평남), 농사개량실행조합(경북), 진흥회(전남북, 충남), 동약(평북), 동계(함북) 등 다양한 명칭의 진흥회가 있었다. 조직의 대상 범위는 크게 두 가지로 경기도를 비롯하여 충청도, 함경도, 전라남도, 경상북도, 황해도는 단체로 조직되었으며, 강원도와 평안도는 구동리를 단위로 조직되었다. 이 자료는 1920년대 이후 지방에서 행정명령으로 조직되어 이름만 남아있거나 적극적으로 지방개량사업을 추진한 단체들이 전국적인 통일성을 갖고서 정비되기 이전의 모습을 보여주고 있으며, 그 규모는 최소한 25,000여 개로 추정된다.

조선총독부가 진흥회에 대한 체계적인 방향을 제시한 것은 1932년 9월 30일자 훈령 제62호의 「조선농촌진흥회 규정」이었다. 규정에 따르면 기존의 농어촌 시설은 생산 방면에 치우쳐 정신 방면이 부족하고, 지도도 기구가 너무 많아 효율적이고 일관되지 못한 문제가 있다고 평가하였다. 총독부는 이런 문제를 해결하기 위해 근로정신의 함양을 생산과 병행하게 하고, '진흥회를 중심으로 연락통제를 취하여 시설방면에 일관된 방침을 확립'하게 한다는 결정을 내렸다. 이러한 결정은 무엇을 뜻할까. "종래 농촌에 관계된 半官단체로서 농회, 축산동업조합, 산업조합 등이 있느니만치 그 단체들을 통하여 정신주의를 고취할 수가 있을 것임에도 불구하고 새로 진흥회를 조직함은 종래의 그 단체들이 시설방면에 치중하고 통제가 없었다는 이유일 것이니, 통제는 농민의 ××(지배─인용자 주)上에 직접 간접으로 많은 간섭이 있을 것"46)이라는 당시의 지적은 핵심을 찌르고 있다. 즉 촌락 지배의 중요한 매개체로서 진흥회를 구상한 것이었다.

이러한 구상의 배경에는 기존의 모범부락 운영에서 생긴 문제를 해결해야 하는 과제도 있었다. 즉 종래의 모범부락은 "한 두 명의 중심인물에 의해 기계처럼 운영되는 시설이었다. 그 부락에서는 상당한 거액의 공동저금이 있었다. 그것을 각호로 평균하면 1원 내외가 되나, 각호에는 평균 100원 내외의 부채가 있다. 따라서 중심인물이 죽거나 중심인물 간에 싸움이 일어나면 모범부락도 하루아침에 雲散霧消해 버린다. 이 결점을 고려해서 현명주도하게 계획된 것이 농촌진흥운동이며, 농촌진흥회는 그 학교"47)라 할 수 있다는 것이다. 중심인물의 중요성을 말하고 있음과 동시에 그 한계를 잘 인식한 이 지적은 촌락의 진흥이 한 개인에게 의존하는 문제를 제도적으로 극복할 수 있는 방안으로 진흥회를 주목한 것이다.

총독부가 진흥회에 대한 정책을 입안하면서 조선 재래의 향약에 주목한 것은 주지하는 사실이다.48) 1933년 1월 24일 경북도지사가 학무국장에게

---

46) 정인관, 1932, 「농촌구제의 단면상」 『제일선』 2-11(1932년 12월호), 개벽사, 8쪽.
47) 松月秀雄, 1934, 「全村學校運動と農村振興運動」 『文敎の朝鮮』(1934년 4월호), 11쪽.
48) 신정희, 1992, 「일제하 향약을 통한 지방통치에 대한 소고」 『서암조항래교수화갑기념 한국사학논총』, 아세아문화사 : 이준식, 2006, 「혁명적 농민조합 운동과 일제의 농촌 통제정책─함경북도의 관북향약을 중심으로」, 김동노 편, 『일제 식민지 시기의 통치체제 형성』, 혜안 참조.

보낸 「향약사업 장려 보조에 관한 건」에서 "본도내 현존하는 모범부락이나 우량부락 등은 향약의 명칭은 사용하고 있지 않으나 모두 조선 종래의 향약정신을 시대화하여, 부락진흥이나 지방개량 등에 노력하여 향약과 마찬가지의 목적을 달성하고 있다. 이들은 당연히 향약의 부흥시설로 인정해서 본건 보조금을 교부함으로써 이를 보조하는 것이 옳다."[49]고 제안하였다. 그리고 1937년 7월 1일 학무국장이 각 도지사에게 향약정신 보급상황을 조사하라는 공문을 발송하면서 진흥회, 공려회 등의 명칭에 관계없이 향약정신이 있는 것이면 조사할 것을 요구하였고, 8월 5일 함경남도 지사에게 보낸 공문에서 '향약유신회를 제외하고는 없다'는 보고는 취지를 잘못 이해한 것이므로 다시 조사하도록 지시하면서 "향약은 그 정신과 조직에서 현재의 사회교화, 지방개량, 인보상조를 목적으로 하는 각종 실행사항과 크게 일치"한다고 강조하였다.[50] 두 공문에서 확인할 수 있듯이 식민당국자는 농촌진흥회를 향약과 같은 기능을 수행하는 기구로 인식했던 것이다.

이러한 인식과 함께 식민당국자들은 1920년대의 지방행정에서 빚은 시행착오를 교훈삼아 농촌진흥회를 촌락 단위로 설립하려 하였다. 경상북도가 농촌진흥회를 설립할 때 (신)동리수가 3,175개이나 농촌진흥조합(경북의 명칭)은 '주민의 취락 관계를 고려해서' 5,310개 조합을 조직했다. 이렇게 한 이유를 경북 도지사는 크게 세 가지로 들었다. 첫째, "향토애를 기조로 한 일상·자연·친선의 관계에 있는 취락생활을 범위로 다시 강력한 결합을 가져 일정한 통제 하에서 自制의 방법을 갖고 있으며", 둘째 "생산의 경제적 개량증식과 생산물의 상품적 가치 향상을 도모하기" 위해서는 "극단적인 개인경영의 결합을 보완할 수 있는 사항과 공동노력"이 필요하기 때문이며, 셋째 "농산어촌에서 일반복리 증진 행정을 대중에게 철저하게 하는 직접적인 기관은 읍면"이나 그 범위가 넓어 "친절한 지도를 하기 어려워" "치자와

---

49) 朝鮮總督府 學務局 社會敎育課, 1933, 『昭和八年度 鄕約事業補助書類』(국가기록원 소장), 805쪽.
50) 朝鮮總督府, 1938, 『地方改良造成補助關係』, 572쪽.

피치자의 관계가 원활한 조합은 지도 방면에서 보면 구역의 축소이며 개인으로 보면 조합을 통해 사정에 맞는 지도를 받게 될 수 있다."[51] 즉 일상의 대면을 통한 강력한 단결력과 개인의 한계를 보완해줄 공동의 노력, 그리고 통치의 실질적인 효과라는 측면에서 촌락을 단위로 하는 농촌진흥조합(진흥회)의 설립이 필요하다는 것이었다.

이처럼 농촌진흥회를 농촌진흥운동을 촌락 내에서 추진해 나갈 핵심추진체로 설정하긴 했으나, 농촌진흥운동의 초기단계에서는 선전과 조직화를 위한 정지작업에 초점을 두었기 때문에 대강의 방침만 정해졌을 뿐 구체적인 방법은 추진과정에서 정비되어 갔다. 도별로 추진과정과 방법, 그리고 속도 등에서 차이를 보이는 것은 이 때문이었다.

경기도의 경우, 1932년 10월 7일부터 각 군에 군 직원, 면 직원을 비롯하여 경찰서, 주재소, 금융조합, 학교 등의 직원을 소집하여 13일까지 면농촌진흥회 조직을 완료하고, 11월 10일 국민정신작흥 조서발포일을 기념하여 당일까지 농촌진흥회를 설립하도록 지시하였다.[52] 그러나 실제는 이듬해인 1934년에 조직화가 추진되어, 연말까지 6,750개 256,200여 호의 농촌진흥회가 설립되었다.[53] 황해도는 비교적 체계적으로 추진한 편이다. 도는 진흥회를 모범진흥회, 지정진흥회, 보통진흥회로 나누어 지도했다. 모범진흥회는 성적이 우량한 단체를 말하고, 지정진흥회는 주력을 기울여 지도할 단체로 "① 중심인물이 있는 지방 ② 산업개발의 가능성이 많은 지방 ③ 민풍작흥을 할 수 있는 지방 ④ 교통이 비교적 편리한 지방" 중에서 도의 승인을 거쳐 군에서 지정하였다. 그리고 모범진흥회와 지정진흥회 이외의 단체를 보통진흥회로 구분하였다.[54]

경상남도에서는 교풍회라는 이름으로 추진되었다. 경상남도는 1914년에

---

51) 金瑞圭, 1933, 「農山漁村振興施設に就て」, 朝鮮總督府, 『自力更生彙報』 5호(1933년 11월 30일), 9쪽.

52) 「農村振興會は愈よ面から部落へ」 『京城日報』 1932.10.14.

53) 梁村奇智城, 앞의 책, 124쪽.

54) 忠淸南道, 1933, 『伸び行く農村』, 230~231쪽.

교풍회를 조직하기로 결정하고 도청에 본부를 두고 각 부군에 지부를 두며 면에 분회, 동리에는 동리조합을 두는 방식의 중앙집중적 조직을 결성하고자 했다. 미풍양속의 유지와 조성, 근검저축의 장려, 위생사상의 보급, 신교육의 보급과 청년 지도, 법령 주지 등을 목적으로 한 것이었다.[55] 그러나 교풍회 결성은 '농가경제와의 연락과 조화가 불충분하였으므로 회원의 자각도 促하지 못하고 그만두지 않을 수 없는 부득이한 상태'[56]가 되어버렸다. 농촌진흥회 조직 방침에 따라 경상남도는 1932년 7월에 유명무실화된 교풍회를 다시 부활하는 방향으로 정책을 수립하였다. '촌락 개선과 농촌진흥에 관한 근본방침'으로서 도가 교풍회를 재건하여 '협동정신 함양의 수단'으로 삼고, 교풍회의 재건을 통해 교풍운동을 확대하기로 했다. 그리고 이를 실천하기 위한 구체적인 방식으로 교풍회 재건과 더불어 '중견청년의 양성, 보통학교졸업생의 지도, 지도촌락의 설정, 근농공제조합의 설립' 등을 장려한다는 것이었다.[57]

전라북도 진안군의 '농촌진흥에 관한 시설계획'은 진흥회의 조직 방법을 구체적으로 잘 보여주고 있다. 종래 진안군에서 지도해오던 각종 단체와 모범부락 등을 통일·정리하여 농촌진흥회로 조직한다는 방침아래 진흥회를 설치하는 촌락을 과거 성적을 감안함과 동시에 앞으로의 지도 문제를 고려하여 가장 우수한 소질을 가진 부락을 선정하여, 면농촌진흥위원의 토의를 거쳐 군농촌진흥위원회에 부의 결정한다고 하였다. 진흥회 후보지를 선정하는 표준으로는 "① 1개면 1개소의 원칙. ② 진흥회의 구역은 반드시 행정구역일 필요는 없고, 가능한 일정 지역의 집단부락을 단위로 할 것. ③ 가능한 종래 지도단체가 있는 부락 가운데서 성적 우량한 곳으로 할 것. ④ 새로 선정한 곳에서는 건실한 중심인물이 있을 것"이 제시되었다. 그리고 진흥회의 주요

---

55) 吉村傳, 1916, 「慶南矯風會聚議書」『面行政指針』, 569~576쪽 : 윤해동, 앞의 책, 282쪽에서 재인용.
56) 「농촌개선에 관한 경상남도의 시설(1~2)」『매일신보』 1932.8.5.
57) 「농촌개선에 관한 경상남도의 시설(3~5)」『매일신보』 1932.8.6.

지도내용으로 "각 회원의 영농상태의 개선에 노력하여 경제적 생활의 향상을 도모하는 것에 유의하고, 단지 민풍의 작흥, 미풍양속의 조장 등과 같이 추상적 간접적 시설에 편중하지 않도록 할 것"[58]이라 하여 경제 방면의 지도를 강조하였다. 물론 진흥회의 지도강령으로 1932년 11월 2일 제710호 전라북도 통첩 「민심작흥운동에 관한 건, 민심작흥시설요항」이 제시되긴 했으나 각지의 실정에 따라 지도하도록 하여 진안군은 경제 방면을 주요 내용으로 정한 것이다.[59]

전라남도 보성군의 경우, 종래 '민풍 또는 농촌진흥회'라는 것이 있었지만 거의 유명무실한 상태였다. 그러나 1934년 3월 15일 군의 농촌진흥 지정면인 조성면 조성리에 지도실행조합을 설치한 것을 기점으로 각 면은 12월부터 1개 또는 수개 촌락에 농촌진흥회를 설치하였다. 이후 도의 방침에 따라 모두 농촌진흥실행조합으로 통일시켜 민풍개선과 농사개량을 실행하게 했다. 조합이 설치된 이후 일치단결하여 못자리 개선, 피뽑기, 보리의 적기 베기, 正條植 등을 실행해 단체 활동이 종전의 진흥회와는 그 양상이 매우 달랐다고 한다. 특히 보성군은 진흥회 조직의 성과로 갱생운동 후 정신작흥의 제1요항으로서 국기게양을 종용한 결과 국기 소지자는 종래보다 수배에 달했으며, 축제일에는 반드시 국기를 게양하여 황실에 대한 관념을 고취시키고 있음을 들었다.[60]

<표 2-8>은 1937년 전라남도가 총독부의 지시에 따라 '향약정신의 일부를 가진 단체'를 조사한 통계로 농촌진흥회의 조직양상을 보여주고 있다.

---

58) 梁村奇智城, 앞의 책, 220쪽. 이에 따라 진안군은 기존의 각종 교화지도단체를 집중적으로 정리하였다.

59) 같은 책, 223~232쪽. 진안군의 지도요령은 다음과 같다. "① 근검치산의 방법을 강구할 것, ② 국체관념을 明徵하고 미풍양속의 조장, 陋習惡弊를 교정할 것, ③ 법령을 준수하여 국민다운 의무를 다할 것, ④ 생활에 필요한 지능을 연마하여 국민다운 품성을 향상시킬 것."

60) 같은 책, 310쪽.

<표 2-8> 향약정신의 일부를 가진 단체(전라남도, 1937년)

실행 단체명	소재지	단체수	단체인원	기타 참고사항	今後 要造成		적요
					항목	경비	
농촌진흥실 행조합	각 군도	2,114	71,447	부락의 경제적 자치적 진흥	일반적 특수적 계	85,520 90,590 176,110	
근농공제조 합	각 군도	423	12,900	생업에 필요한 자금 이용			
식산계	각 군	335	14,035	계원의 경제 발달			금융·산업 조합 주체
예림계	각 부군도	1,512	121,575	임야 보호			
정년단	동상	250	9,727	청년 상호의 수양	일반적 특수적 계	8,645 6,367 15,012	
부인회	각 군도	1,079	45,432	부덕향상과 家道의 진흥	일반적 특수적 계	8,762 4,570 13,332	
진흥회	각 군	331	29,531	산업의 발달	일반적 특수적 계	1,860 19,570 21,230	
공려회	각 군도	2,950	112,828	금융조합의 정신 체득	일반적 특수적 계	760 760	
합계		9,104	418,475		일반적 특수적 계	104,787 121,657 226,444	

*출전 : 朝鮮總督府, 1938, 『地方改良造成補助關係』, 614~616쪽.
*비고 : ① 금후 요조성란의 일반적인 것에는 공동경작 논 구입, 공동작업장 건축, 국기게
양대 건설, 공동욕장, 염색소 설치, 時報鍾 구입 등이 있고, 특수적인 것에는
餉倉, 집회소 건축, 冠婚葬祭 구입 등이 있다. ② 표에 기재된 단체들은 주로
부락 단위로 설치된 것임.

자료에서 보듯이 '향약정신의 일부를 가진 단체'란 농촌진흥실행조합을
비롯하여 농촌진흥운동을 수행하고 있는 단체 모두를 지칭하고 있다. 총
9,104개 단체 중 농촌진흥실행조합과 진흥회, 공려회는 당국자도 인정하고
있듯이 모두 같은 성격의 조직으로 농촌진흥회를 말하고 있으며, 5,395개가
설립되어 있었다. 전라남도는 진흥회 중 '건전한 발달을 하고 있는 것은

그대로 존치시켜 이를 조장'하고, '불건전한 상태에 있는 것'은 농촌진흥실행조합으로 통합한다는 계획을 세웠다. 또한 위의 단체 외에 각종 계를 조사하여 농촌진흥실행조합의 내부조직으로 편입시킨다는 방침을 세우기도 했다.[61] 조사항목 가운데 '금후 요조성'란은 각 단체가 향후 설립하고자 하는 시설과 필요한 예산을 조사한 것이다.

조사에서 '일반적'인 것은 '공동경작 논 구입, 공동작업장 건축, 국기게양대 건설, 공동욕장, 염색소 설치, 時報鍾 구입' 등을 말하며, '특수적'인 것은 '餉倉, 집회소 건축, 冠婚葬祭 구입' 등을 말하나 구분의 기준이 무엇인지는 알 수 없다. 다만 특수적인 사업이 일반적인 사업보다 재정이 더 많이 소요되는 것임은 추측할 수 있겠다.

이처럼 각기 다른 이름에 통일된 모습은 아니지만 도별로 농촌진흥회의 조직화는 빠른 속도로 추진되어 갔다. 1933년 현재 전국에 약 3만개 이상이 결성되었다는 추산이 있는 바,[62] 이는 농산어촌 74,000여 촌락과 비교해서 40%의 조직률을 보이고 있다. <표 2-7>에서 조사한 통계에 비하면 다소 많지만 이름만 있는 진흥회도 많았다는 것을 감안하면 통계 자체는 비교적 실태를 반영한 것이라 할 수 있다. 총독부는 유명무실한 진흥회는 정비해서 재조직하고, 없는 촌락에는 새로 진흥회를 설립하는 방식으로 농촌진흥회의 조직을 확대시켰다.

농촌진흥회의 조직화 규모를 전체적으로 조사한 자료는 아직 파악되지 않지만, 앞서 본 1937년 도별 향약정신 보급상황을 조사한 자료를 통해 간접적이나마 확인할 수 있다(<표 2-9>).

---

61) 조사에 따르면 1) 공공사업을 목적으로 하는 것 106개, 2) 상호부조를 목적으로 하는 것 255개, 3) 산업조장을 목적으로 하는 것 108개, 4) 기타 저축계, 위친계, 납세계, 문중계 등은 도내 거의 전 촌락에 파급되어 있었다고 한다.

62) 鄭世權, 1933, 「농촌진흥회에 대한 비판」『實生活』 4-7(1933년 6월호), 奬産社, 3쪽.

〈표 2-9〉 도별 향약정신 보급 상황 조사(1937년 5월말 현재)

	단체수	단체원수	실행사항
경기	7,271	250,444	德行相勸, 풍속개선, 산업장려, 공공봉사
충북	1,281	52,803	도덕실천, 산업개발, 생활개선, 문맹퇴치
충남	2,863	189,794	국기게양, 법령전달철저, 국어보급, 의례개선
전북	2,420	71,063	생활개선, 유학보급, 산업장려, 문맹퇴치
전남	9,108	418,475	청년수양, 婦德向上, 家道振興, 산업발달
경북	254	16,179	民風作興, 산업개선, 의례개선, 영농개량
경남	883	68,751	德風作興, 생활개선, 문맹퇴치, 의례개선
황해	4,607	159,158	덕업상권, 예속상교, 환난상휼, 風敎改善
평남	1,926	69,986	생활개선, 상식보급, 儀禮勵行, 농업개선
평북	1,933	158,902	소비절약, 患難相救, 풍속개량, 의례개선
강원	321	6,486	민풍작흥, 생활개선, 환난상구, 농촌개발
함남			(재조사중)
함북	762	65,745	풍속개선, 부업장려, 문맹퇴치
합계	32,625	1,523,786	

*출전 : 朝鮮總督府, 1938, 『地方改良造成補助關係』, 702~703쪽.

*비고 : 경북은 5,234개 중에서 성적이 양호하여 조성이 필요한 것만을 기입한 것.

전라남도의 향약 조사에서도 언급했듯이 향약정신을 일부 가진 단체가
농촌진흥회를 지칭하고 있기 때문에 <표 2-9>는 농촌진흥단체의 도별 통계
로 봐도 크게 틀리지 않을 것이다. 재조사중인 함경남도의 통계를 1932년의
3,000개로 본다면 최소한 35,000개 이상의 농촌진흥회가 설립되었다. 전체
대비 47%로 1933년의 40%에 비해 7%p 확대되었다. 1932년에 비하면 10,000여
개, 1933년에 비하면 5,000여 개 이상의 농촌진흥회가 1937년까지 조직된
것이다.63)

---

63) 이러한 변화와 관련하여 한 논자는 진흥회가 1932년 2,544개에서 33,625개(함남
제외)로 5년 동안 13배 이상 늘어났다고 설명하고 있으나, 이는 1932년에 조사한
향약 통계를 잘못 이해한 데서 비롯된 것이다(朝鮮總督府 學務局 社會敎育課, 『昭和八
年度 鄕約事業補助書類』, 814쪽). 즉 1932년 조선총독부가 각 도에 지시하여 향약을
조사할 때 갑(종래의 향약 그대로 전하는 것), 을(향약에 개선을 가하거나 어떤
시설에 향약정신을 가미한 것), 병(종래의 향약이 최근까지 유지되다가 중지된 것)
세 가지로 구분해서 조사할 것을 요구했다. 이때 을이 진흥회와 유사한 것인데,
경기도와 황해도를 제외한 다른 도는 을을 조사하지 않았으며, 충청남도는 을에
해당하는 단체를 갑으로 처리해서 조사했다. 그 결과 갑과 을을 합쳐도 2,544개만
되어 실태를 반영하지 못하고 있다. 더구나 충청남도만 2,137개의 향약이 있는

진흥회 설립과 정비가 이처럼 총독부에 의해 적극적으로 추진되었던 만큼 강제성이 동반될 수밖에 없었으며, 이에 대한 비판적인 여론도 많이 제기되었다. 비판의 중심은 농촌진흥회가 "면장, 구장, 순사 등이 주동이 되어 거의 명령적으로 조직"되어 관의 명령을 전달하는 기관에 불과하다는 것이었다. 주민의 눈에 면장과 구장은 세무기관이 독립하지 않은 조선에서는 稅吏를 대행하는 자요, 순사는 다른 직무의 수행도 많지만 형사피고인을 검거하는 자라는 선입견이 있어, 일반 농민은 항상 그들을 면종복배하고 敬遠主義로써 대해 왔었다. 따라서 주민들은 농촌진흥회를 "세금 잘 받기 위하는 회요, 국기 잘 꽂으라는 회"로 인식하는 경향이 많다고 비판하였다. 농촌진흥회를 조직할 때 稅吏의 역할을 하는 면장·구장과 국기 꽂으라고 독려하던 순사가 주동이 된 것은 물론 지도 내용이 주민들에게 이런 인식을 낳게 한 것이다.[64]

황해도의 흥풍회를 비판하는 내용 역시 관 주도에서 생긴 문제들이었다. "대개는 흥풍회란 뭘 하는 것이냐 관청에서 흥풍회에 들라고 하기에 들었을 뿐이라는 모호한 대답을 한다."고 하여 농촌 주민들은 흥풍회에 대해 정신적으로 무관심하다고 지적하였다. 그리고 흥풍회를 지도하는 면리원과 관공리에게 '흥풍회에 대해 誠力을 아끼지 말고, 민간측에 반감을 사지 말 것'을 요구하였다. 특히 "민간측의 반감을 사지 말라는 것은 그 실행조건으로 우선 면리원들의 공통적 습관으로 오만적 태도로 촌민을 경멸시하지 말 것이오, 그 다음으로는 빈곤한 농민의 무상의 고통으로 생각하는 잡부금 독촉과 아직도 국가적 관념이 박약한 촌민에게 국기게양의 강박을 좀 愛和"하라고 주문했다. 그러면서 "흥풍회의 실행조목이라는 것을 본다면 절주, 절연, 도박금지, 미신타파, 색의장려, 야학 개최, 부업 장려, 신문잡지 구독 등으로 그중에는 우리 농촌인의 실제 경험으로 생각한다면 혹 모순당착이라고 할

것처럼 되어 실상과 맞지 않다. 이런 조사상의 차이를 이해하지 못했기 때문에 1932년 농촌진흥회와 같은 단체 수를 2,544개로 이해하고 추이를 잘못 분석하게 되었으며, 충청남도만 특별하게 부각시키는 문제도 낳게 된 것이다(김영희, 앞의 책, 368~369쪽).

64) 鄭世權, 앞의 글, 4쪽.

만한 조목도 없는 것이 아니지만 대개는 우리로서 얼마 전부터 有志未遂한 것이 아닌가 또는 우리의 일부 모범농촌에서 이왕부터 실행하여 오던 것이 아닌가"[65]라고 비판하였다.

농촌진흥회가 관 주도로 조직되었다는 것은 또한 운영에서도 관의 요구가 많이 반영되었음을 뜻한다. 울진군은 소속 면에 '농촌진흥회 활동 중 실적이 현저한 것과 실행이 곤란하다고 인정하는 사항과 그 대책'을 조사한 적이 있다. 면의 답신에 따르면, 실적이 현저한 것으로는 "축제일 국기 게양, 조세공과금의 납기 엄수, 색복 착용, 위생 주의, 개량종묘 사용, 퇴비 사용, 양잠, 축우 生飼, 자손을 위한 식묘(각 진흥회원이 소나무 등 잡목 17,180그루 심기), 부업 수입 증가, 울타리 개선, 굴뚝 개량, 고무신 폐지, 복장 간편, 노동 등"을 들었다. 반면 실행이 곤란하다고 인정하는 사항으로는 "弊風打破 (결혼 연령, 미신으로 인한 풍습과 점 금지), 식사 개선, 時間勵行, 형식 타파(환송회), 관혼상제비 절약, 저축, 비황저축 등"을 들었다.[66] 전자가 통치와 관련한 사항과 경제 활동 등 외형상 확인하기 쉬운 사항들이 중심이었다고 한다면, 후자는 전통적인 생활습관과 의식에 관련되어 있어 강제하기에는 어려움이 따르는 사항이었다.

농촌진흥회를 통해 농촌진흥운동을 확대하기로 결정한 조선총독부가 진흥회의 조직화에 박차를 가해 5년만에 전체 촌락의 50%까지 설립하게 된 것은 촌락 지배라는 측면에서는 매우 의미가 큰 것이었다. 식민권력이 면을 매개로 촌락 내부로 들어가 영향력을 직간접으로 행사할 수 있는 범위가 그만큼 넓고 깊어졌다는 것을 뜻한다. 이러한 과정이 있었기 때문에 전시 총동원 시기에 거의 모든 촌락에 이르기까지 부락연맹을 조직하여 물자와 노동력을 동원할 수 있었던 것이다.

농촌진흥회가 도별로 확대되어 가자 총독부로서도 이에 대한 종합적인

---

65) 權耘生, 1934, 「농촌진흥회에 대한 나의 희망」『實生活』 5-11(1934년 1월호), 奬産社, 12~14쪽.

66) 梁村奇智城, 앞의 책, 680쪽.

설립 기준을 정비하여 제시할 필요가 있었다. 1937년 6월의 「농산어촌진흥지도요항」과 1938년 4월에 「농산어촌진흥지도요항」 중 일부를 변경한 통첩이 그것이다.[67] 이 내용은 경상남도 산업부 농정계에서 근무하고 있던 金興洙가 釜山日報에 총 12회에 걸쳐 해설을 곁들여 연재한 글에서 잘 정리되어 있다. 여기서는 김흥수의 글을 토대로 그 내용과 의미를 검토하겠다.

우선 「농산어촌진흥지도요항」(이하 「요항」으로 줄임)의 최대 특징은 ① 갱생지도부락 외 일반 촌락에도 농촌진흥회를 설치하여 시국에 대응하는 민중의 훈련에 도움이 되도록 하는 한편, ② 조직을 강화하기 위해 회원 자격을 지도농가에서 촌락내 모든 민호로 확대하고, 농촌진흥회 구역 내 각종 산업 장려단체나 계를 통폐합하여 진흥회로 통일하여 조직을 일원화한다는 것이었다.[68]

농촌진흥회를 모든 농촌으로 확대하게 된 배경에는 갱생지도부락의 성적이 좋았다는 점도 있지만, 식민당국자들이 정책 이행의 실질적인 최하부 단위로서 촌락을 높이 평가한 것도 작용했을 것이다. '부락은 실로 농촌갱생운동 개시 이래의 일대 발견'이었으며, '부락법 인식과 부락소단체의 발흥운동'이 이를 증명하고 있다. 갱생운동과 더불어 설치된 농촌진흥회나 1935년에 공포된 식산계령도 모두 촌락을 단위로 하고 있었음은 주지하는 바이다.[69]

총독부는 농촌진흥회를 모든 촌락으로 확대하는 한편, 조직을 강화하는 방안으로 두 가지 정책을 수립했다. 첫째는 회원을 촌락내의 모든 호로 확대하는 것이었다. 종래의 농촌진흥운동은 갱생지도농가만 참여했기 때문에 지주 계급이나 어촌의 자산가 등은 농촌진흥회에 하등 관심을 가지지 않았다.[70] 전쟁으로 인해 '민의 총동원'이 필요하기 때문에 회원자격을 확대하기도 했지만, 촌락이라는 특성 때문에 회원을 확대한 것도 있다. 그 논리를

---

67) 1937년 9월 9일 「시국의 진전에 대처해야 할 농산어촌진흥운동의 사명 수행에 관한 정무총감 통첩」(1937.9.9)에서 농촌진흥회를 모든 촌락에 설치한다고 지시.

68) 金興洙, 「部落振興會の經營に就て」(1) 『釜山日報』 1938.7.15.

69) 金興洙, 「部落振興會の經營に就て」(2) 『釜山日報』 1938.7.16.

70) 金興洙, 「部落振興會の經營に就て」(5) 『釜山日報』 1938.7.20.

122

보자. 도시와 비교할 때 촌락은 '① 주민의 직업이 단일하며, 이에 따라 생활의식이 공통이다. ② 부의 정도가 균등하다. 이해관계가 단순하고 생활양식이 일치한다. ③ 오랜 전통을 갖고 있다'는 점에서 그 특질이 있다.[71] 따라서 촌락 내 설치될 실행단체는 "부락민의 공동생활체이며, 그 조직은 民戶로써 하고, 그 활동은 부락민 생활 전분야에 걸쳐 있"어야 하며, 이것이 부락실행단체의 본질이라 할 수 있다. 즉 부락실행단체는 '주민의 공동생활체로서 자연적 결합을 하고 영구적으로 존재하는 성질을 갖기 때문에 민호단체여야 하며, 민호단체는 단체의 조직원이 단순한 개인이 아니라 일가의 경영주 즉 가족 전체를 대표하는 사람의 단체이다. 따라서 부락민인 이상 남녀노소를 막론하고 단체의 규약을 준수하고 단체의 사업에 참가해야 했다.[72] 향약처럼 주민들의 농촌진흥회 가입을 의무적으로 하고, 이를 통해 촌락을 통제하려 한 것이다.

둘째, 촌락 내의 각종 산업조직을 농촌진흥회로 통폐합하여 조직을 '일원화'하는 것이다. 농촌진흥회 개조의 중심문제이기도 한 조직의 일원화는 ① 진흥회 구역 내의 계와 기타 단체는 이를 해체하고, 그 사업을 진흥회의 해당 부문으로 이관한다. ② 계와 기타 단체의 구역이 2개 이상의 진흥회의 구역에 걸친 경우에는 이를 해체하고, 각 진흥회의 해당 부문으로 이관한다. ③ 면작개량계, 축우개량계, 전작개량조 등과 같이 전술한 조치에 따른 경우에 그 사업 수행에 지장을 낳는 것은 이를 진흥회 부문에 배속시키고, 다시 이를 연합계 등을 조직하여 종래의 그 사업을 집행하게 한다는 내용이었다.

총독부가 조직 일원화를 강력하게 추진하게 된 것은 촌락의 지도장려 단체가 난립함에 따라 촌락 내의 산업단체들도 난립함으로써 조직상의 혼선과 중복이 빚어졌기 때문이다. 부락의 지도장려 단체는 동일한 명령계통, 즉 한 군수의 지도·감독 하에 있었지만 그 수는 많았다. 예를 들어 산업지도장려 방면에서 보면 농사의 전작개량조합, 감자재배조합, 면작의 면작개

---

71) 金興洙, 「部落振興會の經營に就て」(3) 『釜山日報』 1938.7.17.

72) 金興洙, 「部落振興會の經營に就て」(4) 『釜山日報』 1938.7.19.

량계, 축산의 축우계, 양돈계, 양계조합, 양잠개량조합, 임야의 활엽수보육계, 수산의 채취조합 등이 각 산업부문에 따라 분립하여 있었다. 이밖에 납세조합, 근농공제조합, 酒類교정회 등의 단체가 있고, 또 경찰은 경찰로서, 금융조합은 금융조합으로서 각기 상당한 장려단체를 갖고 있는 상태였다. 그래서 '한 일을 장려하고자 하면 한 단체를 만들어 백가지 일을 장려하면 백단체가 출현'한다는 비난도 생긴 것이다.[73] 단체가 난립한 이유는 총독부가 식민지배 초기부터 생산 과정에 깊게 관여하여 각종 지도조직과 단체를 만들었기 때문이었다. 그래서 1, 2차 산업단체 정리를 통해 난립을 정비했지만, 이해관계의 충돌과 조직의 생리상 여전히 문제가 남아 있었던 것이다. 농촌진흥운동기에도 이 문제가 계속 제기되었지만 해결되지 못한 채 지속된 것은 그만큼 정비가 어려웠음을 역설적으로 말해주고 있다.[74]

「요항」은 또한 정책 실행의 민간대리인으로서 설정한 중심·중견인물의 문제에 대해서도 현실적인 대안을 제시하였다. 농민훈련소 수료자나 농업보습학교 졸업생은 양성 목적이 주로 자가의 영농에 정진하여 갱생의 실적을 거두도록 해서 그 변화를 사방에 미치게 하는 것이었다. 그러나 현실은 중심인물 또는 중견인물이 만사를 이끌고 있어 유한계급이 아닌 한 자기 일을 할 여유도 없는 실정이었다. '중심인물 사퇴서'[75]라는 우스개가 나온 것도 이런 현실을 반영한 것이다. 총독부는 이 문제를 해결하기 위해 1인 1역의 전문제를 도입하였다. 즉 "중심인물은 중견인물의 지도력을 완화시켜 이를 자가의 생업으로 돌리게 하고, 부락민의 자주의식에 기초한 자치적 훈련의 습관을 쌓아 갱생운동의 항구적 기초를 확립하고자 채용한 것"이 1인 1역의 전문제이다. 1인 1역이란 회원 모두가 진흥회의 특정 부서에서 역할을 수행하는 이른바 '책임분담의 상호지도조직'이다. 이에 따라 농촌진흥

---

73) 金興洙, 「部落振興會の經營に就て」(5) 『釜山日報』 1938.7.20.
74) 文定昌, 1942, 『朝鮮農村団体史』, 日本評論社, 473~485쪽 참조.
75) 增田收作, 1936, 「朝鮮における部落中心人物について―考察」『朝鮮』 1936년 11월호, 96쪽.

회의 내부를 다음과 같이 구성하도록 지시하였다.[76)]

<표 2-10> 농촌진흥회의 조직

총무부	서무반, 회계반
권업부	耕種반, 면작반, 원예반, 양잠반, 양축반, 임산반, 임야보호반, 수산반, 부업반
사회부	교화반, 생활개량반, 부채정리반, 도로애호반
위생부	(종래의 위생조합)
경방부	
부인부	
청년부	

동시에 오가자통제를 응용한 5인조 제도를 병행하여 추진했다. '1인 1역의 부문제가 업무별·직능적 부문인 것에 비해 5인조는 지역적 편성'을 한 것이다. 이처럼 업무별, 지역별로 촌락을 재편한 이유는 '농촌진흥운동 시작 이래 지방행정사무의 격증과 상의하달, 하의상달을 위해 민중의 조직이 필요'했기 때문이다.[77)] 농촌진흥회와 5인조제도는 국민정신총동원운동이나 국민총력 운동 단계에서 부락연맹과 애국반으로 재편됨에 따라 촌락 사회가 계통상으로 식민지 국가권력에 전일적인 지배를 받게 되었다. 그런 점에서 권력침투의 매개체로서 농촌진흥회가 갖는 의미는 매우 컸다고 할 수 있다.

그리고 「요항」은 농촌진흥회의 운영 요령과 실행 방안을 세세하게 적시하여 지시하였다. 예를 들어 매월 정례회의 개최할 때 '개회→ 출석 점호→ 황궁요배→ 황국신민의 서사 제창→ 통달(관공서에서 부락민에게 주지시킬 사항)→ 갱생계획서 또는 영농계획서의 검토, 공려사항의 합의→ 강화(시국인식에 관한 사항, 농사개량에 관한 당면 사항, 수양에 관한 예화, 갱생실화

---

76) 金興洙, 「部落振興會の經營に就て」(7) 『釜山日報』 1938.7.22.

77) 金興洙, 「部落振興會の經營に就て」(8) 『釜山日報』 1938.7.24. 이러한 조치가 그대로 촌락 단위에서 실행되었는지는 의문이다. 그러나 최소한 각종 단체를 진흥회로 통합시키려는 노력은 계속 추진되었다. 경상북도가 농촌진흥조합, 공려조합, 갱생공려조합 등 3단체가 활동하고 있으나 지도계통의 명령이 다른 까닭에 무용한 사무 번잡이 있어 농촌진흥회로 조직을 단일화할 계획을 세웠다는 기사도 이를 말해 주고 있다(「공려, 更生組 등 해소, 농진회로 통일」 『동아일보』 1939.7.25).

등)→ 저축의 取經→ 폐회 해산'순으로 하라고 정했다. 강화를 할 때의 유의사
항도 구체적으로 지시했다. 그 가운데 저축과 관련한 지시는 다소 흥미롭다.
"저축이 상당액에 달할 때는 이를 부채상환, 농우구입, 농가구 설비, 토지구입
등 가능한 농가에서 직접 그 이익을 누리고, 공연히 야학회나 공동시설,
또는 공공사업 경영에 제공하는 것과 같은 조치는 하지 말 것"[78]이라 하였다.
이 시기까지는 저축한 돈을 공동시설에 쓰지 말고 개별농가의 직접 이익이
되는 방향으로 하라고 지시하여 개별농가 지도라는 방침을 고수한 것이다.

양산군의 사례는 진흥회를 중심으로 농촌진흥운동 조직을 일원화하려는
총독부의 시책을 잘 보여주고 있다. 1938년 6월 11일 양산군수는 면장, 소학교
장, 경찰관, 주재소 수석과 금융조합 이사, 산업조합이사, 수리조합이사 등을
소집하여 '농촌진흥과 봉사작업단 사무타합회'를 개최하였다. 타합회에서는
요항에 따라 모든 촌락에 진흥회를 조직하고, 産業契 등을 폐합·정리하여
진흥회로 통일하는 한편, 촌락 내 모든 호주를 회원으로 참여시키는 사항
등을 지시하고, 7월말까지 전 군에 조직을 완료하도록 협의했다.[79]

한편, 농촌진흥회에 대한 종합적인 지도방침이 정비된 1938년은 1933년에
시작한 제1차 농가갱생지도부락이 5개년 계획을 완료한 해이기도 했다.
총독부는 계획을 완료한 부락 중 성적이 좋은 부락을 '관변의 개별지도에서
부락민의 자조공려로 전환하고, 部落是를 수립해서 자주적으로 서로 협력해
갱생과 향상을 도모'하는 갱생공려부락으로 전환한다는 정책을 수립했다.
이에 따라 각 도별로 지도부락과 지도농가를 조사하여 부락시를 수립하는

---

78) 金興洙, 「部落振興會の經營に就て」(9) 『釜山日報』 1938.7.25. 다른 유의사항은 다음과
  같다.
  ① 강사는 각 지도기관의 직원, 지방명사, 독농가로 할 것. ② 시국인식에 관한
  자료는 관보, 주보, 통보, 자력갱생휘보 또는 당국에서 통달한 것 중에서 택할 것.
  ③ 농사개량에 관한 자료는 계절에 따라 당면한 필요사항으로 하여 곧 바로 자가영농
  에 옮겨가 이익을 낳게 할 것. ④ 수양에 관한 강화는 추상 개념의 이론을 피하고
  가능한 구체적인 예화·실화 등을 주로 할 것. ⑤ 강화 시간은 특수한 경우를 제외하고는
  30분 내외로 하고 쉽고 간명하게 할 것.
79) 「농진조직 일원화 양산군서 협의」 『동아일보』 1938.6.18.

한편, 갱생공려부락을 설정했다.[80]

이듬해인 1939년 5월 1일 "본 운동에 관한 부락공려의 중추인 단체의 기초를 정비 확립하고, 여기에 적정한 지도를 가해 각종 시설의 완전한 운영과 농산어민의 조직화를 도모하는 일이 특히 시급한 요무"라 판단한 총독부는 부락공려단체를 강화하기 위해 농림국장이 각 도지사에게 「부락을 단위로 하는 공려단체의 지도에 관한 건」이라는 통첩을 발하였다. 통첩에서는 '부락을 단위로 하는 공려단체'(줄여서 진흥회라 함)를 '갱생계획을 실시하고 있는 부락진흥회' '갱생공려계획을 실시하고 있는 부락진흥회' '일반 진흥회' 세 가지로 구분해서 각각에 대해 지도방책을 내놓았다.

먼저 '갱생계획을 실시하고 있는 부락진흥회'에 대해서는 ① 진흥회장과 간부에 대한 훈련을 더욱 철저하게 할 것, ② 각종 산업장려시설과 사업은 진흥회로 하여금 자주적으로 실행시키고, 항상 그 공려를 강화하도록 조치할 것, ③ 월례회의 활동을 계획하여 연중행사, 월중행사 기타 부락 행사는 월례회에서 결정할 것. ④ 공동시설과 공동사업을 확충할 것, ⑤ 부락 단위의 청년·부인단체의 활동을 촉구하고, 그 사업은 진흥회 사업과 긴밀하게 연락·통합을 갖게 할 것, ⑥ 갱생지도농어가와 비갱생지도농어가의 관계를 긴밀하게 하고, 특히 갱생지도농어가에 대한 지도원조를 구체적으로 할 것 등을 지도방침으로 정했다.

'갱생공려계획을 실시하고 있는 부락진흥회'에 대해서는 ① 갱생계획을 실시하고 있는 부락진흥회의 ①이나 ⑥을 강화할 것, ② 공려조직을 검토하여 더욱 완비를 기할 것, ③ 부락시를 정비하여 완전하게 활용하게 할 것, ④ 가급적 식산계를 설치하여 판매, 구매와 이용사업의 확충을 도모할 것 등을 지시했다. 공려부락을 중심으로 식산계를 설치해 나가도록 지시한 것이다.

'일반 진흥회'에 대해서는 ① 일반부락에 대해 아직 보편적으로 진흥회를 설치하지 않은 곳에서는 속히 이를 설립하도록 할 것, ② 갱생계획을 실시하고

---

80) 朝鮮總督府, 1938, 『農漁家更生計劃の實施槪要』, 24~26쪽.

있는 부락진흥회의 ②, ③, ⑤를 철저하게 할 것, ③ 읍면을 단위로 하여 모든 진흥회장의 회동을 적절할 때 개최하도록 할 것, ④ 갱생계획을 실시하고 있는 우량진흥회를 힘써 시찰하게 할 것, ⑤ 갱생계획 실시 예정 부락의 예비훈련을 철저하게 할 것 등을 지도했다.

그리고 촌락을 단위로 설립된 단체(예를 들어 비황저축조합, 공동경작조합, 가마니조합, 양계조합, 購牛契, 양돈계 등)는 사정이 허락하는 한 모두 진흥회로 통합하고, 농촌진흥운동에 관한 촌락의 중추단체는 모두 명칭을 진흥회로 부르도록 지시했다. 동시에 갱생계획을 실시하는 구역은 진흥회 구역을 단위로 하도록 했다.[81]

이로써 전 조선의 촌락에 갱생계획의 진도에 따라 세 가지 유형의 진흥회가 설치되고, 각각의 지도방침도 종합적으로 정비되었다. 전라남도에서는 8,460개의 농촌진흥실행조합이 1939년 6월 27일 이후 모두 진흥회로 개칭되었으며, 진흥회규약도 제정되었다.[82] 경상북도도 농촌진흥조합, 공려조합, 갱생공려조합을 모두 진흥회로 단일화시켰다.[83] 충청북도는 여기서 한 걸음 더 나아가 읍면 단위로 진흥회연합회를 조직한다는 방침을 정했다. '가맹 진흥회의 상호연락을 갖고 그 발달을 도모하여 농촌진흥에 기여함을 목적'으로 한 진흥회연합회는 주요 사업으로 ① 진흥회의 지도와 진흥회 사업의 조성, ② 영농과 생활개선에 관한 각종 시설, ③ 중심인물 양성, ④ 강습회, 講話會와 간담회 개최, ⑤ 우량부락과 우량진흥회 표창, ⑥ 국민정신총동원운동의 철저, ⑦ 기타 본회의 목적을 달성하기 위해 필요하다고 인정하는 사업을 실행하였다. 회장은 읍면장이 맡아 지휘하였다.[84] 평안북도에서는 군 단위의

---

81) 「農村振興運動に關する部落共勵團體の整備强化を企圖す」 『自力更生彙報』 제68호 (1939년 5월 20일), 2~4쪽.

82) 「全羅南道に於ける農村振興實行組合の名稱と振興會規約の制定」 『自力更生彙報』 제70 호(1939년 7월 20일), 36쪽.

83) 「공려, 更生組 등 해소, 농진회로 통일」 『동아일보』 1939.7.25.

84) 「忠淸北道に於ける部落振興聯合會の設立」 『自力更生彙報』 제70호(1939년 7월 20일), 37~39쪽.

128

연합회로 군산농어촌진흥협회를 설립하였으며, 회장은 군수, 부회장은 경찰서장이 맡아 지휘했다.[85]

이후 농촌진흥회는 국민정신총동원운동기에는 부락연맹과 병립하면서 물질 방면에서 촌락을 동원하는 역할을 수행하다가 부락생산확충계획이 수립되는 1940년 12월 이후 국민총력 산하의 부락연맹으로 해소되었다. 그 과정과 내용은 절을 달리 하여 보도록 하겠다.

2. 전시기 지배기구의 정비와 일원적 지배체제의 구축

1) 경제단체의 정비와 통합과정

일찍이 문정창은 조선의 농업단체를 분석하면서 그 특징을 담당구역이 넓다는 것과 종류가 매우 많다는 것 두 가지로 정리한 바 있다. 담당구역이 넓은 것은 관 주도의 경제단체가 행정라인을 따라 설립되었기 때문이다. 먼저 생산 방면에서는 총독부가 권업 행정의 제일선을 관치행정의 말단 기구인 府郡島로 하고, 각종 단체와 보조를 동일하게 하기 위해 단체의 구역도 부군도 단위로 했다. 또 이들 단체를 조선 농업의 4대 부분인 농사·면작·양잠·축산에 맞춰 각각 지주회·면작조합·양잠조합·축산조합 등으로 만들어 한때는 그 종류가 십 수종에 이르렀다. 제1·2차 산업단체 정리로 농회로 통합되었으나, 농회 역시 군(島) 단위로 설치되어 있었다. 그리고 유통방면에서도 금융조합과 산업조합이 시장 중심의 대구역주의를 취하고 있었다. 생산방면에서는 한 단체 평균 59方里, 유통방면에서는 한 단체 평균 20방리로 대구역과 많은 종류의 단체를 특징으로 들 수 있다. 일본이 평균 2방리의 町村을 단위로 하는 町村농회와 유통을 겸영하는 산업조합을 정책으로 한 것과 비교할 때 조선 농촌단체의 두 가지 특징이라 할 수 있다.[86]

---

85) 「平安北道に於ける郡農山漁村振興協會の設立」『自力更生彙報』 제71호(1939년 8월 20일), 41~42쪽.

1925년의 조사에 따르면 조선 전역을 구역으로 하는 조선농회, 조선산업협회, 조선잠사회, 도를 구역으로 하는 도농회, 축산동업조합연합회, 면작조합연합회, 郡島를 구역으로 하는 郡島農會, 지주회, 면잡조합, 양잠조합, 繩叺組合, 과수조합 등 그 종류는 10여 종에 이르며, 그 수도 郡島를 구역으로 하는 것만 580개를 넘고, 회원수는 340만 명, 경비 총 510여만 원에 달한다.[87]

이른바 대구역주의와 다수의 단체 설립은 구조적인 문제를 낳고 있었다. 대구역주의는 단체원과 단체의 유리, 지도 장려의 불철저, 단체 본위의 경영 등을 초래하는 경향이 많았다. 업종별 많은 종류의 단체 설립도 농민의 부담을 가중시키고, 단체 상호간에 마찰과 경합을 불러일으켰다. 즉 계통농회 이전에는 각종 산업단체가 수십 종의 단체 경비를 부과 징수하거나 회비 징수를 둘러싸고 단체 상호간에 충돌을 하고, 같은 농민, 같은 농경지에 각종 단체의 직원이 뒤섞여 자기 기관이 장려하는 작물을 심도록 요구함에 따라 '무정부적 상태'[88]가 일어나기도 했다.

이런 폐단을 시정하기 위해 조선총독부는 1919년 郡島농회(임의)를 설치해 각종 단체를 정리 통합했으나 큰 성과가 없었다. 이에 1926년 1월 25일 조선농회령 공포와 더불어 기존의 각종 산업단체를 系統農會로 합병 통일하였다(제1차 산업단체 정리).[89] 이후 제1차 산업단체 정리 때에 남겨진 축산동업조합과 삼림조합 간에 회비 징수와 사업상의 분쟁 등이 일어나 1932년 축산조합은 농회로 흡수되고, 삼림조합은 해산한 뒤 관련 사무가 도지방비로 이관되었다. 그리고 농회는 농사의 지도 장려에 전념하고, 금융조합은 금융사업만 하며, 산업조합은 특산품을 취급하는 방향으로 산업단체 간의 큰 조정이 있었다(제2차 산업단체 정리). 이로써 농회와 금융조합, 산업조합 3대 단체가 농촌의 지도기구로 정비되었다. 그러나 수회에 걸친 단체 조정은 여러 종류의

---

86) 文定昌, 앞의 책, 473~475쪽.

87) 小早川九郎, 앞의 책, 493쪽.

88) 같은 책, 494쪽.

89) 朝鮮總督府, 1940, 『施政三十年史』, 175쪽.

130

단체 통합과 그 방면의 폐해를 일부 제거하긴 했으나, 다른 과제인 대구역과 이에 따른 폐해는 전혀 다루지 못했다.[90] 다음과 같은 비판은 그러한 폐단을 잘 묘사하고 있다.

　　산업단체의 현상을 보면, 군을 지역으로 한 농회, 축산동업조합, 삼림보호조합 등이 다기다양하게 나뉘어 복잡하게 있어, 그 사이의 연락이 결여된 상황이다. 이처럼 업태별로 단체를 시켰기 때문에 부담금의 징수처럼 2중 3중의 수수료를 물 뿐만 아니라, 사무비가 사업비를 훨씬 초과하여 많이 든다. 게다가 이들 단체의 사무 담임자는 보통 동일한 경우가 많으나, 재정을 별개로 한 결과 사무상의 연락은 중단되고, 사무취급상 헛되이 착종을 가져오고 있다. 따라서 郡 당국자의 사무는 더욱 번잡을 더하고, 이어 군 관치행정 사무의 범역을 넘는 경우도 적지 않다. 다시 예를 읍면으로 들면, 현재 군을 구역을 한 이상과 같은 각종 산업장려단체는 그 경영방법 모두 개별 법령에 따라 정해져 있어(그중 삼림조합은 임의조합), 이들 단체는 모두 군에서 각각의 기관을 가지고 있다. 면은 농회비 또는 과태료의 체납을 강제 징수하는 것 외, 법령상 관련이 없는 것도 각 단체가 하급기관을 결여하고 있기 때문에 경비의 징수 사업 집행일은 면 직원이 한다. 따라서 면은 다른 단체의 사무 집행 때문에 오히려 면 고유의 사무 수행에 지장을 가져오고 있다.[91]

1933년 금융조합 산하에 판매·구매와 이용 사업을 하는 부락 소산업 법인인 殖産契令이 공포됨에 따라 농회와 금융조합, 산업조합 간에 새로운 문제가 일어나게 되었다. 금융조합이 판매와 구매 사업을 다시 하게 된 이유는

---

90) 文定昌, 앞의 책, 475~477쪽.

91) 南宮營, 1932, 「産業團體の統制に就て」『조선농회보』6-6(1932년 6월호), 3쪽. 글쓴이는 두 가지 방향에서 대안을 제시하였다. 하나는 "군을 지역으로 존재하는 학교비, 농회, 축산동업조합, 삼림보호조합을 해체하고 자치단체인 군으로 하여금 이를 수행하도록 하는 郡制 시행을 하는" 행정적인 개혁이다. 다른 하나는 "각 산업단체가 형식상 별개의 단체이지만 실제로는 1개의 단체로 통제하여, 인건비와 물건비는 가급적 절감하고, 이 절감액을 사업비로 충당하여 인민의 복리증진에 기여하는" 기술적인 개혁이다(같은 글, 4쪽).

공황으로 인한 농촌의 파멸적 상황을 타개하기 위한 하나의 방안으로 상공업
제품과 농산품간의 鋏狀價格差를 시정하고, 상업자본의 유통 과정상의 수탈
과 상공업자본의 일방적인 농산물 가격 결정으로 인한 불리함을 해결하자는
사회적 요구가 매우 컸기 때문이다. 당시 민간 차원에서 협동조합운동이
전국적으로 활발하게 일어난 것도 같은 이유에서였다.

이러한 시대적 변화에 대응하기 위해 금융조합을 비롯하여 세 단체가
경쟁적으로 판매와 구매 사업에 진출하게 되고, 이로 인해 산업단체 간
조정 문제는 새로운 양상을 띠게 되었다. 즉 종래의 기구 조정은 농업생산의
지도 장려를 원활하게 하기 위해 농회를 중심으로 농업단체를 통폐합하고
폐해를 제거하는데 중점을 두었다면, 이 세 단체의 조정은 판매·구매 사업에
경쟁적으로 진출한 것을 어떻게 조정할 것인가에 있었다.

조정 문제를 둘러싸고 총독부와 금융조합연합회, 산업조합, 학자들 간에
상당한 논의가 진행되었다. 총독부와 금융조합연합회는 ① 금융조합과 산업
조합은 신용, 판매·구매와 이용사업을 겸영하되, 조선의 민도와 금융조합의
연혁 등을 고려해서 현행대로 할 것, ② 이사는 장래 민선으로 하더라도
당분간은 관선으로 할 것, ③ 조합 구역이 넓은 곳은 總代制를 할 것, ④
산업조합이 있는 지방에서는 금융조합과 농회가 판매·구매 및 이용 사업을
하지 않을 것 등을 구상했으나 확정안을 만들지 못했다. 한편 경상남도
산업조합협회는 ① 금융조합령과 산업조합령은 폐지하고, 일본의 산업조합
령에 준해 새롭게 협동조합령을 제정할 것, ② 협동조합은 신용만 하는
單營組合과 네 가지 사업을 겸영하는 겸영조합 두 종류로 하고, 전자를 금융조
합, 후자를 산업조합이라 부를 것, ③ 이사는 민선으로 하나 그 선임은 도지사의
인가를 받을 것, ④ 조합원 2천명 이상의 조합에 總代制를 둘 것, ⑤ 중앙에
산업조합 중앙금고와 사업연합회를 설치하고, 도에 4종 겸영 연합회를 둘
것 등을 제안하여 산업조합을 중심으로 한 조정안을 내놓았다.92)

---

92) 문정창, 앞의 책, 481~483쪽.

132

‘농촌 개발 도상의 암, 지방 개발상 최대의 낭비’라는 비판까지 나올 정도로 세 기관별 이해관계가 첨예하게 부딪혀 쉽게 조정이 되지 못했다. 총독부는 세 단체간의 경쟁과 갈등을 해소하기 위해 먼저 1937년 6월, 농회와 상업조합, 금융조합연합회의 사업부와 식산계의 지도감독에 관한 사무 일체를 농림국 농촌진흥과로 이관시켜 통일시켰다. 이후 농림, 식산, 재무 3국장 간의 오랜 검토를 거친 후 1940년 1월 농림국에서 정리안을 만들었다. 요약하면 각 단체 모두 그 본래의 사업으로 되돌아가고, 판매와 구매사업은 별도의 기구를 만들어 관리하는 방향으로 정리한 것이다. 즉 농회는 농업 기술지도를 본래의 과제로 하되, 지도와 밀접하게 관계를 갖고 있는 棉, 畜産, 繭의 공동판매는 농회에서 맡는다. 금융조합은 금융에만 전임하고, 종래의 사업부문은 共販共購事業組合(가칭)이라는 새로운 단체로 모두 인계한다. 기왕의 금융조합과 산업조합의 全鮮 기구는 그대로 존치하여 농회, 금융조합, 새로운 조합의 집행기관으로 한다. 그리고 신설 공판공구사업조합은 각도에 두며, 경성에는 중앙연합회를 두어 통제한다는 것이었다.93)

그러나 1940년 10월 국민총력조선연맹의 결성과 더불어 강력한 통제경제체제가 수립됨에 따라 이 조정안은 예산까지 계상되었으나 결국 실행되지 못한 채 폐기되었다. 농업 방면에서 생산력 확충을 위한 부락생산확충계획의 수립은 농업기구의 획기적인 재편을 요구하고 있었다. ‘高度國防國國家體制’를 밑에서부터 지탱하는 부락생산확충계획은 전면적인 촌락지도의 확충을 필요로 했고, 이 계획을 실행할 한 주체로서 금융조합 산하에서 비약적인 속도로 설립되고 있던 식산계를 주목하게 된 것이다.94)

일본의 農事實行組合, 만주국의 興農會와 같은 촌락조직으로 설립된 식산계는 앞의 <표 2-4>에서 보았듯이 1935년에는 겨우 143개에 지나지 않았으나,

---

93) 「농촌 3단체의 개조」『朝鮮行政』1939년 11월호, 68쪽 ; 「농촌3단체 기구개선요강 정식 결정, 농회 산조 금조의 분야조정코 각자 기능의 활용책 해결」『동아일보』 1940.1.18.

94) 大態良一, 1941, 「農業增産計劃と部落組織の問題」『朝鮮』308(1941년 1월호), 10쪽.

1940년 9월 말에는 2만개의 식산계와 60만 명의 계원수를 확보했으며, 구매고는 7백만 원, 판매고는 67만 원을 돌파하게 되었다.[95] 이러한 비약적인 조직화는 총독부로 하여금 전시체제하 물자의 집하배급 통제기구일 뿐만 아니라 생산력 확충과 국민저축 조성기구로서 식산계를 주목하게 만들었다. 따라서 총독부는 1940년 12월 부락생산확충계획을 발표한 이후 전 농촌에 식산계를 설립하여 경제적인 통제를 가하고자 하였다. 그 결과 '조선총독부→ 조선금융조합연합회→ 촌락금융조합→ 식산계→ 농민'이라는 형태의 일원적인 경제 지배체계가 정비된 것이다.[96]

2) 촌락조직의 통합과 지배체계의 획일화

일본의 파시즘에 대한 연구 성과에 따르면, 파시즘 지배기구가 확립되어 가는 과정은 다음과 같이 두 가지 경로가 경합하였고, 그 가운데 내무성안을 중심으로 지배체제가 성립되었다고 한다.

```
농림성→부락농업단체=농사실행조합→隣保班 : 농촌중견인물의 지위 기반
내무성→부락회                    →隣保班 : 전통적 명망가 질서의 기반
```

1940년 9월 11일자 내무성 훈령 「部落會 町內會 等 整備要領」에서는 부락회와 정내회를 '萬民翼贊의 본지에 따라 지방 공동의 임무를 수행하는 기저조직, 국민의 도덕적 연성과 정신적 단결을 도모하는 기초조직, 국책 투철의 기관, 국민 경제 생활의 지역적 통제단위인 기능을 갖춘 장치'로 규정하고 전국적인 통일된 기준을 제시했다. 부락회와 정내회는 지역 내의 모든 민호로 구성된 지역 조직임과 동시에 市町村의 보조적 하부조직으로 그 목적을 실현하기 위해 常會를 두고, 10호 내외의 호수를 단위로 하는 인보반을 둔다. 그리고

---

95) 같은 글, 11쪽.

96) 대만의 경우 사탕수수업자·지주→제당회사→산업조합의 방식으로 단일화하였다. 近藤正己, 1995, 『總力戰と臺灣－日本植民地崩壞の硏究』, 刀水書房 참조.

134

농사실행조합 등을 부락회와 일치시켜 부락회·町內會·隣保班이 전시체제하 필요물자의 증산과 공출, 배급, 소비 등 통제경제를 실천하는 최하부단위로서 기능하도록 하였다. 이에 따라 '생산적 지역과 생활적 지역이 미분화'한 부락을 지역으로 조직화할 것인가 직역으로 조직화할 것인가라는 원리상의 대립에서 지역을 중심으로 한 지배기구가 확립되었다. 이는 부락회·정내회를 핵으로 모든 주민을 획일적 또는 강제적으로 조직화='강제적 동질화'하려는 파쇼적인 국민지배체제가 확립되었음을 말한다.97)

식민지 조선도 일본처럼 촌락(지역)을 중심으로 전시하 지방지배체제가 일원적으로 통합되었으나, 통합 과정이나 양상은 사뭇 달랐다. 그 이유는 농업단체가 일본처럼 자율적으로 성립된 것이 아니라 관에 의해 주도됨에 따라 단체의 영역도 대개 행정체계와 같이 하고 있었다. 게다가 산업단체와 같은 조합은 발달하지 못했기 때문에, 지역을 중심으로 통합하는 과정에서 큰 어려움은 없었다. 그러나 행정 공간(군과 면)에 기초한 농업단체는 관할 구역이 넓어 단체 직원과 농민간에 괴리가 발생하고, 관료적 색채도 농후하여 사업의 효율성이 떨어졌다. 이 문제를 해결하기 위해 정책적으로 주목한 것이 촌락을 단위로 해서 조직된 진흥회와 식산계였다. 따라서 조선에서는 촌락을 단위로 행정조직과 관제운동조직, 그리고 생산단체를 통합·강화하여 일원적인 지배체제를 수립하는 방향으로 추진되었다. 그 과정을 좀 더 자세하게 살펴보자.

앞서도 언급했듯이 경제단체의 경우 농회와 금융조합, 산업조합이 서로 대립하다 통제경제 하에서 촌락 단위로 설립된 금융조합 산하의 식산계를 중심으로 유통과 금융기구가 일원화되어 갔다. 그러나 농촌사회를 지배하던 다섯 가지 경로 중 물리적 지배와 이데올로기적 지배 경로를 제외한 세 경로의 기구들간의 업무 중복과 마찰 문제는 여전히 해결되지 않은 상태였다. 즉 촌락 단위에서 본다면 행정 방면의 구장과 경제 방면의 식산계, 그리고

---

97) 池田順, 1997, 『日本ファシズム體制史論』, 校倉書房 참조.

사회 방면의 농촌진흥회와 부락연맹 등이 있어 식민권력의 전쟁 수행에 총동원되는 과정에서 지도 방면의 중복과 기구간의 마찰이 문제가 되었다. 당시의 한 언론은 이 문제에 대해 "여러 가지 기관과 단체로부터의 명령계통이 난립되고 따라서 농촌을 배경한 단체가 다수하게 성립되어 한사람으로서 최소 10여 단체, 크게는 40여 개 단체에 가입하게 되어 농민은 어디를 쫓아야 될지 거취에 헤매인 지경으로 이것이 농가의 원인이 되어 농민과 농촌진흥운동도 역시 갈 바를 모르게 된 형편"[98]이라고 신랄하게 비판하기도 했다.

총독부는 1937년 각 도에 농촌의 지도기관을 정비할 방법을 자문하였다. 충청북도는 '지도기관과 지도부문의 확립'이라는 자문에 답신하면서 "금융조합의 시설과 관계한 식산계, 면의 시설과 관계한 근농공제조합 또는 군농회 등이 자칫하면 상호간에 연계를 잃고 쓸데없는 마찰을 낳는 경우가 없지 않"기 때문에 "생산품의 판매와 일상생활의 공동구입은 식산계의 증설과 동시에 근농공제조합 및 군농회의 사무를 금융조합으로 옮기고, 군농회는 본래의 사명인 영농의 지도에 노력"하도록 요청하였다.[99] 즉 식산계와 금융조합으로 유통과 금융업무를 통합하여 이관하고, 농회는 생산방면에 전념하도록 하자는 것이었다.

농촌진흥운동과 국민정신총동원운동을 추진하는 기관, 즉 진흥회와 부락연맹 간의 업무 조정도 문제가 되었다. 1939년의 『도지사회의 자문답신서』에는 '국민정신총동원연맹의 운동과 같은 종류의 목적을 가진 다른 운동들과의 연락조정을 꾀하여 국민정신총동원운동을 가장 효과적으로 할 구체적인 방책'을 자문한 내용이 있다. 답변에서 공통적으로 확인할 수 있는 것은 조직적인 측면에서 기존의 농촌진흥회를 부락연맹과 어떻게 관계지을 것인가가 각도의 주요 관심사였다. 도별 주요 답신내용을 보면, 충청남도는 공려조합(갱생5개년계획 실시 중), 갱생공려부락(계획 종료), 공려조합 실시 예정촌락과 부락연맹의 지역을 일치시키고, 부락연맹의 애국반은 공려조합, 갱생공

---

98) 「농촌진흥책을 재검토」 『동아일보』 1938.1.04.

99) 朝鮮總督府, 1937, 『道知事會議諮問答申書』(1937년 4월), 40~41쪽.

136

려부락의 5인조와 일치시킬 것을 제안했다. 충청북도는 각종 단체의 내용을 검토하여 가능한 물적 방면을 목적으로 하는 단체는 진흥회로 정신적 방면의 단체는 부락연맹에 통합하여 진흥회와 연맹이 공조하는 방안을 내놓았다. 전라북도는 진흥회를 읍면연맹의 소속으로 하고, 진흥회 아래 애국반을 설치하자고 했다. 그리고 함경북도는 부락연맹과 농촌진흥회의 구역을 같게 하고, 연맹의 애국반은 진흥회원 10호 내외로 조직하며, 양자의 대표는 가능한 동일인으로 하여 명령이 두 곳에서 나오는 폐단을 방지하자는 구상을 했다.[100] 진흥회와 부락연맹의 구역을 일치시켜 10호 내외의 애국반을 그 산하에 두고, 정신 방면은 부락연맹이 물질 방면은 진흥회가 맡도록 하자는 것이 대체의 의견이었다.

6월 6일자 정무총감의 통첩은 이러한 답신을 기초로 부락연맹·애국반과 진흥회를 병립시키되, 전자는 정신 방면에 후자는 산업·경제 방면의 운동을 담당하도록 지시했다. 따라서 애국반을 제외하고 備荒貯穀組合, 공동경작자조합, 가마니조합, 양계조합, 購牛契, 양돈계 등은 모두 진흥회로 통합되게 되었다.[101] 그러나 1940년 10월 국민총력조선연맹의 결성과 함께 총독부는 농촌진흥운동과 국민정신총동원운동을 모두 국민총력운동으로 통합시켰다. 이 때문에 농촌진흥운동도 1941년 3월로 중단되고, 자연히 진흥회도 부락연맹으로 해소되고 말았다.[102]

국민총력운동하에서 부락연맹(애국반)은 촌락 단위로 요구되는 생산량 확충과 공출, 배급 통제, 유통 등은 물론 정신 분야에 이르기까지 전쟁 수행에 필요한 모든 자원을 동원하는 최하부 실행기구로서 막중한 역할이 주어졌다. <표 2-11>은 町洞里部落聯盟의 결성 상황을 보여주는 자료로 전 조선에 약 65,000개의 정동리부락연맹이 결성되어 전시 총동원체제를 밑에서부터

---

100) 朝鮮總督府, 1939, 『道知事會議諮問答申書』, 山崎文庫 317-32, 1~29쪽.

101) 「농촌진흥운동의 확대 전면적 강화를 지도」『동아일보』 1939.5.12.

102) 八尋生男, 1941, 「時局下に於ける朝鮮農村夫人の指導」『同胞愛』 19-3(1941년 3월호),
    조선사회사업협회, 39쪽.

지탱하고 있었음을 보여주고 있다.[103)]

부락연맹은 대개 신동리를 단위로 하지 않고 구동리, 즉 촌락을 단위로 결성되었다. 총독부가 전시체제를 밑에서부터 뒷받침하는 실행 단위로서 촌락을 설정했던 것은 촌락이 수행하고 있던 사회적 기능을 최대한 활용하는 방식으로 나아갈 수밖에 없었음을 말해주고 있다. 부락연맹의 사회적 기능과 의의를 지적한 鈴木榮太郎의 분석은 그런 점에서 사태의 본질을 꿰뚫고 있다.

〈표 2-11〉 국민총력운동 조직결성 상황(1940~1944)

	도연맹 수			부군도연맹 수			읍면연맹 수			정동리부락연맹 수		
	1940	1942	1944	1940	1942	1944	1940	1942	1944	1940	1942	1944
경기	1	1	1	23	23	23	232	232	231	6,212	5,991	6,187
충북	1	1	1	10	10	10	106	106	106	3,336	2,852	2,836
충남	1	1	1	15	15	15	172	172	172	5,955	5,089	4,682
전북	1	1	1	16	16	16	175	175	175	6,023	4,912	4,694
전남	1	1	1	24	24	24	252	252	252	7,771	9,003	8,147
경북	1	1	1	24	24	24	251	251	251	5,151	6,158	6,025
경남	1	1	1	22	22	22	242	242	239	6,576	5,513	5,382
황해	1	1	1	18	18	18	212	210	210	7,361	4,870	4,690
평남	1	1	1	16	16	16	140	139	139	6,772	7,192	7,368
평북	1	1	1	20	20	20	173	171	170	2,800	3,027	2,768
강원	1	1	1	21	21	21	175	174	174	4,112	5,019	5,210
함남	1	1	1	18	18	18	130	130	130	3,677	3,651	3,280
함북	1	1	1	13	14	14		75	75	1,082	1,803	1,756
합계	1	1	1	240	241	241	2,336	2,329	2,324	66,828	65,080	63,025

*출전 : 1940년은 朝鮮總督府, 『半島ノ國民總力運動』, 88쪽 ; 1942년은 朝鮮總督府, 『朝鮮ノ國民總力運動』, 116~117쪽 ; 1944년은 朝鮮總督府, 『朝鮮の國民總力運動』, 116쪽. 김영희, 2003, 319쪽에서 재인용.

*비고 : 1940년은 1940. 12월말 현재, 1942년은 1942.4.1일 현재, 1944년은 1944.2월 현재.

일찍이 지방행정의 운영을 위해 오히려 유해한 것으로 낡은 신처럼 여겼던 자연촌이 갑자기 전가의 보도처럼 여기기 시작하였다. 행정상으로도 경제상

---

103) 부락연맹에 대해서는 김영희, 앞의 책, 307~322쪽과 애국반에 대해서는 안자코 유카, 2006, 「조선총독부의 '총동원체제'(1937~1945) 형성 정책」, 고려대학교 사학과 박사학위논문 참조.

으로도 사회분석이 진전되었기 때문이다. 부락연맹이 현단계의 조선농촌사회에서 갖는 하나의 의의는 부락연맹이 전시하의 농촌사회생활에 매우 큰 기능을 가지고 있다는 점이다. <u>현하의 농촌사회생활은 모두 부락연맹을 통해 국가적으로 통제되어 있다.</u> 전시하의 국민생활은 모든 면에서 국가통제를 필요로 하고 있지만, 그 통제의 농촌에 있는 단위는 모두 부락연맹이다. 특히 조선에서는 황민으로서의 鍊成을 특별히 필요로 하는 관계상 조선의 국민생활의 통제는 특히 필요하다. 이리하여 부락연맹은 부락조직으로서 교화조직으로서는 물론, 물자의 공출배급과 노동력의 조절에 이르기까지 그 조직적 단위로서의 역할을 점점 철저히 하고 있다. 식산계의 계장은 부락연맹의 이사장과 구장을 겸임하는 경우가 많다. 이 3기관의 수장을 겸임한 사람은 실질상 부락민의 생활의 모든 면에 대한 統率志이다.[104]

이 설명은 두 가지 의미를 갖고 있다. 하나는 조선총독부가 지방행정에서 배제하려 했던 자연촌락이 여전히 중요한 기능을 수행하고 있으며, 이에 따라 전시동원체제의 하부기구도 부락연맹을 단위로 운영되고 있다는 것이다. 또 하나는 부락연맹의 중요성과 더불어 구장과 부락연맹이사장, 그리고 식산계장을 일체화시킴으로써 권한이 한 인물로 집중됨에 따라 촌락 내의 운영도 변화를 보이고 있음을 뜻하고 있다. 두 가지 의미를 좀 더 자세하게 검토해보자.

鈴木榮太郎은 '사회적 통일성'이라는 개념을 통해 강한 응집력을 가진 사회조직의 기본단위로서 자연촌락을 분석하고, '병합' 후 신동리로 수용된 구동리(자연촌락)는 행정상의 독립성은 완전히 소멸되었지만 촌락협동체로서의 자연적·사회적 결합성을 계속 유지되고 있다고 설명하였다. 그리고 국민총력운동을 밑에서부터 지탱하는 부락연맹이 신동리가 아니라 구동리에 기초하여 조직되었으며, 區나 식산계도 '모두 촌락협동체 위에 조직되어 있다'는 점을 들어 촌락의 강고함을 강조하였다.[105]

---

104) 鈴木榮太郎, 1943, 「朝鮮の農村社會集團に就いて(3)」『朝鮮總督府調査月報』4-12(1943년 12월호), 13~14쪽. 강조는 인용자 주.

105) 鈴木榮太郎, 1943, 「朝鮮の農村社會集團に就いて(1)」『朝鮮總督府調査月報』14-9(1943

자연촌락의 강인한 생명력은 정진원의 연구에서도 증명된다. 그는 19세기 후반에 들어 약 7만여 개의 자연촌락이 국토에 '充塡'되었으며, 이 충전된 자연촌락은 <표 2-12>에서 보듯이 강인한 생명력을 유지하면서 1970년대까지 존속했다고 밝혔다. "구동리 때에는 이미 자연촌락에 의한 국토 充塡이 거의 완료된 것으로 볼 수 있으며, 따라서 구동리의 수는 큰 변동 없이 현존하는 자연촌락 수에 근접하게 되었다. 구동리의 수는 2.7 : 1로 통합되었으며, 신동리는 그대로 법정리로 계승되고, 법정리는 1.9 : 1로 행정리로 분할되었으며, 하나의 행정리는 1.8개의 자연촌락을 포섭한 결과가 되었다. 여기서 구동리와 자연촌락이 상당한 시간 간격이 있음에도 불구하고 그 수에서 큰 차가 없었음에 비해서 그 중간에 개재된 변화, 즉 신동리, 법정리 등의 인위적 촌락 정주체계의 조형은 그 작위성 때문에 실제의 촌민 생활과 괴리되어, 단지 화석화되었으며, 법정리와 자연촌락 사이에서 국가의지와 촌민의지 사이에 타협이 이루어져서 조성된 것이 행정리"106)였다는 것이다. 결국 식민지기와 해방 이후, 그리고 산업화 과정에서 수차례 행정리가 변경되었음에도 자연촌락은 농민의 기초 생활단위로서 강고하게 유지되었음을 이 표는 말해주고 있다.

<표 2-12> 자연촌락수와 행정동리수의 변화

호구총수	구동리	신동리	법정리	행정리	자연촌락
31,947	50,913	18,667	18,965	34,665	62,571
(1789)	(1909)	(1918)	(1952)	(1970)	(1970)
			18,798		
			(1969)		

비고 : 괄호안의 수는 연도이며, 통계는 남한을 대상으로 했다.
출처 : 1789년-『戶口總數(남한)』, 1909년-『조선총독부통계연보』, 1918년-『大正九年 最近 朝鮮事情要覽』과 『新舊對照全國道府郡面里洞名一覽』, 1952년-『대한민국통계연감』(1952), 1969년-한국통계연감(1970), 1970년-『새마을총람』(1971) ; 정진원, 1991, 67쪽에서 재인용.

년 9월호), 5쪽.

106) 정진원, 1991, 「한국의 자연촌락에 관한 연구─형성과 형태를 중심으로」, 서울대학교 지리학과 박사학위논문, 67쪽.

140

이처럼 전시체제하에서 촌락 단위로 수립된 부락연맹이 갖는 사회적 기능이 중요함에 따라 이를 지도하는 인물에 대한 정비와 지원도 매우 중요한 정책과제로 제기되었다. 국민총력운동의 실시와 함께 총독부는 1940년 12월 5일「농산촌생산보국지도방침」을 공포하고, 생산력 확충을 위한 실행계획으로 부락생산확충계획(부락계획)을 수립했다. 부락계획을 실현하기 위해 12월 21일 도지사와 국민총력조선연맹 각도연맹회장 앞으로 보낸 내무국장 통첩에서 부락연맹의 구역과 부락계획의 구역을 일치시키는 것과 동시에 구장을 모든 부락연맹에 배치하라고 지시했다. 부락계획을 수립한 촌락을 행정의 말단 단위인 구로 승격시켰고, 부락연맹이사장이 구장을 겸임토록 하여 행정적인 효율성을 확보하고자 한 것이다. 이 과정은 당연히 행정조직의 확대 강화를 수반할 수밖에 없었다. 구장과 면서기의 증원과 함께 대우 개선을 위한 조치가 취해졌다.[107] 1942년부터 구장 대우개선책은 두 방면에서 추진되었다. 첫째, 정신방면으로 부락연맹이사장 겸임, 공출생산고 조사 입회, 지주-소작인간의 중재역할을 줌으로써 구장에게 권위를 부여하려 하였다. 둘째, 물질방면으로 연 100엔을 지급하였다. 이는 구장을 단순한 행정의 심부름꾼에서 지역의 지도자로 상승시키려는 의도에서 비롯되었으며, 이를 통해 전시 동원의 말단 책임자로서 역할을 수행하도록 요구했다.

지방행정기구와 연맹 하부조직을 일체화시키기 위해 구장을 6만 명으로 확대한다는 방침[108]에 따라 1939년에 31,696명이던 구장수가 1940년 39,083명, 1941년 50,248명, 1942년 51,618명으로 비약적인 속도로 증원되었다. 총독부가 이상적으로 생각한 구장의 담당호수는 60호로 당시 농촌의 총호수가 380만 호임을 고려하면 최대 6만 3천명의 구장, 즉 부락연맹이사장이 필요로 했던 것이다.[109] 그리고 1942년 당시 부락계획이 수립된 곳은 농산촌

---

107)八尋生男, 1941,「部落生産擴充計劃の實施」『金融組合』149호(1941년 3월호), 22쪽.
108)「區長을 6만으로 배가, 부락민 지도를 강화－어제 總力指導委員會서 결정」『매일신보』 1940.12.18.
109)「총력전의 중견부대인 區長들 優待를 결정－농촌진흥 제일선 지도에 활력소」『매일신보』 1942.1.10.

74,000여 촌락 가운데 70,611개 촌락으로 전체 97%, 계획 수립 농가는 2,822,824호로 전체 농가호수 3,053,446호의 92.4%였다.[110] 1933·34년 제1차 농가경제갱생계획의 대상 농가가 3%, 1935년 갱생지도부락확충계획에 따른 1938년의 대상 농가가 18.3%였음을 고려한다면 식민당국자로서는 생산력 확충을 위해 행정력 확대에 총력을 기울였다고 할 수 있다.

한편, 부락생산확충계획은 식산계의 전면적인 증설을 필요로 했고, 촌락 내에서의 역할과 기능도 더욱 중요하게 되었다. 유통과 금융방면의 농업단체를 식산계로 단일화시킨 총독부는 이제 촌락단위에서 통제경제의 효율적인 운영을 위해 식산계와 부락연맹을 일치시키는 일을 추진했다. <표 2-13>에서 보는 것처럼 1943년 6월말 현재 금융조합과 산업조합 구역 내의 식산계는 총 48,372개이고, 조합 지구 내 정동리부락연맹 61,713개 곳 가운데 56,595개 곳에 식산계가 설치되었다. 전체 정동리부락연맹의 92%에 식산계가 설립되었으며, 식산계와 평균 1.2개의 정동리부락연맹을 맡게 되었다.[111]

이렇게 해서 조선총독부는 구장 증원을 통한 행정조직화의 확대와 더불어 농촌진흥운동의 실행 주체인 농촌진흥회(이후 부락연맹으로 해소)를 통해 농촌사회의 동원과 자치적 규율을 국가 차원의 규율로 흡수하고, 유통과 금융방면에서 식산계로 경제단체를 단일화시킨 뒤 세 방면의 조직을 최종 정비하였다.

그리고 다음과 같이 식산계 주사와 부락연맹 이사장, 그리고 구장을 같은 인물이 맡도록 함으로써 일원적인 지배체제를 수립하려 하였다.

구장(행정)=농진회장(관제운동1)→부락연맹이사장(관제운동2)=식산계 주사(경제단체)
농진회 위원=애국반장

---

110) 朝鮮總督府 農林局 農政課, 1942, 『朝鮮に於ける部落生産擴充計劃實施槪要』, 1~2쪽.
111) 朝鮮金融組合聯合會, 1944, 『朝鮮金融組合聯合會十年史』, 63~64쪽.

〈표 2-13〉 소속 식산계에 포용된 정동리·부락연맹수(1943년 6월말 현재)

구별＼도별	구역내의 식산계 수	계에 포용된 정동리·부락연맹수			식산계 미설치 부락연맹수	비고
		정동리연맹	부락연맹	계		
경기	5,614	(217) 21	(5,882) 5,572	(6,099) 5,593	310	5,991
충북	2,091	(42) 24	(2,794) 2,775	(2,836) 2,799	19	2,852
충남	4,414	(187) 177	(4,650) 4,632	(4,837) 4,809	18	5,089
전북	5,000	(175) 175	(4,813) 4,701	(4,988) 4,876	112	4,912
전남	5,574	(537) 0	(7,610) 6,824	(8,147) 6,824	786	9,003
경북	5,375	(546) 357	(5,558) 5,501	(6,104) 5,858	57	6,158
경남	4,796	(372) 182	(4,950) 4,895	(5,322) 5,077	55	5,513
황해	3,991	(25) 0	(4,645) 4,239	(4,670) 4,239	406	4,870
평남	2,452	(182) 11	(5,185) 4,217	(5,367) 4,228	968	7,192
평북	2.302	(56) 10	(2,701) 2,320	(2,757) 2,330	381	3,027
강원	3,095	(1,008) 974	(4,304) 4,293	(5,312) 5,267	11	5,019
함남	2,356	(107) 9	(3,312) 3,166	(3,419) 3,175	146	3,651
함북	1,312	(353) 41	(1,502) 1,479	(1,855) 1,520	23	1,803
계	48,372	(3,807) 1,981	(57,906) 54,614	(61,713) 56,595	3,292	65,080

*출전 : 朝鮮金融組合聯合會, 1944, 『朝鮮金融組合聯合會十年史』, 63～64쪽.

*비고 : ① 괄호안의 수는 조합 지구 내 연맹 총수. ② 비고는 조선연맹에 조회한 정동리·부락연맹 각도별 총계(단 1942.4.1 현재)로 지부 조사와 75개 차이가 있다. ③ 조합은 금융조합과 식산조합을 모두 합한 것이다. 금융조합 내 식산계는 47,083개, 회원/비회원을 포함한 산업조합 내 식산계는 1,289개이다.

그러나 총독부의 정책은 세 방면의 담당자를 한 사람으로 집중시켜 행정과 경제, 자치조직의 기능을 촌락내에서 통합하려 했지만, 지역의 사정에 따라

조금씩 다른 모습을 띠고 전개되었다. 조선금융조합연합회에서 1941년 식산계의 실적이 우수한 곳을 골라 『식산계의 경영사례』(이하 『경영사례』라 함)를 출간하였다. 『경영사례』는 전국에서 56개의 식산계를 골라 '주소, 식산계명, 설립연도, 가입계원, 계급구성, 타 단체와의 관계, 기타' 순으로 그 내용을 소개하고 있어, 식산계 운영실태의 한 단면을 보여준다.[112]

『경영사례』에 따르면 식산계장과 부락연맹이사장, 그리고 구장과의 관계는 몇 가지 유형으로 구분될 수 있다. 첫째, 총독부의 정책을 잘 반영한 유형으로 충청북도 보은군 삼승면 상가리의 상가식산계(1937년 8월 설립)가 대표적이다. 상가식산계는 식산계 주사가 이사장과 구장을 겸직했으며, 그 밑에 부주사가 있어 중견청년으로 애국반장을 맡았다.[113] 경상북도 예천군 하리면 탑동 한감식산계(1936년 11월 설립)나 강원도 철원군 북면 회산리 율목식산계(1938년 7월 설립)도 같은 유형이다. 둘째, 지역의 덕망가나 유지가 주사를 맡고, 부락연맹이사장이 부주사를 맡은 유형이다. 전라북도 익산군 용안면 칠목리 칠목신식산계(1938년 2월 설립)는 주사가 지역의 덕망가이며, 전라북도 임실군 둔남면 오산리 오산식산계(1938년 3월 설립)는 주사가 부락연맹의 고문이었다. 이 유형은 촌락 내에서 덕망을 가진 지역 유지와 행정업무를 책임지고 있는 지도자가 함께 있어 일종의 역할분담이 이루어진 경우라 할 수 있다. 지역 유지라 하더라도 지주제가 발달한 곳에서는 지주를 중심으로 해서 식산계가 운영되는 곳도 있었다. 황해도 재령군 신원면 가국리 석우동식산계(1938년 9월 설립)의 경우 주사가 부락연맹이사장, 경방단장, 흥풍회장을 겸임했으며, 소작인은 모두 주사 땅을 소작하고 있었다. 평안남도 정주군 관단면 관삽동 당우식산계(1936년 11월 설립)는 산하에 조나 반 편성 없이

---

112) 『殖産契の經營事例』(朝鮮金融組合聯合會, 1941) 전체를 항목별로 정리해서 <부록2>에 실었다. 이하 자료 인용쪽수는 생략한다.

113) 충북 논산군 채운면 상리 순촌식산계의 경우도 주사가 구장과 이사장을 겸임하고 있었다. 순촌식산계는 34호가 가입했으며, 산하에 제1부(공판사업), 제2부(산업지도), 제3부(공동시설 등)와 노무단, 생활개선단이 조직되어 운영되고 있었다. 이것으로 보아 순촌식산계는 농촌진흥회의 역할까지 수행한 것으로 보인다.

144

지주인 주사가 직접 관할하면서 절대적인 영향력을 행사하고 있었다. 강원도 통천군 벽양면 가평리 가평식산계(1936년 11월 설립)의 주사는 지주이면서 구장, 금융조합 지도위원, 면협의회원으로 활동한 지역 유지였다. 셋째, 면서기가 주사를 맡고, 부락연맹이사장이 부주사를 맡은 유형으로 행정지도가 중심이 되어 식산계가 운영된 유형이다. 전라남도 고흥군 과역면 도천리 도천식산계(1936년 12월 설립)나 전라남도 진도군 의신면 침계리 침계식산계(1936년 7월 설립), 황해도 재령군 청주면 부천리 정상동식산계(1936년 7월 설립)가 여기에 해당한다. 특히 정상동은 사상악화에 대응하기 위해 금융조합이 1931년에 지도부락으로 지정해 촌락 지도를 한 마을이었으며, 식산계의 규약을 위반하는 자는 일시적으로 배급을 중지하는 등 행정지도가 강하게 작동하고 있었다.

이처럼 식산계는 주사가 구장과 부락연맹이사장을 겸직하여 행정과 경제, 관설조직이 일원화된 유형과 지역유지(덕망가와 지주)와 같이 지역내에서 사회·경제적인 영향력이 큰 인물이 주사를 맡고 행정책임자가 부주사를 맡아 일종의 역할분담이 된 유형, 그리고 면서기가 직접 주사를 맡아 식산계를 운영함으로써 행정지도력이 강하게 관철되고 있는 유형으로 구분할 수 있다.

총독부로서는 촌락 내에서 '구장=식산계 주사=부락연맹이사장'으로 통합하는 것이 목표였겠으나 실태는 크게 세 유형으로 작동하고 있었을 것으로 보인다. 정책사적인 측면에서 본다면, 1939년 6월 23일의 「국민정신총동원연맹의 기구정비에 관한 건」에서부터 시도되었던 행정과 관제자치조직, 그리고 경제조직의 촌락 내 통합은 마침내 1943년 중순경에 이르러 완성되었다고 할 수 있다. 이로써 식민지 조선도 일본과 마찬가지로 파시즘적 지배체제가 '형식상' 완성되었다. 즉 주민에 대한 획일적이고 일원적인 지배체제가 기구로서 정비되어 중앙에서 결정된 명령이 촌락까지 '침투'할 수 있는 시스템이 전국적으로 완성되었다. 같은 해 8월 말에 나온 「읍면행정강화쇄신요강」 역시 전시체제하 지방행정의 종합판으로서 같은 의미를 갖고 있었던 것이다.114)

그러나 굳이 '형식상'이라고 강조한 것은 실제 운영에서는 위에서 언급한 세 유형이 있었다는 것 외에 다음과 같은 이유 때문이기도 하다. 식민권력이 주민을 동원하기 위한 행정시스템은 분명 완비되었고 잘 작동하고 있었다. 그러나 노동력을 동원한 이후의 관리 시스템은 예상 외로 취약했으며, 한계를 갖고 있었다고 생각된다. 이 문제와 관련해서 『致齋日記』는 흥미로운 사실을 전해주고 있다. 큰아들이 道內動員을 피해 집을 나가버리자 면은 둘째에게 형을 대신해서 나가도록 요구하였다.115) 상부로부터 할당된 양을 채우는 것으로 문제를 해결한 것이다. 그런데 서북지방으로 동원된 둘째가 공사일을 견디지 못하고 3개월만에 도망쳐 고향으로 돌아왔다.116) 한달 후에 다시 둘째가 도내동원에 나갔지만 역시 공사일을 견디지 못하고 도망쳐 귀향했다.117)

상황이 이쯤 되면 당연히 면이나 주재소에서 조사가 나올 것이고 어떤 형태의 징벌이 뒤따랐을 것이다. 그러나 뜻밖에도 둘째에게 어떠한 형태의 처벌도 없었다. 두 가지 해석이 가능하다. 하나는 면에서 경찰에 신고하지 않았다고 볼 수 있는데, 이는 면리원이 관의 명령을 집행하고는 있으나

---

114) 전시체제기 행정기구의 변화와 지방행정에 대해서는 김민철, 2003, 「전시체제하 (1937~1945) 식민지 행정기구의 변화」 『한국사학보』 14, 고려사학회와 한긍희, 2000, 「일제하 전시체제기 지방행정 강화 정책 – 邑面行政을 중심으로 – 」 『국사관논총』 88, 국사편찬위원회 참조.

115) "직아가 형의 산업전사 통지서를 가지고 본면사무소에 가서 형은 출타했으며 자신은 병이 있고 몸이 약해 수행할 수 없다고 말했다. 노무취급자는 형이 출타했기 때문에 동생이 대리해야 하며, 다른 말은 허용되지 않는다 하여 돌아왔다고 한다."(『致齋日記』 1944.5.23.).

116) 둘째가 도내동원에서 탈출해 집으로 돌아오는 과정을 일기는 다음과 같이 적고 있다. "5월 27일 충주읍에서 기차 타고 경성여관에 도착, 몸을 숨겨 잠행하던 중 순사에게 잡혀 유치장에 7일간 갇힘……공사장 일이 너무 힘들고 먹는 것도 개나 말의 먹이에 지나지 않아 도저히 참지 못해 백번을 생각해도 좋은 계책이 없어 의복 한벌과 돈 30원을 버리고 몸만 탈주해서 걸어서 2일……충청도 일대를 전전 ……"(『致齋日記』 1944.8.2.).

117) "직아, 용원수리공사장에 도착해서 며칠 지나지 않아 공사일이 힘들고 또 침식이 불편함을 견디지 못해 도망했으나 어디에서 머무는지 알지 못한다."(『致齋日記』 1944.9.7.).

촌락 주민과 대면공동체(face-to-face community)[118]의 관계 속에 있기 때문에 굳이 일을 확대시키지 않았다고 할 수 있다. 다른 하나는 전시체제하의 행정력이 강화되긴 했으나 조선총독부가 그토록 강조했던 '행정 침투'가 제한적이었음을 말해 주고 있다. 즉 동원까지는 가능하지만 동원된 노동자들의 도주율이 20%를 넘었다는 사실에서 볼 때, 치밀하게 관리하기에는 한계가 있을 수밖에 없으며, 행정력이나 경찰력 또한 식민지 주민들의 그러한 행위가 체제를 위협하는 수준으로까지 발전하지 않는 한 묵인할 수밖에 없는 한계를 갖고 있지 않았을까. 다시 말해서 전시총동원체제라 하더라도 식민권력이 주민을 총동원하여 관리할 만한 능력은 제한적이며, 게다가 분야에 따라 차별적으로 작용했으리라 생각된다.

전쟁 말기로 갈수록 징병과 징용이 강화되자 이를 거부하는 조선인들의 소극적인 저항, 그러나 그것조차도 상당한 결단을 필요로 하는 움직임도 같이 늘어났다. 『致齋日記』에서 쉽게 확인되는 방식은 파산과 도주였다.

① "月林里 尹珠善의 둘째 아들 鍾求가 와서 말하기를 산업전사로 나가라는 독촉이 불같아 피할 길이 없다. 따라서 파산 도주하여 피신할 계획이라 한 즉, 나도 좋은 방법이라 했다."(1944.04.20, 윤달)

② "종손 大中이 산업전사로 정월 靑陽광산에 갔다. 지난 달 고향마을 龍堂洞으로 돌아와 朴容碩 집에 머물렀다. 그러나 면사무소에서 다시 출두하라는 명령이 성화여서 응소하여 가는 도중에 탈주하여 엎어지고 넘어지고 하면서 밤늦게 찾아오니 한편 놀랍고 또 한편 기쁘다."(1944.04.26, 윤달)

③ "월림리 윤주선이 (아들이) 산업전사로 선발되자 파산하여 떠돌아다니니 이는 피신하기 위한 계책이라."(1944.04.28, 윤달)

④ "합천 鄭周源의 동생 召源, 화를 피할 계획으로 사방으로 주류하다."(1945.01.27.)

이처럼 식민지 주민들은 일상 자체의 운영조차 힘들어지는 전시동원체제

---

118) 빈센트 S. R 브란트 著, 김관태 譯, 1975, 『한국의 촌락』, 시사문제연구사, 97쪽.

하에서 파산과 도주라는 회피적인 방식을 통해 식민권력에 저항하였고, 인상적인 분석이긴 하지만 이 방식은 꽤나 일반화되어 있었던 것으로 보인다. 따라서 식민권력이 주민을 동원하는 시스템은 제도상으로는 완벽했을지 모르나 현실에서는 많은 허점을 갖고 있었고, 동원 이후의 관리 시스템도 작업장과 지역에 따라 취약한 곳이 많았다고 할 수 있다.

그리고 조선총독부가 강요한 농촌진흥회가 기존의 주민 자치조직을 완전히 대체하지는 못했다. 촌락사회에 강요된 농촌진흥회는 촌락 내 권력구조에 따라 자치질서와는 별개로 존재한 경우, 농촌진흥회가 기존의 자치조직을 흡수하여 단일한 조직체로 간 경우, 전통적인 질서와 관료적 질서를 절충해서 조직을 운영한 경우 등 다양한 방식으로 작동하고 있었다. 이는 식민권력이 촌락사회에 요구한 관제조직이 강력한 권력을 배경으로 관철되기는 했지만, 주민들의 수용 태도에 따라 다양하게 변용될 수밖에 없었음을 말해 주고 있다. 자세한 내용은 4장 3절에서 다루도록 하겠다.

제3장 식민권력과 중견인물

1. 중견인물의 개념과 정책의 배경

1) 중심·중견인물의 개념

1920년대 말 이후 신문 지상이나 농촌진흥운동과 관련한 총독부의 문서에 중심인물, 중견인물이라는 말이 자주 등장한다. 이 시기에는 일반적인 의미에서 사회나 조직의 중심적 역할을 하는 사람을 중심인물 또는 중견인물이라고 하였다. 예를 들어 '농촌진흥을 위해 중견인물을 양성'[1] '일본푸로문화연맹 중심인물 모다 검거'[2]라는 기사를 들 수 있다. 그러나 1933년에 들면서 총독부가 정책적으로 육성하려는 집단이라는 의미로 사용되기 시작했다. '중견인물 양성으로 보교 졸업생 선발'[3] '농촌갱생 중심인물 양성강습회 개최'[4] 등이 그렇다.

중심·중견인물에 대한 총독부 당국자의 인식이 구체화되어 나타난 것은 농촌진흥운동이 시작된 1933년 11월에 작성된 「각도 농촌진흥 지도주임자 타합회에서의 지시와 희망」이라는 보고서이다. 이 보고서 가운데 '중심인물, 중견청년의 양성'이라는 항목에서

---

1) 『매일신보』 1927.12.25.

2) 『매일신보』 1932.4.12.

3) 『매일신보』 1933.11.14.

4) 『매일신보』 1933.7.17.

> 농촌진흥운동을 왕성하게 하여 그 효과를 현저하게 실제적으로 하는
> 데 가장 필요한 한 가지 일은 부락에서 중심선도할 사람을 얻는 데 있다.
> 그 중 가장 효과를 장래에까지 지속시키는 데 있어 먼저 중견인 청년의
> 양성을 꾀하는 일이 급무이다. 이런 취지로 本府(조선총독부 – 인용자 주)에
> 서는 종래 농산어촌에서 중심으로 그 진흥 개선에 效績이 있는 자를 選獎하거
> 나 또는 소질이 우량한 청년을 모아 강습회를 개설하거나 또는 勤農共濟組合
> 의 보도위원으로서 조합의 중심이며 동시에 부락의 중심된 인물에 대해
> 표창하고, 다른 부락의 시찰, 강습회 개최 기타 시설에 의해 이를 지도하는
> 등 오로지 중심인물, 중견청년의 輔導養成에 각종 시설을 준비해야 한다.[5]

고 강조하였다. 즉 조선총독부는 농촌진흥운동을 효과적으로 추진하기 위해
서는 마을을 지도해나갈 중견청년을 양성하는 일이 급무라는 점을 인식하고
있었다.

　그러나 여기서도 중심·중견인물의 중요성을 말하곤 있으나, 몇 가지 사례만
나열할 뿐 체계적인 규정은 없다. 중견인물 양성계획과 촌락조직에 관해
가장 체계적이면서도 자세하게 다룬 1935년의 통첩 '농가갱생계획 실시상의
요항에 관한 건'[6]에서도 역시 사정은 마찬가지이다.

　중심·중견인물에 대해 비교적 체계적으로 설명한 것은 1936년 총독부
촉탁 增田收作이 『朝鮮』誌에 게재한 「조선에 있어 부락중심인물에 대한
일고찰」이라는 글이다. 增田은 중심인물을 '광의의 중심인물'과 '협의의
중심인물'로 구분하고 그 성격을 다음과 같이 정리하고 있다.

> 광의의 중심인물 : 그 부락을 양어깨에 짊어지고 서 있는 사람이고, 그 사람의
> 　　　　일거수일투족이 전부 부락에 반영하는 것 같은 중심인물이다.……그
> 　　　　사람이 오른쪽을 향하라고 하면, 부락인은 무조건 오른쪽으로 항하고,
> 　　　　가마니를 짜라고 하면 일제히 가마니를 짜고, 세금을 납부하라고 하면

---

5) 「各道農村振興指導主任者打合會ニ於ケル指示及希望」(1933.11) 朝鮮總督府農村振興
　　課編, 1939, 『朝鮮農村振興關係例規』822~823쪽(이하 『예규』라 함).
6) 「農家更生計劃實施上ノ要項ニ關スル件」(1935.3.16), 『예규』 12~29쪽.

한 사람 예외 없이 세금을 내는 것처럼, 그 사람의 힘에 의해 일사불란하게 부락의 통제를 취할 수 있는 사람이다.

협의의 중심인물 : 이런 종류의 중심인물로 되는 것은 사람의 마음가짐이나 노력 여하에 따라서는 청년이든, 부인이든, 상민이든, 무학의 사람이든, 또는 가난한 사람이라도 결코 어렵지 않다. 예를 들어 보통학교의 졸업 지도생으로 퇴비의 중심인물, 가마니의 중심인물, 못자리의 중심인물, 돼지, 닭, 양잠, 고구마 등 어떠어떠한 중심인물로 一事一業의 중심인물을 말한다.[7]

增田의 구분에 따르면 '광의의 중심인물'은 촌락 내의 모든 분야에서 영향력을 발휘하는 지도자를 말하고, '협의의 중심인물'은 부문별로 전문기능을 수행하면서 촌락 내 지도단체에서 간부로 활동하는 인물을 지칭한다고 할 수 있다. 그러나 增田이 상정한 '광의의 중심인물'(=부락을 통솔하는 중심인물)은 ① 상당한 연령 ② 낮지 않은 가문 ③ 두터운 신용 ④ 재산 ⑤ 풍부한 경험 ⑥ 불타는 듯한 열정과 변하지 않는 신념을 소유한 인물이었다.[8] 즉 명망(연령, 가문, 신용)과 실력(부, 경험, 신념)을 함께 갖춘 인물을 '광의의 중심인물'로 설정한 것이다. 그러나 이런 요건을 충족할 만한 인물을 촌락에서 쉽게 찾을 수 있을까. 위의 조건대로라면 40~50대의 지역유지급 인물이나 가능할 것이나, 이들은 소수일 수밖에 없고, 반드시 총독부의 농촌진흥운동에 적극 협력하고 있다고 판단하기도 어려울 것이다.[9]

그렇다면 시선을 청년으로 돌리면 어떨까. 대답은 부정적이다. 오히려 "청년 등을 통솔자적 중심인물로 삼으려는 일은 진중하게 생각하지 않으면

---

7) 增田收作, 1936, 「朝鮮における部落中心人物について一考察」『朝鮮』257(1936년 11월호), 91~93쪽.

8) 같은 글, 93쪽.

9) 단편적인 사례이긴 하지만 강원도의 읍면농촌진흥위원회 활동상황을 보고한 자료에 따르면, 1회만 농촌진흥위원회가 열린 면이 총 176개 읍면 가운데 31개 면으로 약 17.6%에 이른다. 1회만 회의가 열렸다는 것은 회의가 형식에 머물렀다고 해석할 수 있다(朝鮮總督府, 1934, 『道參與官會同諸問事項答信』, 강원도 보고, 9쪽).

헛되이 부락인의 반감을 불러일으켜, 청년이 비관하게 되고 결국에는 자포자기에 빠지게 하는 결과"10)가 된다고 그는 판단하였다. 長幼有序의 관습이 여전히 지배적인 농촌, 특히 班村에서는 청년들의 발언권이 매우 제약을 받고 있어 이러한 지적은 상당한 설득력을 갖는다. 그래서 增田이 대안으로 찾은 것이 협의의 중심인물, 즉 '一事一業의 중심인물'이다.

충청남도의 한 사례는 이를 잘 말해 주고 있다. 1937년 4월 '농촌진흥운동의 현상과 실적에 비추어 다시 내용의 충실을 기하는데 적절한 방책 如何'라는 조선총독부의 자문에 대한 답신서에서 충청남도는 '부문지도위원제도의 강화'를 제안하고 있다. 그 배경으로 "농촌의 현상을 보아 전 마을의 갱생지도를 한 사람에게 지우는 것처럼 되어 있으나, 인물이 매우 드물고 獨力으로 전반에 걸쳐 지도의 원활을 기할 수 없다. 또한 전심으로 부락지도에 盡悴할 때는 家業에도 영향을 미쳐 중심인물이 몰락하는 실례를 누누이 보는 바"라 하였다. 충청남도는 이 문제를 해결하기 위해 1936년부터 1인 1역 부문지도위원제도를 채택하여 1937년 현재 위원 4,792명을 육성하였다고 한다. 이들은 대개 보통학교 졸업 지도생이거나 중견인물양성소, 청년훈련소, 농업보습학교, 도군 주최 강습회 등을 이수한 20대 전후의 청년층이 중심이었다.11) 따라서 일제가 1930년대 중반 이후 정책적으로 양성하고자 한 대상은 '一事一業의 중심인물'로서 총독부의 농촌진흥운동을 앞장서서 이끌어가도록 요구받은 인물이었다. 중견인물이 바로 여기에 해당한다.

그러나 이런 규정도 엄밀한 것은 아니어서 중심인물과 중견인물을 관습적으로 사용한 예가 많았다. 앞서 언급한 1937년의 「도지사회의자문답신서」에서 충청북도의 보고를 보자.

---

10) 같은 글, 92쪽.

11) 朝鮮總督府內務局, 1937, 『道知事會議諮問答申書』, 45쪽. 예를 들어 기장위원, 양잠위원, 위생위원, 교화위원, 납세위원 등과 같이 부문별 지도위원을 두어 통치에 협력하는 방식이다. 구체적인 사례는 野中伊平의 「주옥같은 사람들을 말한다」 『朝鮮』 258(1936년 12월호), 18~19쪽 참조.

152

> 중심인물의 優遇 : 중심인물의 활동을 촉진하기 위해 선진지 시찰, 표창,
> 부락민의 謝意 표시 등 정신적 우우를 도모함과 동시에 농경지를 갖지
> 않은 중심인물에 대해서는 일정 면적(1정보)의 경지를 주어 생활을 안정시
> 킬 필요가 있다.
> 졸업지도생의 지도기관의 충실 : 농촌의 진흥은 중견청년 특히 보통학교
> 졸업생의 활동에 의지하는 바 크다.[12]

이 보고에서 말한 '농경지를 갖지 않은 중심인물'이란 다름 아닌 중견인물을 말하며, 특히 자작농지 설정의 대상자를 지칭한 것이다. 1932년 10월의 정무총감 통첩 「자작농지설정에 관한 건」에 따르면 소작농과 자소작농 중에서 '농촌의 중견인물이 될 志操健實하고 勤勞愛好에 불타는 자'를 자작농지 설정자로 규정한 데서 이를 확인할 수 있다. 자작농지 설정 보유자에 대해서는 군, 경찰, 면, 금융조합 관계 직원, 학교 관계 직원 등이 협력하여 정신적인 지도를 함과 동시에 합리적 영농지도를 하여 '자작농지 설정계획'의 목적 달성에 노력하고, 자작농지 설정자를 중심으로 近隣農家를 지도하여 優良部落 을 조성하도록 규정하였다. 따라서 자작농지 설정자는 보통학교 졸업 지도생 과 더불어 농촌지도의 중견인물로서 농가갱생계획의 중심을 이루고 있었다.[13]

이처럼 중심인물과 중견인물을 명확하게 구분해서 쓰고 있지는 않지만, 정책사적인 측면에서 중견인물은 1930년대 초를 전후하여 일제의 농촌정책을 촌락 단위에서 실행하도록 요구받은 민간측 담당자를 지칭하며, 이들은 보통학교 졸업지도생, 중견인물양성소, 청년훈련소, 농업보습학교, 도군 주최 강습회 등을 이수한 청년층이 주류였다. 따라서 연령상으로는 20~30대에 해당하며, 아직은 촌락을 통솔할 만한 경제적·사회적 지위를 갖지는 못했지만 이른바 '예비 중심인물'로서 역할을 부여받았다고 할 수 있겠다.

---

12) 같은 글, 41쪽. 강조는 인용자 주.
13) 정문종, 1993, 『1930년대 조선에서의 농업정책에 관한 연구』, 서울대 박사학위논문,
    115쪽.

이 글에서 중심인물이라 할 때는 40~50대의 지역유지라는 의미로 사용할 것이고, 중견인물은 1930년대 들어 총독부에 의해 '양성'되거나 '파악'된 20~30대의 집단을 가리키는 개념으로 사용하고자 한다. 뒤에서 자세하게 다루겠지만 중견인물 가운데는 총독부가 설립한 양성시설을 졸업한 인물 이외에 1920년대 신농법의 도입 등 농사개량을 통해 자생적으로 성장하고 있던 인물도 있었다. 총독부가 이들을 체제내로 포섭하기 위해 정책적으로 지원하면서 중견인물로 '파악'한 유형도 있어 '양성'과 '파악'이라는 개념을 사용했다.

2) 중견인물 육성정책의 사회적 배경

1920년대 말부터 1930년대 초에 걸친 경제공황, 특히 장기적인 농업공황은 식민지 조선 농업을 황폐화시켰고, 농민의 경제적 몰락을 심화시켰다. 이에 따라 농업문제를 둘러싸고 격화된 갈등은 조선총독부나 사회주의자·실력양 성론자이든 간에 우선적으로 해결해야 할 과제로 제기되었다. 1930년대 초반 식민지 조선의 농촌 현장에서는 크게 세 종류의 조직이 활동하고 있었다. 조선총독부의 지원을 받은 관변단체인 농촌자력갱생단체와 사회주의의 영향을 받은 '혁명적 농민조합'(일명 적색농민조합), YMCA나 천도교농민사 등이 주도하는 다소 온건한 성향의 농민협동조합이 그것이다. 조선총독부의 처지에서 본다면 농민의 지배와 포섭을 둘러싸고 YMCA나 천도교농민사 등 실력양성론자들과는 경쟁관계에 있었으며, 사회주의자들과는 대립관계에 있었다고 할 수 있다. 따라서 물리력(경찰력)과 경제력, 행정력(조직력)에서 압도적인 우위를 점한 조선총독부는 우선 운동 진영과 농민 대중을 분리시키기 위해 사회주의자와 실력양성론자의 농민운동을 물리적으로 탄압하여 운동 자체를 소멸시키는 한편, 생활 개선에 초점을 맞춘 농촌계몽 운동단체를 체제내로 흡수하는 방법을 택했다.

그렇다면 1930년대 초 농업문제를 둘러싸고 활동하고 있던 세 조직의 규모는 어떠했을까. <표 3-1>은 1930년대 초 총독부가 파악하고 있던 농민단체의 현황을 이념별로 정리한 것이다. 총독부로서는 치안상의 유지를 위해서만 아니라 농민을 반체제 단체로부터 분리시켜 체제내로 포섭하기 위해서도 농민단체의 성격과 그 규모를 확인할 필요가 있었을 것이다.

〈표 3-1〉 농민단체의 성격과 규모(1933년 11월 조사)

| | 사회운동단체 | | | | | | | | 관변단체 | |
| | 공산주의 | | 민족(공산)주의 | | 온건단체 | | 합 계 | | 농촌자력갱생단체 | |
	단체수	단체원수	단체수	단체원수	단체수	단체원수	단체수	단체원수	단체수	단체원수
경기도	4	382	3	78	24	808	31	1,277	7,069	257,861
충청북도	3	2,199	2	82	1	58	6	2,339	1,807	55,362
충청남도	1	560	5	1,483	8	5,030	14	7,073	2,303	179,638
전라북도	8	869	·	·	5	1,382	13	2,251	204	11,482
전라남도	7	1,116	5	1,878	27	1,966	39	4,960	955	25,838
경상북도	2	5,568	2	654	4	1,965	17	8,187	5,310	348,000
경상남도	12	4,602	3	837	12	2,415	27	7,854	1,375	143,271
황해도	9	1,376	59	3,617	23	2,212	71	7,205	4,717	156,410
평안남도	9	573	438	16,508	2	1,072	458	18,153	177	11,749
평안북도	25	880	547	19,176	·	·	572	20,056	786	54,698
강원도	17	400	10	303	8	422	35	1,125	3,267	15,265
함경남도	·	·	16	3,266	·	·	16	3,266	1,042	조사중
함경북도	·	·	6	1,653	26	1,883	32	3,536	371	46,713
합계	106	18,525	1096	49,544	149	19,213	1,351	87,282	29,383	1,036,287

*출전 : 金正明 編, 1967, 『朝鮮獨立運動』 5권, 410~412쪽에서 작성.
*비고 : 자료에는 사회운동단체와 관변단체는 별도로 조사되었으나 여기서는 통합해서 정리했다. 그리고 공산주의단체와 민족(공산)주의단체, 온건단체, 농촌자력갱생단체는 원자료의 분류인데, 민족(공산)주의단체에 대한 구체적인 설명은 없다. 사회운동단체와 관변단체는 필자가 재분류한 것이다.

공산주의 계열의 농민단체 가운데 함경남북도의 통계가 없는 것은 이 지역에 대한 대대적인 탄압과 관련 있을 것이다. 즉 함경남북도는 공산주의계열의 비합법적 농민단체가 활발하게 활동한 지역으로 유명한 곳이다. 그래서 총독부는 1931년 5월 특별단속대책을 수립하여 "가차없이 엄중한 단속을 가하는 한편……부형, 청소년의 誘掖에도 특별한 주의를 기울였기 때문에"[14] 농민단체와 단체원 대다수가 해산되거나 체포된 데서 비롯한 것이다. 1931,

1932년 두 해에 걸쳐 전국에서 검거된 이른바 '적색농민조합'의 수도 31건에 1,815명에 이르고 있다.

또한, 일부 지역에서는 총독부가 총력을 기울여 전개하고 있던 농촌진흥운동에도 공산주의 계열의 운동가들이 선전 활동과 단체의 주도권을 장악하는 사례들이 적지 않게 발견되자, 경찰력을 증원하여 농촌진흥운동을 적극 지원하는 한편, 농민단체를 해산시키는 정책을 펼쳤다. 그 결과 1933년 중 해산된 '주의적 농민단체'는 94개, 단체원 13,894명이었다. 따라서 <표 3-1>은 11월 현재 자료이기 때문에 이들 통계가 삭제되어 있을 것이다. 물론 통계에 나와 있는 공산주의 계열의 단체는 아무런 활동도 하지 않고, 간판만 있는 단체로 파악하고 있다.[15]

총독부가 '비계급적인 지주·소작인협동조합으로 격별한 단속을 필요로 하지 않는다'고 분석한 온건단체는 149개 단체에 19,213명의 회원을 가지고 있다. 이 중에는 천도교계의 조선농민사나 YMCA 계열의 농민 조직 등 실력양성 단체도 다수 있다. 그런데 천도교계 조선농민사는 1933년 현재 세포단체 1,916, 사원 9,544명을 거느린 '종교적 신념에 기초하여 잠재력'을 가진 단체로 아직은 '자력갱생운동에 순응하고 있기 때문에' 단속할 필요는 없지만 그 동향에 면밀한 사찰이 필요하다고 보았다. 이처럼 총독부의 처지에서 보면, 농촌자력갱생단체에 비해 반체제 단체의 수나 인원이 적긴 하나 전국적으로 68,000명에 이르는 비교적 비타협적인 단체원과 2만여 명의 계몽단체 조합원들은 식민통치에 중요한 방해자이거나 경쟁자임에는 틀림없을 것이다.

공산주의자와 민족주의자의 합법·비합법 농민운동과 총독부의 탄압 실태에 대해선 이미 자세한 연구가 있으므로 생략하고,[16] 계몽주의 운동단체의 대표적 사례인 YMCA의 사례를 통해 계몽주의 운동단체와 회원을 강제로

---

14) 金正明 編, 1967, 『朝鮮獨立運動』 5권, 原書房, 408쪽.

15) 金正明 編, 같은 책, 409쪽.

16) 지수걸, 1993, 『일제하 농민조합운동연구 － 1930년대 혁명적 농민조합운동』, 역사비평사 참조.

체제내로 흡수하는 과정을 보도록 하겠다.[17]

YMCA는 1925년과 1927년 두 차례에 걸쳐서 국제선교협의회(IMC)의 간접적 후원하에 국제 규모의 농촌 조사를 하는 한편, 1929년까지 7명의 농촌사업 전문가를 맞이하여 농촌사업을 확장했다. 1930년대에 들어서면서부터 YMCA 농촌운동은 에큐메니컬적인 성격을 띠게 되었다. 1930년 교회측 외국인 전문가들은 조선인 전문가들과 협력하여 20개 도시에서 농민 강습회를 개최한 결과, "학생 등록수가 4천2백 명이요, 야간 집회에 참석한 일반인의 연인원 수는 4만 명에 달했다." 1931년 겨울에는 20개 강습회 중 4개 지방이 경찰의 집회 허가를 얻지 못하여 탈락되었고, 참가자도 다소 감소는 되었지만 전국 각지에서 42개의 강습회를 가졌고, 매일 평균 3천 명의 학생과 약 1만8천 명 내지 2만 명의 야간 집회 일반인 참석자를 갖게 되었다. 이리하여 1929년부터 1934년까지 60여 개의 강습회에서, 7,200명의 학생을 수용하게 되었다.[18]

YMCA의 농촌사업의 방법 중 중요한 것 하나는 협동조합 운동이었다. 협동조합은 신용조합·판매조합·소비조합 등으로 그 요구와 상황에 따라 여러 가지 형태로 운영되었다. 이것을 통틀어서 협동조합이라 하는데, 1929년 5월까지 전국에 협동조합이 49개(조합원 수 1,692명)였다. 사업의 전성기였던 1933년도의 국제 보조는 12,786달러였고, 1934년에는 7,284달러, 1935년에는 7,930달러였다. 그러므로 1925년부터 10년간의 총 경비를 대략 계산하면 116만 달러가 농촌사업에 투입된 것이다.[19]

그러나 1934년부터 YMCA의 농촌사업은 쇠퇴하게 되었다. 우선 세계적인 불경기로 국제 원조가 60%나 감소되었다. 다음으론 총독부의 탄압이었다. 1931년 일본군대가 만주를 침공하면서 경찰은 일반 조선인 사회단체에 대한 탄압을 가중시켰다. 농민 강습회도 일일이 경찰의 철저한 감시를 받았다.

---

17) 기독교계가 추진한 농촌사업의 논리와 활동상황에 대해서는 장규식의 『일제하 한국 기독교민족주의연구』(2001, 혜안) 「제3장 실력양성운동과 근대화론」에 잘 정리되어 있다.
18) 전택부, 1994, 『한국 기독교청년회운동사』, 범우사, 366쪽.
19) 같은 책, 368쪽.

그러나 YMCA의 농촌사업이 결정적인 타격을 받게 되는 것은 1931년 6월에 부임해온 宇垣총독의 '농산어촌진흥운동'이라는 새로운 경제정책 때문이었다.

> 그렇게 시작해서 하자, 총독부가 무슨 생각이 났던지, 아마 정치적 의미에서 그랬나 봐요, 총독이 자력갱생을 내세우고 농촌 개발이란 걸 시작했어요. 전국적으로 굉장하게 시작했습니다.……전체 행정력을 동원하여 전국적으로 그와 같이 할 적에 나는 생각하기를, 무엇이든 농민을 행복하게 만드는 일이라면 고마운 일이라 생각했습니다. 우리는 방해도 많이 받았습니다.…… 내가 불리어 가서 총독부 고관과 얘기할 때에 그 사람이, 당신네가 하는 일이 벌써 외국에도 선전이 되어서 어찌 보면 정부 당국은 농민들을 위하여 아무 것도 아니하니까 YMCA가 하는 것처럼 됐소 하는 것이었습니다. 결국 그 사람들이 드러내놓고 우리가 농촌사업을 하지 말라고 하기 때문에, 돌아와서 회장인 윤치호 씨와 의논해 가지고……차츰차츰 사업을 줄일 수밖에 없었습니다. YMCA 국제위원회도 차츰 손을 떼게 되었습니다. 그것이 아마 1933년인 줄 압니다.[20]

결국 다년간 YMCA가 추진해오던 농촌사업의 일부가 총독 당국의 한 농촌사업의 일부가 되고 만 것이다. 1935년까지는 종전과 다름없이 종교부·會友部·사회부·교육부·농촌부·소년부 등 7개 사업부서가 활동을 계속했으나 1938년부터는 농촌부의 부서마저 없어지게 되었다.[21] 이런 의미에서 '대항농민운동'(Counter-peasant Movement, 지수걸)이라는 성격을 가진 농촌진흥운동은 사회운동 단체와 농민을 분리시키고, 운동가를 체제내로 흡수하는 데 상당한 성과를 거두었다 할 수 있다.

---

20) 신흥우의 방송 녹음 기록, 383~390쪽 ; 같은 책, 371쪽에서 재인용.
21) 같은 책, 371쪽.

2. 중견인물 육성정책과 교육내용

1) 농촌진흥운동기

조선총독부에서 중견인물을 육성하기 위해 종합적이고 체계적인 안을 만든 것은 농촌진흥운동이 2단계, 즉 '갱생지도부락 10개년 확충계획'(이하 '확충계획')을 실시하여 농촌진흥운동을 확대하려 한 1935년이었다. 2년에 걸쳐 실시한 진흥운동이 좋은 성과를 거두고 있다고 판단한 조선총독부는 "(그간의－인용자) 실지체험과 내외 주변의 정세 등을 보아 아무쪼록 이 醞釀興起하는 기운을 잃지 않고, 본 계획을 항구적으로 함과 더불어 萬難을 물리치고 속히 전면적인 수행을 할 필요를 인식하여 1935년 이후 약 10개년을 정해 농가갱생계획을 全鮮 농촌의 전 부락으로 확충할 계획"을 발표하였다. 즉, 향후 10년에 걸쳐 갱생이 필요한 약 70,000촌락(210만호)으로 계획을 확대함으로써 "소농의 전부를 모두 이 계획 수행의 혜택을 입게 하여 속히 그 생활을 안정되게 한다"는 목표였다.[22]

이 계획을 원만하게 수행하기 위해서는 무엇보다 먼저 '지도기구의 정비 충실과 지도자의 훈련'이 필요했다. 왜냐하면 "(농가갱생계획－인용자 주) 사업은 원래 농민자체의 자각에 기초하여 自主自立的으로 수행해야 함을 本體로 하나, 아직 일반의 민도 극히 낮은 조선의 현상에서는 당분간은 오로지 官邊의 지도를 주체로 수행할 수밖에 없는 실상"[23]이었기 때문이다. 따라서 갱생계획의 확대는 당연히 面吏員의 확대를 필요로 했다.[24] 그러나

---

22) 朝鮮總督府, 1935, 『農村振興運動の全貌』, 109쪽.

23) 같은 책, 112쪽.

24) 전라남도의 경우, 1937년의 면리원을 가지고 갱생계획을 수행하게 된다면 1945년에는 지도부락수 7,888개 부락, 1郡島 평균 358개 부락, 1읍면 평균 32개 부락으로 읍면서기 1인이 6개 부락 정도를 담당하게 되어, 읍면서기로서 다른 사무를 처리함과 동시에 갱생지도사무를 수행하는 것은 도저히 불가능하다고 보고하였다(朝鮮總督府 內務局, 1937, 『道知事會議諮問答申書』, 49쪽). 충청남도도 사정은 비슷해서 "1인 평균(읍면장, 서기, 기수) 담당 지도해야 할 농가호수는 31호 강의 비율로 이미 지도력이 부족한 상태"이므로 예정연한을 연장할 필요가 있다고 하였다(같은 책, 43쪽).

여기에는 몇 가지 난관이 있었다.

우선, 필요한 면리원을 충당하기 위해서는 총독부의 지원이나 도재정의 확대가 있어야 가능한데, 총독부의 지원은 일본 의회의 승인을 거쳐야 하며, 도재정의 확대는 收稅源의 확장을 필요로 하는 만큼 어려운 일이었다. 충청남도의 경우, 읍면의 서기와 기수는 모두 1,235명으로 매년 자연도태되는 자를 보충하는 양성기관을 신설하면 약 240명을 수용하는 설비가 필요하며, 경상비만 매년 약 45,000원이 필요하나 도재정상 당장 실현할 수 없다고 하소연했다.25)

그러나 재정을 확보하여 면리원 수를 늘린다 하더라도 여전히 지도에는 한계는 있었다. 특히 당국자들이 공통적으로 느끼는 문제 가운데 하나가 갱생계획을 만료한 갱생지도부락이 지도의 손길을 늦춘다면 다시 갱생 이전의 상태로 돌아갈 경향이 크다는 점이었다.26) 그래서 이 문제를 해결하기 위해 충청북도는 ① 갱생성적이 우수하여 지도력을 줄여도 다시 과거로 돌아갈 우려가 없는 부락은 중심인물과 부락교화단체의 간부를 지도하는데 노력하여 중심인물과 교화단체의 활동을 촉구하고, ② 이외의 부락은 과거와 같이 지도담임자가 계속해서 지도를 맡는 방법을 채택하였다.27) 즉 성적이 우수한 부락은 공려부락으로 전환시켜 중심인물의 지도하에 자율적인 운동을 전개하게 함으로써, 지도담임을 맡은 면리원은 성적이 떨어지거나 추가로 갱생계획을 수립한 부락과 농가를 지도한다는 방식이었다.

---

25) 朝鮮總督府 內務局, 1937, 『道知事會議諮問答申書』, 45쪽. 그리고 면리원이 농사일에 밝지 못해 지도의 불신을 가져다주는 문제도 있었다. 즉 "농촌진흥 제일선 지도자인 읍면직원의 대다수는 營農勞作의 체험이 부족하여 피지도자의 신뢰가 약할 수밖에 없어 오히려 조소를 받을 우려가 있다"고 하였다(같은 책, 44쪽).

26) 이것은 두 가지를 의미한다. 하나는 갱생지도농가의 재생산 구조가 매우 불안정하여 국가권력의 관리가 지속적으로 필요할 정도로 식민지지주제 하에서 농가의 경영상태가 건전하지 못했다는 것을 말하며, 다른 하나는 갱생계획의 성과가 컸다는 선전에 비해 개별농가의 입장에서는 조선총독부의 물질적인 동기부여가 그다지 매력적이지 않았다는 해석도 가능하다.

27) 앞의 책, 43쪽.

160

따라서 농촌진흥운동의 "원활한 진척을 보게 하려면, 관변의 지도력을 보충하거나 이것을 대신할 부락인의 협력이 필요하고, 他力本願을 대신하여 부락인의 자주적 공려가 필요하다.……부락중심인물을 빨리 많이, 그러면서도 보편적으로 교양하는 일은 본 운동의 실행상 가장 중요한 사항"28)으로 인식되었다. 중견인물을 본격적으로 양성하는 일이 농촌진흥운동의 성패와 직결된다는 것을 인식한 것이다. 평안북도 태천군 태천면 남흥동은 1927년도에서 표창을 받을 당시 민풍개선과 산업 두 방면에 걸쳐 성적이 뛰어났다고 인정되었다. 1918년 도 훈령으로 설립된 남흥동약은 도에서 지시한 사업을 충실히 이행했으며, 약원은 1주일에 짚신 1개씩 만들어 동약 총회에 지참하여 공동판매함으로써 소득증대에 힘썼다. 그러나 마을을 이끌던 남흥동약장 金炯奎가 도회지로 이주하고 난 이후는 모범부락으로 특기할 만한 사항이 없다고 한다. 이는 중심인물이 없어 모범부락으로서 쇠퇴하고 있다는 당국자의 인식을 잘 보여주고 있는 사례이다.29)

중견인물 문제를 비교적 종합적으로 잘 정리한 문서는 1935년 3월 16일자 정무총감 통첩 「농가갱생계획 실시상의 요항에 관한 건」의 '중견인물양성계획'이다. 이 문서에서는 농촌진흥운동과 중견인물과의 관계를 다음과 같이 밝히고 있다.

농촌진흥운동의 수행상 조치해야할 사항이 원래 많다 하더라도 그 가운데 가장 중요한 것은 부락에서 중견 선도가 되어야 할 인물을 다수, 그리고 빨리 양성하는 데 있다. 이는 본 운동을 왕성하게 하여 갱생계획의 효과를 빨리 드러내게 함에 있어 이들 중견인물의 활동에 의지하는 바 심대하며, 다른 한편 갱생계획의 실시로 속히 자주적 운동으로 함으로써 관변의 지도력을 절감하여 그 여력을 신규 지도에 轉用하는 수단으로 하는 것 또한 喫緊한 사업이다.30)

---

28) 增田收作, 앞의 글, 87쪽.

29) 朝鮮總督府 學務局 社會敎育課, 1933, 『昭和八年度 鄕約事業補助書類』, 816쪽 ; 梁村奇智城, 앞의 책, 564쪽.

즉, ① 농촌진흥운동이 효과를 발휘하는데 중견인물의 역할이 결정적이라는 점, ② 갱생계획을 만료한 촌락을 자율적인 共勵部落으로 전환시켜 그 지도를 중견인물이 맡고, 행정관리는 확대되는 갱생지도부락을 맡는 일종의 역할분담 체계를 세운 것이다.

물론 식민권력이 촌락을 지배하는 과정에서 중견인물이 차지하는 역할에 대해선 '졸업생 지도'에서도 알 수 있듯이 총독부도 이미 1920년대부터 관심을 기울이고 있었다. 그러나 총독부가 본격적으로 중견인물을 양성하여 민간측 대리인으로 삼으려는 정책을 종합적으로 내놓은 것은 1935년에 와서였다. 이는 중견인물 양성시설이 설립된 연도에서도 확인할 수 있다. 1937년 당시 전국에 40개의 공사립 장기훈련소가 설립되어 있었다. 설립연도별로 보면, 1933년 1개, 1934년 4개, 1935년 18개, 1936년 17개로 1935년과 1936년에 집중되어 있다.[31]

그렇다면 총독부가 중견인물 양성을 통해 요구했던 인간형은 어떠한 것인가. 대개 1년을 훈련단위로 하는 장기양성소에서 총독부는 교육의 목적을 "근로를 주의로 하여 知行合一 物心一如의 정신에 기초하여 농촌 중견인물다운 인격의 도야에 노력하며, 항상 실습과 체험을 통해 농촌생활의 실제와 접촉해 그간 스스로 농업의 본질과 農道의 본의를 체득하고, 특히 창조심 연구심을 啓培하여 實質剛健, 忍苦缺乏을 감내하는 정신을 함양하여 자주자립 수신제가 향토개발의 실천자로서 安心立命 皇國農民으로서의 理想信念으로 살아갈 것"으로 삼았다. 따라서 총독부가 이상으로 삼은 중견인물이란 동화교육의 '세례'를 받은 농촌 청년이 총독부의 정책에 '충실'한 精農家, 미래의 '농촌지도자'로 성장하여 총독부의 조선 지배를 '아래'로부터 지탱해줄 인물이었다.[32]

---

30) 「農家更生計劃實施上ノ要項ニ關スル件」(1935.3.16), 『예규』, 12~13쪽.

31) 朝鮮總督府, 1937, 『農山漁村に於ける中堅人物養成施設の概要』, 425~427쪽에서 정리.

32) 富田晶子, 1981, 「農村振興運動下の中堅人物の養成」 『朝鮮史研究論文集』 18 ; 최원규, 1988, 『일제말기 파시즘과 한국사회』, 청아출판사, 199쪽.

농촌진흥운동의 전도사 역할을 수행하고 있던 山崎의 다음과 같은 말도 같은 의미를 띠고 있다.

금일 각도에서 개최되고 있는 농민훈련소, 농도실천소, 농사수련소, 농민도장 등 그 이름이 같지 않더라도 모두 중견청년 양성기관이다. 따라서 먼저 자신의 수양과 자기인격의 완성에 노력함과 동시에 자신의 직분을 자각하여 그 직분에 따라 君國에 봉사할 지능 계발에 유감없기를 기해, 건전한 국민, 충량한 신민됨의 소질을 획득하는 일에 노력해야만 한다.[33]

이러한 목표를 달성하기 위해 구제석으로 어넌 훈련을 실시했는가를 중견인물 양성시설의 사례를 통해 살펴보자. 뒤에서 자세하게 다루겠지만, 중견인물 양성시설은 크게 단기양성시설과 장기양성시설로 구분할 수 있다.

장기양성시설부터 교육내용을 검토해 보자. 1937년 당시 중견인물 양성시설을 소개한 자료 가운데 대표적인 것으로 麗州郡農道講習所를 들 수 있다.

<표 3-2>는 여주군농도강습소의 학과목과 시간수를 정리한 것이다. 농사개량에 관한 이론(11.5%)과 실습(약 63%)이 교육의 중심을 이루고 있고, 황국신민된 자의 윤리의식과 農民道를 비롯한 농촌진흥의 이념 교육이 약 24%를 차지하고 있다. 그리고 단체생활을 통한 규율을 가르치는 교련[34] 이외에 체조와 창가를 집합지도와 단체훈련 때마다 실시하였다.

---

33) 山崎延吉, 1936, 「所謂農民訓練所に就て」『自力更生彙報』第34號(1936년 6월 20일), 4쪽.

34) 함경남도의 중견청년양성강습회에서도 교련을 가르쳤는데, 농촌진흥운동의 전도사 역할을 한 山崎延吉는 훈련에 교련을 추가하는 것을 높이 평가하였다.

<표 3-2> 여주군농도강습소의 학과목과 시간수

	학과목	교수 시수	과 정
윤리	수신·공민과	70	도덕의 요지, 공민의 心得
이념	農民道	200	농민의 사명, 농민의 자각, 농민도의 실천
	농가경영	100	興家의 道, 齊家의 榘, 농가의 경제, 농업경영의 기초관념과 그 방법
	농촌진흥	50	농촌문화건설, 농민의 교육훈련, 비상시와 농촌대책, 농가 갱생의 방도
이론	농사	50	토양, 비료와 수도작의 요지
	田作	35	맥작, 면작, 특용작물 등 개량작의 요지
	원예	15	소채, 과수의 재배 요지
	축산	30	농가와 축산, 축력 이용, 재산 조성, 비료 이용
	양잠	25	載桑의 요지, 사육 일반
	임업	25	산림의 효용, 林利의 증진, 조림과 보호, 임산의 제조 이용
	부업	20	농가와 부업(금전경제) 全家勞動과 잉여노력, 부업의 종류와 작업방법
교련	교련	20	규율의 체득, 心得의 단련
실습	실습예비	1,100 이상	영농과 가정 일반에 관한 실습
계		1,740	

*출전 : 朝鮮總督府, 1937, 『農山漁村に於ける中堅人物養成施設の槪要』, 23~24쪽.

다른 중견인물양성소의 교육내용이나 교육시수도 비슷한 수준이다. 그러나 평안북도농촌청년훈련소의 경우는 정신훈련 쪽에 좀 더 비중을 두고 있었다. <표 3-3>을 통해 알 수 있듯이 경제갱생의 훈련은 물론, 이데올로기적인 훈련과 사회풍속 개량, 생활개선에 비중을 두고 교육하였다. 이른바 '報德情神'을 특히 강조하면서 '이상의 훈련 항목은 國民으로서 公民으로서 農夫로서 가져야 할 정신이자 실행해야 할 요목'[35]이라고 강조하였다.

단기양성시설의 경우, 교육 기간이 짧기 때문에 '오직 갱생계획을 중심으로 하여 그 실시상 필요한 방법수단'을 교육한다는 목표를 갖고 있었다.

강습은 군 단위로 가능한 연2회 이상 실시하며, 인원은 매회 30~40명, 기간은 2~3일 정도였다.[36] 교육목표를 실무 중심으로 잡은 것은 기존의 단기 중견인물 양성교육에 문제가 있었기 때문이다.

---

35) 朝鮮總督府, 1937, 『農山漁村に於ける中堅人物養成施設の槪要』, 307쪽.
36) 앞의 책, 15쪽.

<표 3-3> 평안북도농촌청년훈련소의 교육 항목과 내용

구분		교육 내용
농촌진흥정신함양	국민적 신념 확립	勅語詔書의 성지 철저, 國體觀念을 명징하여 농민으로 하여금 皇運扶翼의 도를 알게 함, 일본의 국제적 지위를 밝혀 거국일치의 의의를 규명함, 국기 존중, 의식을 장엄하게 함.
	敬神尊祖의 정신 발양	神社 중심의 정신훈련, 특히 尊祖의 관념 조장
	종교심 양성	보은감사의 마음 함양, 신앙심의 啓培
	농촌생활에 관한 자각 환기	농업의 본의를 了得시킴, 농민도 정신을 체득
농촌진흥 공민적 훈련		준법정신 고취, 자치정신의 훈련, 각종 단체와 조합정신 훈련, 직원과 역원 선거의 중요성, 공공생활 실제적 훈련에 따른 공덕심의 양성, 공공봉시의 실제 훈련
농촌경제갱생의 훈련	농가경영의 합리화	갱생계획의 수립과 실행, 농업조직의 합리화와 노동력 이용, 자급자족의 훈련 철저, 농업기술의 실제 연마, 농지령 정신의 철저
	소비의 합리화 훈련	예산생활과 현금지불의 실행, 공동구입 공동판매의 실습 훈련, 冗費 배제 철저
농촌 가정생활의 합리화 훈련	의식주 개선	이중생활의 배제, 色服勵行, 素行 개선, 폐물이용의 공부 연구, 택지 미화
	보건위생	위생사상의 함양, 공중위생에 대한 훈련, 국민체조의 실시
농촌의 淳風美俗 발양		가정제도의 미풍 고조, 시간의 勵行, 농촌행사의 개선, 공제협력의 강조, 의례 개선, 오락 개선, 미신 타파

*출전 : 朝鮮總督府, 1937, 『農山漁村に於ける中堅人物養成施設の概要』, 304~307쪽에서 정리.

즉, "단기간에 중심인물을 훈련하여 가급적 다수의 선각자를 양성할 목적으로 연래 중견청년강습회를 실시해 왔으나 종종 일반 부락에서 널리 중견청년을 수강자로 선발하거나 강습의 방법을 잘못해 갱생계획과 완전하게 연계를 갖지 못해 강습의 목적을 달성하지 못하는 문제가 있었다."[37]는 것이다. 즉 농업종사자가 아닌 중견청년을 대상으로 하거나 교육 내용이 농가갱생계획과 연계되지 못해 황국농민을 양성한다는 원래의 목적을 달성하지 못하고 있다는 비판이었다.

---

37) 孫永穆, 1936, 「わが道に於ける農山漁村振興運動の新動向」『自力更生彙報』第29號 (1936년 1월 20일), 11쪽.

훈련소의 생활은 단순히 일반농민의 생활이 아니라 전반적으로 황민화 이데올로기의 주입을 전제로 한 생활이었다. 청년의 자력갱생 의욕이 총독부에 대한 비판의 눈을 가진 진정한 자력갱생으로 나아가는 것을 막고, 총독부에 대한 '충성'으로 연결시키려는 시도를 찾아볼 수 있는 것이다. 이렇게 볼 때 새로운 중견인물 양성이란 '황민'으로서의 중견인물을 양성하는 것이었다. 그러나 이와 같은 정신지도의 중심이 되는, 소위 농민도덕의 체득에 관해서는 '일을 마땅히 진정으로 지도정신을 가지고 행한다면, 公德을 중시하든지 책임을 가지든지 하는 문제에 상관없이 자연적으로 달성된다'는 인식이 있었고, 농업실습을 '진심'으로 함으로써 실천성을 체득하게 할 수 있다고 생각되었다. 그러나 농촌진흥운동이 본격적으로 진행되어 갔던 1935년 이후의 정신훈련은 단순한 농민도덕의 체득이 아니라, '황국농민으로서의 신념'을 체현시키는데 주안점이 두어졌다. 황민화 이데올로기의 교화는 실습을 통해 체득시킬 수 있는 성격의 것은 아니고 나름대로의 특별한 훈련을 필요로 하였다.[38]

그런데 위 인용문에서 '일반의 부락에서 널리 중견청년을 수강자로 선발하거나 강습의 방법을 잘못해 갱생계획과 완전하게 연계를 갖지 못'했다는 것은 구체적으로 무엇을 말하고 있을까. 평안북도의 보고에서 그 해답을 찾을 수 있을 것 같다. <표 3-4>는 평안북도 중견청년훈련소 강습생의 경력을 정리한 것이다.

---

38) 富田晶子, 앞의 글, 226~227쪽.

<표 3-4> 평안북도중견청년훈련소 강습생의 경력

군별	강습원수	강습원 학력			직업별내역			
		중등2년 이상 수료자	보통졸 업자	기타	공리	농업	상업	기타
구성	48	12	35	1	10	33	3	2
박천	25	1	24		2	23		
태천	20		20			18		2
용천	37	2	35		3	30		4
의주	32	6	24	2	2	26	1	3
정주	57	7	45	5	6	38	5	8
벽동	31	3	28		4	23		4
창성	25	2	20	3	2	19		4
삭주	42	3	35	4	3	34	2	3
철산	44	4	35	5	2	35	3	4
선천	18	3	15			15		3
영변	35	3	29	3		32		3
운산	30	2	27	1	2	26		2
초산	28		28			28		
위원	24		24			24		
강계	45		45			45		
자성	35		35			25	8	2
후창	19	1	18			17		2
희천	30		30			28	2	
계	625	49	553	24	36	519	25	45

*출전 : 朝鮮總督府, 1934, 『道參與官會同諮問事項答信』, 평안북도 보고, 27~28쪽.
*비고 : 직업별 내역에서 공리는 면서기, 기타는 개량 서당교사를 포함한다.

<표 3-4>에 따르면 강습원 625명 중에 중등학교 2년 이상 수료자가 49명으로 7.8%를 차지하여 예상외로 높은 비중을 차지하고 있다. 이는 직업별 내역에서 '公吏'와 '기타'에 속하는 강습원이 교육을 받은 것과 관계있을 것이다. 즉 교육 대상자가 농업에 종사하는 중견인물이 중심이긴 하나 17%에 이르는 농업 이외의 중견 청년들도 포함된 것이다. 단기 강습원 가운데 공리, 즉 현직의 읍면 관리가 포함된 것은 농촌진흥운동에 종사하는 면리원을 단기강습을 통해 교육한 사실을 말한다. 따라서 이 보고는 면리원에 대한 교육 통계까지 포함하여 올린 것으로 판단된다. 그리고 현직 면리원이 단기강습회에서 교육을 받는 일은 그다지 드문 현상은 아니었을 것이다. 면리원에

대한 상설 교육 시설이 부족했기에 농촌청년훈련소와 농업실수학교 등을 통해 단기강습회를 열어 면리원을 교육하는 일은 쉽게 추론할 수 있을 것이다.39)

'일반부락에서 널리 중견청년을 수강자로 선발'했다는 지적은 농업종사자 외의 인물을 선발하여 교육한 현상을 가리키는 것이다. 따라서 <표 3-5>에서 보듯이 교육 내용도 농진운동과 직접 관련되지 않는 어떤 면에서는 추상적이고 이데올로기적인 분야로 치중될 수밖에 없었을 것이다.

<표 3-5> 평안북도중견청년훈련소 교과목과 시간

과목	시설 방침	사상 선도	청년단의 조직 및 그 사명	토목, 산업, 재무	훈시	수양 강화	청년교화 지도	과외
시간	2시간 이상	2시간 이상	6시간	6시간 이상	1시간 이상	2시간 이상	3시간 이상	2시간 이상
강사	도직원	경찰서장	도직원	군직원	군수	학교장	군직원	

*자료 : 朝鮮總督府, 1934, 『道參與官會同諮問事項答信』, 평안북도 보고, 27쪽.

實生活과 관련한 교육보다는 사상분야와 청년의 역할 등 이데올로기 교육이 중심을 이루고 있다. 따라서 '갱생계획과 완전하게 연계를 갖지 못했다'는 반성을 토대로 조선총독부는 1935년 중견인물을 양성하는 훈련기관을 대대적으로 정비하면서 교육의 내용도 농촌진흥이라는 실생활 쪽에 비중을 두고 수정한 것이다. 교육의 효율성과 농촌진흥운동과의 관련성을 강화하기 위해 강습생을 '갱생지도부락이나 최근에 갱생계획을 실시하고자 하는 부락'에서부터 선정하고, 강습 내용도 "헛되이 다기다양에 걸치는 것을 피하고 오직 갱생계획을 중심으로 하여 그 실시상 필요한 방법수단을 주며, 더불어 갱생지도부락에 대해 농가의 갱생계획과 연중행사표에 의해 그 갱생진도, 勤惰, 공부 노력의 자취와 부락공려 방법 등을 자세하게 검토시켜 구체적인 비판연구를 하게" 하였다.40)

---

39) 朝鮮總督府內務局, 1937, 『道知事會議諮問答申書』, 45쪽.

2) 전시총동원운동기

중일전쟁이 장기화되자 총독부는 생산력 증대를 통한 농가경제 안정과 향상을 목표로 한 농촌진흥운동 전시총동원체제를 뒷받침하기 위한 생산보국운동으로 전환하였다. 이에 따라 중견인물에 대한 교육 내용도 수정되었다. 국민총력운동기의 중견인물양성에 대해선 1942년에 발간된「農民道場要綱」에서 자세하게 정리되어 있다. 요강에선 농민도장의 목표를 다음과 같이 규정하였다.

총력운동의 유력한 일익으로 農林生産의 확충에 매진하여 실로 忠良한 皇國農民으로서 농림산물의 생산확충에 멸사봉공의 정성을 바치고 생산보국의 구현 철저에 매진할 것을 요한다. 전 조선 7만2천 부락에 걸쳐 국가의 요청에 卽應하는 部落生産擴充計劃을 수립하여 오는 4월 1일부터 전 부락에서 일제히 실행을 개시한다. 이로써 中核的 추진력이어야 하는 農民道場에서는 진실로 부락의 중견이 되어 본 계획 수행에 盡瘁해야 할 청년을 鍊成할 것.

즉 농민도장(기존의 농촌중견인물양성소)은 농산촌생산보국운동의 실행계획인 부락생산확충계획(이하 부락계획이라 함)을 추진하기 위해 중견인물을 양성할 것을 목표로 하였다. 이를 달성하기 위해 교육은 크게 ① 황국농민정신, ② 부락계획 완수 방법, ③ 부락계획 수행을 위한 국민총력부락연맹의 활동 지도라는 세 가지 방향에서 실시되었다.[41] 황국농민정신은 이전부터 실시해 오던 사상교육을 좀 더 강화한 것이다. 이 시기 훈련의 특징은 역시 생산력 증대를 위한 부락계획의 완수와 통제기관인 국민총력부락연맹의 운영에 관한 것을 강조한 데 있다. 교육 내용을 자세히 소개하면 다음과 같다.

---

40)「農家更生計劃實施上ノ要項ニ關スル件」(1935.3.16),『예규』, 15쪽.

41) 朝鮮總督府 農林局, 1942,『農山漁村に於ける中堅人物養成施設要覽』, 18쪽.

부락계획 실시에 관한 지도훈련

(1) 계획의 수립 : 일반부락에 있어 계획의 수립과 실시방법

㉠ 부락 全戶에 대해 部落槪況調査를 실시 ㉡ 부락개황 조사의 집계와 국가에서 할당한 계획을 합쳐 부락계획을 결정 ㉢ 부락연맹에서 개별계획의 실행을 지도 독려하고 부락계획의 자주적 완수를 도모한다.

(2) 계획의 실시

㉠ 일반부락에서는 부락연맹 常會를 중심으로 共勵, 공동으로 계획을 실행한다. ㉡ 부락계획 所載事項은 하나의 항목 단위로 생산을 지도하는 것이기 때문에 각자 독립시켜 취급할 우려가 있으나, 이들 계획에 편입된 사항은 농가 영농의 일부를 이루는 것으로 각자 독립해 존재하는 것이 아니다. 지도할 때 이 점에 유의해서 종합적 경영으로 유기적 통합을 지도한다. ㉢ 부락계획 완수에 필요한 것은 개개 농가에 대한 협동정신의 양성이다. 농업경영에 共同動作을 채택하는 것은 작업능률의 증진, 영농자재 부족의 극복, 노력의 절감과 기타 각 방면에서 볼 때 현재 긴요한 時務로서 특히 공동작업계획의 수립, 기계기구, 役畜 등의 계획적 공동 이용, 共同苗代, 共同採種圃 등 부분적 공동경영의 확충, 그 외 영농의 各般에 걸쳐 공동시설을 확충하여 귀향 후 부락공동시설의 정비, 운영에 알맞은 중견자가 될 수 있도록 수련을 쌓도록 한다.

(3) 부락연맹 활동에 관한 지도훈련

道場生은 귀향 후 국민총력부락연맹의 중견인물로서 활동해야만 하는 자로 훈련 중, 부락연맹 활동에 관해 특히 부락계획 완수에 중점을 두고 다음에 의해 지도훈련한다.

㉠ 도장연맹을 부락연맹으로 간주 ㉡ 부락연맹규약을 해석 ㉢ 애국반은 일반 부락연맹에 필적하는 조직 ㉣ 상회 ㉤ 상회의 출석부 ㉥ 부락계획 실시에 관한 常會 실습 ㉦ 상회에는 邑面, 그 외 지도자의 臨席을 요구한다. ◎ 집회장에 각종의 성적표, 표어, 표본 등을 게시하는 것은 共勵上 매우 효과가 있어, 도장에는 이들 게시판의 작성을 실습시키고, 게시방법이나 주지 방법 등을 지도할 것. ㉧ 생활개선 사항 ㉨ 문맹자 퇴치의 강습회 혹은 농사강습 ㉩ 각종 작업 전습회의 개최 ㉪ 부락계획 실시에 관한 품평회, 競技會, 경진회 등을 개최 ㉫ 애국일 행사의 방법, 神饌田畓과 생업보국전, 논의 경영방법, 근로봉사작업 등 부락연맹으로서 종래 해온 사항 ㉬ 一人一役

制의 활동42)

즉 국민총력부락연맹을 통해 부락계획을 완수하는 방법을 훈련생들에게 교육시켜 일제의 전쟁수행에 적극 협력하도록 요청한 것이었다. 농업생산물의 공출을 안정적으로 확보하기 위해 부락계획을 완수하는데 그만큼 촌락의 중심·중견인물의 역할이 중요하다는 것을 인식한 것이다. 총독부가 중견인물에게 '식산계에 관한 실습지도'를 특별히 강조하여 교육한 것도 부락계획을 실행하는 데 식산계가 중요한 역할을 수행하도록 비중을 준 것과 관련되어 있다. 즉 훈련도장에서 "① 가까운 금융조합 이사에게 殖産契 운영 방법을 배울 것, ② 道場에 모의 식산계를 설치, ③ 판매·구매에 관련한 물품을 모의 식산계에 취급하여 관계 사무처리를 실습, ④ 현지 훈련부락의 식산계를 견학, ⑤ 금융조합, 생산조합, 농회 등의 산업단체에 관해서도 연구"하게 하는 등 식산계의 운영방법을 지도하고 실습시켜 귀향 후 계의 중견인물로 활약할 것을 기대한 것이다.43)

따라서 도장생의 선발에서부터 엄격한 기준을 적용하였으며, 이들에 대한 관리 또한 강화하였다.

> ㉠ 장래 입장시켜야할 청년을 미리 뽑아 두고 평소 예비훈련을 시킬 것 ㉡ 道場生은 읍면, 주재소, 학교, 금융조합 등의 長이 협의하여 위 청년 중에서 선정하고 추천할 것 ㉢ 入場할 때는 부락연맹 등의 주최로 壯行會를 열어 견송을 성대히 할 것 ㉣ 在場中 관계자는 가끔 도장을 방문하고 격려할 것 ㉤ 입장생이 있는 농가의 영농 일손이 모자랄 경우 부락연맹에서 원조할 것.44)

중견인물의 중요성에 비추어 황국신민의 자질을 갖춘 인물을 선발하는

---

42) 앞의 책, 22~40쪽.
43) 같은 책, 43~44쪽.
44) 앞의 책, 46쪽.

게 총독부로서는 당연한 요구였다. 때문에 관공서의 장이 보증할 수 있도록 사상적으로 '건전한' 인물이 필요했고, 또한 장행회를 성대히 함으로써 앞으로 이들이 수행할 촌락 내에서의 지위와 역할을 공식화하여 권위를 실어주려는 의도도 있었을 것이다.

이처럼 농촌진흥운동기에서 국민총력운동기로 넘어가면서 조선총독부가 중견인물에게 요구한 역할은 부락갱생의 선도자에서 부락생산확충계획 실천의 중심이자 국민총력부락연맹의 중견으로 바뀌었다. 자력갱생운동에서 생업보국운동으로 농업정책의 기조가 바뀐 데 따른 필연적인 변화였던 것이다.

1938년 6월 22일 경성부민관에서 국민정신총동원조선연맹(이하 정동연맹) 발기인회가 개최되고 난 후 약 1년여 간의 준비를 거쳐 1939년 7월 1일 정동연맹과 경성연맹이 결성되었다. 이로써 조선에서도 인적·물적·정신적 방면 모든 분야에서 자원을 총동원하는 것을 통제할 조선총독부 최대의 외곽단체가 결성된 것이다. 경성연맹의 결성을 계기로 지방연맹과 최말단기구인 애국반을 조직하는 사업이 본격적으로 추진되었다. 같은 해 8월 정동연맹은 하부조직의 확대와 연락체계를 강화하기 위해 정동연맹 추진대원규정을 만들었다. '총동원연맹의 취지 달성을 위해 특별히 挺身推進의 임무를 맡는다'는 목적 하에 연맹원 중 가장 실행력이 있다고 인정받는 정예를 선발하여 연맹추진대원에 임명하고, 도연맹에 부설시켜 지방연맹과 애국반과 긴밀한 연락을 갖게 함으로써 정동운동 실행의 추진력으로 삼게 하였다.[45] 이들은 제대한 육군특별지원병자 중 정동연맹의 강습을 받은 자, 총독부중견청년훈련소를 수료한 자, 흥아근로보국대 조선부대원이었던 자, 기타 솔선해서 연맹의 추진적 역할을 수행할 수 있는 청년들로 구성하였다. 정동연맹 추진대원으로서 농촌중견인물이 역할을 하도록 기대한 것이다.[46]

---

45) 朝鮮總督府, 1940, 『施政三十年史』, 832쪽.

46) 국민정신총동원운동과 청년단의 관계에 대해서는 허수, 1999, 「전시체제기 청년단의 조직과 활동」 『국사관논총』 88, 국사편찬위원회 참조. 1939년 9월 川島총재가 연합청

또한 총독부는 1940년 이후 매년 봄 농번기에 전국 각도에서 우수한 청년을 선발한 다음, 일본 농촌에 파견하여 주로 군인 유가족의 가정에 기숙시켜 그곳에서 근로 경험을 체험케 한다는 취지로 '농업청년보국대'를 만들었다. 선발 대상은 ① 도립의 농민도장, 개조 농업보습학교 졸업생으로 성격 우수한 자, ② 귀향 후 농업생산보국운동에 진력하고 현재 부락의 중핵으로 활동하고 있는 자, ③ 몸소 농업에 종사하고 그 개선에 상당한 체험을 가진 자, ④ 연령 18~30세 미만으로 품행방정, 신체강건한 자로 하였다.[47] 농촌 출신의 중견인물을 '농업청년보국대'로 활용하여 전쟁으로 부족해진 일본 본국의 농업 생산에 투입하는 정책이었다. 물론 여기에는 '내선일체'라는 이데올로기가 작동하고 있었다.

1943년 6월에는 "농업 증산대열의 중추인 농촌 청년의 분기를 촉구하여 이들 청년의 자주적 활동에 의한 증산 諸方策의 구체화를 기"하기 위해 「농업증산실천원설치요강」을 발표하였다. "府에서는 부윤, 郡島에서는 읍면장이 추천하고, 군수, 도사가 전형하여 도지사 명으로 임명"되는 농업증산실천원은 ① 장기, 단기 농민도장과 농업보급학교를 수료한 자, ② 조선총독부 육군특별지원자훈련소, 기타 훈련기관을 수료한 자 중 30세 이하의 농업에 종사하는 자로 규정했다. 실천원의 임무는 "皇國農民道에 따라 시국에 卽應하

년단 총재로 추대되고, 연맹운동의 중견으로서 청년이 활발한 활동을 전개할 수 있는 체제를 만들었다. 추진대원은 1941년 4월에 개정을 보게 되었다. 이때 총재 명의로 하달된 임무지령서에는 "① 국민총력연맹의 숭고하고 중대한 사명을 자각하여 率先挺身해서 그 목적 수행에 매진함으로써 국민총력운동의 강대한 추진력이 될 것. ② 항상 국민총력추진대원이라는 긍지를 갖고 황국정신을 연마해서 修文鍊武式으로 임무 달성에 대비할 것. ③ 상급 지휘자의 명령에는 절대복종하고 대원 상호간의 단결을 굳게 할 것. ④ 비상시를 맞아서는 신명을 다해 황국의 安泰發展에 공헌할 것"을 지시하였다(國民總力朝鮮聯盟 編, 1945, 『朝鮮に於ける國民總力運動史』, 315쪽).

47) 朝鮮總督府 情報課, 「朝鮮農業靑年報國隊のはたらき」『通報』147호(1943.9.15), 10~12쪽. 각 항에 적합한 자 중에서 몇 차례의 선발과정을 거쳐 대개 20. 30명으로 1반을 구성하고, 반장은 농민도장 또는 농업보급학교 일본인 직원 중에서 지도자 1명을 선발하여 담당케 했다. 각 대원들은 일본 파견 전에 각 도에서 5일간 집합 훈련을 받고 파견지의 사정을 숙지하는 등의 준비를 하였다.

여 농업 증산의 선봉이 되어 자가경영 개선에 노력하는 솔선수범으로 증산에 挺身"하는 것이었다.[48] 연성 시기는 9월에서 10월간에 농번기를 피해 1회 5일간씩으로 하고, 실천원－正員(3만 명), 準員(4만 명)－중에서 준원은 반드시 교육을 받도록 하였다.[49] 총독부는 농업증산실천원으로 1943년 말까지 마을당 1명씩 7만 명을 지정하였고, 1944년에는 7만5천 명으로 증치하였다는 기록이 있다.[50]

3. 중견인물 양성시설과 참가계층

1) 양성시설

중견인물을 양성하는 방법에는 크게 보통학교 졸업생 지도와 특수기관(농민훈련소·농업보습학교·강습회)을 통한 장단기 교육이 있다. '조선에서 부락 중심인물의 가장 강력한 양성기관이라고 말해도 결코 과언은 아니'[51]라고 평가받는 보통학교 졸업생 지도는 뒤에서 다루기로 하고, 먼저 특수기관부터 보도록 하자. 특수기관은 단기양성시설과 장기양성시설로 구분할 수 있다.

단기양성시설	조선총독부 주최 청년강습회 도·군 주최 강습회
장기양성시설	농민훈련소 농업보습학교(개조)

단기양성시설은 강습회의 주최에 따라 조선총독부와 지방단체에서 실시하

---

48) 朝鮮總督府 情報課,「農業增産實踐員の設置」『通報』 143호(1943년 7월 1일), 26~29쪽.

49)「7만 농업증산실천원, 전농민을 진두 지휘, 연성요강 결정하고 철저히 연성」『매일신보』 1943.9.20.

50) 大藏省 管理局, 1946,『日本人の海外活動に關する歷史的調査』, 65쪽.

51) 增田收作, 앞의 글, 100쪽.

는 것으로 나뉘나, 중심은 도군 주최의 강습회였다. 식민당국자는 단기양성시설을 1면 3개 촌락마다 설치하여 전 조선의 약 7천 촌락에 만든다는 구상을 갖고 있었다.[52] 이는 전 조선의 7만 촌락의 10%에 해당하는 수치로, 1935년 농촌진흥운동에서 갱생지도부락을 10년간 7만 촌락으로 확충한다는 계획과 맞물려 있었던 것 같다. 그러나 이 계획은 구상에만 머무르고 현실화되지는 못했다. 가장 큰 이유는 재정이 뒷받침되지 못했기 때문이었을 것이다.

농촌진흥운동 과정에서 도에 따라 단기강습회를 다양하게 이용하는 경우도 있었다. 경상북도에서는 '공려조합 중견인물강습회'를 개최하여 1촌락당 중견인물 2명씩을 각 군에 소집하여 약 5일간 강습하였고, '공려조합 중견인물 臨地指導講習會'를 열어 도내 갱생조합에서 비교적 우량한 100인을 선정, 이를 3반으로 나누어 1주간 씩 임지지도를 하였다.[53] 그러나 단기강습회를 통한 농촌중견인물의 훈련은 당국자들도 인정하고 있듯이 근본적인 한계를 갖고 있었다. 경북도지사의 말처럼 "3~4일, 1주간 단위의 강습에서는 진실로 농촌인다운 혼을 만드는 것은 불가능하기" 때문에, 이를 해결하기 위해서 보통학교와 간이학교의 졸업생을 지도하는 방법과 장기의 농민훈련을 받은 자를 1부락 당 1명씩 양성하는 방법이 나온 것이다.[54]

중견인물을 양성하기 위한 장기양성시설은 크게 두 계열로 나뉜다. 하나는 도나 농회 등에서 경영하던 농사훈련소 계통으로 기술교육을 주목적으로 하는 시설이었다. 경상남도의 여자면작전습소나 경기도의 농사훈련소, 전라북도의 지방개량훈련소가 여기에 해당한다.[55] 그러나 이들 시설들은 기술교육을 전문으로 하는 학교인 데다 그 수도 적고 각 도의 필요에 따라 설립되었기 때문에 농촌중견인물양성소로서는 비중이 적은 편이다.

---

52) 같은 글, 102쪽.

53) 慶尙北道, 1935, 『農村中心人物臨地指導要項』, 14쪽.

54) 岡崎哲郎, 1935, 「慶北の農山漁村振興に就て」『同胞愛』13-9(1935년 9월호), 朝鮮社會事業協會, 35~36쪽.

55) 朝鮮總督府, 1935, 『朝鮮に於ける農山漁村振興運動の第一次農家更生計劃實績』, 68~69쪽.

다른 하나는 기존의 農業補習學校[56]를 개조하거나 증설하여 만든 것이다. 1935년 2월 조선총독부는 '2년이던 수업연한을 1년으로 단축하고 기숙사 생활을 통해 집중적으로 훈련시키는 것'으로 요약되는 개정안을 공포하였다. 개정안은 "농업보습학교를 농촌 청년들의 훈련장으로 삼아 각 부락의 지도적 인물을 양성하고 따라서 그 고을 농촌진흥의 策源地가 되게 하려는 企圖"에서 나온 것이었다. 다음은 제4회 경기도회 회의록(1936년 2월 26일~3월 4일) 가운데서 농업실수학교에 대한 질의와 답변을 요약한 것이다.

岡本豊喜 : 農業實修學校의 성적이 매년 좋지 못하다. 입학 희망자가 적어 100명 정원에 10명이나 15명이 있다.

학무과장 : 농업실수학교의 성적이 좋지 않아 일시 폐지하였으나 작년 이후 이를 부활하고 본년도(1936년 - 인용자주)에 다시 3교를 증설하였다. 종래의 농업실수학교 제도는 2년제로 경비가 많이 들어가고, 졸업 후에 상당수가 봉급생활을 바라는 자가 많다. 그런데 원래 실수학교는 졸업 후에 봉급생활로 나아갈 사람을 양성하는 것을 목적으로 하고 있지 않다. 즉 학교의 목적과 학생의 목적이 서로 다르고, 희망자도 적어서 제도를 바꿨다. 1935년 4월 實業補習學校規定을 개정하여 農業補習學校로 명칭을 바꾸고 기간도 1년제로 하여 진정 농촌에서 일할 중견인물을 양성하는 시설로 바꿨다. 학생들은 전부 기숙사에 수용되어 자급자족의 생활을 하도록 되어 있다. 그 결과 희망자도 늘어나고 있으며, 작년 이후는 각 면장의 추천을 받아 학교장의 전형으로 입학자를 결정하고 있는 상태이다. 여기를 나온 생도들은 각자의 부락에서 중심인물이 되어 농업갱생계획의 확충에도 밑거름이 될 것이다.[57]

이 대화는 農業實修學校의 규정을 개정한 배경을 말해주고 있다. 신진농법

---

56) 농업보습학교는 지역에 따라 농업실수학교(경기, 충북, 충남, 전북, 전남, 경북, 경남, 평북), 농업실습학교(황해), 중견농민교(평남), 농민학교(강원), 농업공민학교(함남), 농업보습학교(함북)로 불리었다.

57) 京畿道, 1936, 『第四會京畿道會會議錄』, 192~193쪽.

의 교육을 통해 농업생산을 선도해 갈 청년을 양성할 목적으로 설립한 농업실수학교의 경영은 매우 부진한 실정이었다. 이유는 2년이라는 장기의 교육기간에 따른 학비 부담과 총독부의 의도와는 달리 학생들이 사무직을 얻기 위한 하나의 수단으로 학교를 지원했기 때문이었다. 따라서 경기도는 기존의 농업보습학교를 농촌진흥운동의 확대에 따라 절실히 요구되는 농촌중견인물을 집중적으로 양성하는 시설로 전면 개편한 것이다. 그러나 사설학교의 경우는 총독부의 통제에서 다소 자유로운 편이었다. 한 가지 예만 들면, 충남의 永明實修學校는 기독교 계통의 2년제 실업학교로 총독부의 권력이 비교적 약하게 침투되어 있었다. 1936년 잡지에 소개될 때까지도 여전히 2년제를 유지하고 있었으며, 교육내용도 농업 실기와 이론, 교양, 기독신앙 등을 중심으로 구성되었다.[58] 따라서 농업보습학교라 하더라도 민간에서 운영하는 사설학교는 식민권력이 요구하는 인간형, 즉 '충량한 황국신민'을 육성하지 않았다는 점에 주의해야 할 것이다. 아무튼 농업보습학교는 1935년 5월말 현재 63개교에서 1936년에는 78개교로 늘어났고, 1939년말에 100개교가 되어 최고에 이르다가 그 뒤 다시 줄어들었다.[59]

농촌진흥운동이 확대되자 조선총독부는 중견인물 양성시설에 대해 종합적인 관리를 하기 위해 실태조사를 하였다. <표 3-6>은 1937년 당시 중견인물 장기양성시설을 조사한 자료로 전국적인 시설의 규모와 운영 실태를 보여주고 있다. 중견인물 장기양성시설은 모두 40개로 1,226명을 수용하고 있으며, 경영 주체별로 보면 도의 과(지방과, 학무과, 농무과)가 경영하는 곳이 20개, 향교재산 3개, 군농회 8개, 도농회 1개, 사설 4개, 학교 4개였다.[60]

---

58) 「永明實修學校篇」『農民生活』 8-3(1936년 4월호), 농민생활사, 225~228쪽.

59) 李萬珪, 『朝鮮敎育史』下, 323~324쪽 ; 韓基彦, 1971, 『韓國敎育史』, 博英社, 307쪽에서 재인용.

60) 朝鮮總督府, 1937, 『農山漁村に於ける中堅人物養成施設の槪要』, 425~427쪽 참조.

〈표 3-6〉 농촌중견인물 장기양성 시설수

경영주체	1936년 12월 현재
도	20
농회(도군)	9
향교재산	3
학교	4
사립	4
합계	40(개)

*출전 : 朝鮮總督府, 1937,『農山漁村に於ける中堅人物養成施設の槪要』, 1~3쪽

<표 3-7>은 1940년 7월까지 중견인물 양성시설의 설립추이를 보여주는 통계로 <표 3-6>에서 제시한 통계와는 다소 차이가 있다. 예를 들어 1936년의 양성시설 수가 <표 3-6>에는 40개, <표 3-7>에는 86개로 되어 있다.

〈표 3-7〉 농촌중견인물 양성시설의 연도별 설치 · 이관 · 개조 추이

연도	1933	1934	1935	1936	1937	1938	1939	1940
수	2	6	37	41	17	20	28	1
누계	2	8	45	86	103	123	151	152

*출전 : 朝鮮總督府 農林局 農村振興課, 1940,『農山漁村に於ける中堅人物養成施設要覽』
　　　(山崎文庫 610. 7-5), 16쪽.

이처럼 차이가 나는 것은 1940년에 조사한 양성시설 총계에는 단기양성시설까지 포함되어 있기 때문이다. 그리고 1940년 통계에는 총독부가 직접 설립한 시설 이외에 기존의 청년 육성시설이나 농업보습학교 등을 이관하거나 개조하여 중견인물 양성시설로 통합한 것까지 포함되어 있다. 자료에서 확인할 수 있듯이 중견인물 양성시설은 1935년부터 1939년 사이에 집중적으로 설립되었다. 농가갱생계획을 전면적으로 확대함에 따라 촌락에서 갱생계획을 주도할 중견청년의 육성이 매우 중요한 일이었음을 말해 주고 있다.

중견인물 양성시설의 종류와 내용을 비교적 자세하게 보여주는 통계로는 <표 3-8>의 1942년도 조사자료를 들 수 있다.

<표 3-8> 농촌중견인물 양성시설(1942년 현재)

	경영주체	개수	수용정원	훈련기간
	도	19	754	9~12개월
장기농어민도장	군농회, 향교재산	10	254	8~12개월
	사립	3	72	1~2개년
단기농어민도장	도	15	6,070(년간)	1개월
	군농회	22	19,537	10일, 10~30일
장기농어촌중견부인양성소	도	10	275	8~12개월
개조 농업보습학교	도, 학교비 경영	86	3,218	1개년
총 계		143	10,643	

*출전 : 朝鮮總督府農林局, 1942, 『農山漁村に於ける中堅人物養成施設要覽』, 1~16쪽.
*비고 : ① 2개년 훈련소는 中柴산업주식회사가 경영하는 中柴農民義塾(전북 김제군 청하면)으로 수용정원은 22인이다. ② 개조 농업보습학교의 명칭은 다음과 같다. 농업실수학교(경기, 충북, 충남, 전북, 전남, 경북, 경남, 평북), 농업실습학교(황해), 중견농민교(평남), 농민학교(강원), 농업공민학교(함남), 농업보습학교(함북). ③ 도 주최 단기농어민도장 중 황해도 재령에 있는 단기농민도장은 훈련기간이 6개월이다. ④ 군농회 주최의 단기농어민도장은 모두 1941년에 설립되었으며, 10일간 훈련하는 곳이 대다수이다. 총 22개 가운데 7곳이 부인강습소를 개조한 것이다.

이 조사에 따르면 장기양성시설은 장기농어촌중견부인양성소와 농업보습학교까지 합치면 143개이며 수용 인원은 4,473명이다.[61] 1940년 말 농촌진흥운동에서 생산보국운동으로, 농가갱생계획에서 부락생산확충계획으로 농업정책과 실행계획을 전환한 조선총독부는 '농촌의 생산력 확충과 조선농촌의 사명을 다하기' 위해 2,000명을 늘려 매년 중견인물을 6,300명 씩 양성할 계획을 세웠다는 기사가 있다.[62] 그러나 계획대로 매년 6,300명 씩 양성되지는 않았고, 실제는 4,500여 명 정도의 중견인물이 양성시설에서 배출된 것으로 추정된다.

중견인물 양성을 위한 또 하나의 대표적 시설로는 보통학교 졸업생 지도를

---

61) 원자료에는 표의 총계가 143개로 되어 있으나 전체 수를 합산하면 180개이다. 그런데 이것을 143개로 처리한 것은 180개 중에서 도와 군농회가 주최하는 단기농어민도장 수 37개를 뺐기 때문이다. 기간이 10일간으로 워낙 짧아 총계를 내면서 일부러 뺀 채 계산한 것으로 보인다. <표>는 원문 그대로 적었다.

62) 「農村指導陳을 강화」 『매일신보』 1941.8.1.

들 수 있다. 졸업생 지도란 '卽地·卽人·卽家的' 지도에 의하여 "졸업생의 농사개량을 통하여 일가의 영농을 개선하고, 졸업생의 근로를 통하여 전가족의 근로에 미치고, 지도생의 완성에 의하여 일가의 완성을 계획한다"고 하는 중견인물양성책이었다.[63] 졸업생 지도는 1927년 경기도에서 당시 경기도지사 米田太郎, 총독부 내무부장 井上淸의 지도 아래 농무과장 八尋生男, 학무과장 高橋敏 등이 입안·계획하여 도내 보통학교 10개 학교를 지정하여 그 졸업생 110여 명에게 지도를 실시하면서부터 시작되었다. 그러나 전국적으로 실시된 것은 1929년 직업과 설치 이후라고 볼 수 있다.

조선총독부는 졸업생 지도를 통해 "보통학교를 졸업한 청소년층에 대한 사상적, 사회적 통제기능을 수행하면서 중견인물의 모집을 형성하고, 이 중에서 선발된 자들을 농민훈련소·농사훈련소·농촌청년훈련소나 농업보습학교 등에서 실제적 농업기술과 이념교육을 통해 농촌현실에 즉각 투입할 수 있는 중견인물로 양성한다"[64]는 구상을 가졌다. 그런 면에서 '조선 이외에는 그 유례를 찾아볼 수 없는' '반도의 독특한 시설'로도 불리는 졸업생 지도는 농촌진흥운동이 시작된 후에는 "농촌진흥운동이 목표로 하는 개개의 농가를 완성하고 나아가 부락의 완성으로, 또한 부락의 완성에 의해 읍면을 완성하는 과정으로 나아가는 것을 첫째로 하는 것에서부터 점차 운동을 담당하는 중견인물의 가장 강력한 양성기관"으로 주목을 받게 되었다고 평가할 수 있다.[65]

---

63) 富田晶子, 앞의 글, 212쪽. 이기훈은 '졸업생 지도'를 일제가 1920~30년대 보통학교를 졸업한 10대나 20대 초반의 청소년들을 농촌사회의 중견인물로 양성하려는 장기적 목적하에 지역의 보통학교가 중심이 되어 일정한 교육계획을 수립한 이후 그에 따라 현장지도, 강습회, 강연회 등을 시행했던 교육제도로 규정하고 있다(이기훈, 2000, 「일제하 농촌보통학교의 '졸업생 지도'」 『역사문제연구』 4, 역사문제연구소, 269쪽).

64) 이기훈, 같은 글, 283쪽.

65) 富田晶子, 앞의 글, 212~213쪽. 『매일신보』는 1933년 12월 21일부터 24일까지 「농촌진흥운동과 졸업생 지도」라는 연재 기사를 비롯하여 「보교졸업생 지도는 농촌진흥에 긴요」(1934.1.29) 등의 기사를 통해 졸업생 지도의 중요성을 홍보하고 있었다.

그렇다면 조선총독부는 졸업생 지도를 통해 어떤 방식으로 촌락까지 침투해 들어갔을까. 平壤每日新聞社에서 발간한『更生部落을 방문하며』(1935년)라는 책에 소개된 몇 가지 사례를 통해 확인해 보자.

① 金桂湫(524번)는 평안남도 개천군 조양면 저리 남삼찬부락의 조양보통학교동창청년 분단장이었다. 1929년 朝陽보통학교는 남삼찬부락의 청년단을 지도분단으로 지정하여 농사개량과 풍습개량을 지도했다. 지도의 성과가 있어 1932년 남삼찬부락을 모범부락으로 지정하여 행정당국의 지원과 지도가 확대되었고, 1933년에는 농가갱생계획 1차 지도부락으로 지정되었나. 1930년에는 도와 군에서 보조금을 받았나.

② 韓錫豊(563번)은 평안남도 순천군 순천면 평리 사람으로 순천보통학교 졸업생이다. 순천보통학교는 1929년 11월 평리의 졸업생을 모아 순천보통학교동창청년단 평리분단을 조직하여 지도하고, 1933년에는 갱생지도부락으로 지정했다. 1931년 지도의 성적이 우수해서 평리는 총독부 보조금 300원과 도 보조금 200원을 지원받았다. 특히 평리는 채소왕국으로 불릴 정도로 발전했으며, 덴마크의 농업교육을 모방한 중견농민학교를 운영하기도 했다.

③ 林學根(595번)은 평안남도 용강군 용강면 서부리 장수동의 중견인물이다. 용강보통학교는 1931년 장수동의 청년분단을 모범분단으로 지정하고, 1932년 9월에는 용강면에서 갱생지도부락으로 지정하여 지도하였다. 장수동은 1933년 총독부의 보조금 300원을 받았으며, 또한 자작농창정자금 등으로 합계 3,272원을 대부받기도 했다.[66]

사례에서 보듯이 조선총독부가 졸업생 지도를 통해 촌락을 통제한 방식은 '① 보통학교에서 지도할 졸업생을 모아 동창청년분단을 조직한 뒤 지도와 지원을 한 뒤 ② 청년분단의 성과에 따라 모범분단으로 지정해서 지원을 확대하고, ③ 모범분단의 성과에 따라 갱생지도부락 지정과 지원'이라는

---

66) 森幸次郎 編, 1935,『更生部落を訪れて』, 平壤每日新聞社, 112~120쪽, 151~157쪽, 220~227쪽.

형태를 띠고 있었다. 즉, '졸업생→ 중견청년 조직→ 촌락'이라는 과정에서 볼 수 있듯이 졸업생 지도를 매개로 조선총독부의 통제력이 촌락까지 확대하는 방식을 보이고 있다.

만일 조선총독부가 의도한 대로 졸업생을 통한 촌락 통제가 성공적으로 추진된다면 그 영향력은 무시할 수 없을 것이다. 그러나 졸업생의 생활 전반을 지속적으로 관리하고 지원하기 위해서는 몇 가지 조건이 갖춰져야 했다. 우선 졸업생 지도가 확대되는 만큼 담당 교사의 수도 확대되어야 하며,[67] 담당 교사가 영농기술에 대한 지식도 갖고 있어야 했다. 그리고 재생산 구조가 취약한 빈농의 졸업생이 과연 개인의 경영을 넘어서서 촌락 지도까지 실제로 담당할 수 있겠는가라는 또 다른 문제가 남아 있다.

이런 문제들 때문에 졸업생 지도가 조선총독부의 목적과 선전에 걸맞게 전국에서 지속적으로 추진되었는가는 회의적이다. 현재까지 졸업생 지도의 전체 규모를 밝혀 주는 자료는 확인되지 않는다. 다만 1932년과 1933년 5월까지 조사한 <표 3-9>에 따르면 1933년에 졸업생 지도 대상수는 10,855명, 지도 종료생수는 1,342명이다. 1933년부터 본격적으로 농촌진흥운동이 시작되었음을 감안하면 매년 1,300여 명이 지도를 종료한 것으로 추정된다.

<표 3-9> 공립보통학교 졸업생 지도시설 상황(1933년 5월말)

시설종류별	년별	시설수	지도생수	지도종료생수
도지정	1932	354	5,003	435
	1933	444	5,803	798
군지정	1932	73	741	65
	1933	150	1,283	96
기타	1932	500	3,470	167
	1933	562	3,769	448
계	1932	947	9,215	667
	1933	1,158	10,855	1,342

*출전 : 조선총독부, 『朝鮮總督府調査月報』 1934년 5월호(제5권 제5호), 45쪽.

---

67) 이 때문에 충청북도에서는 보통학교가 졸업생 지도에만 전력하게 하고 갱생지도부락을 지도하는 일은 중지할 것을 지시했다. 「충북갱생부락 보고 담당은 중지」, 『매일신보』 1934.4.23. 참조.

　몇 가지 도별 사례를 통해 졸업생 지도 실태를 확인해 보자. 경상북도의 경우 1935년 현재 공립보통학교 233개교 중 졸업생을 가진 198개교로 실제 '졸업생 지도'를 실시하고 있는 학교는 185개교, 지도생은 총 675명이었다. 직접지도 기간은 3년, 그 후의 간접지도는 4년이며, 매년 5학급 이상의 학교에서는 5명, 4학급 이하의 학교에서는 3명을 표준으로 지도생을 책정하였다. 지도생은 갱생계획 설정 촌락에서 선정함을 원칙으로 하고, 지도생의 책정은 1촌락 당 약 2명씩 배치할 계획이었다.[68] 경기도는 1938년 '졸업생 지도학교 확충의 구체안'을 결정하였다. 중견인물을 양성하기 위해 매년 10개 학교씩 졸업생 지도학교로 지정하고, 각 학교당 10명씩 졸업생을 선정하여 2년간 '農民道'를 가르친다는 계획을 발표한 바 있다.[69]

　전쟁 시기에도 졸업생 지도는 계속되었다. 그러나 농촌진흥운동 시기와는 다소 다른 모습을 띠고 있었다. 충청남도 논산군 광석보통학교 지도생 출신인 김영한의 증언에 따르면,[70] 학교 차원에서 학교장이나 교사들이 촌락을 지도하는 일은 없었고, 읍면 직원들이 전담했다고 한다. 이런 현상이 전시 총동원기에만 나타난 현상인지, 아니면 농촌진흥운동기에도 있었던 현상인지 확정하기는 어렵다. '졸업생 지도'라는 제도의 가장 모범으로 소개된 경기도 문산보통학교는 金奎泰라는 훈도가 직접 주남동의 소작인 자제 9명을 지도, 농사개량을 추진하여 성공한 사례로 거론되었다.[71] 그러나 보통학교의

---

68) 慶尙北道, 『農村中心人物臨地指導要項』, 12쪽.

69) 「졸업생지도학교 확충의 구체안 결정」『매일신보』 1938.1.30.

70) 국사편찬위원회 편, 2006, 『'지방을 살다' 지방행정, 1930년대에서 1950년대까지』(구술자 김영한, 면담자 한상구, 한긍희, 허영란), 국사편찬위원회, 23~24쪽.

71) 임진면 주남동은 문산보통학교의 지도생부락으로 사이토 총독의 시찰지로 소개되고 있다(1930.6.19). 28호의 산간 소촌락으로 지주1인 외 모두 소작인이었으며, 한 마을에 지도생이 9명 있는 것으로도 유명하다. 훈도 金奎泰가 주도하여 부인회, 청년회 등을 조직, 직접 청년단 단장이 되어 활동했으며, 1928년 御大典奉祝전국청년대회 경기도청년회 대표로 출석하였다. 축우생사지도부락이 되어 군축산동업조합에서 저리자금으로 축우를 구입하였으며, 1928년에는 우량퇴비지도리동으로 지정되었다. 1930년 당시 금융조합 가입 비율이 80%로 매우 높은 편이었으며, 파주향약의 영향을 받은 주남동순후회(1920.11, 회장 金鍾建)가 조직되어 있었다. 八尋生男, 「農村

교사들이 모두 김규태처럼 영농지식과 농촌진흥에 의지를 갖고 않았기 때문에 증언처럼 많은 학교가 직접 영농지도를 담당했다기보다는 면과 연결시켜 주는 매개로서 역할을 했을 수도 있다. 아무튼 면과 학교에서는 이들 지도생을 통해 각종 동원행사를 벌이고, 그 대가로 영농자금과 종자대부 등의 특혜를 주어 관리했다.[72]

2) 참가 계층

중견인물양성훈련소에 참가한 훈련생은 주로 어떤 계층이었을까. 훈련생의 경제상태를 조사한 자료를 보면 훈련소마다 조금씩 차이를 보이고 있다. 우선 장수군농사훈련소의 경우 다른 훈련소와는 달리 일가족이 훈련생으로 입학한 것이 특징이다. <표 3-10>은 장수군농사훈련소 훈련생의 학력과 경작규모를 조사한 것으로 참가자 중 호주만 정리한 것이다. 훈련소에 참가한 사람들은 모두 36명으로 호주 14명, 호주의 처 14명, 2~3살배기 아기 8명이다. 호주는 20대 중반의 보통학교 졸업생이 중심이다. 훈련생의 경작규모를 보면 자작 1명, 자소작 6명, 소작 7명으로 자소작농의 경우도 소작지가 대다수를 차지하는 영세농들이다.[73]

문경갱생농원 역시 보통학교 졸업생을 대상으로 한 훈련소이지만, 대상자는 모두 10대 후반으로 보통학교를 갓 졸업한 청소년이다. 경제 상태는 자작 2, 자소작 5, 소작 3이다.[74]

中堅靑年養成の現狀」『朝鮮農會報』4-1(1930년 1월호), 7~8쪽 ; 김봉한, 「周南洞醇厚會と基事業成績」『朝鮮農會報』4-8(1930년 8월호), 57~70쪽.

72) 국사편찬위원회 편, 2006, 『'지방을 살다' - 지방행정, 1930년대에서 1950년대까지』, 24쪽.

73) 朝鮮總督府, 1937, 『農山漁村に於ける中堅人物養成施設の槪要』, 143~145쪽. 농회가 경영하는 장수농사훈련소는 갱생지도부락 10개년 확충계획에 따라 각 부락에 1~2호의 중견농가를 둔다는 목표 아래 1935년도 7호(1면 1호씩), 1936년도 14호, 1937년도 이후 1944년까지는 28호를 수용하여 총 259호를 훈련 양성할 계획을 수립하였다. 八尋生男, 1936, 「全北に於ける農民訓練所その他(2)」『自力更生彙報』第31號(1936년 3월 20일) 참조.

<표 3-10> 장수군농사훈련소의 훈련생

이름	나이	학력	자소작별	자작(畝)		소작(畝)		계(畝)	
				답	전	답	전	답	전
李炳春	27	보교졸	자소작		10	73	7	73	17
裵同燁	26	보교졸	자소작	30	33	100		130	33
李晉燮	22	보교졸	소작			70	40	70	40
李甲同	26	보교졸	자소작	75		75	20	150	20
趙棟株	27	보교졸	소작			40	7	40	7
張永爕	23	보교졸	자작	53	100			53	100
李義文	27	보교졸	자소작	30		50	93	80	93
梁炳進	21	보교졸	자소작	33		167	80	200	80
金治煥	24	보교졸	소작			77	15	77	15
李圭鎤	21	보교졸	자소작	10	35	160	35	170	70
李圭奭	27	보교졸	소작			120	30	120	30
李永介	21	보교졸	소작			100	50	100	50
鄭成模	23	보교졸	소작			93	33	93	33
韓弼模	25	보교졸	소작			73	13	73	13
평균	24			17	13	86	30	103	43

*출전 : 朝鮮總督府, 1937, 『農山漁村に於ける中堅人物養成施設の概要』, 1~3쪽

신북갱생농원은 간이학교 2년 졸업생을 대상으로 한 훈련소로 10대 후반이 주류를 이루며 자작 6, 소작 5명이 훈련생으로 참여하고 있다.[75] 사립응세농도학원의 경우는 보통학교 졸업생 19명과 사립학교 졸업생 5명, 모두 24명이 훈련생으로 참여하고 있다. 이 학원의 훈련생은 다른 훈련소 참가자와 달리 상대적으로 경제력이 있는 계층이 많다. 즉 자작 13, 자소작 9, 소작 2명인데, 이유는 사립이기 때문에 최소한 수업료를 지불할 능력을 가져야 했기 때문이 아닌가 생각된다.[76]

함경북도농사수련장의 경우에는 21명의 훈련생 가운데 지주 겸 자작 출신도 3명 참가하고 있다. 그리고 자작 12명, 자소작 6명으로 다른 훈련소보다 자산 소유가 큰 훈련생들이 참여하고 있다. 학력도 서당 4, 명륜학원 1, 보통학교 졸업생 13, 농업보습학교 졸업생 2, 중등학교 중퇴 1명 등으로

---

74) 朝鮮總督府, 1937, 『農山漁村に於ける中堅人物養成施設の概要』, 221~222쪽.
75) 같은 책, 233~234쪽.
76) 같은 책, 198쪽.

다양한 편이다.77)

　'졸업생 지도'에 참여했던 학생이나 농사훈련소에 입소했던 중견인물은 크게 두 가지 유형으로 구분된다. 하나는 자작·자소작농의 중농으로 개량농법의 도입 등을 통해 농사개량에 적극 나서는 유형이며, 또 하나는 순소작농의 赤貧에서 출발하여 노동력의 완전 전소와 관계 당국의 지원으로 경제적 자립의 길을 만들고자 한, 말 그대로 '갱생의 농가'였다.78) 특히 후자의 경우 농촌피폐가 심각해져 가는 가운데 빈농의 청년이 근로와 농사개량을 통해 '갱생'한다는 구체적 사실을 보여주는 일은 일반농민이 식민당국의 권농정책에 관심을 갖게 하는 데 매우 효과적인 정책이라고 할 수 있다.

　그러나 富田晶子는 졸업생 지도가 매우 효과적인 정책이었으면서도 '상당한 경작지를 가진 농가의 자제를' 대상으로 할 수밖에 없고, 따라서 빈농 자제들을 대상으로 하는 지도는 지주나 독지가의 '선의'가 아니면 실습지를 구할 수 없었기 때문에 정책적으로 계속 추진될 수 없었다고 주장하였다.79) 그리고 이러한 주장을 뒷받침하기 위해 1938년 총독부가 5개년간의 갱생계획이 끝난 전체 농가를 대상으로 실적을 조사한 자료(「통계-농가갱생계획의 실적상황(2)」『朝鮮農會報』1939년 5월호)를 분석하였다. 실적을 조사한 통계 중 갱생지도농가의 계층별 이동현황을 정리한 것이 <표 3-11>이다.

　표를 보면 계획을 시작할 당시 갱생지도농가 51,750호 중 절반 이상을 차지하고 있는 소작농 27,217호가, 계획이 완료된 1938년에는 16,805호로 감소한 것으로 나타난다. 이를 두고 富田은 소작농가의 약 40%가 5년간 갱생계획의 실시에서 탈락했으며, 따라서 농촌진흥운동이 개시된 이후 소작계급의 지도생에게 '자력갱생'의 '모범생'이어야 할 중견인물의 역할을 기대하는 것은 어려웠다고 해석하였다.80)

---

77) 앞의 책, 410쪽.

78) 富田晶子와 이기훈이 분석의 대상으로 삼은 경기도 졸업생은 대다수가 자작농과 자소작농에 해당한다. 따라서 경기도의 자료를 중심으로 분석할 때, 빈농 출신의 졸업생은 시야에 들어오지 않는 한계가 있다.

79) 富田晶子, 앞의 글, 214쪽.

<표 3-11> 5개년 갱생계획을 완료한 갱생지도농가의 계층별 이동 현황

	1933년(戶)	1938년(戶)	증감(戶)
자작	6,629	7,508	879
자소작	17,535	18,525	990
소작	27,217	16,805	-10,412
기타	324	184	-140
합계	51,705	43,022	-8,683

*출전 :「통계 농가갱생계획의 실적상황(2)」『朝鮮農會報』1939년 5월호, 93~95쪽.

그러나 총독부가 조사한 자료는 달리 해석할 여지가 있고, 또한 농가갱생계획의 실적을 보여주는 자료로서 농촌진흥운동의 성과와 한계를 동시에 보여주고 있어 자세하게 검토하는 것도 의미가 있을 것이다. 우선 전체 갱생지도농가의 경우 8,683호가 줄었는데, 이는 전출한 호 9,518호에서 전입한 호 835호를 뺀 수치로 계획을 실시할 당시의 농가 중 16%가 넘는 농가가 이농한 것이다. 전체적으로 보면 통계자료는 갱생계획을 수립한 지도농가 중에서 자작농과 자소작농이 많아지고 소작농이 줄어들었음을 보여주고 있다. 이는 갱생계획에서 이탈하여 이농한 것을 고려하더라도 갱생계획이 효과가 없지는 않았음을 뜻한다.

해석상 문제가 되는 소작농의 경우 10,412호가 감소되었는데, 증감의 이유와 수치를 보자. 늘어난 호는 ① 피용자, 노동자 등에서 소작농으로 된 자 119호, ② 재해, 질병이나 사고로 자소작농에서 소작농으로 전락한 자 268호, ③ 전입 등에 의한 자 324호로 711호인데 반해, 줄어든 호는 ① 소작쟁의로 소작지를 잃은 자 652호, ② 전출 등에 의한 자 10,471호로 11,123호이다. 이 중에서 전출 등으로 줄어든 10,471호가 모두 몰락해서 이농하지는 않았을 것이다. 왜냐하면 자소작농의 증감 사유 가운데서 자기 자본력으로 자소작농이 된 자 1,625호, 도나 금융조합 등의 자작농창설사업과 기타 차입금으로 자소작농이 된 자 2,083호의 상당수는 소작농에서 성장한 호임을 감안하면 갱생계획을 수립했던 소작농의 7,000호 정도가 계획에서 탈락한 것으로

---

80) 같은 글, 219쪽.

볼 수 있다.[81]

계획에서 탈락한 이들 7,000호 농가들은 농업경영에 실패하여 轉業하거나 다른 지역으로 가서 소작농이 되었으며, 또는 당시 대규모로 전개된 滿洲移民事業에 따라 만주로 이민하였다. 따라서 농가갱생계획에 의한 농민분해는 두 개의 얼굴을 갖고 있었다고 할 수 있다. 한편으로는 농가갱생계획 대상농가 중 일정 수준의 농민층에서는 농가경제의 확대경향이 있었지만, 다른 한편으로는 소규모경영자 특히 1정보 이하의 농민들은 자작지나 소작지를 상실하여 농업노동자가 되거나 유량민이 되어 해외로 이주하는 경향이 있었다.[82]

이처럼 소작농의 탈락비율은 자작농이나 자소작농의 비율보다 훨씬 높았다. 그러나 이 때문에 빈농에 대한 지도가 없었고, 나아가 빈농에 대한 졸업생 지도도 정책적으로 추진되지 않았다고는 할 수 없다. 식민당국자의 입장에서 볼 때 빈곤에서 탈출하려는 의욕을 가진 대상에게 자원과 지도가 가해진다면 그 효과는 클 수 있으며, 또한 체제에 협조적인 인물을 양성하는 데 드는 통치비용이라는 면에서도 효과가 있을 것이다. 따라서 빈농 출신의 졸업생 지도에 대한 식민당국의 정책은 계속 추진되었다고 할 수 있다.

3) 정책의 한계와 조선의 특징

이상에서 보듯이 총독부는 식민 농정과 나아가 전시총동원정책을 밑에서부터 지지하는 세력으로 중견인물을 설정하고 육성하는 정책을 적극 추진하였다. 그러나 육성정책에는 몇 가지 한계가 있었으며, 이 한계는 조선사회의 현상을 반영하는 것이기도 했다.

우선 첫 번째 한계로 들 수 있는 것은 총독부의 관련 예산 부족이다. 중견인물 양성시설을 확충하기 위해서는 시설 확충에 필요한 예산도 예산이지만 훈련생을 지원하기 위한 예산도 필요로 했다.

---

81) 「통계 농가갱생계획의 실적상황(2)」 『朝鮮農會報』 1939년 5월호, 93~95쪽.
82) 정문종, 앞의 논문, 230쪽.

수년의 영농경험을 가진 연령 17세 내지 20세의 자를 수용, 교양시키더라도 이러한 노동능력을 가진 청년을 입학시킴에 따라 가정에서 받아야할 경제적 타격이 적지 않기 때문에 생도 모집이 쉽지 않은 정세라면 급히 시행할 것이 곤란하다. 따라서 재원이 허락하는 한 생도에 대해 학자 또는 약간의 보조금을 지급하는 것이 필요하다.[83]

총독부는 교육 효과라는 측면에서 생산 의욕은 있으나 경제력이 약한 농가의 청년들을 훈련의 주요대상으로 인식하고는 있었다. 그러나 빈농의 경제력으로는 1년여에 걸쳐 자식의 교육을 뒷받침할 수 없기 때문에 훈련을 지원하지 못하는 실정이었다. 따라서 총독부는 재정적인 지원을 통해 이들을 교육하려 했으나 재정적인 압박은 상존했다. 따라서 현실은 자연히 어느 정도 경제력이 있는 농가의 자제들이 훈련생의 다수를 차지하고 있었다.

그러나 이들 중 상당수는 좋은 직장을 구하기 위한 하나의 통로로 훈련소를 이용하려 했으며, 이것이 두 번째 한계로 작용하였다. 훈련생 가운데 중 상당수는 총독부의 의도와는 달리 농업을 전업으로 하기보다 관공리나 회사원, 상공업을 선호하고 있었다. 이른바 '仕宦熱'이라고 불리는 현상이 조선사회에 만연해서 훈련소를 졸업한 뒤 귀가하더라도 주변에서 관직을 종용하는 것이 일반적인 분위기였다.[84] 상대적으로 고등교육을 받은 청년들로서도 농사라는 힘든 육체노동을 좋아하지 않았으며, 기회가 닿는다면 다른 직종을 선택하는 것은 당연한 일이었다. 함경남도 농민도장의 경우 1회에서 6회 수련생의 이후 행적을 조사한 자료에 따르면, 수련졸업생 337명 중 146명(46%)만 농업에 계속 종사했다. 그 외 읍면서기·기수로 취직한 것이 42명, 회사 25명, 상공업 17명 등으로 전업했다.[85]

---

83) 朝鮮總督府, 1934,『道知事會議諮問答申書』, 68쪽.

84) 增田收作, 1936,「朝鮮における部落中心人物について―考察」『朝鮮』 1936년 11월호, 105쪽.

85)「직히라 농촌을, 半以上이 딴 곳으로 轉出했다. 농민도장생에 경고」『매일신보』 1942.3.8.

이러한 경향은 둔덕면의 사례를 통해서도 간접적으로 확인할 수 있다.

<표 3-12> 식민지기 둔덕면 면서기의 이력[86]

이름	생년	학력	이력1(공직)	이력2(기타)
金東勳	1911	거제보교 졸(29)	증미기사(39), 기수(40~43), 면서기(43), 면장 사고로 직무대리(44)	도농민훈련소 수료(37, 장기), 둔덕영명강습회 강사(37), 둔덕공립심상소학교 강사(39)
金碩中	1911	거제보교 졸(30), 광도현립중학 3년 수료(33)	고원(37), 면서기(39~)	
金晉贊	1911	거제보교6년 졸(28)	재상지도원(33), 잠업임시지도원(35), 임시징수원(36), 면서기(39~)	둔덕덕명강습회 강사 촉탁(32), 군 주최 중견청년강습회 수료(32), 稚蠶공동사육소 교사(37)
崔德奉	1911	거제보교6년 졸(28)	둔덕면서기(30~43), 건물조사원(35), 통영군 둔덕면 농촌지도위원회 위원(38), 농회 서기(39)	
文淑源	1912	거제보교 졸(29)	도농업실천조사원(43), 임시고원(44), 면서기(44)	회사원(40)
李玄默	1912	거제보교 졸(28)	면서기(39~42), 전작전임기수(42~44), 농회 기수(45)	제1회농촌중견청년강습회 수료(37)
尹釜局	1913	거제보교 졸(29)	죽전갱생부락지도원(32~34)	죽전사설강습회 강사(30)
金斗浩	1914	거제보교6년 졸(30), 조도전대 중학5년 과정 수료(33)	둔덕면 임시고(30), 둔덕의용경찰단 단원(34), 국세조사원(35), 어촌지도원(36), 미곡생산고조사원 촉탁(36), 면서기(36~41), 농회 서기 촉탁(39)	둔덕진명강습회 강사(33~34), 둔덕일신강습회 강사(36)
金斗浩	1914	거제보교 졸(30), 조도전대 중학5년 과정 수료(33)	임시고원(30), 국세조사원(33), 어촌지도원(36), 면서기(36~42), 회계원(43~45.3)	둔덕진명강습회 강사(33), 둔덕일신강습회 강사

86) 『(경상남도 통영군) 둔덕면서기 이력서철』(복사본, 국사편찬위원회 소장)에서 정리한 것으로 이 이력서철은 1930년대 중반부터 1960년대까지 둔덕면에서 면서기로 재직한 사람들의 이력서를 모아놓은 것이다.

辛兌謙	1914	거제보교 졸(29)	둔덕면 麥畦幅(보리밭두둑)개선독려원 촉탁(35), 상묘재식지도원 촉탁(35), 둔덕공립심상소학교 강사 촉탁(38), 국세조사사원(40), 면서기(42~44), 회계원(44~)	군주최 농산어촌자력갱생중견청년강습회 수강(35, 단기)
金俊奎	1915	거제보교 졸(27)	임시식량대책사무촉탁(41), 면서기(44), 전작전임기수	
河斗泰	1915	거제보교 졸(32)	맥류휴폭개선독려지도원(43), 藁工品증산지도원(43), 긴급식량대책시설조사지도원(44)	
金哲桂	1917	거제보교6년 졸(31)	裁桑지도원(36), 籾건조조제지도원(36), 둔덕의용경찰단 지부장(36), 하청면 봉구리 양잠교사(38), 임시국세조사원(39), 추기상묘재식지도원(39), 牛籍조사원(41) 면서기(41~43)	경남도원잠종제조소 잠견사육잠종제조소 실습과 수료(33), 조선총독부육군병지원자훈련소 갑종 합격(40)
金槿周	1918	거제보교 졸(38)	임시고원(40), 재상지도원(41), 추잠공동사육소 교사(41), 잠업지도원(41), 면서기(43~)	조선총독부만주개척민지원자훈련소 제2부 과정 수료(40)
金亭中	1920	통영심상고등소학교 고등과2년 수료(38)	면서기(45.6)	동경 北多摩縣 동부국민근로훈련소 수료(42), 조선총독부내지파견농업보국청년대(44)
柳柄秀	1920	거제보교 졸(35)	면서기(41)	
柳淵明	1920	거제보교 졸(35)	식량대책 사무촉탁(40), 면서기(41~)	
諸葛勛	1920	거제보교 졸(38)	미곡증산지도원(38), 잠업지도원(39), 면서기(43)	대일본부인회 둔덕면지부 전무서기(43)
金善吉	1922	거제보교 졸(37)	고원(41)	도농민훈련소 수료(40, 장기), 회사원
文炳洙	1922	거제성내심상소학교 졸(39)	임시고원(41), 고원(44) 면서기(44)	대일본부인회 둔덕면지부 전무서기(43~44)
文峻源	1922	거제공립보교 졸(37)	임시고원(39), 면서기(43~)	
金白中	1923	통영보교 졸(38)	면서기(42.8~11)	경상남도 양산 단기농민훈련소 수료(44), 조선총독부내지파견농업보국청년대(44)

尹元局	1923	둔덕보교졸(38) 경도시립상업전수학교 졸(41), 제국상업학교중퇴(42)	재상지도원(38), 양잠지도원(38), 둔덕면 전무서기(42~43), 맥작개량증산임시지도원(44), 면서기(44)	조선주산보급강습회 수료(38), 청년대 분대장(42), 국민총력추진대원(42)
諸正敦	1923	거제보교 졸(37)	농회 기수(43), 면 기수(45.3)	통영협성상업강습회 수강(39), 경남도황민훈련도장 수료(41), 통영고성중견청년연성회 수료(42), 농업보국청년대원 熊本縣 파견(42), 국민총력추진대원(42), 국민총력운동중견청년연성회 수료(43), 경남도농업기술원 수료(45)
裵丁五	1928	둔덕보교 졸(43), 대판공학중퇴(44)	면서기(45.6)	
金鍾權		통영보교 졸(33)	임시고원(40), 식량대책 사무촉탁(41), 면서기(42~)	

<표 3-12>는 경상남도 통영군 둔덕면의 이력서철 가운데서 일제하에서 면서기로 근무한 사람들의 학력과 이력을 정리한 것이다. 면서기로 근무한 사람 중 농민훈련소나 중견청년강습회를 수료한 사람이 26명 중 9명으로 약 30%에 이른다. 그중 金東勳은 1929년 거제보통학교를 졸업한 뒤 1937년 도에서 운영하는 장기농민훈련소를 수료하였다. 증미기사(1939), 기수(1940~1943)를 거쳐 1943년에 면서기로 근무하다 1944년 면장 직무대리를 했다. 金善吉은 1937년 거제보통학교를 졸업한 뒤 1940년에 도 운영의 장기농민훈련소를 수료했다. 회사 생활을 잠시 한 뒤 1941년부터 면의 고원으로 근무했다. 諸正敦은 1937년 거제보통학교를 졸업한 뒤 1941년 도 운영의 皇民農民道場을 수료하였다. 1942년에는 통영고성중견청년연성회를 수료한 뒤 농업보국청년대원으로 熊本縣으로 파견되었으며, 국민총력운동의 추진대원으로 일했다. 1943년 국민총력운동중견청년연성회를 수료하고, 농회 기수를 거쳐 1945년 면 기수로 일했다.

몇 가지 사례를 통해서도 알 수 있듯이 이들은 20대를 전후해서 훈련소를 수료한 뒤 1930년대에는 강습소 강사, 지도원 등을 거쳐 면서기로 진출하였으

며, 1940년대에는 관변단체의 실무자나 농업보국청년대 등을 거쳐 면서기나 기수로 진출하는 양상을 보이고 있다. 이처럼 식민당국자가 비판하고 있듯이 농민훈련소는 그 설립 의도와 달리 조선인 청년들에게는 면서기로 나아가는 하나의 통로로서 기능하고 있었다.

세 번째 한계로는 중심·중견인물에 대한 총독부의 기대가 큰 만큼 이들에게 부과된 일이 많았고, 이로 인해 총독부로부터 중심·중견인물로 지정받는 것을 회피하는 경향마저 있었다. 당시의 지적은 이러한 현상을 잘 보여주고 있다.

> 지금 각지의 현상에 대해 보면, 중심인물로 간주되는 자 중에는 이미 덕과 힘을 구비하여 소위 넓은 의미의 중심인물로서 하등 후일의 염려 없이 통솔하고 있는 사람도 있지만, 이는 극히 드물고, 그 대부분은 갱생도상에 있는 사람이고, 스스로의 갱생에 전력을 쏟아야 하는 사람이다. 이런 사람들이 부락공려에 그 힘을 빼앗겨, 자기 집의 갱생계획을 수행하는 것조차 불가능한 실정에 이른 자도 있다. 그리고 이들 중심인물에 대한 일반의 태도는 어떠한가. 부락인도 관변의 지도자도 이들에 대한 기대만 크고, 그 노력에 보답해야 할 어떠한 방도도 찾지 못하는 것이 많음은 유감이다. 예를 들어 관변의 지도자가 임지지도를 할 경우에 이 부락의 중심인물은 누구인가, 이런 이런 일은 왜 안되었는가, 이 일은 다음에 올 때까지 반드시 해야 한다는 등 부락내의 모든 책임을 중심인물에게 돌리고, 부락인 역시 이것도 중심인물, 저것도 중심인물에게 그 책임을 돌려 중심인물이기 때문에 이것도 시키고 저것도 시켜 일을 繁多하게 하고, 심지어는 중심인물의 활동이 둔하기 때문에 곤란하다는 등 불평하는 일도 있다.[87]

촌락의 대다수 중심인물은 경제력이 있는 인물이라기보다는 '갱생도상에 있는 사람'이기 때문에 촌락 지도에 전념했을 경우 본인의 갱생 자체가 위협받고 있다는 것이다. 이들에겐 가계부 작성을 대필하는 것에서부터

---

87) 增田收作, 앞의 글, 96쪽.

시작해서 각종 번다한 준 행정적 업무가 부과되고 있지만, 촌락 안팎으로 책임만 가중되어 불만이 고조되고 있었다. 이 때문에 권한은 적고 요구와 책임만 가중되어 '중심인물 사직서를 제출한다'는 이야기가 나올 정도였다. 총독부는 이러한 불만을 없애고 중심·중견인물의 협조를 얻어내기 위해 졸업생 지도에서도 언급했듯이 각종 혜택을 주어 동기부여를 하는 한편, 총독부의 위엄으로 업무 수행을 사실상 거부할 수 없게 하는 분위기를 조성하였다.[88]

이러한 한계들은 조선적인 현상을 반영하고도 있다. 조선과 일본의 중견인물 육성정책과 실태 비교를 통해 조선적인 현상이 무엇인지를 정리해보자. <표 3-13>은 增田收作이 중견인물과 관련해서 일본과 조선의 양상을 비교한 것을 재구성한 것이다.

〈표 3-13〉 조선과 일본의 중견인물 비교[89]

			조선	일본
	시설		도립 농민훈련소, 개조 농업보습학교, 農民道場 등	부현립 수련농장, 국민고등학교, 농사학교, 농민복음학교, 共働학교, 農民講道館 등
공통점	교육 취지		과학을 주로 하지 않고, 晴耕雨讀式에 의한 농경 개간에 무게를 두는 근로를 통해 땀과 흙 속에서 인물을 수양 단련하려는 것	
	교육 방법		대개 1개년 기간으로 기숙사 생활, 황국농민다운 인격 도야	
	교육 결과		부락 공려의 중심	
차이점	배경		학교교육의 향토화, 실제화, 생활화를 구현	획일적, 偏智적, 형식적이며 기술편중인 기존 교육에 대한 저항
	목표		부락 공려의 중심인물될 자의 교양	중견인물 양성과 함께 移植民의 교양 축적
	지도주임자		초등학교장의 경력자	농림기술관
	훈련생	교양 정도	4년제 또는 6년제의 보통학교 졸업자	고등소학교 졸업자로 보습학교나 중등교육 이수자(63%), 고등소학교 졸업자(37%)
		사회분위기	군·면·학교의 권장자로 훈련소에 대한 이해가 부족하며, 귀향 뒤에도 다른 직업을 구하려는 분위기	자진 입소자로 수료 후 농업에 종사하면서 일가의 갱생과 隣保相助에 노력

---

88) 김영한의 증언. 국사편찬위원회 편, 앞의 책, 23쪽.
89) 增田收作, 앞의 글, 103~105쪽에서 정리한 것임.

　1년을 기간으로 기숙사 생활을 통해 황국농민을 양성한다는 점에서 교육의 취지와 방법은 두 곳 모두 같다. 그러나 배경과 목표, 지도주임과 훈련생에서 차이가 있다. 목표를 보면 조선에서는 부락 공려의 중심인물이 될 자를 교육하는 데 있다면, 일본은 이와 함께 移植民의 교육도 함께 있었다. 따라서 교육 책임자도 조선은 초등학교장인데 비해 일본은 농림기술관이 맡고 있었다. 일본식 농법의 전파를 위해서도 기술지도는 필수적이었던 것으로 보인다.

　목표의 차이는 교육을 받는 훈련생의 태도에서도 차이를 보이고 있다. 일본에서는 농업기술 습득 등 자신의 필요에 의해 경비를 부담하면서 지원했지만, 조선에서는 식민당국이 권장으로 지원한 경우가 많았다. 훈련생에 대한 사회적 인식, 또는 분위기를 식민당국자의 다음과 같은 비판을 통해서 잘 볼 수 있다.

> 　내지의 수련생은 자신의 집을 갱생하고, 농촌을 재건한다는 의기에 불타 자진해서 입소를 지원한다.……이에 비해 조선의 수련생은 그 대부분 군·면·학교 등의 권장으로 입소한 것이어서 부형이나 청년 모두 훈련소에 대한 이해가 부족하다. 경비도 재소 중의 비용은 물론, 왕복 여비까지도 지급해야만 하는 상황이며, 입소 당시부터 부형이나 청년 모두 분위기가 내지와 크게 다르다. 때문에 애써 1년 간 수련의 苦節을 쌓아 큰 의기와 자신감으로 부락에 돌아와도, 부락에서는 연령이나 가문, 부, 오래된 관습 때문에 부락의 共勵는 물론 자기 집의 개선조차 생각대로 되지 않는다. 게다가 종래의 전통은 다소의 교양을 쌓으면, 부형이나 청년들이 다른 직업을 구하라고 성가시게 한다.[90]

　당국의 권유로 입소해 훈련소의 취지에 대한 이해가 부족하며, 훈련을 마치고 귀향해서 촌락의 공려를 위해 일하려 해도 전통에 부딪혀 뜻대로 되지 않아 원래의 목적을 달성하지 못하는 현상이 많다는 것이다. 게다가 훈련생에 대한 주변의 분위기는 관직 등을 찾아 사회적으로 진출하기를

---

90) 같은 글, 105쪽.

기대하고 있고, 둔덕면의 사례에서도 보았듯이 훈련생 역시 더 나은 직장을 위한 하나의 수단으로 훈련소를 활용하였다.

4. 중심·중견인물의 유형과 성격

1) 중심·중견인물의 유형과 실태

조선총독부는 농촌의 중견인물을 적극적으로 육성하여 식민농정과 전쟁수행을 밑에서부터 지탱하는 '황국농민'으로 만들려 했다. 즉 농촌의 중견인물은 농촌진흥운동과 국민총력운동을 촌락 단위에서 추진하는 민간측 대리인으로서 기능을 수행하도록 요구받은 것이다. 그러나 중견인물육성정책의 한계에서도 언급했듯이 훈련생 가운데는 당국의 의도와는 달리 공직 등 취직을 위한 통로로 활용한 경향도 있었듯이 중견인물의 실제 모습도 총독부의 의도와는 반드시 일치하지 않은 측면도 있었다. 이는 두 가지 이유 때문이다. 하나는 중견인물에는 총독부가 적극적으로 '육성'해서 지원과 지도를 한 유형도 있지만, 자율적으로 농사개량 등을 통해 생산증대에 노력한 유형을 총독부가 촌락의 중심 또는 중견인물로 '파악'하여 지원한 유형도 있었다. 따라서 후자는 전자에 비해 식민권력의 영향권에서 상대적으로 자유로운 공간을 확보하고 있었을 것이다. 다른 하나는 중심인물과 중견인물이 총독부에 의해서 권력의 민간측 대리인으로서 그 역할을 부여받았지만, 이들은 또한 주민의 대표자이거나 한 구성원이었던 만큼 양면성을 갖고 있었다.

이런 이유 때문에 현실의 중견인물은 단일한 모습을 띠고 있지 않았으며, 그 성격도 매우 복잡했을 것이다. 더구나 총독부가 파악한 중견인물 가운데는 중견인물이 아니라 중심인물에 해당하는 사람들도 다수 있었다. 총독부가 농촌진흥운동에 공이 있거나 갱생의 모범이 된다고 선전한 사례를 보면, 면장에서부터 빈농에 이르기까지 그 대상이 매우 넓고 중견인물까지 포괄하여 중심인물로 소개한 경우도 많았다. 따라서 이 절에서는 중심인물과 중견인물의 실상에 좀 더 가깝게 다가가기 위해 총독부가 농촌진흥운동의 중심인물이나 중견인물이라는 이름으로 선전한 사례나 언론 지상에 소개된 사례들을 최대한 모아 분석하고자 한다.

<인물·촌락 데이터>는 1920년대의 지방개량사업과 1930년대의 농촌진흥운동을 통해 농업생산 증대를 주도하거나 성공한 중심·중견인물에 관한 정보이다. 개별 인물에 대한 정보의 차이가 너무 커 동일한 기준을 적용해서 그 차이를 밝히기는 어렵다. 어떤 인물은 학력과 사회적 지위, 활동과 이력, 재산 규모, 촌락내의 지위 등에 대해 잘 소개되어 있지만, 어떤 인물은 간략한 정보만 나와 있어 비교의 어려움이 있다. 따라서 편의적인 방식이지만 인물의 사회적 지위와 이력, 활동을 중심으로 유형화를 시도하였다.

<인물·촌락 데이터>를 통해서 확인할 수 있는 중심·중견인물은 현상적으로 크게 ‘지역유지형, 독농가형, 농장관리인형, 사회운동가형, 중견청년형’ 등 다섯 가지 유형으로 나눌 수 있다. 지역유지형이나 독농가형이 중심인물의 전형이라면, 졸업생 지도형이 중견인물의 전형에 해당한다고 할 수 있다. 유형별로 대표적인 사례를 통해 그 실태를 보도록 하자.

첫째, 지역유지로 직접 농사개량과 촌락 개발을 주도한 유형이다. 이들은 대개 자산가로서 자신의 힘을 활용하여 촌락 개발을 주도해 나갔으며, 지역의 각종 공직에도 진출하여 사회적 영향력을 넓혀 나가기도 했다.

[사례-1] 충청북도 옥천군 이남면 장찬리의 金時煉(468번)은 양반이자 납세성적이 면내 2위인 자산가였다.[91] 장찬리는 55세대 중 보통학교 졸업생 14명 중 중등학교 입학자가 10명(3명은 잠업전습소, 6명은 공립농업학교, 1명은 고보)이며, 중등 졸업 후 공직자 4명, 가사 4명, 재학 중 2명으로 부촌이다. 김시련은 1928년부터 구장을 맡으면서 경노회(1928), 야학회(1928), 봉사단(1928.4), 근검저축회 등을 조직하였고, 임야 2정보와 철도폐선로 2정보를

---

91) 朝鮮總督府 內務局 社會課, 1928, 『優良部落調』, 29~45쪽 ; 朝鮮總督府 內務局 社會課, 『小農生業資金貸付事業に於ける勤農共濟組合勤農輔導委員事績』, 76~79쪽 ; 善生永助, 『朝鮮の聚落』(中篇), 190~193쪽.

구입하여 극빈자 19호에게 무료로 경작시켰다. 1930년에는 근농공제조합 보도위원이 되었다.

[사례-2] 강원도 춘천군 신남면 송암리 송현부락(39~40번)은 1920년대 모범부락 조성 정책의 전형을 보여주고 있다. 1926년 춘천군에서 '郡面共勵要綱'을 제정, 각 면에 1~2개 리를 지정하여 모범부락을 조성할 때 이미 상당한 발전을 하고 있던 송암리도 해당되었다. 송암리는 73호 중 소를 사육하는 농가가 58호로 비교적 부유한 편에 해당하며, 중심인물인 池奎汶이 거주하는 송현부락은 1933년 현재 51호 중 자작(지주 포함) 5호, 자소작 18호, 소작 28호의 촌락이었다.

지규문은 대지주로서 1923년 신남면장을 역임하면서 직접 소작인들을 지휘하여 농사개량을 실행하였다. 그리고 중견인물인 池奎燦(1901년생, 1923년 일본 모범농촌 시찰)과 함께 種牡牛契(1923), 송암리청년단(1923, 단장 지규혁), 노동야학회(1924)를 조직하여, 공동우물·공동욕장·공동작업장 외에 模範桑園 등을 경영하는 한편, 소작인 위로회를 개최하여 주민의 단합과 화합에 노력했다. 이러한 노력에 힘입어 송현부락은 養鷄原種生産部落으로 지정되어 일본종을 도입하는 것을 비롯하여, 1926년 퇴비모범부락으로 지정된 이후 3년 연속 도농회 주최 퇴비증제품평회에서 우승했으며, 1927년에는 총독부로부터 보조금 300원을 받기도 했다. 지규문 자신은 산업공로자로서 한완궁전하어하사산업장려금(1929)과 도지사 표창(1929)을 받았으며, 일본 적십자사에 500원을 기부하여 4회 조선총회에서 유공장을 받기도 했다. 그리고 송암리청년단 고문(1928~1931), 면협의회원, 학교평의회원·학무위원(1928), 군농회 특별의원(1928) 등 지역유지로서도 왕성하게 활동했다.[92]

[사례-3] 황해도 송화군 송화면 중생왕동의 吳濟華(764번)는 대한제국기

---

92) 「모범부락 '송암리'의 현황」, 『朝鮮農會報』 2-4(1928.4), 35~43쪽 ; 朝鮮總督府 內務局 社會課, 『優良部落調』, 167~175쪽 ; 春川郡農會, 1930, 「優良模範部落建設者 池奎汶」 『朝鮮農會報』 4-1(1930년 1월호), 87~93쪽 ; 朝鮮農會, 1931, 『優良農村と篤農家』 ; 善生永助, 『朝鮮の聚落』(中編), 162쪽.

약산면장(송화면 편입), 송화군연초경작조합 평의원(1918), 송화면협의회원(1920, 1923~24), 송화보통학교 평의원(1927, 1930), 금융조합 평의원, 농회 통상의원, 栽桑獎勵委員, 중생왕근농공제조합 보도위원, 삼림조합 부조합장 등을 역임한 유지이다. 그는 1923년 동계를 중생왕동흥풍회로 개조한 뒤, 회장에 추대되었으며 공동작업단과 금검단(1929, 12세~20세 17명) 등을 조직하는 한편, 사비를 내어 회관을 건립하였다. 마을은 1929년 퇴비지도부락, 種牛부락, 금융조합 지도부락(34명)으로 지정되었다.[93]

[사례-4] 평안남도 양덕군 양덕면 태평리의 孫治珏(579번)은 양덕군 鄕校齋長, 구장, 면협의회원을 거쳐 1925년 양덕면장에 임명되어 1935년까지 9년여간 재직하였다(1925~1931, 1934~1935).[94] 면장을 그만 둔 뒤에는 里勢發展組合 조합장으로서 촌락개발을 주도하고 있다.

1926년 1월 里勢發展組合(설립시 조합장은 구장 崔尙珍, 1932년 이후 면장 역임)을 설립하여 태평리를 5개 구로 나누어 운영하였다. 조합원은 매월 10전 이상을 부업 수입으로 저금했으며, 가축이나 농산물을 매도할 때도 대금의 1%씩 저금하여 기금을 축적했다. 총호수 104호 가운데 97호가 조합원으로 가입한 이세발전조합의 활발한 활동으로 퇴비증산우량부락(1927, 군농회), 위생모범부락(1929, 양덕경찰서), 농우생산부락(1929, 군), 양덕보통학교 지도부락(1933)으로 지정되었으며, 1930년 납세 성적이 우수해서 군에서 표창을 받는 것을 비롯하여, 총독 보조금 300원(1931)과 도지사 보조금 100원(1933) 등을 받기도 했다. 1931년 기부금과 부역, 도지도비를 합쳐 집회소를 건립하여 월례회와 동창청년분단원 집회, 야학회, 치잠공동작업장으로 이용했다. 농촌진흥운동이 시작되자 1933년 태평리 당내동, 1934년 동평동, 1936년

---

93) 김봉한, 1932, 「勤勞成功의 典型 吳濟華翁と中生旺洞の振興」『朝鮮農會報』6-1(1932년 1월호), 91~101쪽.

94) 「模範部落太平里(1~5)」『朝新』(서울대 소장) 1932.1.9~13 ; 1932, 『朝鮮地方行政』 11-10(1932년 10월호), 148~150쪽 ; 1933, 『自力更生彙報』 2號, 15~17쪽 ; 森幸次郞 編, 앞의 책, 249~255쪽 ; 朝鮮總督府 社會課, 1936, 『高松宮家御選奬關係』(국가기록원 소장) 65~69, 242~263쪽.

태평동이 각각 지도부락으로 지정되었으며, 당내와 동평동은 양덕공립보통학교, 태평동은 양덕도모범림사업소가 각각 지도하였다. 1933년 우가키 총독이 평안남도를 시찰할 때 방문하여 직접 격려할 정도로 태평리의 명성은 높았다.

한편, 치잠공동사육소를 설치하고 군과 교섭하여 1923년과 1928년, 1929년 3회에 걸쳐 순회교사를 초빙해서 지도받은 결과 양잠기술이 발전하여 주요 부업으로 성장하게 되었다. 1922년에 32호이던 것이 1931년에는 59호가 양잠을 하게 되었으며, 연 5천여 원, 호당 평균 50여 원 수입을 올렸다.

태평리가 이처럼 경제적으로 성장하게 된 데에는 손치각을 비롯한 지도자들의 헌신과 이들에 대한 신뢰가 크게 작용했다. 특히 손치각에 대한 마을 주민들의 신뢰는 거의 절대적이었다고 할 수 있다. 손치각은 1912년 2년에 걸쳐 태평보를 완성하여 논이 없던 마을에 25정보의 논을 만들어 마을의 경제부양능력을 크게 확대시켰으며, 이후 헌신적으로 농사개량을 지도하는 등 마을을 발전시키는 데 큰 역할을 했다. 1927년 12월 주민들이 손치각의 공적을 기리기 위해 기념비를 세우기도 했다.

손치각이 태평리 발전의 중심인물이라면, 孫致祚(580번)는 중견인물로서 역할을 하였다. 1929년 양덕보교동창청년단 설립 시 4분단장에 임명된 그는 실습지 외 試作地를 운영하여 개량농법을 실험하여 마을에 도입했으며, 繩筵조합을 조직하여 부업을 확대하는 데 앞장섰다.[95]

[사례-5] 경상북도 경산군 압량면 조영동 1구는 행정지도와 주민의 자율성이 잘 결합된 사례로 특히 면장의 활동이 두드러진 곳이다. 지주 1호, 자작 3호, 자소작 11호, 소작 18호의 조영동 1구는 농가 1호당 논 5반 7무, 밭 5반보의 빈촌이었다. 면장 朴炳采(221번)의 주도하에 1925년에 설립된 농사개량계는 이듬해 1월에 조영농사개량실행조합으로 발전하여 개발의 중심기구로 자리잡았다. 생활과 풍습 개선의 일환으로 조합원들은 모두 단발을 하고,

---

95) 梁村奇智城, 앞의 책, 501~504쪽.

공동경작하는 논의 모심기는 모두 부인들이 실행하는 등 다소 파격적인 변화를 시도했다. 1932년 부인농도원을 조직하고 보통학교졸업생을 반장으로 3개 반으로 구성하여 운영하였다. 1928년 10월 근농공제조합을 설치할 때 주민 33호 모두 조합원으로 가입한 뒤 대부 자금의 대부분을 소 구입에 사용했다. 농사개량실행조합과 근농공제조합은 조영동 1구의 개발을 주도하는 중심적인 농민조직으로서 기능했다. 1934년 현재 마을의 공동재산으로 논 1정 8반보를 갖고 있다. 식민당국도 이러한 활동에 군농회 조성금 100원(1925), 산미개량우량동리 표창금 50원(1926), 군농회 산미개량우량동리 50원 표창금(1926), 총독 조성금 400원(1927), 도지사 보조금 100원(1928) 등 각종 보조금과 포상금으로 격려했다.

비교적 촌락의 경제능력이 낮은 조영동 1구를 모범부락으로 발전시키는 데 중심적인 역할을 한 면장 박병채는 주민의 자발성을 최대한 활용하여 지도한 것으로 보인다. 매일 면사무소에서 부락 집합을 시작하는데, 전원이 집합하지 않으면 개회하지 않고 저녁에 다시 모이게 함으로써 '時間勵行의 실적'이 향상되었다. 농사개량실행조합을 운영하면서도 별도의 규약 없이 필요한 사항은 총회의 의결로 그때그때 결정한 뒤, 이를 규약으로 삼아 불만이나 불평을 하는 자가 없게 하여 실행하였다. 그러나 1928년에 도의 종용도 있어서 식산흥업, 교풍, 납세, 토목, 위생 등의 사업을 열거한 규약을 제정했으나 자율에 기초한 근본방침은 유지되었다. 소작지는 수의계약을 폐지하고, 농사개량실행조합이 계약을 맡아 처리했다. 이때 '勞動力査定簿'를 만들어 경작 능력에 따라 소작지를 계약하게 하여 합리적으로 소작지를 공평 분배하였다. 조합 조직 전까지는 면장 형제를 제외하고 모두가 소작인이었으나, 금융조합에서 자작농 창정 자금을 빌려 7호는 자작농이 되게 되었다. 담보가 곤란한 자는 면장이 보증하였다.

박병채 자신도 농사개량 실행에 앞장 서 농사개량실행조합장, 지주조합 평의원 등을 역임하면서 부인을 포함한 129명의 대구시찰단과 조합장의 일본 농촌 시찰(1928) 등을 주도했으며, 1933년에는 도 주최 농촌진흥 중심인물강습회에서 강연을 하기도 했다. 지역유지로서 오랜 기간 동안 면장(1916.8~1919.6, 1924.4~1938)에 재직하면서 면협의회원, 학무위원, 도자문회위원 촉탁, 학교평의원 등을 역임했다. 1914년 대정박람회에 육지면을 출품해서 목배를 받는 것 외에 경북물산공진회 녹비대두 1등상(1914), 면치개선 표창장(1918), 산업개량증식공로자(1922.3, 1924.3)와 사회공적자 표창(1938) 등을 받아 농사개량과 면 행정에 큰 성과를 낳았다.[96]

이밖에 경상남도 합천군 초계면 대평리의 盧浩容(218번), 경상북도 성주군 초전면 봉정동의 權中善(244번), 전라북도 진안군 마령면의 全永鮮(395번), 충청남도 연기군 전동면 노장리의 權五泳(432번) 등도 대표적인 예라 할 수 있다.

둘째, 독농가 등 경제적 실력을 갖추고서 촌락 개발을 주도해 나간 형이다. 지역유지급에는 다소 못 미치나 중농 이상으로 구장, 근농공제조합 보도위원 등을 통해 농사 개량과 촌락 개발을 위해 주민 지도에 힘쓰고 있는 층과 중견인물로서 성장하여 촌락 개발을 주도하여 지도자로 성장하고 있는 층을 들 수 있다.

[사례-6] 전라남도 해남군 산이면 금호리의 朴致星(337번)은 존위와 구장을 역임하였고, 1921년 해남군면작조합 지도원에 임명되었으며, 1922년 금호리 진흥회를 조직한 뒤 이듬해에 진흥회장에 당선되었다. 납세조합장이기도 한 그는 섬내 소작인들을 모아 토지구매조합을 조직하였으며, 토지 구입 후 소작인에서 분할하여 자작농으로 전환시켜, 섬내 경지 85%를 매입하는 성과를 낳았다. 마을은 郡棉作採種地로 지정되었다.[97]

[사례-7] 전라북도 부안군 동진면 동전리 장신마을의 林宗伯(362번)은 독농

---

96) 朝鮮總督府 內務局 社會課, 『優良部落調』, 108~114쪽 ; 김봉한, 「慶山郡 造永農事改良 實行組合を訪問して」『朝鮮農會報』4-4(1930년 4월호), 51~60쪽 ; 朝鮮農會, 『優良農 村と篤農家』; 1932, 『朝鮮地方行政』11-5(1932년 5월호), 130~134쪽 ; 1932, 『農村振 興施設要項(부록)』; 慶尙北道, 1933, 『農村中心人物指導要項』; 梁村奇智城, 앞의 책, 319~323쪽 ; 『朝鮮總督府官報』3320호(1938년 2월 13일).
97) 「경제적으로 독립되어 가는 錦湖島」『新民』6호, 1925년 10월호, 60~66쪽.

202

가로서 대지주들을 직접 찾아다니면서 소작지를 구해 주민들에게 알선하거나 토지 개간과 제언 수리, 기타 공사 등을 청부하여 주민들에게 공동 작업시켜 공동재산을 축적했다. 1930년 현재 논 20두락을 공동 경작하여 40석의 나락을 비황저축용으로 모아 춘궁기에 절량농가에 대부하는 등 마을 일에 헌신하였다. 1930년 동전리근농공제조합 보도위원에 위촉되었으며, 조합을 잘 지도해서 1935년에는 도지사 표창과 소 한 마리를 포상으로 받았다. 그는 이 소를 마을의 공동재산으로 운영했다. 그리고 농민의 자립을 위협하는 고리채를 근본적으로 해결하기 위해 1936년 금융조합에서 2,200원을 빌려 부채를 갚았으며, 공동경작지 구입비로 1,100원을 빌려 그동인 모은 공동저금액 225원을 더해 논 2,324평을 구입했다. 이러한 헌신적인 노력에 주민들도 송덕비를 세워 그 은혜에 보답했다.[98]

[사례-8] 경상남도 밀양군 삼량진면 미전리의 李起鎬(161번)는 미전근농공제조합 보도위원이다. 그는 68호 중 세농 30호를 조합원으로 조직한 뒤, 농사개량과 양잠, 가마니짜기 등의 부업을 지도하여 조합원의 소득증대에 노력했다. 대부자금으로 소를 구입한 농가가 14호, 양잠을 시작한 농가가 12호였다. 또한 그는 동척에서 소작지 밭 1정보와 논 3반보를 개인 명의로 빌려 조합원에게 공동경작하게 하고, 수익금은 진흥회 경비와 도 주최 중견청년강습회에 청년 5명을 선발해서 파견한 비용 등에 썼다. 그리고 근농공제조합에 가입하지 못한 농가 10호를 대상으로 미전리저축회를 조직하였다. 본인은 1928년 일본의 모범농촌과 농촌진흥시설을 시찰하는 단원으로 뽑혀 다녀왔으며, 같은 해 미전리는 裁桑우량리로 도농회의 표창을 받기도 했다.[99]

[사례-9] 황해도 해주군 추화면 만송리 만동마을은 42호 중 지주 1호, 자작 1호, 자소작 20호, 소작 20호이며, 논 47정3반보, 밭 55정7반보로 중간

---

98) 梁村奇智城, 앞의 책, 285~286쪽 ; 朝鮮總督府 社會課, 1936, 『高松宮家御選獎關係』(국가기록원 소장), 160~162쪽.

99) 船越光雄, 1931, 「勤農共濟組合によつて向上せる農家」『朝鮮農會報』5-3(1931년 3월호), 78~82쪽.

정도의 경제력을 가진 마을이다. 만동의 吳世豊(805번)은 부친이 3정보의
토지를 소유한 소지주의 아들로서 보통학교를 졸업한 뒤 1912년 황해도립농
학교에 입학하여 농사기술을 배웠다. 졸업 후 귀향하여 새로운 품종과 농사기
술을 도입하여 생산성 향상에 노력하는 한편, 소득증대를 위해 소작인에게도
가마니 제조를 독려하고 퇴비를 장려하면서 기술지도도 하였다. 1918년에는
근로계를 조직하여 주민들에게 새로운 농사기술 습득과 개량품종의 도입
등을 설득하여 좋은 성과를 냈다. 오세풍은 독농가로서 만동마을의 지도자로
성장해가고 있었다.[100]

[사례-10] 경상북도 경주군 외동면 냉천리 1구의 崔明敎(223번)는 밭 4반보
의 소작농에서 1정3반보의 자소작농으로 성장하면서 마을의 행정업무와
개발에 헌신한 인물이다.[101] 그는 1구장(1923~25)과 면서기(1925~30)를 지
내면서 지역 개발과 행정에 공이 있어 각종 상을 수상하기도 했다. 1927년
자작농창설연합계를 조직하여 농사개량을 지도하였으며, 1932년 부락조합
으로 확대개편하였다. 농촌진흥운동이 본격화되는 1933년 지초마을 39호
중 조합 총 호수 20호를 갱생지도농가로 선정하여 갱생계획을 주도하였으며,
1936년에는 잔여 농가가 갱생지도농가로 선정되었다. 1933년에서 설정된
갱생지도농가 20호는 그 성과가 인정되어 1937년 지초공려조합으로 바뀌었
으며, 최명교는 공려조합장이 되었다.

셋째, 대지주나 농장관리인에 해당하는 유형이다. 이들은 농장경영을 통해
생산과 유통은 물론 주민의 일상까지 관리하는 힘을 가졌다. 식민지지주제를
선도적으로 이끌어 가고 있던 미곡단작지대(전라도와 충청도, 그리고 황해도
일부)의 농장에서 쉽게 볼 수 있다.

[사례-11] 충청남도 논산군 광석면 갈산리의 경우 마름에 의한 농사개량

---

100) 船越光雄, 1930, 「農村中心人物としての吳世豊君」 『朝鮮農會報』 4-1(1930년 1월호),
    57~61쪽 ; 朝鮮農會, 『優良農村と篤農家』.
101) 慶尙北道, 『農村中心人物臨地指導要項』 ; 朝鮮總督府, 1937, 『農山漁村振興功績者銘
    感』, 123쪽.

주도와 소작권 통제를 통한 촌락지배의 양상을 잘 보여주는 사례이다. 갈산리는 논산에 국무농장이 설립되면서 일본인에 의한 토지 매수가 집중되어 전 주민이 소작농으로 전락했다가 농사개량 등으로 부촌으로 발전한 촌락으로 소개되었다. 1915년에 교풍조합이 조직될 당시 소작농 1호당 평균 3단보를 소유하던 것이 1928년 현재 1호당 1정보 이상을 소유하게 되었다고 한다.

동양척식주식회사(이하 동척이라 함)가 운영하는 國武농장소작인조합장 方鍾九(404번)와 吳怡善(406번) 등이 주도하여 설립한 교풍조합은 1916년 12월 진흥회로 개편되었다. '민풍개선 지덕의 증진 식산흥업의 장려, 기타 일반지방개량의 실적을 거둘 것'(규약 제1조)을 목적으로 한 진흥회는 '갈산리에 거주하며 1호를 구성하는 자로써 조직'(제4조)하여 갈산리 전 주민을 대상으로 설립되었다.

진흥회 외에 護喪契(1918.12, 248원 적립), 부인진흥회(1919, 107명)가 설립되어 활동하였고, 1926년에 설립된 양잠조합은 模範桑園을 개설하여 운영하였다. 갈산리 주민 가운데 금융조합원은 107호 중 51명으로 비교적 많은 편인데, 이는 그만큼 신용도가 높아졌다는 반증이다. 납세는 진흥회 산하 납세부장이 거둬 면에 납부함으로써 체납하는 일이 없도록 했다. 이런 탓에 갈산리 진흥회는 1918년 우량진흥회로 도에서 포상을 받은 것을 비롯하여 총 14회에 걸쳐 표창과 총독부 보조금을 받았다. 1926년에는 총독부 사회과에서 활동사진을 찍어 전 조선에 모범부락으로 선전하기도 했다. 1910년대를 護喪契 계장(1918), 구장(1922), 진흥회 회장(1916~25)을 지낸 방종구 등이 중심이 되어 농장을 관리했다면, 1920년대 중반 이후는 국무농장갈산리소작 인조합장인 진흥회 부회장(1923.12)인 靑木喜八(407번)과 방종구의 아들 방태영(405번)이 靑木을 이어 마름으로 농장을 관리했다. 갈산리가 총독부에 의해서 모범부락으로 대대적으로 선전할 정도로 발전한 것은 이들에 의한 집약적인 농사지도와 촌락 통제가 있었기 때문이다. 그러나 그 화려한 이면에는 소작을 구하지 못한 이웃 마을 주민의 원망도 함께 있었던 것으로 보인다. 마을은 1939년 이후 만주 이민이 속출하면서 쇠퇴하였다.[102]

[사례-12] 전라북도 익산군 왕궁면 발산리의 宋淳憲(376번) 역시 동척 마름이다. 10여 년 전 발산리로 이주한 그는 왕궁면장과 협의하여 흥농조합을 설립하였으며, 직접 조합장을 맡아 소작인들을 지도했다. 1928년 발산리에 근농공제조합이 설립될 때 보도위원으로 임명되어 조합원들의 지도를 맡았다. 지도 결과 조합원 가운데 44명이 금융조합에 가입할 수 있을 정도로 갱생 성적이 우수하여 송순헌은 도지사의 표창을 받았다. 1930년에는 위생모범부락 지도 공로로 경찰부장 표창을, 1932년에는 조합장으로서 퇴비 장려와 농사개량 등을 잘 지도했다 하여 1등상을 받았다. 1933년 당국의 지시에 따라 흥농조합은 농촌진흥회로 재편되었다.[103]

[사례-13] 전라남도 광주군 하남면 안청리의 李德奇(1896년생) 사례는 농장 관리인으로서 소작인들을 지도하는 중심인물로서의 역할을 보여줄 뿐만 아니라 촌락 질서의 변화도 잘 보여주고 있다. 행정구획상의 안청리는 112호의 큰 촌락이지만, 갱생지도부락인 안청리는 42호의 인구 267명(노동인구 182명)인 작은 촌락을 말한다. 경작 면적은 자작지와 소작지 합쳐 47정7단보로 1호 평균 경작 수준은 중 이상인 촌락이다. 1914년까지 안청리는 장성군에 인접했기 때문에 일명 장성 청리로 불렸다. 지도부락이 아닌 80호의 마을을 일명 광주 안청리라 불렀는데, 이 마을은 반촌이었다. 지도부락은 민촌으로 안청리민의 지배를 받아 소작지조차 자유롭게 얻지 못한 상태로, 당시 소작 면적은 약 20두락에 불과할 정도로 가난했다.

1916년 장성공립보통학교를 졸업한 이덕기는 농업에 종사하다가 1925년 어느 농장의 관리인이 된 것을 계기로 소작 면적을 확장하는 한편, 계급관념을 타파하고 근검역행을 역설하면서 촌락 내 2곳의 음식점을 폐지하는 등 민풍 개선에도 힘썼다. 1927년 부락장을 맡아 주민들에게 묘대 개량, 정조식,

---

102) 1928년 당시 총 117호 중 자작 2, 자소작 39, 소작 76호로 구성되어 있으며, 일본인은 5호였다. 김봉한, 1928, 「논산군 모범농촌 갈산리진흥회를 방문하고」 『朝鮮農會報』 2-12(1928년 12월호), 35~52쪽 : 朝鮮總督府 內務局 社會課, 『優良部落調』, 45~64 쪽 : 善生永助, 『朝鮮の聚落』(中篇), 137쪽 ; 이하나, 앞의 논문, 73~79쪽.

103) 梁村奇智城, 앞의 책, 256~257쪽.

피뽑기 등을 실행하게 하고, 자급비료를 증식하기 위해 1929년부터 자운영을 도입했으나 몇 차례의 실패 후 증산에 성공하여 1932년에는 군농회 綠肥指導里로 지정되었다.

1931년 주민 전체가 조합원으로 가입한 농사개량조합을 설립하여 조합장에 취임한 뒤 '영농개량, 유축농업, 국기게양, 상호부조의 정신, 납세관념 배양, 早起勵行, 공동정신 작흥 등'에 주력하였다. 早起는 '부락진흥의 일대 요체'로 1932년 2월 11일 기원절을 기해 겨울에는 6시, 다른 계절에는 5시에 일어나 집과 도로를 청소하는 공동행사였다. 이덕기의 집중적인 지도에 힘입어 안청리는 소 3두에서 13두, 돼지 13두에서 50어 두를 갖게 뇌었고, 1932년과 1933년 연속으로 지세를 완납하는 성과도 냈다. 농장 관리인으로서 농사개량조합장과 퇴비·녹비·麥作指導里洞 지도원을 겸임한 이덕기는 소방조합 副組頭, 광주군농회 농촌진흥 강사로도 활약하여 안청리의 중심인물로 성장하였다.[104]

[사례-14] 경상북도 선산군 산동면 봉산동의 小田島右衛門(241번)은 일본인 지주로서 농사개량과 촌락 개발을 주도한 사례이다. 봉산동은 총 125호 가운데 지주 1호, 자소작 34호, 소작 78호로 小田島右衛門 한 사람을 제외하면 모두 소작을 하고 있다. 봉산동의 중심인물인 小田은 동척이민으로 1922년 농사개량실행조합을 설립하여 회장으로 활동했으며, 선산군특별평의원 촉탁(1924), 장천금융조합 평의원(1925), 산동면산미개량조합장(1926) 등을 역임했다. 농사개량사업에 공로가 있어, 대일본농회(1925)와 총독(1929)으로부터 지방개량사업공로자로 포상을 받았으며, 봉산동도 우량부락으로 선정되어 총독 보조금 400원과 지방비 보조금 100원을 받았다. 1929년 봉산동의 핵심조직인 봉산동농사개량실행조합 이외에 부인회와 청년회를 조직하고, 근농공제조합을 설립하여 주민들을 지도하였다. 특히 그는 청년회원들을 대상으로 일요일에는 장천보통학교 훈도를 초대하여 국민체조와 수양훈화를

---

104) 「자력갱생의 이상촌(3) — 광주군 하남면 안청리」 『木浦日報』 1933.3.3.

하였다.[105]

이밖에 강원도 강릉읍 포남리의 崔覺圭(4번), 경상북도 고령군 쌍동면 산당동 朴用鎭(226번), 전라남도 광양군 진월면 오사리의 崔琯鉉(286번), 황해도 신천군 신천면 원암리 박촌마을의 金致龜(779번)의 경우도 모두 대지주이면서 농사개량과 촌락 개발을 직접 주도한 사람들이다.

넷째, 사회운동을 하다가 지역 개발에 뛰어든 유형이다. 1920년대 초 사회주의운동이나 농촌계몽운동을 하다가 지방개량사업이나 농촌진흥운동에 합류한 인물로서 사회적 신망을 토대로 촌락 개발을 주도한 층이다.

[사례-15] 경기도 양주군 시둔면 금오리의 尹元世(95번)의 경우 천도교청년당원이지만 다른 경로로 농촌진흥운동에 관여한 사례이다. 경성 보성중학교 3학년을 중퇴한 그는 1913년부터 토지조사국에서 고원으로 근무하였다. 1915년에 귀향하여 농업에 종사하면서 남자야학회(1917)와 여자야학회(1920)를 개설하여 계몽운동을 펼쳤다. 1920년에는 농사개량 방면에 착수하여 가축배설물을 이용, 퇴비를 증산하고 합리적인 영농법을 실행하였다. 때마침 대홍수로 채소값이 폭등하여 몇 배의 이익을 올리자 주민의 신망을 얻게 되었다. 이듬해 금오리 구장으로 선임될 때 이것이 하나의 배경으로 작용하지 않았나 생각된다.

1920년대 전반에 걸쳐 윤원세는 지역운동(사회운동과 지방개량사업)과 관설조직에 깊게 관여하였다. 금오청년회 회장(1924.3), 천도교청년당, 천도교청년동맹 경기도연맹원(1929.5) 등을 하면서 비교적 온건한 청년운동을 전개하는 한편, 경기도 주최 교화단체간부내지시찰단원(1926.5)을 비롯하여 면협의회원, 군농회 특별의원, 금융조합 평의원으로 활동하였다. 그리고 농촌진흥운동기에는 상금오농촌진흥회 회장을 맡았다(1934). 그의 이런 활동에 힘입어 금오리는 모범부락으로 지정되어 보조금을 받을 수 있었다.[106]

---

105) 朝鮮農會, 『優良農村と篤農家』；善生永助, 『朝鮮の聚落』(中篇), 150쪽；梁村奇智城, 앞의 책, 335~339쪽.
106) 김민철, 2000, 「일제의 지방지배정책」, 남양주시사편찬위원회, 『남양주시지 1편—역

208

　[사례-16] 평안남도 영원군 영원면 성장리의 韓炳宣(587번)은 고등보통학교 졸업생으로 사회주의 활동을 하다 전향한 뒤, 벽해군농민도장을 수료하였으며, 일본 시찰 이후 야학회를 중심으로 농촌진흥운동을 주도하였다. 한병선이 사는 촌락은 32호(자작 8호, 자소작 4호, 소작 10호)로 구성된 한씨 동족촌락으로 군농회 지도부락, 生絲시험부락으로 지정되었다.107)

　[사례-17] 평안남도 평원군 양화면 평리의 蔣弼明(614번)은 사립학교 교원으로 3·1운동을 주도한 이른바 요시찰인이었다. 진흥회장 겸 구장인 朴宗赫과 부회장 申永敏과 함께 양계조합(1931)과 저축계(1934) 등을 조직하여 농촌진흥운동을 주도하였다. 順安금융조합의 지도부락으로 선정될 때, 150호 중 41호(지주 5호, 자작 11호, 자소작 22호, 소작 3호)가 갱생계획을 수립하였다. 그런데 이 마을은 기독교마을로서 신자가 200여 명이 넘고, 3·1운동으로도 유명한 마을이었다. 따라서 금융조합의 마을 지도요령도 '국체관념의 존중, 민풍개선, 부업장려, 저축려행, 농업개량, 지력증진, 퇴비증상, 위생, 보안, 납세 등' 가운데서 특히 '국체관념의 존중'을 강조하였다. 기독교마을이라는 데서 나온 독특한 연대의식, 그리고 그것을 배경으로 중심인물이 주도한 지방개량사업과 치안 유지 차원에서 나온 총독부의 정책적인 지원과 지도가 만난 경우라 할 수 있다.108)

　[사례-18] 강원도 횡성군 횡성면 영영포리의 魏昌來(51번)는 3·1운동 때 만세 시위를 주도하여 한 때 요시찰 대상이었다고 한다. 그는 교통이 불편하고 토질이 척박한 산간부락을 개발하기 위해 1925년 興農會를 조직하는 한편, 1926년 구장이 되어 풍속개량과 납세장려, 아동교육, 강습회 개최, 생활개선, 소비절약, 농사개량, 부업장려, 근검저축 등 농촌의 개선과 번영을 위해 노력하였다. 이러한 노력을 식민당국도 인정하여 1928년에 근농공제조합 설립을 허가하고, 위창래를 보도위원으로 위촉하였다. 그리고 1931년에는

　사』, 535쪽.
107) 森幸次郎 編, 1935, 『更生部落を訪問して』, 平壤每日新聞社, 1~11쪽.
108) 같은 책, 227~234쪽.

도에서 모범부락으로 지정하였다. 1932년 당국의 지시에 따라 흥농회를
농촌진흥회로 개편해서 진흥운동을 더욱 강화하여, 1935년 3월 조선총독부가
우량농촌진흥회로 선정하여 조성금을 수여하였다.[109]

[사례-19] 전라남도 순천군 서면 죽평리의 全尙烈(310번)은 1933년 5월
중견청년강습회를 수강한 인물이다. 그는 사회주의, 보천교, 태을교 등을
믿다가 전향한 뒤 1932년 10월 서면중견청년단을 결성하고, 15개 지부를
설립하여 농촌 개발에 나섰다. 전상렬이 서면중견청년단을 통해 벌인 사업에
대해 한 잡지는 다음과 같이 상세하게 전하고 있다. "단원 수양으로 잠업강습
회, 가축강습회, 비료강화회, 맥작개량과 耕鞍전습회를 수시 개최하여 단원의
지식 보수에 노력하며, 원근의 군대교육을 받은 자를 초빙해서 단원을 훈련하
며, 회합 때는 각자 도시락을 가지고, 항상 주막 출입은 엄금함으로써 소질의
기풍을 양성하고 있다. 각 지부에서는 공동경작을 하여 협동정신을 함양함과
더불어 지부 자금을 만들고, 면민의 소장을 도와 농사개량에 앞장서서 田植은
정조로 산간벽지에 이르기까지 이행하고, 피뽑기는 대동 출동의 시위를
하여 철저를 기하고, 개량맥작은 단원에서 지도위원을 방면별로 선임해서
면리원을 원조하여 실시하고 있다. 그 성적은 지금 순천군내에서 1위를
점하고, 耕鞍을 보급해서 축우 능력을 증진하고, 색의를 장려해서 순천장날
요소에 기다리고 있다가 백의에 검은 물감을 방사하는 등 그 착용방법에
노력한 지금 서면민의 노령, 상인 등 일부를 제외하고는 거의 색의를 착용하고
있으며, 농민의 위로로 수확할 때 농민위안대회를 개최하여 연예, 축음기
등으로 하루저녁의 위안을 제공하거나 농민위안영화회 등을 열고 있으며,
학교 사업을 원조하여 운동회에서는 필요한 부원은 단원이 분담하여 질서
있게 한다."[110]

---

109) 朝鮮總督府 內務局 社會課, 『小農生業資金貸付事業に於ける勤農共濟組合勤農輔導委員
事績』, 105~107쪽 ; 「朝鮮を育んだ人人(51) 總督府始政廿五周年記念本社事業の一民間
(現在)功勞者紙上表彰 荒み切つた地獄部落を美事更生の歡喜へ」『京城日報』 1935.12.17
; 『朝鮮總督府施政二十五周年記念表彰者銘感』, 1065쪽(국사편찬위원회 한국사데이
터베이스에서).

　　그리고 『道參與官會同諮問事項答信』에는 중견청년강습회의 수료생을 보고한 함경남도의 답신안이 있다. 이 답신안에서는 수료생 중 천도교계의 간부나 회원이 전향하여 농촌진흥운동에 적극 참여하고 있는 예를 특별히 소개하고 있다. 孟心在는 전 普天敎敎約所 대표로 주재소원의 설득으로 교약소를 폐지하였고, 朴榮敏은 천도교청년당 북청부 검찰원으로 "자력갱생운동은 우리 천도교 본래의 취지와 동일하고 하등 새로운 것이 없다. 미신타파, 색복착용, 소비절약 등은 우리와 뜻을 같이 하는 것으로……금후 진흥회와 보조를 함께 하여 그 목적의 실현에 노력하지 않는다면 脫敎할 것"이라 하면서 진흥운동에 참가하였다 한다. 천도교의 농촌사업을 탄압하는 한편, 관계자들에게 전향을 강요한 뒤 농촌진흥운동에 참가시킨 것이다.[111]

　　또한 농촌계몽운동의 일환으로 촌락 개발을 주도하는 인물들이 있다. 경상북도 상주군 화동면 차소리의 呂錫塡(239번)은 경성사립중학교를 중퇴한 뒤, 동경상공학사국어강습회를 거쳐, 1917년 일본대학법률전문학교에 입학한 인물이다. 학교를 졸업한 뒤 귀향하여 사립 자명학원을 창립하고 1921년부터 1928년까지 강사로 활동했다. 공황으로 인해 마을 주민 40호의 과반이 고리대로 고통 받자, 동산과 부동산을 처분하여 주민의 부채를 정리해주고, 23대의 입직기를 구입 배부하여 부업을 장려했다. 그리고 마을이 고지대에 위치하고 있어 토질이 열악해 합리적 시비로 토질을 개선하는 노력을 기울였으며, 자신은 논 1정7반보, 밭 3반보를 경작하였다.[112]

　　함경남도 영흥군 덕흥면 원흥리의 梁承郁(698번)은 1932년 중견청년훈련소를 수료했는데, 1924년 보성전문학교 법과를 졸업한 지식인이다. 그는 다음과 같이 사설학습원을 설립하여 원장에 취임한 약 120여 명 아동들을 지도하는 일을 하였다.[113]

---

110) 「中堅靑年講習會員だより欄」『朝鮮社會事業』 12-9(1934년 9월호), 朝鮮社會事業協會, 91~100쪽.

111) 朝鮮總督府, 1934, 『道參與官會同諮問事項答信』, 함경남도 보고, 10쪽.

112) 梁村奇智城, 앞의 책, 359~362쪽.

113) 朝鮮社會事業協會, 1934, 「中堅靑年講習會員だより欄」『朝鮮社會事業』 12-4(1934년 4월

〈표 3-14〉 원흥리의 사설학습원

소재지	단체	원수	설립일	시행사항 개요	중요 실적	비고
덕흥면 원흥리	유축 갱생회	56	1931.8	교풍과 농업경영	금주·금연의 공동저금으로 소 구입, 무축농가부터 분양, 현재 10두	금주회→우계→갱생회
덕흥면 원흥리	덕업 부인회	46	1932.11	함남도지방진흥요강 중 부인에게 적당한 사항과 양돈 저축	자력수입의 공동저축으로 종치돈을 구입, 추첨 분양하여 현재 24두	농가 부녀자로 조직
덕흥면 용천리	덕업 공려회	20	1932.8	함남도지방진흥요강과 지방특수사항	무축자에게 종치돈 분양, 현재 9두. 사우품평회 개최	중견청년의 보교졸업자로 조직
덕흥면 원흥리	소년회	9	1933.3	공동작업 훈련과 양계저축	저금으로 구입 분양한 종계 13마리	20세 미만 아동

　다섯째, 졸업생 지도나 중견청년훈련소를 거쳐 중견인물로 성장하고 있는 중견청년형으로 여기에는 크게 두 계층이 해당된다. 하나는 빈농 출신으로 식민당국의 행정지도와 지원을 받으면서 이른바 '全家勞動'을 통해 갱생농가로 성장해가는 그룹과 다른 하나는 중농의 자제들로 농사개량 등의 기술 습득을 통해 재산을 증식하면서 주민들을 지도해 장차 중심인물로 성장할 가능성을 가진 그룹이다.

　전자의 사례부터 보자. 경상북도 경산군 압량면 강서동에 거주하는 吳永述(220번)은 전형적인 빈농 출신이다. 그는 1926년 보통학교를 졸업한 후 소작지 3반보를 빌려 군의 지도를 충실히 이행하여 높은 소출을 거뒀다. 마을에서도 정농가로 칭찬받아 소작지를 확대하여 논 7반보와 밭 2반보를 경작하게 되었다. 1928년에는 부친의 채무를 상환하고 밭 2반보를 구입하게 되었다.[114] 경기도 가평군 군내면 승안리의 朴張龍은 같은 마을 졸업생 지도 4명과 결의하여 상조회를 설립한 뒤(1930) 농사개량과 소비절약, 저축려행, 경노정신 함양 등에 노력했다. 30호 중 자소작 6호, 소작 24호로 가난한 마을을 개발하기 위해 상조회는 탁아소를 운영하고, 야학을 여는 등 많은 노력을

───────────────

　　호), 48~53쪽.

114) 梁村奇智城, 앞의 책, 365~369쪽.

기울였으며, 이후 승안리농사개량조합(1933)으로 발전하였다. 빈농 출신인 박장용은 1933년 5월 중견청년강습회를 수강할 때 강습회 출석 여비로 도에서 받은 경비 중 일부를 절약하기 위해 왕복 24km를 걸어 다녔으며, 이 돈으로 램프를 구입하는데 썼다고 한다.[115] 경상북도 상주군 모동면 신천리의 金載鳳(1915년생)은 양반가 출신이었으나 부친 때 완전히 몰락했다. 1931년 졸업생 지도로 선정되어 학교장의 알선으로 2반6무의 소작논을 경작하게 되었다. 당국의 지도에 따라 종자와 시비 등 농사개량과 집중적인 노동력 투입으로 소작논이 다른 논보다 수확을 많이 내어 모범논으로 지정되었다.[116] 평안남도 대동군 대동강면 석암리의 수命模(1912년생)는 석암리보통학교 동창청년단의 단원이다. 적빈의 소작농인 그는 개량쟁기를 개발하여 생산성을 높였다. 그리고 군 산업기수가 상담할 정도로 농사개량에 밝아, 도 桑田실태조사원, 군 추경지도원에 임명되기도 했다. 1933년 현재 논 1정8반보와 밭 3정보를 소작하고 있다.[117]

졸업생 지도에 해당하지는 않지만 근면과 절약으로 품팔이에서 자작농으로 성장한 인물도 있다. 전라북도 익산군 함열면 다송리 2구의 구장 金順基(378번)가 이 경우로 '전가노동'의 전형이기도 하다. 1919년 다송리로 이거한 그는 근면과 절약으로 재산을 늘려 1934년에는 논 2정보, 밭 5반보, 임야 1정3반보를 소유하게 되었다. 1932년 구장이 되어 마을을 지도하였고, 면에서는 준 농촌진흥회부락으로 지정하였고, 군농회에서는 麥作지도포를 설치하여 지원하였다. 그는 家憲으로 '1) 매일 가마니 2장을 짜지 않으면 아침을 먹지 않는다. 2) 비료는 반당 2원을 넘지 않는다. 3) 석유는 사지 않고 들깨기름은 집에서 짜서 쓴다.'를 만들어 실천하였다.[118]

다음은 졸업생 지도나 중견청년훈련소 수강생 중 자작지를 가진 중농

---

115) 朝鮮社會事業協會, 1934, 「中堅靑年講習會員だより欄」『朝鮮社會事業』 12-9(1934년
　　　9월호), 91~100.
116) 梁村奇智城, 앞의 책, 362~365쪽.
117) 梁村奇智城, 앞의 책, 514~515쪽.
118) 全羅北道, 1934, 『農村は微笑む』, 98쪽.

출신의 사례를 보자. 평안남도 순천군 신창면 수원리의 鄭守連은 1930년 신창보통학교동창청년단 수원분단장으로 3,400평의 개간지에 정조식을 실행하여, 반당 2두락 이상을 수확했다. 여기에 자극 받아 마을 전체가 정조식을 실시하였으며, 정수연은 군면의 모범전 설정에 자원하기도 했다. 또한 그는 1932년 조선교육회가 주최한 천일육영자금 농업실습생으로 선발되어 愛知현 中彦농장에서 실습을 했다. 다음은 실습 일지 가운데 일부로 2월 19일자의 감상이다.

> 안으로 경제적 국난이고, 밖으로 연맹문제, 만주문제, 지나문제 등이 있어 말 그대로 비상시를 맞아 일반 지방민은 정말로 내일처럼 걱정해서 세 사람이 모이면 반드시 이런 대화를 하는 것을 보고, 내지인은 참으로 애국 국민이라 생각한다. 자력갱생은 국민 아니 농민 개인의 대책이자 비상시를 맞아 국민적 타개책이라 생각한다. 우리 조선인도 이와 같은 자위 책무를 느껴 농동적 생활을 영위하기까지는 앞으로 몇 년의 세월이 필요로 할까. 쓸데없이 천박한 사상을 갖고, 경솔한 행동을 하는 것은 동아의 갱생운동이라는 성업 앞에 부끄러운 일이라 생각한다.[119]

공개를 전제로 쓴 일기, 또는 그것을 기대하고 쓴 일기이기 때문에 매우 의도적인 면이 많다고 할 수 있다. 그러나 액면 그대로는 아니더라도 최소한 조선총독부가 요구한 중견인물상에 적합한 전형이라 할 수 있다.

의정부공립농잠실습학교 졸업생 중 경기도 양주군 시둔면 신곡리 추동농사개량실행조합의 李鍾烈(1회, 1929.3), 양주군 시둔면 하금오리 하금오리농사개량실행조합의 玄桂俊(3회, 1931), 양주군 시둔면 신곡리 신촌농사개량실행조합의 李弘奎(2회, 1930)는 모두 실습학교를 졸업한 뒤 귀향하여 조합을 설립, 학교의 지도를 요청하여 농사개량의 공동경작을 위한 논과 밭을 준비하여 주민들을 지도하였다.[120]

---

119) 梁村奇智城, 같은 책, 529~534쪽.
120) 앞의 책, 146~148쪽.

　황해도 신천군 가산면 용천리 입석동의 安貞五(776번)는 1933년 5월 중견청년강습회 수강생이다. 3인 가족에 남자 1명을 고용하고 있는 자소작농으로 일찍부터 주민조직에 참여하여 적극적인 활동을 했다. 입석동의 자치조직으로는 입석동청년홍풍회(1931.1, 25명), 입석동농사개량조합(1931.3), 부인회(1931.9), 입석동납세조합(1932.1) 등이 있어 활발하게 활동하고 있었고, 소비조합도 설립할 계획이었다. 총독부에서 지도한 농사개량과 민풍개선, 근검절약 등 일반 사항을 충실하게 이행하고 있었다. 전라북도 진안군 용담면 수천리의 高夏相(397번)도 1933년 5월 중견청년강습회를 수강했다. 그는 진안연초경작조합에서 가마니와 새끼 제작을 의뢰받아, 졸업지도생 10명과 청년 31명을 모아 부업으로 공동작업을 하여 소득을 올렸다. 그리고 이를 기초로 '공민적 신념의 확립, 직업에 대한 지식기능의 교양, 사회봉사, 일가경제의 갱생을 계획해서 생활안정을 기할 것'을 목표로 한 수천리진흥청년단을 조직하여 촌락 개발에 노력했다. 고하상은 용담금융조합 수천리총대와 옥거리갱생회장에 선출되기도 했다.[121]

2) 중심·중견인물의 성격

　이상에서 1920년대의 지방개량사업과 1930년대의 농촌진흥운동과 총동원운동을 통해 농업생산 증대에 힘쓴 중심·중견인물, 즉 식민당국자가 파악한 촌락지도자(또는 지도자로 성장가능성을 가진 인물)의 유형과 그 실태를 살펴보았다. 그러나 이 <인물·촌락 데이터>는 근본적인 제한이 있다. 즉 식민당국자에 의해 파악된 촌락지도자들은 대개 농사개량과 근검절약 등을 통해 농가소득 증대에 성공한 갱생지도부락이나 이보다 좀 더 발전한 모범부락의 중심·중견인물이었다. 따라서 여전히 빈곤에 허덕이는 일반 촌락의 지도자나 유교적 전통이 강한 양반부락의 보수적인 지도자들은 대상에서

---

121) 朝鮮社會事業協會, 1934, 「中堅靑年講習會員だより欄」 『朝鮮社會事業』 12-10(1934년 10월호), 47~53쪽.

빠져있다. 이 점을 염두에 두고서 '지역유지형, 독농가형, 농장관리인형, 사회운동가형, 중견청년형'에 대해 보자.

지역유지형은 자산가로서 직접 농사개량사업과 지역 개발을 주도하는 한편, 면장,[122] 면협의회원, 농회 평의원, 금융조합 평의원, 학교 학무위원 등 지역의 각종 공직에도 진출하여 영향력을 행사한 유형이다. 이에 비해 독농가형은 지역유지형에는 다소 못 미치나 중농 정도의 경제적 능력을 갖추고서 촌락 개발을 주도해 나간 형이다. 구장, 근농공제조합 보도위원 등을 통해 주민 지도에 힘쓰고 있는 유형과 청년단 간부 등을 역임하면서 중견인물에서 중심인물로 성장해 나가는 유형이 포함된다. 그러나 구장이라 해도 빈농이면서 촌락내에서의 지위도 낮은 인물이 많아 사회경제적 지위의 편차가 매우 큰 편이다. 지역유지형과 독농가형이 총독부가 이상으로 설정했던 중심인물의 전형이라 할 수 있다.

<인물·촌락 데이터>에는 총 810명에 대한 정보가 있다. 이 중에서 면장이 40명(구장에서 면장으로 승진한 사람은 4명), 구장이 151명(이장 5명, 구장 121명, 부락연맹이사장 25명을 합친 수)으로 약 25%를 차지하고 있다. 그러나 자료가 졸업생 지도와 갱생농가까지 포함하고 있어, 중심인물 가운데서만 그 비중을 따진다면 훨씬 더 높아질 것이다. 면 단위에서의 유지라 할 수 있는 면협의회원은 총 45명으로 이 중 구장과 면장을 역임한 사람은 20명, 역임하지 않은 사람은 25명이다. 보도위원의 경우는 총 73명 가운데 면장과 구장을 역임하거나 겸직한 사람은 19명, 그렇지 않은 사람은 54명이다. 2장에서도 보았듯이 총독부는 소액생업자금을 대부하면서 소농들의 불안정한

---

122) 면장의 경우 관리이기 때문에 관과 민을 매개하는 역할을 가진 중심인물로 분류하는 것이 적절하지 않을 수도 있다. 그러나 조선총독부가 농촌진흥운동의 중심인물로 선전한 사람들 가운데 면장이 많이 포함되어 있었다. 총독부가 굳이 이들을 중심인물로 파악했던 것은 무엇 때문일까. 2,300여명의 면장 중에서 '덕망'과 '사무적 수완'을 겸비하고서 지역사회에서 농촌진흥운동을 직접 지휘한 사람들은 매우 소수였을 것이다. 따라서 총독부의 입장에서는 농촌진흥운동을 직접 지휘하면서 주민들을 독려하는 면장을 관리이면서 지역의 중심인물로 파악한 것도 자연스런 현상이었을 것이다. 면장에 대한 정책은 윤해동, 앞의 책, 147~153쪽 참조.

신용도를 상호연대보증과 저축 지도로 보충하기 위해 마을의 노농이나 독농가 등 경제적 능력과 신망을 가진 사람들을 보도위원으로 위촉하여 관리하였다. 따라서 근농공제조합이 설립된 촌락에서는 보도위원들이 진흥사업에서 중심적인 역할을 수행하고 있었다고 할 수 있다. 그리고 촌락내 각종 자치조직의 장으로 104명 중 62명(진흥회장 77명 중 30명, 동약장 17명 중 9명, 흥풍회장 6명 중 2명, 교풍회장 4명 중 1명은 면장·구장 역임자)은 면장과 구장 등 공직을 지내지 않은 사람들이다. 따라서 면장, 구장, 면협의회원, 보도위원, 자치조직의 장에서 중복된 수를 빼고 모두 합치면 총 324명이 된다. 이들이 바로 총독부가 지방개량사업과 농촌진흥운동 등에서 촌락의 개발을 주도하고 주민들을 지도하는 중심인물로 설정했던 사람들이다. <인물·촌락 데이터>는 중심인물 가운데 큰 비중을 차지하는 사람들이 면장, 구장, 면협의회원, 보도위원, 자치조직의 장이었음을 보여주고 있다.

이러한 경향은 1933년 농촌진흥운동이 전개될 때 황해도에서 농가갱생지도부락을 지정하고 지도부락의 중심인물들의 약력을 조사한 통계자료에서도 다시 한 번 확인할 수 있다. <표 3-15>는 이를 조사한 것으로 조사 방식이 다소 이상하지만 전체적인 경향을 분석하는 데는 큰 문제가 없다고 보인다.[123] <표 3-15>에서 눈에 띄는 것은 공직자와 공직 경력자가 50%를 넘는다. 즉, 면장, 면서기, 면협의회원, 구장 등 관료적 경험을 가진 인물들이 중심인물의 주류를 차지하고 있다. 그리고 근농공제조합의 보도위원이 10%, 촌락내 자치조직이나 농사개량조직의 장이나 간부가 29%를 차지하고 있다. 이를 통해 볼 때, 농촌진흥운동이 관 주도로 추진된 사업이었음은 통계상으로도 쉽게 확인할 수 있다.

---

123) 학력을 조사한 통계와 약력을 조사한 통계가 별도로 있는데, 조사가 정확하다는 것을 전제로 하면 학력 조사와 약력 조사의 대상자가 각각 별개의 인물이 되어야 한다. 공직자 가운데서도 보통학교나 중등학교 졸업자들이 있을 것인데, 조사에서는 중복되어 계산되지 않았다. 따라서 학력 조사 대상자들은 공직이나 보도위원 등을 겸임하지 않은 사람들로 볼 수 있다.

〈표 3-15〉 황해도의 농가갱생부락 중심인물 약력표(1933년도 설치분)[124]

	보교 졸업자	농업학교 졸업자	중등학교 이상	공직자	공직 경력자	근농공제조합보도위원	기타	계
해주	1	1	0	11	1	2	6	22
연백	2	1	2	8	0	3	4	20
김천	2	0	0	4	2	2	5	15
평산	2	1	0	7	0	0	4	14
신계	0	0	0	4	0	0	5	9
옹진	0	0	1	4	1	1	6	13
장연	0	1	0	7	1	1	1	11
송화	1	0	0	6	3	1	2	13
은율	0	0	1	6	0	0	0	7
안악	0	0	0	4	2	0	3	9
신천	1	0	0	2	0	3	7	15
재령	1	0	0	7	0	1	2	11
황주	0	0	0	6	0	1	7	14
봉산	1	0	0	5	3	3	2	14
서흥	1	0	1	3	1	1	5	12
수안	0	0	0	5	2	2	2	11
곡산	0	0	0	2	4	2	4	12
계	12	4	5	91	22	23	65	222
비율	5%	2%	2%	41%	10%	10%	29%	100%

*비고 : ① 공직자에는 면직원, 면협의회원, 구장을 포함한다. ② 기타에는 농촌진흥회위원, 흥풍회역원, 청년회역원, 납세조합장, 양잠조합장, 전작개량계장, 면작장려원 등을 포함한다.

근대사회로 이행하는 과정에서 식민권력의 확대와 촌락 내 침투는 필연적으로 관료제 질서의 확대를 수반할 수밖에 없었다. 따라서 관료제 질서를 대변하는 면장과 구장의 역할과 기능이 강화되었다. 그러나 중심인물 가운데 높은 비중을 차지하는 면장이나 구장이 반드시 식민권력의 이해를 집행하는 대리인(agent)의 역할만 수행한 것은 아니다. 면장과 구장의 이중성, 즉 식민권력의 대리인이자 주민의 대표자로서의 이중성 또는 양면성에 대해서는 기존의 연구에서 구조적으로 분석된 바 있다.[125] 여기서는 두 가지 사례를 통해서

---

124) 黃海道, 1934, 『農村振興彙聚』, 51~52쪽.

125) 정미성, 2004, 「1930년대 전반기 面 행정 강화정책과 面民들의 대응」, 서울대 국사학과 석사학위논문 ; 윤해동, 앞의 책, 제2부와 제3부 참조.

이중성의 단면을 보도록 하겠다.

먼저 면장에 비해 상대적으로 주민 이익의 대표성이 더 큰 구장부터 보자. 1924년 10월 4일 전라남도 순천군 동초면내 13개 구장이 연서하여 동맹사직서를 제출하고, 면사무소에서 면민대회를 개최한 일이 있었다. 요구 내용은 면장이 매일 출근해서 사무를 감독하지 않고, 다른 군면 출신의 면서기를 채용하여 면민의 인격을 무시한 것과 군에서 露桑을 보내겠다고 약속했으나 實桑을 배부하여 손해가 생기게 된 것을 戶稅에 부가하여 보충하려 함으로써 빈민의 생활을 더욱 곤란하게 되었으니 시정해 달라는 것이었다. 즉 면장이 면민의 의사를 대변하지 않는다는 점과 행정의 잘못으로 인해 빚어진 손실을 주민에게 전가하지 말 것을 요구하며 동맹사직서를 제출한 것이다.[126]

다음은 전시 총동원체제가 최고조에 이른 1944년 자료로 면장이 가진 대리인과 대표자 사이의 긴장 관계를 잘 보여주는 사례이다.

이장석이 면사무소에서 돌아와서 군 직원이 또 왔다고 말하니, 이는 반드시 공출을 독려하려는 것이다. 만약 나머지 곡식을 거둬 가 배당량을 채운다면 부락 농민들은 무엇으로 호구하랴. 전해 들으니 용인군수 원삼면과 고삼면, 외사면의 세 면장을 불러 회의한 즉 원삼면장과 고삼면장은 내가 비록 면장을 그만 둘망정 나머지 할당량을 거둘 수 없다고 했으며, 외사면장만 노력해보겠다고 해 외사면민의 원성이 하늘을 찌른다고 한다.[127]

『觀瀾齋日記』 속에 나오는 이 기사는 전시체제하에서 행정력의 말단을 지휘하고 있는 면장의 대비되는 모습을 보여주고 있다. 전쟁의 장기화로

---

126) 「면장의 민선과 면협의회 폐지운동」『시대일보』 1924.10.9.

127) "李長錫自面所而來曰, 郡任又來, 必爲其督勵共出者也, 若掃出餘存之穀, 而充其配當之數, 部落農民, 何以糊口乎. 轉聞本郡守, 召遠三, 古三, 外四三面長, 而會議, 則古三·遠三二面面長, 吾寧辭面長之任, 而無以收割當之數, 外四面長, 則曰吾將圖之也, 外四民怨漲天云."(鄭觀海, 『觀瀾齋日記』, 국사편찬위원회 韓國史料叢書 第44, 2001, 1944.12.10 (음)).『觀瀾齋日記』는 일제시기 유학자 鄭觀海(1873~1949)의 일기(소장자 : 경기도 용인, 鄭仁均)를 편찬·간행한 것으로 일기를 쓴 기간은 1912년부터 1947년까지이다.

인해 주민의 대표자보다는 식민권력의 대리인이라는 모습이 더욱 더 강요되
는 상황 하에서도 원삼면과 고삼면의 면장이 주민의 대표자다운 태도를
견지한 반면, 외사면의 면장은 통치권력 쪽에 좀 더 가깝게 서있다. 면장이
갖고 있던 대리인과 대표자 사이의 이러한 긴장관계는 1920~1930년대 전체에
걸쳐 신문 지상에서 심심찮게 확인할 수 있다. 이는 면제 실시 이후 '면장이
국가의 보조기관이자 면 고유 사무의 理事者라는 이중성'128)에서 비롯된
구조적인 모순의 발현이었다. 이러한 모순 때문에 개인의 정치적 성향과
의지, 그리고 객관적인 상황의 전개에 따라 대리인의 성격이 나타나든가
대표자의 성격이 나타나든가 할 것이다. 그리고 한 개인에서조차 이중성은
해소되지 않은 채 잠복되어 있다가 주변의 조건에 따라 다르게 대응하게
될 것이다. 중심인물 역시 이러한 이중성을 가진 채 농사개량과 지역개발에
참여하고 있었던 것이다.129)

　다음은 대지주나 농장관리인(마름)에 해당하는 유형이다. 식민지지주제를
선도적으로 이끌었던 미곡단작지대의 농장에서 그 전형을 볼 수 있는 이
유형은 자본의 요구에 충실한 집단이었다고 할 수 있다. 4장에서 자세하게
다루겠지만, 농장형의 촌락, 즉 식민지지주제를 선도하는 지역에서는 품종의
선택에서부터 施肥法과 농사 시기, 그리고 생필품의 구입과 풍속에 이르기까
지 농장주와 그 대행인인 마름에 의해 통제받고 있어, 소작인은 사실상의
임노동자와 마찬가지의 처지에 있었다. 대규모 소작쟁의가 주로 이 지역을
중심으로 자주 일어났던 것도 이러한 소작농의 조건과 관련되어 있다. 따라서

---

128) 윤해동, 앞의 책, 141쪽.

129) 일본의 경우 지방명망가는 호농과 지주층뿐만 아니라 '지방개량운동기'에 국가로부
　　터 기대되었던 '篤志家'와 '有志家'(그 실태는 중소 재촌경작지주) 등도 포함하는
　　넓은 개념으로 사용되고 있다. 그러나 1920~30년대의 農山漁村經濟更定運動期의
　　'농촌중견인물'과 그 이후의 '중핵정예분자(자작농상층)'는 대상에서 제외하고 있다.
　　그리고 지역의 區長과 戶長은 법적으로 관리에 준한 위치에 있어 사실상 넓은 의미에
　　서 관과 민을 매개하고 있지만, 관리적 색채가 강한가, 지역 사람들의 이익에 따르는
　　공리적 색채가 강한가는 어느 정도 개인의 주체적 운영과 관련되어 있다고 평가한다.
　　高久嶺之介, 1997, 『近代日本の地域社會と名望家』, 柏書房 참조.

소농경영의 자율성을 바탕으로 경제적 실력을 축적한 모범부락의 중심·중견인물과 자본의 요구에 충실할 수밖에 없는 농장의 중심·중견인물은 그 성격이 다를 수밖에 없다. 소농경영의 자율성이라는 문제의식으로 중심·중견인물을 분석한 박섭과 松本의 연구는 식민지지주제가 고도로 발달한 농장을 고려하고 있지 못한 한계를 안고 있다. 지역적 특성을 고려하지 못한 데서 비롯된 문제일 것이다.[130]

사회운동가형은 전체에서 차지하는 비중은 크지 않을 것이다. 그러나 식민지기 사회운동사라는 관점에서 볼 때 1920년대 초 사회운동이나 농촌계몽운동을 하다가 지방개량사업이나 농촌진흥운동에 합류하거나 흡수된 인물들도 상당수 있었을 것으로 추정된다. 매우 단편적인 사례이긴 하지만 앞서 본 윤원세의 행적은 1920~1930년대의 지역운동사에서 어떤 위치를 차지하고 있을까. 사례 비교를 통해 살펴보자. 식민지기 순천 지역의 사회운동은 다음과 같이 정리되고 있다. 식민지하 지방정치구조는 1924년을 경계로 달라지기 시작했다. 즉 "총독부권력과 지방유지집단을 한편으로 하고, 혁신청년집단과 농민들을 한편으로 하는 대립관계가 점차 첨예화했다. 가령 1920년 초반 공존공영의 구호 아래 수양청년운동이나 소작인조합운동을 함께 했던 이들이, 1920년대 중반 이후부터 한 그룹은 면협의회나 학교평의회와 같은 공식부문의 통치기구 혹은 농회나 금융조합과 같은 비공식부문의 통치기구로 진출하고, 다른 한편은 조선공산당에 입당하는 극단적인 양극화 현상"[131]을 보였다.

1920년대 청년·농민운동에 대한 일반적인 인식[132]을 잘 요약한 이 글은

---

130) 馬淵貞利, 1975, 「第1次大戰期韓國農業の特質と3·1運動」, 朝鮮史硏究會編, 『朝鮮史硏究會論文集』 12集(淺田喬二 외, 『抗日農民運動硏究』, 1982, 동녘에 재수록) '제2절 농촌의 지역적 특질'과 大野保, 1941, 『朝鮮農村の實態的硏究』는 이러한 인식의 한계를 극복하는 데 참고되는 바가 크다.

131) 지수걸, 1997, 「순천의 소작쟁의」 『순천시사(정치사회편)』, 순천시사편찬위원회, 648쪽.

132) 한국역사연구회 근현대청년운동연구반의 『한국근현대청년운동사』(1995, 풀빛)의 1920년대 서술도 기본적으로 이런 구도를 갖고 있다.

논리적으로 다음과 같이 연결될 것이다. "농민운동의 참여와 후원의 동기는 다양한 것이었고, 농민운동은 그것이 표방한 목표나 구호에 관계없이 지역사회 공공활동의 많은 공간 중 하나이며, 엘리트 배출의 장으로서 기능을 하였던 것이다. 농민운동을 통해 지역의 영향력을 획득, 강화 또는 확인한 인물들은 농민운동이 퇴조한 공백 속에서, 위에서 부과된 농촌진흥운동이라는 공간에 어느 정도는 자연스럽게 편입되었다."[133]

1920년대 지방정치구도에 이러한 변화양상이 나타났음은 부정할 수 없다. 그러나 이러한 설명에는 두 가지 의문이 제기될 수 있다. 첫째는 유지청년과 혁신청년이 대립하는 사례도 있지만, 학교 설립 등 공공사업에 대해선 공동으로 대응한 사례도 쉽게 확인할 수 있어, 이들의 분화가 반드시 적대적인 분화는 아니었을 것이라는 점이다. 그리고 지주 소작간의 계급대립이 격화된 지역과 그렇지 않은 지역에서의 분화양상도 다르게 나타나지 않았을까. 기존의 연구는 양극분화의 전형을 보여준 지역을 중심으로 다룬 것으로 지역적 차이를 무시할 위험이 있다.

둘째는 상당한 경제력을 소유한 지주 출신의 '유지청년'과 사회주의적인 소양을 가진 '혁신청년' 사이에 있는 온건집단(식민권력과 정면으로 대결하지 않으면서 긴장관계를 유지한 채 지역의 공공사업에도 참여하거나 하려는 20대 집단)은 어디에 있었을까라는 것이다. 우리의 시야에는 이들이 잘 잡히질 않는다. 신문지상에서 알 수 있는 인물들은 '유지청년'이거나 '혁신청년'이고, 이른바 '중간그룹'은 특수한 경우, 윤원세나 순천의 허준[134]처럼 농촌진흥운동을 통해 우연히 확인될 뿐이다. 그러나 실상은 '중간그룹' 또한 지역의 정치운동에서 주요한 위치를 차지하는 세력 가운데 하나이지 않았을까.

---

133) 이철우, 1997, 「순천의 농민운동」『순천시사(정치사회편)』, 순천시사편찬위원회, 695쪽.

134) 許埈(1883년생)은 중농으로 순천농민대회연합회 서면 간부(1923), 서면청년회 집행위원장(1925), 공립보통학교기성회 실행위원회(1925), 서면면장(1929)을 지냈으며, 1926년에는 진흥회를 조직(회원 45명)하여 촌락지도를 했으며, 선평갱생지도부락 농촌진흥실행조합장(1934~37)으로 활동하였다.

이들을 포함해서 1920년대 청년·농민운동의 분화 과정을 다시 정리하면, 1920년대 중반을 전후로 하여 '유지청년'의 동요와 온건그룹과 계급·정치운동그룹(혁신청년)의 분화, 계급·정치운동그룹이 1920년대 중후반의 사회운동과 계급운동을 주도, 온건그룹은 농촌계몽운동이나 지방공공사업을 둘러싸고 총독부와 경쟁하다 1930년대 농촌진흥운동으로 흡수되거나 결합하였을 것이다. 윤원세의 경우 중간그룹이 보여준 한 행로이자 농촌진흥운동기 중견인물이 총독부에 의해서 '발굴'된 중견인물의 또 하나의 모습이었다.

그러나 윤원세가 식민권력 속으로 완전히 편입되었는지는 분명치 않다. 적어도 1930년대 초반까지는 천도교청년동맹의 일원으로 활동한 것을 보면 농촌진흥운동 이후에도 어느 정도는 식민권력과 거리를 둔 채 긴장관계를 유지하고 있었던 것으로 추측된다. 반면 충청남도 연기군 서면 봉암리의 尹鳳均은 식민권력 속으로 깊게 편입해 들어간 경우라 하겠다. 윤봉균은 3·1운동으로 징역 3개월, 집행유예 2년형을 받은 요시찰 인물이었다. 일본 유학을 다녀온 후 농사개량사업에 투신, 1927년 구장으로 임명되었으며, 면서기를 거쳐 면장(1941)에 임명되었다. 그리고 1943년 만주개척단장으로 뽑혔다.[135] 약력에서도 알 수 있듯이 윤봉균은 3·1운동 이후 봉암리의 농사개량사업에 적극 참여하여 당국과 주민의 신망을 얻어 하급 관리로까지 진출할 수 있게 되었다. 따라서 윤원세가 식민권력과 거리를 유지하면서 협력한 사례라면 윤봉균은 식민권력과의 거리를 좁혀가면서 협력하는 행보를 보인 사례가 될 것이다.

마지막으로 총독부가 정책적으로 육성하려 했던 중견청년형의 경우, 중농의 자제로 생산 증대에 주력하면서 촌락의 차기 중심인물로 성장하기를 기대하는 층과, 빈농 출신으로 식민당국의 행정지원을 통해 갱생에 성공함으로써 다른 농가에 모범이 되기를 기대하는 층이 있다. 이들은 대개 보통학교의 졸업생 지도와 중견인물 양성시설을 통해 배출되었으며, 농촌진흥운동기에

---

135) 김영희, 2003, 「충청남도 연기군 서면 봉암리 유지 균봉균의 사회활동」『일제시대 농촌통제정책 연구』, 경인문화사 참조.

집중적으로 양성되었다. 그러나 식민당국의 의도와는 달리 대상자들은 다른 직업을 구하기 위한 하나의 방편으로 이를 활용하였으며, 수련생의 절반 정도만 농업에 종사한 통계조사에서도 그 실태는 잘 드러난다.

이상에서 중심·중견인물에는 지역유지에서부터 졸업생 지도에 이르기까지 다양한 유형과 성격이 있음을 알 수 있다. 이러한 현상은 이들의 경제 수준을 조사한 자료에서도 다시 한 번 확인할 수 있다. 다음 <표 3-16>은 강원도가 농촌진흥운동기에 갱생지도부락에서 활동했던 중심인물의 경제 상태를 군별로 조사한 자료이다.

<표 3-16> 강원도 중심인물의 경제 상태

군명	경제 상태			계
	상	중	하	
춘천	4	19	0	23
인제	0	5	4	9
양구	2	4	3	9
회양	2	3	6	11
통천	0	11	0	11
고성	0	10	2	12
양양	0	11	5	16
강릉	1	7	4	12
삼척	0	13	3	16
울진	0	11	4	15
정선	3	7	0	10
평창	0	1	6	7
영월	1	4	3	8
원주	0	5	6	11
횡성	0	6	2	8
홍천	0	8	1	9
화천	0	2	3	5
금화	0	11	3	14
철원	1	7	2	10
평강	2	3	2	7
이천	0	10	4	14
계	16	158	63	237

*출전 : 朝鮮總督府 圖書館, 1939, 『道參與官會同諮問事項答申』, 25~35쪽.

　평균적으로 보면 상, 중, 하의 비율이 각각 6.7, 66.7, 26.6%로 중간층이 높은 비중을 차지하고 있으며, 하층도 예상 외로 높은 편이다. 앞서 『도지사회의자문답신서』에서도 나왔던 '농경지를 갖지 않은 중심인물'은 바로 이들 하층을 가리키는 것이라 할 수 있다. 문제는 총독부가 의도한 바와 같이 중심인물이 지속적인 활동을 하기 위해서는 최소한의 자립적인 경제능력을 갖추고 있어야 한다는 점이다. 특히 농촌진흥운동기에 들어 확대되기 시작한 준 행정적인 업무와 농가지도 업무는 중심인물에게는 커다란 부담이 아닐 수 없었다. 따라서 총독부는 갱생과 촌락 개발에 의욕을 가진 이들에게 최소한의 재생산에 필요한 자작농지와 금융 지원 등을 우선적으로 제공했음은 앞서도 살펴 본 바이다. 식민당국자가 정책 집행의 민간 대리자로 중심·중견 인물을 주목하는 대신 이들은 금융조합에서의 저리 융자나 자작농지 설정에서 다른 농민보다 유리한 위치에 서 있는 조건들을 활용했을 것이다.

제4장 촌락사회의 변화

1. 이론적 모형 : 권력의 침투도와 자율성의 상관관계

久間健一은 식민지 조선의 농촌사회가 '식민권력'과 '자본력'의 침투로 큰 변화를 겪고 있음을 분석한 바 있다. 그는 식민지 농업개발의 담당자로 관청과 농업단체, 그리고 기업적 지주를 들고, "앞의 둘은 國權意識 아래 強力的으로 농업개발을 담당한 전형자이며, 후자는 그 경제적 이익 추구성을 통해 조선농업의 자본제적 개발을 담당한 전형자"라고 하였다. 즉 식민지의 농업개발을 외래적인 식민권력과 자본에 의해 강제된 농업개발로 규정하고 각각에 대해 다음과 같이 설명하고 있다.

먼저 권력에 의한 생산 통제는 "苗垈에 下種할 종자에서부터 탈곡에 이르기까지 미세한 생산과정까지도 지도의 촉수를 대어, 오로지 강행적으로 실시한 것이다. 이런 의미에서 지금까지 강행적 지도를 집요하게 끊임없이 되풀이한 기술지도자의 노력은 크게 평가받아야만 한다. 오늘날 조선의 미작농업이 약진적 발전을 거둬 상품가치가 높은 쌀이 도도하게 內地로 보내져, 그 때문에 內鮮 미작 농업의 대립 위기를 낳기에 이른 것은 다른 이유도 있지만, 이러한 강행적인 增産的 개발이 집요하게 되풀이된 오랜 세월의 노력한 결과"[1]라고 하였다.

---

1) 久間健一, 1943, 『朝鮮農政の課題』, 成美堂書店, 7~8쪽.

226

두 번째로 "조선농업에서 자본제적 지배가 가장 현저한 곳은 외래의 기업적 지주경제의 소작농민에 대한 자본지배"라 규정하고, "그들은 먼저 농민에 대해 재배할 품종을 지정한다. 이 품종의 지정은 물론 판매시장에서의 유리함에 따라 결정된다. 생산과정에서 농민에 대한 자본 지배의 제1보가 여기서 시작한다. 품종이 지정되자, 일체의 재배기술은 끊임없이 秩序的으로 명령되고 감시되어 한 걸음도 밖으로 나가는 것을 허용하지 않는다. 농민은 단지 노동자처럼 유순해야만 한다. 정해진 시기에 植付하고, 정해진 때에 풀을 베고, 처방전처럼 비료를 뿌린다. 허용된 부분은 자본의 이익에 관계없는, 매우 경미한 감시와 명령조차 필요없는 사소한 일에만 한정될 뿐"[2]이라고 설명하였다.

다소의 과장이 들어있긴 하지만, 일반 농가에 대한 식민권력의 지배와 식민지지주제가 고도로 발달한 지역에서 전개되고 있는 자본의 지배 양상을 잘 말해 주고 있다. 그러나 이 두 가지 요소, 즉 식민권력과 자본의 침투가 조선의 농촌사회에 침투하는 정도는 시간적, 공간적 차이에 따라 다르게 나타날 것이며, 이에 대한 농촌사회의 대응양상도 다르게 전개될 것이다. 농촌진흥운동이나 중일전쟁을 전환기로 한 행정침투력의 양적, 질적 차이나 산간지대와 평야지대 사이의 차이 등에 대한 당국자의 관심과 자본의 이해 차이 등이 일차적으로 변화의 모습을 규정하는 원인으로 작동하고 있다. 그러나 식민권력과 자본의 침투에 대해 농촌사회가 대응하는 방식의 차이 또한 다양한 변화를 초래하는 주요한 요소로 작동하고 있다.

그렇다면 다르게 반응하는 농촌 내부의 요소들은 무엇일까. 첫째 권력과 자본의 침투에 대응하는 소농 경영의 자율성이 어느 정도 확보하고 있는가(경영의 자율성), 둘째 촌락의 중심인물이 관료적 질서를 대변하는가 주민의 이익을 대표하는가(중심인물의 이중성), 셋째 촌락개발의 추진 기구가 관설조직 중심인가 자치조직 중심인가(단체의 자치성 정도), 넷째 촌락사회가 보수적

---

2) 같은 책, 17~18쪽.

인 반촌인가 개방적인 민촌인가 등이 주요한 요소가 될 것이다. 이밖에 개발에 동원가능한 자원이 촌락 내에 풍부하게 있는가 없는가(자립의 경제적 능력), 개발 연대가 1920년대인가 1930년대인가에 따라서도 차이가 있을 것이다.

이러한 요소들이 종합적으로 작동하여 식민권력의 침투에 대해 다양한 반응을 하게 되었다고 할 수 있다. 다음의 사분면은 식민권력의 침투에 따른 농촌사회의 대응양상을 권력(자본)의 침투력과 촌락의 자율성이 갖는 상관관계를 중심으로 구성한 것이다. 좌표의 X축은 촌락의 자율성을, Y축은 권력(자본)의 침투도로 설정하면 <그림 4>와 같이 네 개의 영역으로 구성된다. 각 사분면의 특징을 보자.

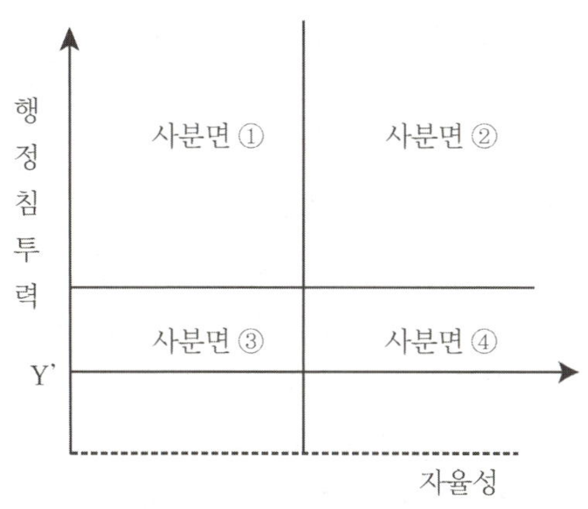

Y'는 최소한의 행정침투력

〈그림 4〉 행정침투력과 촌락 자율성의 관계

사분면①은 행정침투력이나 자본침투력은 높지만 촌락의 자율성은 낮은 유형이다. 식민지지주제가 발달한 농장이나 민족운동이나 사회운동이 활발하던 지역을 총독부가 정책적으로 지원한 촌락, 또는 농촌진흥운동기 관 주도로 집중적인 농사개량을 추진한 촌락이 여기에 해당한다.

사분면②는 행정침투력이 높은 동시에 촌락의 자율성도 높은 유형이다.

식민권력의 이해와 주민의 이해가 서로 같다면 행정침투력과 주민의 자율성이 반드시 배척적일 이유는 없다. 오히려 서로 활용하는 측면이 많다고 보는 것이 현실적이다. 식민권력의 입장에서는 조선의 농촌사회가 경제적으로나 사회적으로 안정되는 것이 식량공급기지 유지라는 측면에서 비용이 적게 든다. 때문에 주민들이 소득 증대를 위해 농사개량을 추진할 때 다양한 형태의 지원을 함으로써 실질적인 효과는 물론 선전효과도 높일 수 있다. 주민들의 처지에서도 개발에 필요한 제한된 자원 문제를 총독부의 지원을 통해 해소할 수 있다면 총독부의 간섭을 어느 정도 감내할 수도 있다. 따라서 선후의 차이는 있으나 양자는 서로의 필요에 의해서 결합한 유형이다. 이른바 모범부락으로 소개된 촌락의 대다수가 사분면②에 분포되어 있다고 할 수 있다.[3]

사분면③은 행정 침투력과 주민의 자율성이 함께 낮은 유형이다. 자연적 조건의 제약 등으로 인해 경제적으로 가난한 데다 자치조직과 지도자가 없거나 약한 촌락을 들 수 있다. 이들 촌락은 대체로 경제적으로 낙후되어 있고, 최소한의 행정침투력(Y')만 관철되는 촌락이라 할 수 있다.

사분면④는 행정침투력은 낮은 반면, 주민의 자율성은 높은 유형에 해당한다. 전통적인 자치질서가 강하게 남아 있는 보수적인 반촌이나 종교 등의 목적으로 형성된 특수촌락 등이 대표적인 곳이다.

<그림 4>에서 Y'는 행정 침투의 최저선, 즉 식민권력이 자신의 의지를 관철시키기 위한 최소한의 행정 침투 수준이라 할 수 있다. 식민권력이 침투하는 다섯 가지의 경로 중 경찰력을 통한 침투 내용과 수준에 대해 『求禮柳氏家日記』,[4] 『定岡日記』,[5] 『致齋日記』,[6] 『觀瀾齋日記』[7]를 통해 살펴

---

[3] 조선총독부로서는 생산 증대를 통한 안정적인 식량 조달(품종 개량과 노동 투입량 확대), 농가 안정을 통한 식민통치비용의 절감과 사회정책적인 효과 등을 높이기 위해서 식민 주민의 자발성이 요구되었고, 농민으로서는 개발에 필요한 부족한 재원을 외부로부터 동원하기 위한 하나의(그러나 주요한) 방식으로 식민권력을 필요로 했을 것이다. 따라서 양자의 이해가 맞아 서로 활용하는 양상이었다고 할 수 있겠다. 그러나 이는 대등한 활용이 아니라 불균등한 활용일 수밖에 없었을 것이다.

보자.8)

　먼저 일기에서 나타난 경찰 관련 기사를 몇 가지 유형별로 나누어 시대별로
비교하면, <표 4-1>과 같이 정리할 수 있다. 1910·1920년대의 기사에는
치안, 위생, 조장행정, 민사조정을 중심으로 경찰제도와 기부 내용이 있고,
1930년대 후반 이후의 기사에는 치안, 위생, 助長行政과 통제·동원, 경찰제도
등이 언급되고 있다. 식민지 전 기간을 거쳐 치안과 위생, 조장행정이라는
경찰업무는 공통적으로 확인된다. 1930년대 후반은 전시체제라는 시대적
상황이 반영되어 경찰의 통제, 동원업무가 현저하게 늘어났으며, 警防團을
비롯한 통제체계 관련 기사가 일상생활에 자주 등장한다.

〈표 4-1〉 일기에 나타난 시기별 경찰 관련 기사의 변화

1910·1920년대	1930년대 후반 이후
치안	치안
위생	위생
조장행정	조장행정
민사조정	통제, 동원
경찰제도	경찰제도(경방단)
기부	사법경찰

　1910~1920년대의 경찰이 주민과 접촉한 분야는 크게 ① 치안활동, ②

---

4) 자세한 내용은 이해준, 1996, 「한말~일제시기 '생활일기'를 통해 본 촌락사회상―求禮
　柳氏家의 「是言」과 「紀語」를 중심으로―」『정신문화연구』 제19권 제4호(통권65호)
　참조.
5) 일기에 대한 소개는 김영희, 2000, 「일제 말기 향촌 유생의 '일기'에 반영된 현실인식과
　사회상」『한국근현대사연구』 14, 한국근현대사학회 참조.
6) 金麟洙(1892~1965), 『致齋日記』(1994, 한국정신문화연구원, 韓國學資料叢書4). 김인
　수는 1892년 1월 11일 충청북도 괴산군 장연면 오가리 우령촌에서 출생하였으며,
　1903년 12세 때 가까운 중원군 소미면 오당리 갈마현으로 이주하였다. 이 일기는
　이주한 후에 쓴 것으로 1911년부터 1962년까지 기록되어 있다. 철저한 보수 유생으로
　평생토록 전통 의관을 고수하였으며 양복을 비롯한 모든 '洋物과 倭物'의 사용을
　거절하였다.
7) 鄭觀海, 2001, 『觀瀾齋日記』, 국사편찬위원회 韓國史料叢書 第44.
8) 김민철, 2005, 「식민지조선의 경찰과 주민」, 한일관계사연구논집편찬위원회, 『일제
　식민지지배의 구조와 성격』, 경인문화사 참조.

위생검사, ③ 행정원조, ④ 민사조정, ⑤ 기부금 부과 등 다섯 가지였다. 이중 경찰의 가장 핵심적인 업무인 치안활동과 관련한 내용으로는 황현의 『매천집』 수거, 1917년의 소요, 3·1운동 이후 경찰의 태도변화와 소작회 등 사회단체 단속 등이 나온다. 위생과 관련된 기사는 비교적 많은 데다 꾸준하게 나오는 편이다. 근대 일본의 경찰체계가 가진 특징 가운데 하나가 예방중심주의로서, 예방중심주의가 '일본형 위생국가의 성립이라는 독특한 체제'를 만들었다고 한다면,[9] 이러한 특징이 식민지 조선의 경찰체제에도 반영된 것이라 할 수 있다.

1918년 3월 6일자 일기는 1910년대 위생경찰의 모습을 비교적 잘 보여주고 있다.

헌병 오장과 보좌원, 농잠교사, 군청·면사무소 서기 등 다섯 사람이 출장 나와 청결을 검사한 후에 측간 개량의 일에 대해 설명하니 가볍지 않다. 만약 듣고 따르지 않으면 의법 조치한다고 하였다. 역시 변한 것이다. 매년 청결일이 한 10여 번 계속 된 이후 읍 촌간에서 집집마다 개나 돼지를 잡아 죽이는 작폐가 가정집에까지 돌입하여 어린 돼지라도 이를 보면 다 잡아 죽이고 값도 지불하지 않고 뺏어 갔다. 지금은 이런 일이 없으나 이 역시 하나의 변괴라 할 만하다(『구례류씨가일기』 1918.3.6).

매년 정기적으로 시행하는 위생검사에 경찰뿐만 아니라 일반 행정력까지 동원할 정도로 위력을 동반하여 청결을 엄격하게 강제하였다. 그 결과 심지어 집안의 가축마저 도살하는 사태가 일어났다. 이전에는 겪어보지 못했던 새로운 통치시스템이 촌락 내부로 침투해 들어가는 과정에서 일어난 하나의 풍경이었다. 위생검사가 비록 근대적인 의료규율의 확립이라는 성격을 가지 나 이처럼 폭력적 방법을 동원하여 강제함으로써 경찰에 대한 이미지는 더욱 부정적일 수밖에 없었다. 1920년대 들어 위생검사는 봄, 가을 두 번

---

9) 大日方純夫, 2000, 『近代日本の警察と地域社會』, 筑摩書房 참조.

실시되었던 것으로 보이며, 이 검사는 이후 변함없이 실시되었다.

이밖에 행정원조사무에서는 연초와 술을 단속하는 기사가 나오고, 민사조정에서는 산송문제가 나오며, 준조세에 해당하는 기부금과 잡부금 관련 기사도 일기 곳곳에서 확인할 수 있다.

전시체제기로 들어오면 경찰과 주민이 일상에서 만나는 내용에 큰 변화가 일어나고 있다. 치안활동과 위생업무, 그리고 행정원조사무와 관련된 내용은 그대로 지속되어 등장한다.

〈표 4-2〉 일기에 나타난 전시체제기의 경찰 관련 기사

주제	내 용	출 처
노동력 동원	함흥에 해저철도를 놓기 시작하여 役夫를 모집하였다, 만약 신청자가 가지 않으려 해도 순사가 찾아내어 강제로 데려갔다. 근동의 사람들 다수가 갔다 한다.	觀瀾齋日記, 1937.3.13.
	면사무소 소방조 6명이 와 징용령으로 直兒를 잡아가다.	致齋日記, 1945.4.8.
군사력 동원	본리 邊○晩이 지원병으로 떠난다 하여 면서기·경관에서 각 구역의 인민에 이르기까지 모두 나와 환송식을 한다고 한다.	定岡日記, 1941.3.17.
물자 동원	면사무소와 주재소의 서기·순사 6~7명이 집집마다 돌며 음력설을 지내는지, 그리고 가마니짜기를 조사 독려하다.	致齋日記, 1941.1.1.
시국 동원	시국좌담회 때문에 내가 송평간이학교에 간 즉, 면장 박승두와 주재소 주임이 모두 와서 나와 이○협에게 모두 상투를 자르라고 했다. 나와 이는 듣지 않고 다투었으나 이내 끝났다. 시국좌담회가 오후 4시경부터 밤늦게까지 열려 야밤에야 집에 돌아왔다.	致齋日記, 1937.9.17.
	주재소와 면소에서 日兵이 상해를 함락한 것을 축하하는 행사를 연다 한다.	觀瀾齋日記, 1937.9.25.
단체 가입	면장과 순사가 와서 말하길, 비상시국을 맞은 이 때 애국부인회 찬조원으로 地方有志士를 선발하니 반드시 참여해야 한다고 한다. 내 본의는 아니나 이를 거절하면 곧 시류와 부딪힐까 두려워 이를 따르기로 했다.	定岡日記, 1938.8.8.
창씨 개명	머리의 종기로 출입이 불가하여 큰 아이를 면주재소에 보냈다. 아이가 돌아와 들은 즉 困迫과 창피를 당함은 말할 것도 없고, 소위 창씨를 하지 않았으니 내일 안으로 부자 함께 오라고 그가 말했다.	致齋日記, 1940.7.6.
물자 통제	榮兒가 고무신을 사러 白岩에 갔으나 순사가 私賣를 금해 돌아오다.	觀瀾齋日記, 1940.11.9.

새로운 변화는 동원과 통제와 관련된 경찰 행정이 눈에 띄게 많아진 점이다. 일기에서 확인되는 동원과 통제에 관한 내용은 일제가 전쟁을 수행하면서 실시했던 정책 대부분을 언급하고 있다. <표 4-2>에서 보는 바와 같이 노동력과 군사력 동원, 물자동원과 시국동원, 단체 가입 종용, 물자와 생활통제, 창씨개명 강제 등 전 분야에 걸쳐 경찰이 개입하고 있다.

그리고 경찰과 주민 사이의 접촉에서 통제체제의 강화와 경방단의 활동이 활발해졌다. 통제체제를 강화하기 위한 일환으로 조선총독부는 경찰서와 주재소, 그리고 각 마을의 진흥회관을 통신망으로 연결시켜 신속하게 정보가 전달될 수 있도록 만들었다. 그리고 경찰의 보조기구였던 경방단이 防空활동 뿐만 아니라 공출 독려나 노동력동원에도 나가는 등 부족한 경찰력을 대신하여 전시하 통제정책에 적극 나서게 되었다.

이상에서 보듯이 촌락 단위까지 내려가는 경찰 행정력의 침투 수준은 식민통치 후반으로 갈수록 양과 질에서 더욱 강화되어 갔다. 따라서 행정침투력의 최저선인 Y'도 시간이 지남에 따라 Y축으로 더 올라갈 것이다.

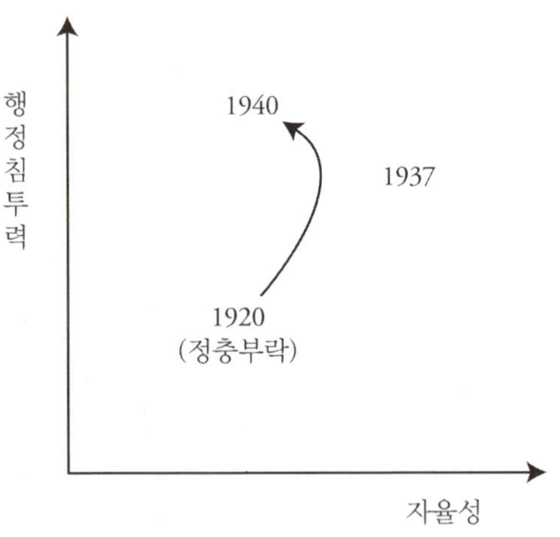

〈그림 5〉 전시체제의 강화와 자율성의 위축

<그림 5>는 시간이라는 요소를 고려하여 행정침투력과 촌락의 자율성이

갖는 관계를 정충부락을 사례로 그려본 것이다. 전라북도 남원군 주생면 정송리 정충부락(357번)은 1920년대 중반까지만 해도 농지 대부분이 외지 사람의 소유한 빈촌으로 주민 다수가 恒業이 없고 연 6할의 장리곡에 의존하고 있었다. 이러한 상황을 타개하기 위해 大姓인 양씨가문의 종손 梁海集이 중심이 되어 개인고리대를 일체 이용하지 않을 것과 도박과 음주를 단속하는 한편, 고용인을 둘만한 농가도 전부 고용인을 폐하고 직접 노동에 종사하는 운동을 일으켰다. 운동이 성과를 내어 1930년에는 200여 석의 장리곡 부채가 해결되기에 이르렀다.

식민당국도 이러한 성과에 주목하여 1932년 12월 기왕의 납세조합을 해소한 뒤 농촌진흥회를 설치하게 하고, 1933년 갱생지도부락으로 선정하였다. 1938년 4월 목표한 5개년갱생계획을 달성하여 정충부락은 갱생공려부락으로 되었으며, 1939년 6월에는 국민정신총동원 부락연맹이 결성되었다. 농촌진흥회와 주민들이 협동하여 노력한 결과 마을의 공유재산도 논 4두락과 밭 3두락, 기타 1000원으로 늘어나 주민들에게 저리로 이용할 수 있게 하였다. 그리고 공동전에서 나오는 소작료 수입으로 황군위문대 대금이나 신사 건설의 기부금, 구장 급여, 관리 접대비, 봄·가을 청결 검사비, 부락 총회의 식비, 國旗代 등 일체를 지출하였다. 정충부락에는 동계가 없었던 것으로 보이며, 그 역할을 농촌진흥회가 대신하게 된 것이다.

1937년 이후 전시체제가 강화되어 감에 따라 정충부락은 농촌진흥회장이자 부락연맹 이사장인 양병집 외에 9명의 애국반장과 12명의 청년단원이 중심이 되어 마을을 이끌어갔다. 종래에는 위원제로 진흥회가 운영되었으나 부락연맹의 이사장→ 애국반장 체제로 전환되어 과거와 비교해 '통제적'으로 되어갔다고 한다. 결국 전시체제의 강화라는 촌락 외부의 거대한 변화는 촌락의 자율성을 현저하게 위축시켰고, 농촌진흥회나 부락연맹은 주민을 대표하는 기능보다는 식민권력의 집행을 대행하는 기능을 더 요구받게 된 것이다.[10)]

2. 촌락의 유형과 실태

1) 농장형과 행정형(사분면①)

사분면①에 해당하는 촌락은 크게 두 가지 유형으로 구분된다. 자본의 지배력이 강한 '농장형(A형)'과 집중적인 행정지도가 가해진 '행정형(B형)'이 그것이다. 농장형(A형)은 다시 세 가지로 구분할 수 있다. 첫 번째는 지주가 소작인에게 종자 선택에서부터 수확에 이르기까지 집약적인 농사지도를 하여 소농의 독립성을 사실상 박탈한 경우로, 동양척식주식회사나 한국흥업 주식회사 등이 직접 경영하는 농장 등이 대표적인 사례이다. 두 번째는 지주가 집약적인 농사지도는 하지 않지만 비료나 자금을 대여하여 소작료 외에 고리대적 수취를 하는 경우이다. 세 번째는 단지 소작료 수입만 받는 경우로 재래의 조선인 대지주가 주로 취한 경영방식으로 농민들의 독립성이 상대적으로 보장된 곳이다. 그러나 이들 촌락 모두 행정적인 지도와 간섭을 받고 있었음은 동일하다. 이런 측면에서 농장형도 크게는 행정형의 범주에 포함할 수 있다. 왜냐하면 식민당국이 주도하는 농사개량과 토지개량 등은 지주자본의 요구와 일치하고 있고, 농장에서는 오히려 행정력이 더 강하게 관철되고 있었기 때문이다. 다만 농장의 경우 자본의 지배가 행정의 지배보다 는 더 전면에 드러나 있어 그 특징을 강조하기 위해 구분하였다.

먼저 농장형 가운데 식민회사나 이주자들이 직접 경영을 하거나 관리인을 통해 경영을 통제하면서 촌락을 지배한 양상과 실태를 보자.

[사례 A-1] 川崎藤太郎이 전라북도 곡창지대에 설립한 川崎농장은 지명을 瑞穗(미즈호)촌으로 개명할 정도로 대단한 권력을 가졌다. 그는 농장을 설립한 4년 후인 1909년, 고향인 新潟지방의 깨끗한 흙을 옮겨 와서 瑞穗神社를 건립한 뒤 주민들에 일본신도를 강요하였다. '한일합병'과 더불어 川崎농장은 소작조합을 결성하여 촌락 소작인들을 조직화하고 통제하였다. 먼저 농장내

---

10) 大野保, 앞의 책, 148~149쪽 ; 김영희, 앞의 책, 110~113쪽.

의 촌락을 단위로 소작조합을 결성하고 마을중의 지도자격인 소작인 중에서
이사 한명과 독려원 약간을 임명하여 소작인들을 관리하였다.

소작조합의 규약들은 소작인들이 농장의 감독 하에서 생산할 수밖에 없도
록 하는 강제규정의 성격을 지니는 것들이다. 소작인들로 하여금 자주적인
농사노동계획을 수립, 실천할 수 없게 함으로써 그들을 임금노동자의 지위로
전락시킨 것이 일본인 농장기업의 이윤을 증대시키는 원인이었다.[11]

소작인에 대한 경영 통제는 물론 지역사회 전반을 자신의 관할 아래에
두고 영향력을 행사한 사례들이다. 고종에게 3만 원을 상납하고 무연탄
채굴권을 얻었다는 富田儀作이 황해도 은율군에 설립한 금산포농장이나
三菱재벌의 총사인 巖崎久彌가 전라북도 전주군 조촌면 반월리에 설립한
東山농장 모두 같은 유형에 해당한다. 다음은 농장 내에서 소작인을 통제하는
방식을 잘 보여주는 사례들이다.

[사례 A-2] 전라북도 익산군 오산면 목천리는 동양척식주식회사(이하 동척)
가 경영하는 수리조합 구역 내의 촌락이다. 익산군의 18개 면 중에서 동척
이민이 정착한 면수는 1927년 말에 11개 면이었다. 益沃水利組合 구역인
오산면에는 104호(868명)의 동척 이민농가가 정착하였다. 동척은 이민농가
1호당에 2정 5반보씩의 농지를 반당 66원으로 양도하였다. 그런데 동척
이민농가는 한국인 소작인들로부터 반당 2석(수확량의 50%)이라는 고율의
소작료를 징수하였다. 따라서 동척 이민농가들은 투자액에 대하여 38%라는
고율의 수익을 올리게 되었다. 목천리에 이른바 '동척촌'이 건립된 것은
1922년 4월이다. 동척촌이란 조선인 소작농가를 집단적으로 수용한 특수촌락
을 말하는 것으로, 이러한 촌락이 형성될 수 있었던 것은 이 지역의 행정권에
동척의 발언권이 그만큼 컸기 때문이다. 일본이민의 거주촌락과 조선 소작인
의 거주촌락이 분리되어 있었다는 사실은 동척이라는 특권적인 식민사회가
빚어낸 복합적인 촌락구조의 형성을 상징하고 있다.[12] 일본인 이민이 동척에

---

11) 山田龍雄, 1941, 「全羅北道에 대한 農業經營의 諸相」『농업과 경제』 8-8(1941년 8월호),
   65쪽 ; 고승제, 앞의 글, 25~26쪽.

236

서 '農監'의 지위를 받아 '동척→ 일본인 이민→ 조선인 소작인'이라는 경제적
지배구조가 미곡 단작지대를 중심으로 형성된 것이다. 동척이민들은 조선인
소작인들의 전통적인 농사노동방식인 품앗이를 비롯한 협동노동제도를 금지
시키는 등 일상과 관습에 대한 지배까지 하게 되었다. 동척이 일본인 이민을
농감으로 조선인 소작인을 감독한 반면, 澁澤榮一이 창설한 한국흥업주식회
사[13]의 황주농장(황해도 황주군 제안면 예동리 소재의 5,740정보)은 조선인
소작인 중에서 60여 명의 협력분자를 정선하여 마름의 지위를 주어 통제하는
방식을 취했다. 회사는 매년 5~6명의 마름을 선발하여 일본으로 관광시찰을
보내기도 했다.[14]

[사례 A-3] 전라북도 김제군 부양면 신용리는 일본인 대지주에 의한 토지
집중이 매우 첨예하게 일어난 곳으로 전북 평야지대의 한 특질을 잘 보여주고
있다. 이곳 역시 러일전쟁과 '한일합병'을 전후하여 일본인 자본에 의한
토지 집중이 일어났다. 그리고 농장경영 과정에서 소작인에게 집약적인
농사지도를 하여 소농 경영의 자율성이 상실되었고, 비료와 농사자금 대여를
통한 고리대적 수취도 함께 진행되었다. 농장에 다수의 농사 지도원을 두고,
비료·종자·모내기·수확 등에 이르기까지 집약적인 지도를 함으로써 소작인
의 농장에 대한 의존성은 매우 컸다. 이처럼 농장에 토지가 집중된 결과
수리설비의 완비, 토지생산력 증강, 금비 사용 증가, 벼의 反當 수확량은
해마다 증가하는 경향을 보였다. 그러나 그에 따라 소작료도 올라가 소작인의
농장에 대한 의존성은 더욱 심화되었다. 농장과 소작인의 관계는 원만하지
않았다. 전북의 평야지대는 조선 내에서도 가장 소작쟁의가 많았던 곳으로
신용리에서도 큰 쟁의가 1934년과 1938년 2회에 걸쳐 일어났다. 쟁의는

---

12) 安秉春, 1921, 「조선인에게 미친 동척이민의 영향」 『朝鮮』 81(1921년 11월호), 44쪽.

13) 한국흥업주식회사는 1910년 12월에 이르러 전라남도의 목포, 함평, 해남, 경상북도의
    경산, 영천, 자인, 하양, 청도, 대구, 경상남도의 밀양, 부산, 김해, 양산, 황해도의
    광주, 봉산 등 17개 지방에 걸쳐서 농장을 설립, 운영하였다. 토지면적은 논 669정보,
    밭 6,153정보, 산림 49정보, 기타 8정보로 합계 6,879정보였다(고승제, 1975, 22쪽).

14) 大橋清三郎, 1915, 『朝鮮産業指針』, 285~286쪽 ; 고승제. 앞의 글, 24쪽.

그것이 일본인 지주와 조선인 농민이라는 점에서 계급적인 이해는 물론 민족적인 문제도 담고 있었다. 부양면은 식민당국자에 의해 '불량면'이라 불릴 정도로 쟁의가 많았던 곳으로 식민지지주제를 선도적으로 이끌었던 미곡단작지대만큼 갈등 또한 많았던 곳이기도 했다.[15]

[사례 A-4] 전라북도 옥구군 대야면 지경리(369번)는 농장형이면서 모범부락으로 알려진 촌락이다. 지경리는 부근에 철도공사와 수리공사 등으로 日雇가 많아 마을의 풍기가 퇴폐한 곳이었으나, 大昌농장 지배인인 椎名辰次郎과 촌락의 중심인물 崔周鉉의 노력으로 퇴폐풍조가 없어지고 농사개량이 추진되어 모범부락으로 소개되었다. 椎名辰次郎은 勇進청년회(25명으로 구성)를 비롯하여 진흥회(저축을 목적으로 한 단체로 1920년에 5,000원 저금)와 근농공제조합(1928), 부락개량조합(1928)을 설립하여 농사개량을 주도했다.

조합원이 94명인 부락개량조합은 촌락 주민 전체를 대상으로 한 단체로 1개 반 7~8명씩 총 12개 반으로 조합원을 편성하여, 반장을 통해 촌락을 통제하였다. 부락개량조합은 주민들에게 정조식 장려, 닭 품종 개량 등의 농사개량사업은 물론 축제일 국기 게양, 경종으로 작업시간 통일, 12개 반으로 나누어 도로보호구역 관리, 農宴과 농주 전폐, 위생시설 개선(위생모범부락 지정, 전염병 예방주사 장려), 공동우물 개수와 변소 개조, 납세 엄수(반장이 거둬 면사무소에 납부), 야학교 설치와 야학교공동경작답 운영, 야경 실시, 관혼상제비 절약, 부인의 옥외노동 장려 등 생활관습에 이르기까지 개선을 단행하였다. 이 사업은 모두 모범부락으로 선정된 촌락에서 공통적으로 장려되던 사안들이었다.[16]

椎名辰次郎은 부락개량조합을 통해 지경리를 매우 폐쇄적으로 통제하였다. "본 조합원은 이처럼 다년간 쌓아올린 건실한 발달을 중도에 손상당할까

---

15) 大野保, 앞의 책. 279~281쪽.

16) 촌락은 총 94호 중 농업 85, 상업 4, 운송업 1, 大工職 1, 이발업 1, 일고 2호로 구성되어 있으며, 농업 85호 중 지주 4, 자작 10, 자소작 18, 소작 53호의 계급구성을 하고 있다. 安部庫保, 1931, 「萬子里は斯くして改善せられた」『朝鮮農會報』5-8(1931년 8월호), 51~59쪽 : 善生永助, 『朝鮮の聚落』(中篇), 142쪽.

우려해서 부락의 특질을 충분히 이해하지 못한 분자의 이주를 막을 목적으로, 새로 이주할 경우는 충분히 그 사람의 성행 등을 내사하고 있다. 따라서 조합원으로 주택을 방매하거나 임대하고자 할 경우, 미리 조합에 서류를 내어 그 허가를 받고 있다. 이렇게 해서 조합 풍기의 유지에 절대적인 주의를 기울이고 있다.”17)는 보고에서도 알 수 있듯이 ‘통제된 평화’를 유지하기 위해 이질적인 요소들을 원천적으로 제거하는 방식을 취한 것이다.

앞서 본 충청남도 논산군 광석면 갈산리의 방종구도 같은 유형에 해당한다.

사분면①에 해당하는 두 번째 유형인 행정형(B형)에는 총독부가 행정력을 동원하여 집중적인 농사지도와 시설 지원 등을 통해 모범부락으로 육성한 촌락(행정지도형)과 사회운동이 활발하던 지역에 반일적 요소를 억제하는 동시에 정책적인 지원을 통해 저항적 촌락을 체제내로 흡수하려 한 촌락(사상통제형)을 들 수 있다.

전자를 대표하는 사례들부터 먼저 보자.

[사례 B-a1] 평안남도 강동군 강동면 하리 장항동(509번)은 학교를 통한 촌락 침투의 한 단면을 잘 보여주는 촌락이다. 장항동은 전통적인 양반촌으로 알려진 마을이자 배일의식이 강한 30호의 촌락으로 모든 관공서의 지도를 배척할 정도로 보수적이었다. 따라서 1925년 7월 重松이 강동금융조합 이사로 부임했을 때 주민의 시선은 모멸에 가까울 정도였다 한다. 重松이 마을사람들에게 양계 사업을 제안했으나 보기 좋게 거절당하자 강동보통학교 아동을 이용한 방법을 강구하였다. 즉 학교 학생들에게 닭을 나눠준 뒤 기르게 하여 특정날을 정해 일정 수의 알을 확보하는 방법을 택한 것이다. 그리고 일본군 연대에 하리의 계란을 조달하는 길을 마련하였다.

동시에 重松은 평양의 광성고등보통학교를 졸업한 尹敏燮을 설득하여 양계 운동의 지도자로 삼았다. 그리고 尹觀燮, 尹敏燮 두 사람은 장항동의 모든 사업을 담당해 갈 ‘취암청년회’를 조직하고 주민 전체를 회원으로

---

17) 安部庫保, 같은 글, 59쪽.

가입시켰다. 尹觀變은 청년회의 부회장을 비롯하여 저축조합장(1929), 전작개
량조합 고문, 강동보통학교 학무위원, 동창청년분단(1930) 고문을 역임했으
며, 尹敏變은 청년회 간사와 양계조합 청년위원으로 활동했다.

취암청년회는 일본군 연대에 계란을 안정적으로 공급하게 되자 생산성
향상을 위해 재래종 닭을 강제로 폐지하고자 했다. '재래종 정리일'을 정한
뒤, 그 날까지 모든 농가에서 재래종을 없애도록 한 것이다. 그러나 약속한
재래종의 정리일에도 23호가 실행하지 않자 청년회원들이 모여 달밤을 이용
해 재래종을 습격해 전부 도살해버렸다. 또한 重松은 윤민섭에게 마을회관
건립을 종용하여 청년회 산하의 조기회가 주도하여 회관을 건립하였다.
회관 건립 때 '東方遙拜'와 '기미가요 제창'을 시켰다. 조기회는 회관 완성
후에도 지속되어 주민 동원의 핵심적인 역할을 하였다.[18]

장항동의 경우는 금융조합 이사가 일본군에 안정적으로 계란을 공급할
수 있다는 이점을 활용하여 학교를 통해 개량 품종을 보급하는 한편, 중견청년
을 육성하여 보수적인 촌락을 변화시킨 실태를 잘 보여준 사례이다.

[사례 B-a2] 전라남도 순천군 주곡면 약촌리(313번) 또한 금융조합 이사가
촌락을 지도하여 모범부락으로 만든 전형적인 사례이다. 여수에서 부임한
금융조합 이사 山田은 약촌리가 가난하기는 하지만 발전할 가능성이 있다고
보고 모범부락으로 지정하였다. 그리고 저리자금을 융통하여 15년 상환으로
토지를 구입한 뒤, 논 14두락을 공동경작하게 하는 한편, 부인부 공동경작지로
20두락에는 면작을 장려하고 20두락에는 마령서를 공동경작하게 하였다.
이 밖에도 다른 모범부락에서 보이는 일반적인 권장사항인 퇴비제조, 절미저
금, 양계, 가마니짜기 등을 직접 지도하였다. 그 결과 원리금 1년분을 지불하고
도 100여 원이 남아 기본재산으로 적립할 정도로 성과를 얻게 되자, 모범
사례로 소개되어 각지에서 견학하러 오게 되었다.[19] 약촌리는 다른 모범부락
과 달리 (준)행정관청이 먼저 모범부락으로 지정한 뒤 재정 지원과 농사지도

---

18) 重松韻修, 1941, 『朝鮮農村物語』.
19) 梁村奇智城, 앞의 책, 293~294쪽.

등을 통해 촌락을 개선시키는 데 성공한 사례에 해당한다.

[사례 B-a3] 전라북도 정읍군 우순면 우산리(392번)는 34호 중 20호가 극빈자로 23두락을 소작하는 빈촌이었다. 빈곤에서 벗어나기 위해 면서기 許鍾이 주민들을 설득하여 1926년 11월 一錢契를, 1928년에는 33명으로 구성된 부인계를 조직하여 절약과 농사개량을 주도하였으며, 1932년 12월 농촌진흥운동이 시작되자 농촌진흥회를 조직하여 회장에 추대되었다. 우산리 농촌진흥의 중심인 진흥회는 미취학 아동을 위해 야학회를 열고, 마을의 공동시설로 우물을 만들고 길을 확장하는 한편, 공동퇴비장을 건축하였으며, 공동집회소를 세웠다. 허종은 축산조합으로부터 표창 받은 상금 20원으로 일장기를 사 회원 전부에게 나눠주었으며, 공동집회소를 세울 때 공비의 절반을 기부하였다.

식민당국자도 지원과 지도를 확대하기 위해 우산리를 정읍서부금융조합의 지도부락과 군축산조합의 퇴비지도부락으로 선정하였다. 그리고 1933년에는 8호를 자작농 창정자로 선정했으며, 1935년까지 12호를 자작농 창정자로 선정하여 융자와 집중적인 농사지도를 하였다.[20]

[사례 B-a4] 충청북도 충주군 충주면 연수동(490번)은 총 69호 중 자작 2호, 자소작 47호, 소작 11호, 연초경작자 9호로 자소작농의 비중이 높은 동리이다. 이곳의 중심인물 李建崙은 보통학교 졸업 후, 군 고원과 금융조합 통역, 면서기를 거쳐 1923년부터 구장으로 일하였다. 그는 행정적인 경험을 토대로 교풍회를 조직하여 연수동을 모범부락으로 발전시켰으며, 자신은 약 4천 원의 재산을 소유하였다. "직업을 장려하고 폐해를 없애 행복을 증진하고 납세공과 등의 의무를 다할 것을 목적"(1조)으로 설립된 교풍회는 동리를 10통으로 분할하고 10호를 1통으로 편성했으며(2조), 회장은 구장이 맡고, 통장은 구장의 추천을 받도록 하였다(3조). 그런데 회장이 통장을 추천할 때는 그 이름을 면장에게 보고하도록 했으며(6조), 회장이 매년 12월 중

---

20) 같은 책, 253~254쪽 ; 三吉岩吉, 1936, 「牛山里農村振興會の槪況」『同胞愛』14-2(1936년 2월호), 朝鮮社會事業協會.

각 통의 활동상황을 조사하여 그 성적을 면장에게 보고하도록 하였다(7조).[21] 중심인물이 면 행정 공리로서 활동한 경험이 작용했는지는 분명치 않으나 자치조직의 활동 상황을 면장에게 보고하도록 규정하고 있는 것은 매우 이례적이다. 이는 촌락 내의 자치기구가 행정의 관리망 속에 편재되어 있음을 규약상으로 잘 보여주는 사례라 하겠다.

[사례 B-a5] 황해도 재령군 재령면 한천리 합천동(796번)은 총 46호 중 자작 3호, 자소작 10호, 소작 19호, 일고 14호로 삭령 최씨와 화순 최씨가 각각 10호인 작고 가난한 동족촌이다. 일고는 모두 三菱鐵山에서 광부로 일하였다. 합천동의 중심인물인 崔丙善(1881년생)은 헌병대 통역을 지낸 사람으로 1920년부터 구장을 맡았다. 1925년 청년 15명을 모아 신명회를 조직하여 농촌개량을 주도하였고, 1926년 군에서 최병선에게 모범농촌을 경영하도록 권유하여 합천동흥풍회를 조직하였다. 동시에 양잠지도부락 (1926), 퇴비지도리(1928)로 지정하여 품종개량과 농사지도를 하는 한편, 근농 공제조합(30호)을 설립하여 조합원에게 소액의 금융을 지원하였다. 구장의 노력과 행정 지원, 그리고 주민의 근면과 절약으로 1930년 공동저축액 700원을 달성하여, 재령군 내에서 유일한 모범농촌으로 소개되기도 했다.[22]

[사례 B-a6] 경상남도 합천군 적중면 상부리(213번)는 297호의 신동리로 1931년 10월에 부활된 교풍회의 사업내용에서 관제적 성격을 잘 보여주는 사례이다. 1914년에 경상남도가 교풍회를 설립하여 교화사업과 농사개량을 관료적으로 추진하려다 실패했음은 이미 1장에서 살펴보았다. 이 교풍회가 다시 부활되어 상부리의 농촌진흥사업과 교화사업을 추진하는 주요 기구로서 활동하게 되었다. 사업내용 가운데 공동경작지 구입이나 조기회 조직, 납세사상 철저, 소비조합 결성 등은 다른 진흥단체에서도 공통으로 확인할 수 있는 사항이지만 '詔書奉讀, 향약, 報德文 낭독, 국민체조 실시' 등 이른바 '국민정신 함양사항'이 부가되어 있어 단체의 관제적 성격이 다른 동리의

---

21) 朝鮮總督府 內務局 社會課, 『優良部落調』, 24~25쪽.

22) 鷄山, 「蛤川洞興豊會と洞幹部の苦心」 『朝鮮農會報』 7-10(1933년 10월호), 78쪽.

242

교풍회보다 더 큰 편이다.23)

이밖에 충청남도 청양군 사양면 금정리는 행정의 종합적 지도를 잘 보여주
는 사례이다. 면사무소 소재지인 금정리에는 금정양잠조합, 금정보호임야계,
금정농사개량단, 면작계, 납세조합, 근농공제조합, 진흥회, 부인회, 야학회
등 각종 단체가 조직되어 활동했으며, 청양군지정모범리, 청양금융조합모범
리, 축우생사지도리, 군퇴치지도모범리 등으로 선정되어 각종 재정 지원과
농사지도가 집중되었다. 면사무소 소재지였기 때문이기도 하지만 면장 趙容
元이 앞장서서 촌락을 지도한 것이 큰 효과를 낳은 것으로 보인다.24)

다음으로 사분면①의 행정형(B형) 중 사회정책적인 면에서 촌락의 개발을
지원함으로써 반일적인 요소를 약화시켜 체제내로 흡수하려는 성격을 띤
이른바 ‘사상통제형’의 사례를 보자.

[사례 B-b1] 평안남도 평원군 양화면 평리(614번)는 500명의 주민 가운데
기독교인이 200여 명이나 되는 기독교마을로 3·1운동 때 만세시위가 크게
일어날 만큼 반일정서가 강한 곳이었다. 平安수리조합의 몽리구역에 속한
평리는 順安금융조합의 지도부락으로 지정될 당시 총 150호 중 41호(지주5,
자작11, 자소작22, 소작3)가 갱생계획을 수립하여 지도를 받았다. 평리의
중심인물인 蔣弼明(1901년생)은 사립학교 교원으로 3·1운동을 주도하여 요시
찰 인물로 감시를 받았으나, 촌락 개발에 뜻을 두어 양계조합(1931), 저축계
(1934) 등을 조직하고 진흥회장(1935)을 맡았다. 순안금융조합이 평리를 지도
부락으로 지정한 뒤 ‘국체관념의 존중, 민풍개선, 부업장려, 貯蓄勵行, 농업개
량, 지력증진, 퇴비증산, 위생, 보안, 납세 등’을 중심으로 지도하였다. 이
지도요령 중 특히 ‘국체관념의 존중’에 지도의 중점을 두어 주민의 반일의식을
약화시키는 데 주력하였다.25)

[사례 B-b2] 함경북도 성진군 학중면 춘동(742~743번)은 상촌, 중촌, 하촌으

---

23) 梁村奇智城, 앞의 책, 414쪽.
24) 「산업미담(12)」 『매일신보』 1932.9.5.
25) 森幸次郎 編, 앞의 책, 227~234쪽.

로 구성된 총호수 300호, 총인구 985명의 촌락으로 박씨와 최씨가 90%를 넘는 동족촌락이다. 1930년 사설학술강습회가 사상사건으로 연루되어 폐쇄된 춘동에 1933년 8월 농촌진흥운동의 일환으로 군청과 경찰이 주도하여 춘동향약을 만든 뒤, 임은보통학교 本間 교장의 지도하에 개량사업을 추진하였다. 춘동에 실시된 향약은 전형적인 관제 향약으로서 촌락내 관료적 질서의 침투 모습을 잘 보여주고 있다. 향약을 실시한 이후의 상황을 당시의 자료는 '農民道의 지도, 강행지도, 생활개선, 산업장려 지도, 공공봉사, 환난상휼'로 나누어 소개하고 있다. 이 중 '강행지도'를 보면, '① 청소년이 노인, 향약직원, 관공직자를 만나면 알든 모르든 인사를 하게 하였다. ② 동네 모든 집이 국기를 공동구입하여 축제일에 국기게양을 실시하고 있다. ③ 때때로 경로회를 개최하였다'고 하여 청소년들의 반항정서를 식민권력에 대한 충과 노인과 관료에 대한 공경심을 요구하여 촌락 내 관료적 질서의 수립을 의도하였다. '환난상휼'에서는 촌락공동체를 유지하기 위한 전통적인 상호부조 방식보다는 '전염병 예방, 우물 설비, 파리 잡기, 鄕倉과 비황저곡 등' 위생과 공동사업에 비중을 두는 한편, '불량청년의 잠입 방지'를 설정함으로써 사상통제를 실천항목으로 두었다. 춘동향약을 실행한 이후 今井田 정무총감이 방문할 정도로 그 성과가 있었으며, 군농회의 표창을 받기도 했다. 이러한 촌락의 변화를 두고 불온사상의 동향이 자취를 감췄으며, 사상적으로 악평이나 있는 옆마을 송중동에 비해 춘동은 향약 설립 이후 모범농촌으로 발전하고 있어 잘 대조된다는 평이 있었다.

춘동향약 시행과 더불어 총독부는 1933년에는 하촌을, 1936년에는 상촌을 갱생지도부락으로 지정하고, 상촌의 독농가 朴毒欄을 중심으로 촌락을 지배하였다. 임명보통학교와 농업보습학교를 졸업한 박독란은 1933년 춘동향약 간사 겸 청년부장으로 활동하면서 춘동하촌갱생지도부락지도위원(1933), 춘동상촌갱생지도부락지도위원(1936)을 역임했고, 1937년에는 유축농업경영지도농가로 지정되어 지원을 받는 한편, 구장이 되어 중심인물로 활발하게 활동하였다. 독농가인 그는 1937년 현재, 논 자작 4반, 소작 1정1반, 밭 자작

244

1정1반, 상전 4무를 소유한 중농이었다. 하촌은 갱생의 효과가 커 1934년에 총독부의 보조금을 받기도 했다.[26]

[사례 B-b3] 경상북도 경산군 경산면 임당동(219번)은 145호의 보천교마을로 식민권력이 쉽게 침투하기 어려운 곳이었다. 이곳에 1919년 경산보통학교를 졸업한 뒤 군 면작 조수와 향교 장의를 거쳐 1920년 압량면서기로 취직한 朴昌基가 1926년 자성회를 조직하여 회장에 취임한 뒤 촌락 개발을 주도했다. 그러나 보천교와 대립하다 마침내 교주를 설득하여 자성회를 모체로 근농공제조합, 농사실행조합, 부인회, 소년회, 춘잠조합 등을 설립하여 풍속개량과 농촌진흥을 이끌었으며, 1928년 한 해에만 16회의 표창을 받을 정도로 그 성과가 컸다. 식량 절약 외에 저곡, 공공경작 부인의 옥외노동, 노동일수의 연장, 산업 장려, 단발 이행, 색복 착용, 야학회 개설, 도박 근절, 낭비 절약, 일용품의 공동구입, 경로회, 신년 交禮, 문상, 환난상휼을 비롯해 납세성적의 향상, 시간이행, 도난 예방과 화재 방지, 양계, 위생시설 등 대체로 다른 모범부락과 같은 유형의 시설과 개량이 있었다. 그리고 1930년 봄, 밭 3반보를 차입해서 공동상원을 설치하고, 1934년에는 밭 3반보의 부인공동면작포를 설치했으며, 연간 휴일 총수를 10일로 단축하였다. 면서기가 직접 촌락 자치조직을 만들어 전통적이고 반일정서가 짙은 촌락 내 질서를 대체해 간 사례라 하겠다.[27]

[사례 B-b4] 함경남도 홍원군 용포면 동평리(720번) 역시 유사한 사례이다. 동평리에 설립된 농사장려조합은 농민운동의 대응조직이라는 성격을 띠고 설립되었으며, 이후 진흥회로 개칭되었다. 1937년 당시 진흥회장이었던 李周凡(1885년생)은 면서기(1918~1931)를 지낸 인물로 독농가로서 촌락내 농사개량을 주도했다. 총독부도 1933년 동평리를 갱생지도부락으로 지정하여 정책

---

26) 朝鮮總督府,『農山漁村振興功績者銘感』, 178쪽 ; 1937,『朝鮮』36(1937년 4월호), 63쪽 ; 梁村奇智城, 앞의 책, 721~727쪽.

27) 梁村奇智城, 앞의 책, 381~385쪽. 박창기는 이후 면회계원(1930), 군회계원(1932)을 역임했다.

적인 지원을 했으며, 이에 힘입어 45호 중에서 새끼짜기 19호, 양잠 45호, 양봉 5호, 과수원 10호, 양돈 38호, 축우 21호, 양계 7호, 機織 4호로 부업이 활발하게 일어났다.[28]

[사례 B-b5] 평안남도 안주군 입석면 송산리(574번)는 47호의 작은 촌락으로 1930~1931년 사이 '안주적색농민조합'이 활발하게 활동할 때 다수의 주민이 조합원으로 활동한 곳이다. 총독부는 입석금융조합을 통해 이곳을 지도부락으로 지정하고, 금융지원과 농사지도 등을 통해 촌락 내의 반체제적 요소를 약화시켜나갔다.[29]

2) 모범부락형(사분면②)

사분면②에는 행정지원과 지도가 활발하여 행정침투력이 높은 동시에 주민의 자율(발)성도 높은 유형의 촌락들이 속해 있다. 다소 미세한 차이이지만, 이 유형에는 행정지원과 지도에 촉발되어 자치적인 활동이 확대된 경우와 주민이 자율적으로 농사개량과 진흥사업을 추진하면서 행정지원·지도가 뒤따른 경우, 두 가지가 있다. 그러나 양자의 차이를 자료상으로 확연하게 구분하기는 쉽지 않다. 다만 촌락의 개발을 주도하는 단체의 설립이나 본격적인 활동 연대, 갱생지도부락 설정 시기의 촌락 내 사정 등을 통해 추론할 수 있다. 크게 보아 조선총독부가 1920년대에 실시한 모범부락 조성 사업에서 소개되었던 동리들이 주로 자발성이 선행된 경우라면, 1930년대의 농촌진흥운동기에 갱생지도부락으로 선정되어 상당한 성과를 낸 모범부락·우량부락은 행정 지도가 선행하고 자발성이 결합하는 경향성이 있다고 할 수 있다.

[사례 C-1] 전라남도 강진군 성전면 도림리(276~278번)는 인근의 수양리와 더불어 일찍부터 모범부락으로 이름을 떨쳤고, 조선총독부에서 '활동사진'을 촬영하여 전국에 소개될 정도로 유명한 곳이다.[30] 도림리는 매우 이른 시기인

---

28) 朝鮮總督府, 『農山漁村振興功績者銘感』, 172쪽.
29) 森幸次郎 編, 앞의 책, 212~219쪽.

1913년 7월에 모범농리로 지정되어 총독부의 지원을 받았다. 도림리의 중심인물인 성전면장 尹相浩의 노력이 작용했던 것으로 보인다. 1919년 도림리민풍진흥회를 조직하여 회장 尹英浩(구장, 면협의회원, 성전보교학무위원 역임), 부회장 李周源 등이 윤상호와 함께 촌락개발을 주도해 나갔다. 부인단을 결성하여 正條植을 실행하게 하고, 尹柱煥, 李仁鎬 등 대양잠가가 농가의 양잠 부업을 지도했으며, 노동야학회와 여자야학회, 서당을 개설하였다. 그리고 군농회 지도하에 1925년 1월 산미개량조합을 설립하여 소작미와 판매미 모두 현미로 제조하여 목포로 반출하여 소득을 증대시켰다.

도림리는 1928년 현재 총 109호 중 농업 종사자는 103호이며, 논 123정 3단보, 밭 27정 3단보, 합계 150정 6단보의 생산규모를 갖고 있다. 1인당 평균 1정 4단보의 토지를 소유한 것 가운데 논이 1정보가 넘어 경제적으로 다소 안정되어 있다. 전라남도의 미곡지대의 계급구성과 비교할 때 다소 자작과 자소작의 비중이 높은 편에 해당한다. 이는 아마도 '도박으로 넘어가는 농지를 주민들이 공동 출자해서 구입한 뒤 분배'하는 방법 등으로 자작농 유지에 노력했기 때문일 것이다. 또한 일찍부터 각종 저축 조직을 만들어 영농 자금을 마련하거나 공동 경비를 부담하고, 납세에 공동으로 대응하였다. 1928년 현재 각종 단체의 총 저축액이 무려 2천 원에 이를 정도로 안정된 경제 상태를 보여주고 있다(<표 4-3> 참조).

이러한 활동과 성과 때문에 도림리는 각종 상과 포상을 받았다. 1915년 시정4주년기념물산공진회에서 우량농리로 포상금을 받는 것에서부터 1924년과 25년 연속으로 전남도농회에서 우량소농조합으로 포상금과 우승기 1기를 받았으며, 1926년에는 농사개량으로 30원을 받았다. 그리고 같은 해에 도에서 우량진흥회 사업 보조비로 300원을 받았다. 진흥회는 이 돈에 500원을 추가하여 공동창고를 건축하였다. 원래는 건축비를 900원으로 예상하고

---

30) 「模範部落인 康津郡 城田面 桃林里」『朝鮮』100(1926년 2월호) ; 「桃林里模範農村史蹟」 『朝鮮農會報』 2-5(1928년 5월호) ; 朝鮮總督府 內務局 社會課, 『優良部落調』, 88~97 쪽 ; 「模範部落을 見る」(6~8) 『京城日報』 1930.8.28.~30. ; 『優良部落史蹟』.

전액을 도에서 지원 받으려 했으나, 300원만 나와 자체에서 500원을 출연했다. 도림리 주민의 입장에서는 도의 지원을 최대한 활용하려 했던 것이다.

<표 4-3> 도림리의 저축 장려 조직과 상황

저축단체	설립일자	단체인원수	저축고			저축목적	저축방법
			전	답	현금		
홍익계	1911.1	40	24	42	176.84	산업장려 상 융통	1인당 매월 18전씩 출자
동심계	1911.6	24		82	237.48	동	공동답 경작, 생산한 정조를 저장
부인계	1917.1	26	89	133		저축	1인 1일 3식 때 백미 한 숟갈씩 저축, 월말 2되 수합
규약저금계	1917.2	18			471.50	동	1인당 60전씩 口金을 내어 저축
청년회저금	1920.8	66	16	65	93.50	동	1인당 매일 10전씩 저축
진흥회저금	1922.10	109			242.62	동	동
신용조합	1925.1	52			591.59	동	조합원 1인당 매조 2두씩 저축
납세조합	1925.4	73			237.50	납세	개인의 납세하는 금액에 따라 매월 이를 저축
계		408	119	322	2,051.03		

　도림리의 개발을 주도하는 진흥회가 주민들의 참여를 적극 유도하여 자발성을 극대화시키기도 했지만, 다음 규약에서 보듯이 행정지도도 충실히 이행하고 있었다.

　<도림리민풍진흥회 규약>
　제1, 본 농촌의 권농시설은 모두 군면의 권농방침을 從하여 촌민으로 하여금 實施耕作에 종사케 하고 적절히 그 효과를 자각케 할 일.
　제2, 전항의 시설은 촌민에 대하여 농업의 재료를 배포하고 경작과 수확물 처리법의 개선을 實地에 就하여 지도장려함으로써 本旨로 함.
　제3, 모든 시설을 촌민의 경제에 적응케 함은 물론 실행이 가장 안전하고 절실히 그 효과를 收得하는 방법하에 차를 행함이 가함.
　제4, 본 농촌은 촌민에 대하여 모범을 示하기 위하여 모범농장을 설치함.

제5, 배포할 농업재료는 본 군면의 지도하는 것으로써 함. 단 특별히 구입할
것이 有하면 豫히 군의 승인을 受함이 가함(후략).[31]

품종에서부터 영농 방법과 농사 조직에 이르기까지 모두 당국의 지도방침
에 충실하다고 규약은 말하고 있다. 농촌진흥운동기 식민당국이 '부락진흥회
규약'을 만들어 정책적으로 보급하기 이전에 촌락에서 자율적으로 제정한
진흥회 규약으로서는 행정의 영향을 많이 받고 있는 편인데, 이는 중심인물이
면장인데다 도림리에 면 사무소가 있었기 때문으로 보인다. 그러나 도림리가
위치상 치우쳐 있어 면민들이 면 사무소를 이용하기 불편한 이유로 도에서
면 사무소를 월남리로 이전한다고 결정하자 도림리 주민들이 반대운동을
벌였다. 이를 두고 일부에서는 모범부락 명성에 금이 가는 행위라고 비난하기
도 했다.[32]

[사례 C-2] 전라남도 강진군 성전면 수양리(279~280번)는 인접한 도림리와
함께 전라남도의 양대 모범부락으로 이름을 날렸다. 특히 수양리는 진흥회관
건립 때 총독이 기념식수를 하기 위해 방문할 정도로 전국적으로도 유명한
모범부락이다. 광산이씨 집성촌인 수양리는 동령·신기·수암·백화 네 개의
구동리를 통합하여 만든 신동리이다. 1930년 현재 총호수 160호 가운데
자작 19호, 자소작 72호, 소작 70호의 농가 구성을 가진 수양리는 도림리보다는
10년 늦은 1923년 12월에 모범농리로 설정되어 지원을 받았다. 구장(1914),
성전보통학교 학무위원(1921), 면협의회원(1923), 민풍진흥회장(1923), 강진
문묘 직원(1927)을 거쳐 성전면장(1934)을 지낸 李永贊과 金致福, 吳時局(민풍
진흥회장, 1934) 등이 수양리의 지도자로 활동하였다. 이들이 중심이 되어

---

31) 「桃林里模範農村史蹟」『朝鮮農會報』 2-5(1928년 5월호), 42~43쪽. 도림리의 경우
　　이름 있는 다른 모범부락과는 달리 1930년대 이후의 자료는 확인되지 않는다. 어떤
　　이유에서인지 모르나 아마도 모범부락이라는 명성을 이어가지 못할 정도로 쇠퇴한
　　것이 아닌가 추정된다.

32) 田中翠芳, 「(沿岸四郡めぐり-五)有名な模範部落 秀陽里 桃林里と城田面事務所移轉」
　　『木浦日報』 1929.11.10.

1914년에 설립한 積善契를 1918년에 농림회로 개명한 다음, 1923년 10월에는 주민 전원이 가입한 민풍진흥회로 발전시켜 개발을 주도해 나갔다. 민풍진흥회 사무소에는 '민풍진흥회 5개년 단체조직'이라는 조직도가 그려져 있다. 이 조직도에 따르면 납세독려원, 남자노동독려원, 부인노동독려원, 수도장려원 등에서 소비절약조사원 등 20개 항목에 걸쳐 60여 명의 위원(1人1役制)이 진흥회 산하에서 활동하고 있었다. 이러한 활동에 대한 식민당국자 지원도 두드러져, 1926년에는 400원(도), 1928년에는 300원(총독부)을 사업보조금으로 받았으며, 1931년에는 모범진흥회로 선정되어 500원(도)을 받았다.

민풍진흥회 외에 구매조합(1922, 모든 호가 7원씩 출자하고 1천 원을 차입)과 산미개량조합(1926)을 설립하여 운영하는 한편, 동척에서 1600평의 토지를 빌려 벼를 공동경작했다. 1925년부터 농회의 지도에 따라 모두 정조식을 실행했다. 각종 저축 조직으로는 산업계(1915), 부인계(1916), 同庚契, 鶩幼契 등 13개의 저축계와 진흥회저금, 청년회저금 등이 있으며, 1928년 현재 수양리의 총 저축액은 논 4정 5반보, 밭 1정 5반보, 현금 3,155.1원에 이른다. 농가경제가 안정되어 있어 취학률도 높은 편이다. 보통학교생 55명, 졸업생 138명, 상급학교 재학생 4명, 노동야학 생도 80명, 유사유치원아동수가 20명이다.[33]

이용기의 조사에 따르면 수양리는 오래 전부터 동령·신기·수암 세 마을이 각각 동계를 운영하고 있었으며, 진흥회가 조직된 이후에도 洞畓을 운영하면서 진흥회의 재정을 상당 정도 뒷받침했다고 한다. 따라서 진흥회가 기존의 동계를 대체하거나 재편한 것이 아니라 동계와 병존하면서 그의 생활력에 의존하거나 또는 사실상 동계 위에 진흥회라는 외피만 쓰고 있었을 것으로 추정하고 있다.[34]

[사례 C-3] 강원도 화천군 하남면 용암리 1구(48~49번)는 주민들의 자발적

---

33) 朝鮮總督府 內務局 社會課, 『優良部落調』, 98~107쪽 ; 「模範部落を見る」(1~5) 『京城日報』 1930.8.21~26 ; 朝鮮農會, 『優良農村と篤農家』, 139~146쪽 ; 1934, 『自力更生彙報』 9호, 10~11쪽 ; 善生永助, 『朝鮮の聚落』(中篇), 145쪽.

34) 이용기, 앞의 논문, 183~184쪽.

인 노력에 행정상의 집중적인 지도와 지원으로 모범부락이 된 대표적인 사례이다.[35] 吉씨 동족촌인 용암리 1구는 1925년 대수해로 마을이 폐허가 된 것을 보고 吉駿錫, 吉浩慶 두 사람이 중심이 되어 복구하는 한편, 청년회, 부인회, 농사개량실행조합 등을 만들어 농사개량사업과 개발을 추진하였다. 길준석은 문묘 장의와 농촌진흥회장을 지냈으며, 길호경은 보통학교 졸업 후 화천면서기를 거쳐, 구장, 청년회장, 근농공제조합 보도위원 등을 역임하면서 촌락 개발에 공이 크다고 인정되어 1932년 지사 표창을 받았다.

이들은 청년회, 부인회, 양잠계, 비황저곡, 대두개량조합 등을 조직하여 근검절약과 농사개량을 주도하는 한편, 1927년 납세조합을 만들어 공동작업과 부업으로 조성한 기금으로 빈곤자 납세 자금을 조달하였다. 그리고 1931년 11월 종합적인 지도기관으로서 농촌진흥회를 결성하였다. 이러한 활동에 힘입어 용암리 1구는 퇴비모범리(1927), 축우생사지도부락, 졸업생지도부락, 稚樹보육부락(1931) 등으로 지정되어 식민당국의 지도와 지원을 받았다. 특히 치수보육부락으로 지정된 뒤 1933년에 총독부 조성금으로 임야 4정 4반보를 구입하였다.

농촌진흥운동이 본격화되자 식민당국자는 1932년 10월 용암리 1구를 갱생 지도부락으로 지정하고 "이를 우량부락으로 만들어 타의 모범이 되게 하기 위해 모든 시설을 이곳에 집중하였다. 각종 산업단체는 물론 금융조합이나 경찰서에서도 각 기관이 연락·협조해서 집중적 지도를 가중하여 적극적인 후원을 하게 되었다."[36] 그리고 소작농 36호 가운데 도지방비로 4호, 금융조합 자금으로 8호, 합계 12호에 자작농 창정 자금 6,000원을 대부하기도 했다. 이에 용암리 1구 주민들도 식민당국자의 지도에 따라 '민풍작흥'의 일환으로 국기와 국기상자를 공동으로 구입해서 매월 국기 게양을 이행하였으며,

---

35) 「副業で税金造成 白衣は捨て酒煙禁止」『京城日報』1934.4.8 ; 芹香生, 1934, 「自力更生の典型部落 龍岩里」『朝鮮農會報』8-3(1934년 3월호), 40~47쪽 ; 梁村奇智城, 앞의 책, 649~653쪽.

36) 芹香生, 앞의 글, 41쪽.

월 2회 농사좌담회와 정신강화회를 개최하였다. 그리고 매월 1일을 '청결데이'로 설정해 마을을 청소하였다.

[사례 C-4] 경기도 안성군 미양면 보체리(89번) 사례는 중심인물의 헌신적 노력과 주민들의 근면에 행정지원이 가해진 경우이다. 총 45호 중 자작 1호, 자소작 8호, 소작 36호로 협소하고 척박한 토지를 가진 보체리가 개발을 하게 된 데에는 鄭寅肅의 지도력이 크게 작용했다. 1890년생으로 1916년 연해주에서 귀향한 뒤 그는 백형의 자산을 관리하면서 사상운동과 단절하고 농사개량사업에 전념하였다고 한다.

정인숙은 1919년 동계를 해산하면서 남은 재산 나락 25석과 쌀 3석, 현금 70원과 자비를 출연하여 農糧契를 조직한 뒤, 춘궁기에 3할로 빈민에게 대여하여 1927년 현재 나락 백여 석을 기본재산으로 보유하게 되었다. 1924년 도에서 400원을 보조받아 산미개량조합을 조직, 현미를 제조하여 공동판매함으로써 농가소득을 증대시켰다. 또한 마을 내 극빈자 10호 44명을 선발하여 1인당 2반보씩 합계 8정 8반보를 공동경작하게 했으며, 1928년부터는 1정 7단보의 논을 공동 소작하여 250원의 순수익을 올렸다. 주민 중 가마니짜기 기계를 소유한 30호를 선발하여 1조로 해서 양돈계를 조직하게 한 뒤, 1929년에 참여 농가 전체에 새끼돼지를 분배했다. 그리고 1928년에 흥농회를 조직하면서 청년부에 소비조합을 부설하여 생산에서 소비에 이르기까지 종합적인 지도기관으로 발전해 나갔다. 식민당국도 보체리를 퇴비제조지도동리(1926), 名古屋 순수종 종계부락(1929) 등으로 지정하여 농사개량을 지도했다.[37]

[사례 C-5] 평안남도 대동군 부산면 화곡리(537~539번)는 주민들이 자발적으로 농사개량과 촌락개발을 추진하면서 행정지도형에 접근한 사례에 해당한다. 54호 중 황씨 25호, 선우씨 12호, 기타 성씨 12호의 반촌인 화곡리는 논 30정보, 밭 80정보, 산림 80정보의 경제력을 가진 촌락이다. 다른 반촌과

---

37) 「模範農村 保體里と鄭寅肅氏の熱情」『朝鮮農會報』 2-6(1928년 6월호), 40~45쪽 ; 朝鮮農會, 『優良農村と篤農家』 ; 김봉한, 1929, 「安城郡 優良農村 保體里と鄭寅肅氏の事業」『朝鮮農會報』 3-7(1929년 7월호), 40~49쪽.

달리 화곡리는 선우씨와 황씨 간에 협력이 잘 이루어진 곳으로, 1916년 중심인물인 鮮于淑이 평양고등보통학교장에게서 양잠과 과수 재배가 유리하다는 것을 듣고 유지 黃禮鏞과 뜻을 모아 산업계, 위친계, 서당계, 양잠계 등을 조직하여 운영했다. 1928년에 이들 조직을 모두 화곡대화원(단장 선우숙, 부단장 黃龍三, 고문 황예용)으로 통합하여 종합적인 지도기관으로 정비하였다. 그 하부조직과 사업 내용은 다음 <표 4-4>와 같다.

<표 4-4> 화곡대화원의 조직 구성과 사업 내용

부 서	사업 내용
국민정신양성부	국법의 주지와 준수, 납세 이행 등
위친부	효행자 표창, 불효자 징벌, 관혼상제, 상여 운영 등
산업부	농사 개량, 양잠, 양축, 과수 재배, 조림사업 등
지방교화부	유치원, 농민 야학, 도서신문 열람, 강연회 개최, 견학, 조혼 폐지, 비용절감, 도박·狂醉 단속, 미신타파 등
사회봉사부	소방대, 매월 1회 청결법 실시, 도로수선 등

부서의 명칭과 사업 내용에서 확인할 수 있듯이 화곡대화원에는 관료제적 영향이 짙게 드리워져 있다. 특히 '국민정신양성부'는 국법의 주지와 준수, 그리고 납세 이행을 사업내용으로 하고 있는데, 그 내용은 행정력이 깊게 침투한 다른 모범부락의 교화 사업에서도 쉽게 확인할 수 있는 바이나, 부서명에 '국민정신'이라는 명칭을 사용한 것은 매우 독특하다. 적어도 이 용어가 일반화된 것은 1937년 이후 총독부가 전쟁을 수행하기 위해 식민지 주민까지 총동원하기 위한 개념으로서 사용하고 난 이후부터였다. 물론 지배의 언어로서는 이 시기에도 사용되긴 했으나 식민사회에까지 통용되진 않았다. 따라서 자발적으로 추진되었던 화곡리의 자치조직이 화곡대화원으로 통합되는 과정을 전후하여 급속하게 관제화되어 간 측면도 있지만, 화곡리 주민들 스스로가 식민권력을 활용하기 위한 하나의 방식으로 이런 명칭을 사용했을 수도 있다. 화곡리 역시 모범부락답게 밤모범전 경영, 퇴비제조지도 동리(1929), 郡種鷄부락(1929), 種牡牛부락(1926) 등으로 지정되어 식민당국의 지원과 지도를 받았으며, 1928년에는 총독부의 보조금을 받았다.[38]

[사례 C-6] 경상북도 영천군 청통면 호당동 용담부락(258~259번)은 일본인과 조선인이 함께 중심인물로 활동하여 모범부락으로 된 사례이다. 농업종사자 31호 중 자소작 8호, 소작 23호로 1인당 논 0.85정보, 밭 0.47정보, 합계 1.32정보를 소유한 용담부락은 가난한 마을로 소작지 쟁탈로 인한 폐단이 심하고 술과 도박이 기승을 부렸던 곳이었다고 한다. 이 마을이 갱생지도부락의 선구로 탈바꿈하게 된 것은 山名禮二(1894년생)가 촌락지도자로 나서면서부터였다. 육군 보병 소위로 예편한 뒤 영천공립보통학교 교원(1924~1928)을 지낸 山名은 1929년에 호당동으로 이주해 와 주조업을 경영했다. 호당동의 3개 부락 가운데 하나인 용담부락의 사정을 안 그는 마을의 자산가인 金濟龜(1888년생)와 함께 주민들을 규합하여 '풍기의 진작과 산업개선'을 목표로 용담근농청년단(1930, 회원 21명)을 조직하였다. 그리고 주민 36명을 조직해서 영천군 지곡면 삼창동의 우량부락을 시찰하고 돌아온 다음 6월에 용담근농계(山名 총지도역, 김제구 계장)를 결성하여 농사개량과 개발을 주도했다. 용담근농계는 부락을 6개 반으로 나눈 뒤, 각 반장은 각 호의 가계부 기재와 경제 지도를 맡게 했다. 1931년 들어 용담근농계가 상당한 성과를 보이자 영천금융조합은 용담부락을 지도부락으로 설정하고 지원하였다. 그리고 이듬해인 1932년에 자작농 창정을 위해 7.5% 이자로 1호당 2반보 내외의 논을 구입하는 자금을 5호에 대부했다. 농촌진흥운동이 본격화되자 용담근농계는 당국의 방침에 따라 용담진흥조합(1933)으로 변경하였다. 1934년 도내 최우수부락으로 총독 보조금 2백 원을 받았으며, 1936년에는 조선농회장 표창과 우량부인회 조성금으로 50원을 받았다. 5개년 갱생계획이 끝난 1937년 용담진흥조합은 자립의 단계에 이르렀다는 당국의 판단에 따라 공려조합으로 바뀌었다. 개발의 중심인물인 山名은 면협의회원(1936), 영천군재향군인 간부(1937) 등을 역임했고, 김제구는 보통학교기성회 위원, 비황저축조합위원, 농촌진흥조합장(1933), 공려조합장(1937)을 지냈다.39)

---

38) 김봉한, 1929, 「平安南道 大同郡 模範農村 花園洞을 訪問して」『朝鮮農會報』 3-10(1929년 10월호), 59~68쪽.

성과를 보면, 1930년 당시 31호 중 토지소유자가 겨우 1호였으나 1940년 현재는 토지가 없는 집이 겨우 3호에 불과하고, 부락내 소가 6두에서 29두로 늘어났다. 이처럼 성과가 있었던 요인 가운데 하나로 山名의 조직 운영방식을 들 수 있다. 그는 만주의 興農合作社의 하부조직인 홍농회의 운용을 참고하여 1인1역제를 도입하는 한편, '모범부락은 단명한다'는 폐단에 빠지지 않기 위해 각 소작지로 분산되어 있던 圃場을 모아 하나의 경지로 만들어 협동작업을 강화함으로써 생산성을 극대화한 것이다. 그러나 용담부락은 거의 자작 겸 소작농이어서 부재지주의 수취가 여전히 심해, 근본적인 소작문제의 대책이 서지 않으면 다시 곤궁해질 위험성은 상존하고 있었다. 호당동 안에는 용담, 호령, 신당부락 단위로 각각의 진흥조합이 있고, 각 진흥조합의 간부를 망라한 '호당동영농위원회'가 활동하였다.[40]

[사례 C-7] 경기도 파주군 임진면 임진리 주남동(137~141번)은 졸업생 지도로 유명할 뿐만 아니라 중심인물들이 식민당국과 협력하여 일찍부터 농사개량과 교화사업에 착수한 대표적인 마을이다. 총 27호인 주남동은 문산보통학교의 졸업생 지도가 한 마을에서 9명이나 되어 유명해졌으며, 1930년 6월 사이토 총독이 직접 방문할 정도로 그 성과가 컸다. 1927년에 선정된 졸업생 지도 가운데 鄭南薰은 지주 집안 출신으로 농장실수학교를 수료한 뒤 1928년 경기도사회교화단체간부 내지시찰단원으로 선발되었으며, 농사개량 기술을 소작인에게 직접 지도하는 한편, 周南洞醇厚靑年團 간사로 활약한 중견인물이었다. 같은 동기생 중 빈농 출신으로 갱생에 성공한 대표적인 인물로는 金榮夒와 金榮胃가 소개되고 있다.

주남동이 모범부락으로 발전할 수 있었던 것은 1920년 11월에 설립된 周南洞醇厚會의 활동 때문이었다. 국기게양, 4대절 기념식 거행 등 국민적 신념 함양과 더불어 교풍교화, 낭비절약, 위생관념 양성, 농사개량, 부업

---

39) 梁村奇智城, 앞의 책, 345~351쪽 ; 大野保, 앞의 책, 289~312쪽 ; 慶尙北道, 『農村振興施設要項(附錄)』 ; 朝鮮總督府, 『農山漁村振興功績者明鑑』, 120쪽.

40) 大野保, 앞의 책, 291~294쪽.

장려 등을 주요 사업으로 설립된 주남동순후회는 파주향약의 영향을 받았다고 한다.[41] 주남동순후회 설립 이후 산미개량조합(1924), 대두개량조합(1926), 부인회(1927.6), 야학회(1927) 등이 조직되어 촌락 개발을 이끌었으며, 주민 중 금융조합 가입 비율이 80%나 될 정도로 경제적으로 성장했다. 이러한 성장에 발맞춰 식민당국의 지도와 지원 또한 활발하게 추진되었다. 앞서 언급한 문산보통학교 졸업생지도부락 선정을 비롯하여, 1928년 축우생사지도부락과 우량퇴비지도리동으로 선정되었고, 1924년에 도지방비 100원과 1929년에 총독부 조성금 350원을 지원받았으며, 이밖에 각종 표창과 상품 등을 받았다.

주남동의 발전을 주도한 중심인물 중 金奎泰(1897년생)는 문산보통학교 훈도로서 경기도교화단체간부내지시찰단원(1927)과 御大典奉祝전국청년대회 경기도청년회대표(1928)로 활동했으며, 주남동순후회 간사를 맡고 있다. 그는 자산가로 지역 발전을 위해서도 각종 기부를 하여 신망을 얻었으며, 순후관 건립에도 거액을 기부했다. 金鍾建(1889년생) 또한 경기도교화단체간부내지시찰단원으로 선발되었으며, 주남동순후회장으로 활동하였다.[42]

이처럼 주남동은 문산보통학교의 훈도라는 지도자와 지역유지의 자발적인 활동, 졸업생 지도를 통한 중견인물의 육성과 적극적인 활동, 그리고 식민당국의 지도·지원 등 모범부락으로서는 모든 조건을 갖춘 전형적인 사례라 할 수 있다.

[사례 C-8] 평안북도 정주군 임해면 원단동 우동(659~660번)은 주민의 자율에 행정의 적극적인 지도·지원이 결합된 모습을 잘 보여주고 있다. 우동은

---

41) 주남동순후회가 설립되는 즈음에 임진면의 선유리(135~136번)와 장산리(142번)에도 순후회가 조직된 것으로 보아 행정당국이 관여했을 가능성도 배제할 수는 없다. 그러나 파주군내 다른 지역에서는 순후회라는 명칭을 가진 단체가 확인되지 않아 임진리를 중심으로 한 인근 지역에서 자발적으로 설립한 단체였을 가능성이 더 크다.

42) 『朝鮮農會報』4-1(1930년 1월호), 7~8쪽, 4-8(1930년 8월호), 57~70쪽 ; 朝鮮農會, 『優良農村と篤農家』; 朝鮮總督府 學務局 社會敎育課, 『昭和八年度 鄕約事業補助書類』, 815쪽.

20호의 김씨 동족촌으로 지주 4호, 자작 2호, 자소작 5호, 소작 9호로 구성된 작은 촌락이다. 1930년 원단동 洞約이 범위가 넓어 우동만의 독자적인 동약회를 조직하는 것을 계기로 製叺契(14명을 선발하여 가마니제조사업 지도), 납세조합, 부인회, 야학회 등을 조직하여 농사개량사업을 전개하는 한편, 공동작업과 저축에 힘썼다. 그 결과 납세저금으로 1932년 현재 기본재산 143원과 6반보의 공동답을 보유하게 되어, 도에서 표창과 총독부의 조성금을 받기도 했다. 농촌진흥운동이 본격화되자 군에서는 농회, 축산조합, 삼림조합 등이 직접 지도를 맡아 조성금 등을 교부하여 사업 완성을 지원하였으며, 매년 3회 이상 직원을 파견하여 강화회를 개최하였다. 면에서는 월 1회 이상 직원을 출장시켜 행정지도를 강화했다.[43] 1940년 부락연맹이사장인 金孝淳이 농산촌지도공적자로 표창받은 것을 보면 우동마을의 농촌진흥운동은 계속 그 성과를 낸 것으로 추측할 수 있다.[44]

이밖에 3장에서 다룬 강원도 춘천군 신남면 송암리 송현부락(39~40번)과 경상북도 경산군 압량면 조영동 1구(221번) 외 경상북도 영천군 지곡면 삼창동(256~257번), 전라북도 무주군 무주면 대거리(357번), 평안북도 강계군 고산면 춘산동(617~619번), 평안북도 영변군 연산면 신천동(639~640번), 평안북도 운산군 운산면 화웅동(646~648번) 등도 모두 주민의 자율성과 행정의 적극적인 지도와 지원이 결합하여 모범부락으로서 발전한 대표적인 사례들이다. 특히 평안북도의 사례들은 1918년 도 훈령으로 설립된 관제동약이 다른 지역과는 달리 소멸되지 않고 주민들이 자율적으로 활용하여 동리의 개발을 지속적으로 주도해나가 성장을 이룬 촌락들이다.

3) 낙후형(사분면③)

---

43) 『朝鮮農會報』 6-4(1932년 4월호), 90~97쪽 ; 『朝鮮地方行政』 11-11(1932년 11월호), 121~124쪽 ; 梁村奇智城, 앞의 책, 568쪽.

44) 國民精神總動員 朝鮮聯盟, 1940, 『總動員』 1940년 3월호, 91쪽 ; 『朝鮮總督府官報』 4807호(1943년 2월 12일).

사분면③은 행정력의 침투 정도도 낮고, 촌락의 자치 수준도 낮은 곳으로 촌락 개발이라는 측면에서도 낙후된 촌락이라 할 수 있다. 촌락 내에서 동원 가능한 자원이 절대적으로 부족한데다 외부에서 동원할 역량을 가진 지도자가 없는 경우가 이에 해당한다. 대표적인 사례로는 1942년에 조사한 둔산부락과 1960년에 조사한 탑전부락을 들 수 있다.

[사례 D-1] 전라북도 옥구군 옥구면 어은리 둔산부락은 不二옥구농장 부근의 자연촌으로 호수 89, 인구 477명의 작은 촌락이다. 둔산(동굴메)은 舊屯山과 新基村(혹은 新起村)으로 나뉜다. 경성제국대학 법률학반이 조사한 둔산[45]은 이 가운데 구둔산으로 72호 중 53호가 농업에 종사하고, 19호는 일고로 추정된다. 논 약 49정보, 밭 약 10정보가 둔산을 부양하는 경제적 기반이며, 1943년도 신기촌을 포함해서 전 둔산에 할당된 저축목표액이 1,985원으로 1호 평균 20원도 채 되지 않는 것으로 볼 때 매우 가난한 촌락이다.

둔산은 약 30년 전에 간척사업이 일어나 준어촌에서 농촌으로 바뀐 곳으로 주민의 절반은 문씨와 박씨, 고씨로 구성되어 있고, 나머지는 각성이다. 최근 20년간 세대의 전출입을 조사한 결과 약 3분의 1이 이동해 일반 농촌의 이동률보다 매우 높다. 준어촌에서 순농촌으로 바뀐 점과 근처에 不二옥구농장이 생겨 그곳으로 전출한 점, 궁박으로 인한 이촌과 1939년의 흉작이 그 원인으로 추정된다. 특수한 사정으로는 부락 내에서 사회주의자가 나온 결과 관헌의 주목을 피해 다수 세대가 다른 곳으로 이전한 일도 있다.

둔산은 촌락공동체로서의 성격이 거의 나타나지 않고, 총력연맹의 한 단위로서 기능하고 있다. 즉 준어촌에서 농촌으로의 환경변화와 높은 이동률, 장로의 부재로 전통적인 자치질서나 관습이 없다는 것이다. 신기촌에 거주한 지 7년밖에 안된 김모라는 사람이 구장을 맡고 있는 것도 같은 맥락이다. 따라서 둔산은 "부락내에 異姓者가 대립해 내부적으로 반드시 화합이 없고, 근대 경제의 폭풍 속에 전출과 전입에 의한 부락민의 교체가 일어나 부락의

---

45) 경성제국대학연맹 법률학반, 1944, 「남선 한 농촌의 실태조사 보고」(1~2) 『調査月報』 15-4~5(1944년 4월호~5월호), 인용쪽수는 생략함.

실재적인 종합인이라는 성격은 급속히 사라지게 된" 곳이라 할 수 있다.

둔산에서 자율적인 질서를 확인할 수 있는 조직체는 발견되지 않는다. 연 2회의 도로공동수리와 연 1회의 공동묘지 청소와 같은 수준의 공동행사는 있지만, 동계 같은 조직은 없다. 대신 1935년경에 설립된 둔산부락진흥회가 자치조직으로 기능하였다. 그러나 진흥회 설립 때 면에서 장려해 만든 공동경작지가 지금은 존재하지 않는 것으로 보아 그 기능을 잘 발휘하지 못한 것으로 보인다.[46] 일반적으로 진흥회 산하에 흔히 있는 부인회나 청년회, 야학회에 대한 조사는 없다.

상호부조와 친목 등을 도모하기 위한 전통적인 게 조직으로는 喪契(12명), 婚契, 和親契, 誼契 등이 있고, 喪輿契는 下野山과 몇 개 부락과 합동하여 조직되었다. 둔산에서는 비교적 늦은 시기인 1941년 4월에 부락내 소법인체인 殖産契가 설립되어 주민들의 경제 활동에 큰 영향을 미치고 있다. 식산계는 주민들에게 '대중적'으로 인식되고 있었으며, 식산계의 이사장은 '절대적인 권력'을 갖고 주민들의 노동력 배급도 명령하고 있다 한다.[47]

이상에서 볼 때 둔산은 식민권력의 침투에 대응할 만한 자율적인 질서를 갖고 있지 못하고, 구장과 식산계를 통해 기본적인 행정력이 관철되는 수준에 머물러 있는 촌락의 모습을 전형적으로 보여주는 사례라 하겠다.

[사례 D-2] 탑전부락은 강원도와 접경한 경기도의 산골마을로 행정구역상 도절리 1구이다.[48] 26세대, 7세대, 7세대(퇴골) 세 개의 취락으로 구성된

---

46) 물론 흉작과 전시체제의 장기화로 인해 공동경작지조차 운영하지 못할 만큼 젊은 층이 빠져 나간 탓도 있겠지만 정확한 이유는 조사에서 확인되진 않는다.

47) 같은 시기 鈴木榮太郎이 조사한 내용에 따르면 전통적인 조직으로서 주민 전원이 가입한 洞中契와 옥구면에서 유일하게 洞祭가 있었으며, 새로운 조직으로서 부락회와 식산계가 활동했다고 한다. 鈴木이 말한 부락회는 진흥회라 추정되며, 洞中契의 존재는 확인하고 있지만 그 운용과 실태에 대한 이야기는 없다. 법률학반에서 조사한 공동노동 이상의 활동은 없지 않았나 생각된다. 鈴木榮太郎, 1942,「朝鮮農村社會瞥見 記」『朝鮮農村社會の研究』(1973), 111~126쪽 참조.

48) 존 E. 밀스 편, 1960,『사개 한국촌락 답사보고서』, 지역사회개발국 주한미국경제협조 처. 제1판은 1958년에 출간되었으며, 이때는 3개 촌락에 대한 보고서였다. 개정판 (1960)을 낼 때 탑전부락에 대한 조사가 추가되었다. 해방 이후의 자료이지만 촌락

탑전부락은 산골로 농토가 부족한 데다 산판일조차 넉넉하지 못해 면내에서 가장 가난한 곳이다. 논 39,000평, 밭 7,200평으로 1호당 평균 1,925평(논 1,625평과 밭 300평)의 농지를 소유하고 있어, 3세대만 생계유지가 가능한 수준이다. 공공구호 대상자가 17세대나 되며, 이들은 부업으로 지네잡이(9세대), 산나물장사(10세대), 땔감(33세대) 등을 해 부족한 식량을 보전하고 있다. 1942년 대홍수로 농토가 소실된 이후 현재까지 약 6,000평이 복구가 되지 않아 지원이 절실하게 필요한 실정이다. 홍수로 농토가 유실된 2세대(9인 가족)가 다른 곳으로 이주하기도 했다. 주택사정도 매우 곤란한 실정이다. 한국전쟁 중 39호 중 35호가 소실되었으며, 27호는 다시 세웠으나, 9호는 온돌식 움집에 살고 5호는 움막조차 지을 수 없어 협호로 살고 있다.

탑전부락에는 50년 전에 조직된 대동계가 있어 전 주민이 가입하고 있으나 활동은 그다지 활발하지 않고, 상포계는 1947년에 9세대가 모여 만든 것 외에 눈에 띄는 자치조직은 보이지 않는다. 1년 임기의 선거제인 이장과 반장은 최소한의 행정력을 전달하고 집행하는 수준 이상으로 마을에 영향력을 미치고 있지는 못하고 있다.

4) 자율형(사분면④)

사분면④는 행정침투력은 낮은 반면, 주민의 자율성은 높은 유형에 해당한다. 전통적인 자치질서가 강하게 남아 있는 반촌이나 종교 등의 목적으로 형성된 특수촌락이 대표적인 사례이다.

[사례 E-1] 전라남도 장흥군 용산면 어서리는 지역사회에서 반촌으로 널리 인정받은 인천이씨 집성촌으로 1838년에 설립된 동계가 100여 년간이나 지속될 정도로 전통적인 자치질서가 발달한 곳이다. 1915년 당시 어서리는 70호 가운데 2정보 이상의 부농은 7호, 1~2정보를 소유한 중농은 17호, 1정보 미만~무토지의 빈농은 46호로 구성되어 있으며, 부농은 모두 인천이씨

내부를 들여다보는 데는 큰 차이가 없다고 판단하여 인용했다.

로 이루어져 있다. 그러나 1945년에는 부농이 5호로, 중농은 6호로 급감했으며, 빈농 중 무토지 농가가 26호로 급증하여 전반적인 몰락 양상을 보이고 있다. 이러한 하강현상은 경제적으로 부촌이 아니었던 어서리가 상품화폐경제의 발달과 전시하 강화되어 가는 수탈체제에서 벗어날 수 없었기 때문이었다. 그러나 1930년대 농촌진흥운동 등으로 일시적이나마 하강분해의 속도를 완화시켰던 영향조차 어서리에서는 찾기 어렵다. 동계책에서 농사개량과 농촌진흥운동을 추진하는 조직체와 관련된 내용이 매우 적다는 것은 그만큼 어서리가 외부의 변화요구에 매우 소극적 또는 수동적으로 대응했다는 것을 말해주고 있다.[49]

[사례 E-2] 충청남도 부여군 장암면 장하리 장정마을은 대종교마을로 자치질서가 강하게 유지되고 있는 곳이다. 아랫말과 윗말 2개의 취락으로 구성된 장정마을은 진주강씨의 동족부락으로 대자산가는 없고, 강씨 98호 가운데 지주자작 32호, 자소작 60호, 소작 6호로 식민지지주제가 발달하지 않은 마을이다. 1935년 현재 진주강씨 98호(588명)와 타성씨 12호(68명)가 거주하고 있으며, 강씨문중에서 운영하는 敦和契와 종회가 있다.[50]

강씨 종중의 소유지에 포플러 20만 그루를 심어 그 수입으로 돈화계를 설립하였다. 1925년 명칭을 진흥회로 바꾸고 기본자산을 매년 적립해 나갔다. 1929년 가을 뽕나무 묘목 5천 그루를 심어 잠업을 장려하고 光一義塾을 건립하여 학령을 넘긴 남녀 아동을 모아 야학을 운영하였다.[51] 농촌진흥운동 이 한창이던 1936년에 윗말에 '上村공려조합'을 설치한다는 계획이 있는 것으로 보아 장정마을이 자력갱생의 수준에 있는 것으로 식민당국은 파악하 고 있었다.[52]

---

49) 이용기, 앞의 논문, 66~74, 153, 174~176쪽.

50) 장세옥, 1997, 「일제하 부여지역 동족마을의 농민운동 연구」, 고려대 교육대학원 석사학위논문 참조.

51) 善生永助, 1935, 『朝鮮の聚落』(後篇), 771~772쪽.

52) 忠淸南道, 1936, 『共勵組合擴充計劃表』, 90쪽, 충청남도사료보관소 소장 : 장세옥, 앞의 글, 13쪽에서 재인용.

장정마을의 중심인물은 姜錫箕(1862~1932)로 대종교도로 북로군정서 고문을 지냈으며, 무오독립선언서 사건으로 마을로 강제 귀환되었다고 한다. 강석기의 제1남인 姜鎭求(1884~1957)는 사립학교 교원(1909~1915), 대종교 참교(1922), 장암면 면협의원(1927)과 장암면장(1941~1942)을 역임하였다. 제2남인 姜鋉求(1894~1943)는 대종교 신도로 항일투쟁 중 1943년에 옥사했다. 장정마을 출신을 중심으로 1930년대 혁명적 농민조합운동과 민중야학운동에 다수의 사람들이 참여한 것도 마을의 반일적인 분위기에 영향을 받았을 것이다. 튼튼한 경제적 기반 위에 동족마을이라는 특성과 반일적 색채가 강한 대종교가 결합되어 자율적인 공간을 상대적으로 더 많이 확보할 수 있었을 것으로 보인다.

[사례 E-3] 전라남도 나주군 다도면 송학리 유천부락(298번)은 총독부에 의해 파악된 모범부락 가운데서도 자율성이 높은 사례에 해당한다. 1931년 진흥회장 崔盤石이 개인신용으로 금융조합에서 1,800원을 융자해서 개인에게 나눠주고 고리채 원금을 상환하게 했다. 원금은 월례금으로 매달 30전씩 거두고, 이자도 매달 거둬 금융조합에 저금한 뒤 5년 후에 빚을 완전히 청산하였다. 주민들의 저축을 조직하고 관리하는 일은 1927년에 설립된 진흥회가 맡았던 것으로 보인다. 1933년 갱생지도부락으로 설정된 뒤에도 계속 저축하여 돼지를 추첨하여 배분하는 한편, 소작지를 구입해서 공동경작을 하다가 1939년에 모두 개인에게 분배했다. 갱생지도부락으로 설정될 때 총 40호 중 20호가 지도농가로 지정되었다. 당시는 자소작 2호, 소작 18호였으나, 1940년 현재는 자작 1호, 자소작 6호, 소작 13호로 개선되었다.

농촌진흥사업으로는 증산을 위한 토질 개량과 축산과 가마니짜기·양잠 실시 등의 부업 실시, 농산물 공판과 녹비 장려, 관혼상제 때 절약 등 모범부락에서 보이는 일반적인 장려사항을 충실히 실천했다. 그러나 야학은 있다가 폐지되었는데, 그 이유는 알 수 없다. 부인들은 옥외노동은 하나 공동경작은 하지 않고 절미절금에만 주력하고, 공유재산으로는 공동경작지인 밭 10두락과 회관 4칸, 창고 4칸이 있다. 1937년 이후 부락 단위로 각종 명목의 기부금이 부과되자 부인단에서는 폐물을 수집하여 헌납하고, 남자들은 出力하여 그 돈으로 헌금하는 방식으로 대응했다. 논 8두락, 밭 9두락의 순소작농인 鄭得洙라는 주민은 마을의 진흥에 공로가 많다고 인정되어 주민들이 빚 500원을 해결해 주었다.[53]

[사례 E-4] 평남 대동군 대동강면 두단리(532번)는 기독교마을로 분재와 채소의 상품화로 경제적인 성장을 이룬 마을이다. 장로인 皇志鐘이 교풍회장과 대동채소조합(공설시장에 직판) 부조합장을 겸직하고 있고, 1935년에 면의 지도부락으로 설정되었다. 두단리에 대해 당시의 한 보고는 "타파된 인습의 세계를 대체하여 기독교적 계율을 굳세게 지켜 '취미의 생활'을 지향하여 일보 전진해가고 있는 이 부락이 지나치게 경제사정에 편중하기 때문에 정신적 지도를 방치하는 일이 절대 없으리라 누가 보증하겠는가. 요컨대 두포리부락의 경우는 지도부락으로서는 좀 특별한 부류에 속하기에 대동군이 도회지 근접부락으로서 특별한 지도를 가하고 있지만, 田園에서의 기업화가 진행하는 것에 정비례해서 농촌으로서의 소질 퇴화가 많은 만큼 지도담당자의 고심이 있다는 의미에서 이 부락이야말로 정신의 지도가 필요하다. 특히 정신적 지도를 소홀히 한 만큼 이 점의 지도가 긴요하다"고 지적하고 있다.[54] 이 보고는 두 가지를 함축하고 있다. 하나는 두단리가 근교농업의 이점을 활용해 경제적으로 성장함으로써 오히려 농촌진흥운동이 목적한 정신적 갱생과는 거리가 멀어질 위험이 있다는 점과 다른 하나는 기독교신앙으로 뭉친 마을인 만큼 국민적 소양이 부족하다는 점을 지적한 것이다.

이상, 유형별로 각각의 특징과 실태를 살펴보았다. 사례들 가운데 대표적인 촌락들을 사분면상 배치하면 <그림 6>과 같다.

---

53) 朴魯甲, 1940, 「모범농촌답사보고5 — 全羅南道 羅州郡 茶道面 松鶴里 柳川更生指導部落」『農業朝鮮』3-9, 大同出版社, 36~42쪽.

54) 森幸次郎 編, 앞의 책, 47~54쪽.

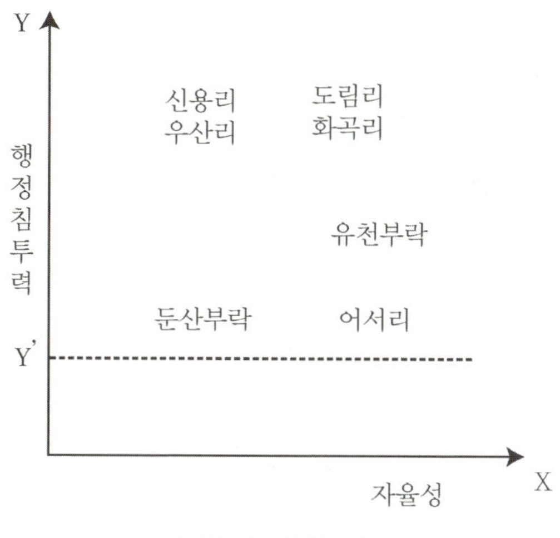

〈그림 6〉 촌락의 유형

사분면①에는 크게 농장형과 행정형이 위치하고 있다. 농장형으로는 농업경영에서 소작인의 자율성이 사실상 부정되고 지주자본의 요구에 충실한 신용리가 그 대표적인 사례가 될 것이다. 행정형은 집중적인 행정지도와 지원을 통해 농사개량을 추진한 지도부락형과 반일적 성향이 강한 촌락에 정책적인 지원을 통해 체제내로 수렴하려는 사상통제형으로 세분화될 수 있다. 지도부락형은 농촌진흥운동의 전개와 더불어 설정된 갱생지도부락에서 일반적으로 확인할 수 있으며, 우산리가 여기에 해당한다. 지도부락형 가운데서 주민의 자발성이 상승작용을 일으켜 소득증대에 성공한 일부는 모범부락으로 발전했으며, X축의 우측 방향으로 같이 이동할 것이다.

사분면②에는 행정지도와 주민의 자율성이 함께 발달한 모범부락형이 위치할 수 있다. 모범부락형이라 하더라도 주민의 자율성이 선행한 경우가 행정지도가 선행한 경우가 있다. 유천부락처럼 자율성이 훨씬 더 발달한 곳도 있고, 화곡리처럼 권력에 스스로 접근한 경우도 있어 그 내부는 생각보다 훨씬 더 복잡하고 다양하다. 그러나 정책사적인 면에서 정리하다면 크게 구분할 수 있다. 즉 1920년대가 총독부가 모범부락을 지정하여 각종 지원과 보조금을 주면서 묘대개량과 정조식 장려 등 농사개량을 통해 생산증대를 장려한 시기라면, 1930년대는 총독부가 갱생지도농가와 갱생지도부락을 설정한 뒤 행정력을 총동원하여 직접 농사개량과 풍속개선 등을 지도한 시기이다. 따라서 1920년대에 비해 1930년대, 특히 중반 이후 자료상에서 확인되는 모범부락은 대개 행정지도가 선행하여 성장한 경우가 많다고 할 수 있다.

사분면③에는 행정력의 침투 정도나 촌락의 자치 수준도 낮은 곳으로 개발이라는 측면에서 볼 때 낙후된 촌락이 위치하고 있다. 자연적 조건으로 인해 촌락의 경제적 수준이 낮아 성장에 필요한 자원 동원력이 낮은 지역에서 흔히 볼 수 있는 유형으로 둔산부락이 대표적인 예이다.

사분면④에는 주민의 자치질서가 발달하여 상대적으로 행정침투력이 낮은 유형의 촌락들이 위치한다. 어서리처럼 보수적인 전통이 강한 반촌에서는 이른바 '장로'의 발언권이 강한 반면 행정 관리나 대리인의 힘은 상대적으로 약하게 작용한다. 1930년대 중반을 넘어 촌락 사회에 상당히 깊게 파고들었던 진흥회조차 어서리에서는 그 영향력이 미미했던 것에서도 단적으로 확인할 수 있다. 이 밖에 장정마을이나 두단리처럼 대종교도나 기독교인으로 형성된 경우도 행정침투력에 비해 촌락의 자율성이 매우 발달한 곳이다. 물론 이러한 자율성도 식민권력이 허용하거나 묵인하는 범위 안에서의 자율성임은 새삼 강조할 필요가 없을 것이다.

3. 촌락구성과 개발, 그리고 촌락질서의 변화

1) 촌락구성과 개발

식민권력과 상품화폐경제의 침투에 따라 촌락의 대응양상을 몇 가지 유형으로 나누고, 그 특징을 살펴보았다. 여기서는 3장에서 검토한 중심·중견인물과 촌락의 유형 사이에 어떤 상관관계가 있는가를 살펴보도록 하겠다. 사실

촌락지도자에 해당하는 중심·중견인물의 유형과 촌락의 유형은 매우 밀접한 연관성을 갖고 있다. 즉 촌락지도자의 성격에 따라 촌락의 대응양상도 다르게 나타나고 있으며, 이는 그만큼 촌락지도자의 역할이 중요하다는 것을 말해주는 것이기도 하다.

지금까지의 분석을 토대로 촌락과 촌락지도자 사이의 관계를 종합하여 정리한 것이 다음 <표 4-5>이다.

<표 4-5> 촌락 유형과 지도자 유형간의 관계

촌락 유형		지도자 유형	특징
농장형		농장주, 농장관리인	자본력 강화, 자치력 취약
행정형	지도부락형	구장, 독농가, 졸업생 지도	행정지도와 지원 확대
	사상통제형	하급관리, 사회운동가	행정지도와 지원 강화
자율형		문중어른, 종교지도자	최소 행정력 관철, (전통적) 자치질서 발달
모범부락형		지역유지, 독농가, 졸업생 지도	행정지도와 지원 활발, 자치질서 발달
낙후형		없거나 취약	최소 행정력 관철

자본의 힘이 가장 강한 농장형에는 농장주와 그를 대리하는 농장관리인이 촌락의 지도자로서 종자선택에서 주민의 일상까지 간섭했기 때문에 촌락의 자치력은 사실상 없다. 행정침투력이 높은 행정형에는 총독부가 농촌진흥운동을 벌이면서 집중적인 행정지도를 가한 지도부락형이 대표적인 예가 될 것이다. 총독부의 집중적인 행정지도는 결국 촌락내에서 구장이나 독농가 등의 발언권을 강화시켜주는 효과를 낳았다. 이들 지도부락 중에서 일부 촌락에서는 촌락지도자와 주민의 단결로 성적이 우량한 모범부락으로까지 발전한 사례들이 당국의 기관지나 홍보책자에서 심심찮게 소개되었다.

사상통제형은 식민통치상 상당한 비용을 투입하여 성공하면 그 선전효과는 클 것이나 총독부의 기대만큼 성과가 많지 않기 때문에 큰 비중은 차지하지 않는다. 다만 그 성격이 매우 뚜렷해서 하나의 유형으로 설정할 수 있다. 지역적으로는 함경도 지방에서 쉽게 확인할 수 있다. 혁명적 농민조합운동이 가장 활발했던 지역이었던 만큼 치안유지 차원에서도 이들 지역에 대한 식민당국의 관심과 지원은 절실했다. 더불어 『關北鄕約』이 웅변하듯이 사상 악화를 막기 위한 이데올로기적 통제도 필요했다. 따라서 사상통제형은 물질적 방면의 지원과 더불어 사상방면의 지도가 강화된 형태의 유형이다. 이때 중요한 역할을 수행한 것이 운동 전선에서 이탈한 세력들이었을 것이다.

행정력의 침투가 가장 취약한 자율형은 유교적인 전통질서가 발달한 곳으로 문중이나 종중어른들의 발언권이 컸던 곳으로 동리 행정업무를 맡고 있는 세력들은 상대적으로 위축되어 있었다. 특히 안동의 하회동처럼 명문가문이 거주하는 지역에서는 관리를 상부의 지시를 전달하고 집행하는 '심부름꾼' 정도로 여겼으며, 이러한 모습은 1960년대 후반까지도 남아있었다고 한다.[55] 그리고 종교적인 목적에서 형성된 촌락의 경우는 당연히 종교지도자를 중심으로 촌락이 운영되었기 때문에 권력으로부터 자유로운 공간이 더 컸을 것이다. 반면에 둔산부락처럼 촌락지도자가 없거나 미약한 경우는 일상적인 수준에서 필요한 행정력만 구장을 통해 관철될 뿐 자치력도 발달하지 못했다.

끝으로 모범부락형의 경우, 면장·면협의회원·농회 통상의원 등 지역유지나 독농가, 그리고 졸업생 지도 등의 중견인물들이 농사개량과 촌락 개발을 주도하면서 행정지도와 지원을 적극적으로 활용하였다. 따라서 모범부락형은 행정력의 침투와 촌락 자치의 발달이 상호 배타적이지 않고 보완하는 형태로 발전하였다. 그리고 행정과 자치를 적절하게 매개한 것이 중심인물과 중견인물이었다. 그러나 모범부락이 모범부락으로서 발전할 수 있었던 것에는 지도자 이외의 요소, 즉 주민의 단결심이 있어야 했다. 주민의 단결심을 지표상으로 증명할 직접적인 자료는 없다. 다만 추론 가능한 하나의 방법으로 촌락내의 계급구성과 동족구성을 이용할 수 있다.

먼저 계급구성부터 보면, 촌락내에서 자작농 또는 자소작농이 많은 곳과

---

55) 최재석, 1974, 「한국농촌의 권력구조 연구」『아세아연구』 51 참조.

소작농이 많은 곳의 주민 단결력은 다를 수 있다는 점이다. 소작농이 많은 촌락보다도 자작농과 자소작농이 많은 촌락이 단결심이 더 높은데, 이는 이해관계면에서 공통점이 많기 때문이다. 공동시설을 설립하더라도 소작농보다는 자작·자소작농에게 상대적으로 더 유리하게 작용하는 것이 현실이다. 소작농이 많은 곳에서는 촌락의 공공사업에 투입할 만한 노동력도 부족하고 지주와의 이해관계 대립으로 시설개량도 소극적일 수밖에 없다.

이제 모범부락의 계급구성을 일반 부락과 비교해 보자. 모범부락의 계급구성을 확인할 수 있는 직접적인 자료는 없으나 경향성을 보여주는 자료로는 『조선의 취락』(중편)을 들 수 있다. 『조선의 취락』에는 252개의 모범부락을 '부락명, 호수, 인구, 중심인물, 시설, 목적, 보조 또는 상여'라는 항목으로 자세하게 소개하고 있다. 이 중에서 계급구성(호수)에 관한 자료만 통계로 처리한 것이 <표 4-6>이며, 비교를 위해 1933년도 통계연보에서 도별 토지소유 규모를 비율로 정리한 것이 <표 4-7>이다.

먼저 모범부락과 전국의 토지소유 관계를 보자. 모범부락의 구성비는 지주와 자작을 합쳐 16.1%, 자소작 41.6%, 소작 40.0%, 기타 2.3%인 데 비해, 전국은 자작 18.6%, 자소작 24.8%, 소작 53.4%, 기타 3.2%이다. 지주를 포함한 자작과 기타의 비율은 양자 큰 차이가 없으나, 자소작의 비율은 모범부락이 일반 농촌보다 16.8%p 높고, 소작의 비율은 13.4%p 낮다. 그리고 자작과 자소작농을 합치면 모범부락은 57.7%로 전국의 43.4%보다 높은 경향을 보이고 있다.

모범부락 내부의 계급구성에서 자작과 자소작농이 높다는 것은 소득증대에 대한 경제적 욕구를 충족시킬 수 있는 최소한의 물질적 토대가 소작농보다는 더 튼튼하다는 것, 즉 소작농보다는 자작과 자소작농이 재산 증식에서 상대적으로 더 나은 조건을 갖고 있다는 것을 뜻한다. 동시에 모범부락에서는 개발을 위한 공동노동 등 많은 협동이 요구되고 있다. 이때 계급적 차이가 심한 쪽보다는 적은 쪽이 상대적으로 협동의 가능성이 더 크다는 것을 뜻하기도 한다.

〈표 4-6〉 모범부락의 토지소유 구성비[56)

	부락수	지주	자작	자소작	소작	기타	계
강원	10	2.8	26.4	54.2	16.7	0.0	100.0
경기	25	3.0	13.2	38.4	45.4	0.0	100.0
경남	20	0.8	6.3	16.4	50.8	25.8	100.0
경북	41	0.0	10.0	37.8	51.1	1.1	100.0
전남	33	0.0	6.3	58.3	35.4	0.0	100.0
전북	28	0.0	5.8	46.3	47.1	0.9	100.0
충남	11	0.0	8.4	30.1	61.4	0.0	100.0
충북	22	0.0	8.9	24.4	66.7	0.0	100.0
평남	12	13.3	20.9	20.4	42.7	2.7	100.0
평북	7	13.9	21.9	16.1	48.2	0.0	100.0
함남	17	0.8	0.0	89.9	9.2	0.0	100.0
힘북	7	0.0	30.8	54.1	15.0	0.0	100.0
황해	19	5.4	10.8	54.1	29.7	0.0	100.0
전국	252	3.1	13.0	41.6	40.0	2.3	100.0

*출전 : 善生永助, 『朝鮮の聚落』(中編), 129~167쪽.

　　다음으로 도별 특징을 살펴보자. 도별 토지소유 구성비와 모범부락의 그것이 비슷한 양상을 띠는 곳은 충청도와 평안도이며, 경기도와 전라도, 경상북도, 황해도, 함경도의 모범부락에서는 모두 소작농의 비율이 일반 촌락보다는 낮게 나온다. 경상남도의 경우는 예외적으로 일고를 포함한 기타가 25.8%를 차지하고 있다. 이는 경상남도에서 조사된 19개 모범부락 가운데 '거창군 가북면 龍山里, 거창군 가조면 양기리 源泉, 밀양군 상남면 岐山里, 양산군 양산면 多芳里, 진주군 도동면 草田里, 창녕군 계성면 新堂里, 협천군 초계면 宮坪里'는 모두 '기타'의 비율이 높다. 그러나 모두 특수한 사례라서 일반화하긴 어렵다. 전체적으로 볼 때 모범부락의 도별 특징은 뚜렷하지 않다고 할 수 있다.

---

56) 원 자료에서 강원도와 경기도, 충청북도의 경우 다른 도와 조사방식이 달라 자작을 지주자작으로 처리하여 조사한 것으로 판단된다. 따라서 여기서는 지주자작에 있던 통계를 자작으로 수정해서 처리했다. 즉 자작에 있는 강원도의 26.4%와 경기도의 13.2%, 충청북도의 8.9%는 모두 지주자작의 비율을 수정한 것이다.

〈표 4-7〉 도별 전국 토지소유 구성비(1933년도)

	총계	자작	자소작	소작	피용자
강원	7.5	23.1	30.6	43.4	2.8
경기	8.1	7.9	20.8	69.3	2.0
경남	10.0	14.1	29.5	52.1	4.3
경북	12.2	20.3	29.2	47.2	3.3
전남	12.9	19.5	24.4	50.9	5.2
전북	7.9	4.8	18.3	70.4	6.5
충남	7.2	8.5	22.1	65.9	3.4
충북	4.8	12.3	21.6	63.1	3.0
평남	6.0	25.3	24.2	49.9	0.6
평북	6.7	26.5	17.0	55.8	0.7
함남	5.9	37.3	32.2	28.1	2.3
함북	2.7	56.9	24.3	18.0	0.8
황해	8.1	15.2	23.4	59.0	2.4
총계	100.0	18.6	24.8	53.4	3.2

*출전 : 朝鮮總督府, 『朝鮮總督府統計年報』(1933년도), 68~69쪽.

*비고 : 총계의 100은 전체 농업인구 3,009,560명 중 화전인구 82,277명을 뺀 인원을
백분율로 바꾼 것이다.

모범부락과 1933년 농촌진흥운동을 시작할 당시에 설정되었던 갱생지도
농가와의 관계는 어떨까. <표 4-8>에서 보듯이 갱생지도농가의 자소작
비율이 일반 농가의 24.8%보다는 높지만 모범부락의 41.6%보다는 낮다.
자작은 일반농가와 모범부락의 비율보다 모두 낮고, 소작은 일반농가와는
비슷한 비율이나 모범부락보다는 12.6%p나 낮다. 따라서 모범부락은 일반부
락은 물론 갱생지도농가보다도 자작농과 자소작농의 비중이 더 높다는 것을
통계로 확인할 수 있다.

〈표 4-8〉 1933년도 설정 갱생지도농가의 계급 구성

	자작	자소작	소작	기타	합계
호수	6,629	17,535	27,217	324	51,705
비율	12.8	33.9	52.6	0.6	100.0

*출전 :「통계 농가갱생계획의 실적상황(2)」『朝鮮農會報』 1939년 5월호, 93~95쪽.

다음은 촌락내의 동족 구성과 관련한 것이다. 촌락이 동성으로 구성되었느

냐 각성으로 구성되었느냐 또는 동성의 반촌이냐 민촌이냐에 따라 주민의 단결력, 외부의 변화에 대한 대응도 다르게 나타난다고 할 수 있다. 동족부락에 대해서는 학술적인 면에서나 행정적인 면에서도 일찍부터 관심의 대상이었다. 동족부락이라는 말을 최초로 사용했다고 하는 善生永助가 직접 조사한 저명한 동족부락은 1,685개이며, 1930년 임시국세조사과에서 조사한 동족집단의 수는 14,672개이다.[57] 조선총독부가 동족부락에 관심을 가졌던 이유 중 하나는 동족부락이 조선 농촌사회에서 중요한 비중을 차지하고 있었으며, 특히 저명한 동족부락은 조선의 지배층과 연결되어 있어 지방지배라는 면에서도 중요했기 때문이다.[58] 善生永助의 동족부락에 대한 평가가 다소 과장되어 있더라도[59] 일반 동족부락이 전체 자연촌락의 23.5%를 차지하고 있어 분석대상으로서는 여전히 의미가 있다 하겠다.

善生永助가 조사한 1,685개의 저명한 동족부락에서 촌락조직의 사업목적을 정리한 것이 <표 4-9>이다. 조상 제사가 절반 이상이며, 동족구조가 그 다음을 잇고 있다. 이 통계는 농촌진흥운동이 시작하기 이전에 조사한 것으로 전통적인 목적이 중심이었다. 그러나 저명동족부락 가운데 지도부락으로 선정된 곳이 많기 때문에 산업관계 방면의 조직이 많이 결성될 것으로 기대하고 있었다. 동족부락에서는 아무래도 자치조직이 상대적으로 발달되어 있어 이 조직을 활용하여 농촌진흥운동으로 전화시킨다면 그 효과는 클 것으로 총독부는 기대한 것이다.

---

57) 善生永助, 『朝鮮の聚落』(後篇), 서문, 1~2쪽.

58) 같은 책, 215~218쪽.

59) 정진원, 1991, 『한국의 자연촌락에 관한 연구』, 서울대학교 박사학위논문, 49쪽. 동족부락이 전체 촌락의 1/2이나 된다는 善生永助의 주장은 1912년 전국 신동리수 27,626개를 기준으로 한 것이어서 과장되어 있다는 비판이다. 즉 1912년 당시 전국의 구동리(자연촌락)수는 60,826개로 동족부락이 자연촌락 단위로 있다고 가정하면 저명한 동족부락은 전체 자연촌락의 2.7%, 일반 동족부락은 23.5%를 차지하게 된다는 것이며, 이 비판은 타당하다.

<표 4-9> 저명 동족부락의 사업목적

도명	同族救助	조상제사	勤農	納税期限 엄수	풍습개선	교육장려	조사 부락
경기도	23	48	8	7	1	-	235
충청북도	20	38	4	-	3	-	134
충청남도	9	64	-	-	6	-	131
전라북도	7	45	1	1	1	-	92
전라남도	49	141	6	-	9	-	238
경상북도	22	131	13	2	-	6	246
경상남도	31	86	4	-	1	8	135
황해도	16	70	8	-	2	4	143
평안남도	30	72	3	-	1	3	112
평안북도	2	32	1	-	-	7	48
강원도	7	23	4	1	1	-	79
함경남도	10	44	3	2	1	3	63
함경북도	6	15	2	1	-	3	27
계	232	809	57	14	26	34	1,685

*출전 : 善生永助, 1935, 『朝鮮の聚落』(後篇), 723~987쪽.

그러나 이러한 기대가 반드시 낙관적인 것은 아니었다. 오히려 현실에서는 단결보다는 대립과 갈등이 생기거나 장로의 발언이 강해 진흥운동이 성과를 얻지 못하는 경우가 빈발했다. 이 상황을 大野保는 다음과 같이 잘 묘사하고 있다.

"박씨와 김씨가 거의 세력이 같다면, 양자 사이에는 소위 세력 경쟁 같은 것이 생긴다. 박씨 중에서 만약 뛰어난 구장이 선출되었다고 하면 김씨 쪽은 이에 대항해 싸우든가, 아니면 반드시 다음 이장직을 얻어 이에 대항하는 일이 지금 자주 일어나고 있다. 또 동성 중에서도 여러 파로 나뉘어 세력다툼을 일으키거나, 동족간의 공유재산인 종중재산(혹은 문중재산) 등을 둘러싸고 여러 가지 분쟁을 일으키는 사례도 실제로 매우 많다. 따라서 이를 갱생운동 등의 측면에서 보면, 두 성 사이에 세력경쟁이 있거나, 동성만으로 구성된 부락의 경우 극히 그 일을 하기가 어렵다는 말이다. 동족부락의 경우, 대체로 그 분위기가 보수적이어서 모으는 일도 어렵다. 가령 그 가운데 누가 지도자로 선택되더라도 다른 사람은 분파관계나 무리의 상하관계 등으로 열심히 그 말에 경청하지 않는다. 또 그 자신이 동족관계에 있기 때문에 결심한 개혁을 실행하기 어렵다. 따라서 어떻게 해도 무리할 수 없기 때문에 침체하고, 특히 청년 중에서 좋은 지도자를 배출하는 것도 매우 곤란한 일이 되고 있다."[60]

인상적인 분석이지만, 1970년대의 새마을운동과 동족구성간의 관계를 분석한 연구에서 내린 결론과 그다지 큰 차이가 없다. 브란트와 이만갑은 공동연구에서 "단일동족부락에서의 새마을사업은 가장 성공적인 결과를 가져 온 반면, 세 개의 경쟁적인 혈연집단이 있는 부락에서의 새마을운동은 가장 성공적이지 못했다고 한다. 그 이유는 물론 새마을사업의 성공여부가 주민의 협동의 확보를 전제로 하는 것이기 때문에, 만일 한 부락 내에 서로 경쟁적·적대적인 혈연집단들이 존재한다면 협동의 확보는 커다란 난관에 부딪치기 때문"[61]이라는 결론을 내렸다. 최협은 전통적인 반촌을 조사하고 나서 "A부락은 하나의 친족집단이 압도적인데도 새마을 사업의 성과는 B마을 (각성부락)에 훨씬 뒤떨어져 있었다. A부락에서의 새마을운동에 관한 결정은 지배적인 동족집단의 친족서열에 의하여 좌우된 느낌이 있고 집안이나 동네 어른들의 의사에 반한 생각을 했던 일부의 젊은이들도 별다른 반발 없이 전체의 결정에 따랐기"[62] 때문이라 하였다. 김택규와 여중철은 30개의 표본지역을 조사한 뒤 각성부락에 비해 동족부락에서 새마을운동이 전반적으로 부진하다고 결론지었다.[63]

이처럼 동족의 구성에 따라 개발이 성공하느냐 마느냐(또는 외부의 변화에 대해 효율적으로 대응하느냐 못하느냐)에 대한 연구들은 모두 유사한 결론을

---

60) 大野保, 앞의 책, 148~149쪽.

61) 빈센트 브란트·이만갑, 1979, 『한국의 지역사회개발(4개 새마을부락의 사례연구)』, 유네스코한국위원회, 95~96쪽 ; 최협, 1982, 「동족부락과 비동족부락의 사회구조적 특성」『호남문화연구』 12, 전남대학교호남문화연구소, 151~152쪽에서 재인용.

62) 최협, 1982, 「동족부락과 비동족부락의 사회구조적 특성」『호남문화연구』 12, 전남대학교호남문화연구소, 152~153쪽. 전남 강진의 2개 마을 조사.

63) 金宅圭·呂重哲, 1979, 「부락구성과 새마을운동－동족부락과 각성부락의 비교연구－」『새마을연구』, 영남대학교.

내리고 있다. 다만 기존의 연구에서는 촌락지도자라는 중요한 요소가 빠져있었다. 권력의 입장에서든 주민의 입장에서든 개발을 하기 위해서는 주민들의 자발성과 단결, 그리고 지도자가 있어야 했다. 따라서 동족 구성을 중심으로 한 촌락구조와 촌락지도자라는 두 요소를 결합해서 분석할 때 촌락개발에 대한 좀 더 완전한 유형화가 될 것이다. 이는 또한 행정침투에 따른 촌락유형과는 또 다른 각도에서 촌락의 다양한 모습들을 확인하는 계기가 될 것이다.

<표 4-10>은 동족 구성을 중심으로 한 촌락 구조와 촌락지도자, 그리고 개발이라는 키워드를 조합하여 사례와 결부시켜 종합해 본 것이다. 이때 개발이라 함은 외부의 충격에 대한 촌락 내의 대응력을 나타내는 하나의 방편으로 사용했으며, 촌락지도자의 경우 이러한 외부의 충격이나 변화요구에 대해 어떤 태도를 취하고 있는가를 적극-소극, 능동-수동이라는 단어로 정리했다.

<표 4-10> 촌락 구조와 지도자, 그리고 촌락 개발

촌락 구성			지도자(중심·중견인물)	개발	유형
동족부락	單性	班村	소극·수동적	부진	①
			적극·능동적	활발	②
		民村	적극·능동적 인물 있을 때	활발	③
	2개성 이상	가문과 가문 반촌과 민촌		부진	④
각성부락			지도자가 있는 경우	활발	⑤
			지도자가 없는 경우	부진	⑥

①은 단성의 반촌으로 외부의 변화에 소극적인 지도자가 있는 유형이다. 이런 유형은 '예리한 수평적 成層化와 파벌로 촌락의 협동과 단결이 위협'을 받고 있으며, 이른바 '장로정치'가 일어나고 있다. 경제적으로 우월하고 보수적 전통을 자랑하는 동족이 지배하는 촌락으로 외부의 변화나 개발에 대해 부진한 경향을 띠고 있다. 전라남도 장흥군 용산면 상금리,[64] 경북 안동의 하회동 마을[65] 등이 대표적이다.

---

64) 이용기, 앞의 논문, 179~180쪽.

②는 반촌이긴 하나 권위와 부와 권력을 가진 촌락지도자가 외부의 변화에 적극적으로 대응하면서 촌락을 지도한 경우로 촌락 개발에 유리한 유형이었다. 경기 양주군 시둔면 신곡리 추동부락(97번), 평남 용강군 금곡면 유동리(591번), 평남 평원군 순안면 남산리(613번), 함남 이원군 남면 수항리(702번) 등 모범부락 중 일부가 여기에 해당한다.

③은 동족부락 가운데서도 많은 비중을 차지하는 민촌으로 평등주의와 협동정신 등 강한 공동체의 결속으로 촌락지도자의 효율적인 지도가 가해진다면 개발에 유리한 유형에 해당한다. 강원 화천군 하남면 용암리(48번), 전북 남원군 주생면 정송리 정충부락(357번), 경북 영일군 시광면 호리동(251번), 충남 연기군 서면 봉암리(432번), 평남 대동군 고평면 차리 최동부락(530번) 등이 대표적인 예이다.

④는 촌락 내에 2개 이상의 성씨가 있으면서 문벌간, 반상간의 대립과 갈등이 심한 지역으로 이런 곳에서는 전반적으로 개발이 부진한 편이다. 충북 월성군 강동면 양동리는 여강 이씨와 월성 손씨의 반촌으로 동족결합과 반상의식이 강해 이장과 반장 등 공적 부문의 지도자들이 매우 낮게 평가되고 있어 새마을운동이 부진하였다.[66] 충남 청양군 대치면의 S촌락은 2개의 자연촌락(새마을과 접줄)으로 구성되어 있으며, 여주 민씨의 집성촌으로 반상의 구별이 뚜렷한 부촌으로 해방 후 양반과 상민이 별도의 상포계를 운영하다 1960년대 중엽 이후에 와서야 통합되었을 정도로 갈등이 심했다.[67]

반면 충남 함양군 지곡면 개평리처럼 두 개의 가문이 선의의 경쟁으로 외지에 나가있는 유력자의 힘을 빌려 개발에 성공한 사례도 있다.[68] 식민지기의 사례로는 경남 합천군 초계면 관평리(217번), 평남 개천군 외서면 삼포리 상중참(524번), 평남 대동군 부산면 화곡리(538번), 평남 평원군 숙천면 사직리

---

65) 빈센트 S. R 브란트 저, 김관태 역, 1975, 『한국의 촌락』, 21쪽.

66) 최재석, 앞의 글, 176~183쪽 : 김택규·여중철, 1979, 「부락구성과 새마을운동—동족부락과 각성부락의 비교연구」『새마을연구』, 영남대, 59쪽.

67) 최재석, 같은 글, 169쪽.

68) 김택규·여중철, 앞의 글, 59쪽.

(611번) 등을 들 수 있다.

⑤는 중심인물의 적극적인 지도와 촌락의 협동적 분위기가 상승작용을 일으켜 개발에 성공한 유형으로 지금까지 본 모범부락의 다수가 여기에 해당한다. 반면 ⑥은 협동의 가능성은 있으나 외부의 자원을 동원할 능력을 가진 지도자가 없어 개발을 추진하지 못한 유형이다. 전북 옥구군 옥구면 어은리 둔산부락,[69] 석포리,[70] 탑전부락[71]과 같이 일반 농촌사회에서 보편적으로 볼 수 있는 촌락들이다.

2) 촌락질서의 변화

식민권력과 상품화폐경제가 촌락 내부로 침투함에 따라 농촌사회는 변화를 강요받게 되고 촌락 내부의 조건에 따라 다양한 형태의 대응을 하게 되었음을 살펴보았다. 여기서는 이러한 변화의 양상을 촌락 내의 주민조직을 통해 봄으로써 촌락자치질서가 어떻게 변화해 가는가를 추론할 수 있을 것이다. 식민지 이후 촌락내 수립된 관료제 질서와 이에 따른 자치질서의 변화에 대한 양상을 다룬 연구로는 김경일, 靑野, 이용기 등의 연구가 있다. 여기서는 이들의 연구성과를 토대로 동계류와 진흥회류 간의 변화양상을 종합적으로 다루고자 한다.[72]

식민지기 촌락 내의 주민조직은 범주상 크게 세 가지 유형으로 구분할 수 있다. 가장 전통적인 주민조직인 '동계형(I형)'과 총독부가 주도하여 설립한 관제자치단체인 '진흥회형(III형)', 그리고 두 유형 사이에 있는 '절충형(II형)'

---

69) 京城帝國大學聯盟 法律學班, 1944, 「南鮮 한 農村의 實態調査 報告」(1~1) 『調査月報』 15-4~5(1944년 4월호~5월호).

70) 빈센트 S. R. 브란트 저, 김관태 역, 앞의 책.

71) 존 E. 밀스 편, 1960, 『사개 한국촌락 답사보고서』, 지역사회개발국 주한미국경제협조처. 제1판은 1958년에 출간되었으며, 이때는 3개 촌락에 대한 보고서였다. 개정판(1960)을 낼 때 탑전부락에 대한 조사가 추가되었다.

72) 윤해동의 연구는 동계와 동회의 분화과정, 그리고 계의 성격 변화를 통해 주민조직의 변화를 다루었으나 진흥회와의 관계에 대한 분석은 없다.

이 농촌사회에 공존하고 있었다. 식민지배 전 기간을 걸쳐 주민조직은 I형→
II형→ III형으로 확대되어 갔으며, III형으로 갈수록 관료제적 질서의 영향을
많이 받았다고 할 수 있다.

동계(I형)는 전 주민이 참여하여 촌락의 공동사업을 비롯하여 빈민구제와
風敎維持 등의 기능을 한 전통적인 자치조직이었다. 동계에는 '신분적 요소가
우세하고 형식주의적, 씨족적, 위계적 원리에 의해 지배되는 유형과 평등주의
적, 공동체적 원리에 의해 지배되는 유형'[73]이 있으나 여기서는 구분하지
않았다. 진흥회(III형)는 동계와는 달리 일반적으로 전 주민이 가입하지 않았으
며(총독부가 촌락 내 모든 호를 가입하도록 지시한 것은 1938년이다), 촌락의
공공사업 이외에 총독부가 지도하는 경제 방면의 사업을 추진하는 기능이
강화되었다. 동계가 주민의 자치조직으로 村落共同體적인 성격을 띠고 있었
다면, 조선총독부가 주도해서 만든 진흥회는 식민국가의 요구를 촌락 단위에
서 관철시키기 위한 관리기구로서 전통적인 자치조직을 활용한 擬制共同體적
인 성격을 갖고 있었다. 이 유형에는 동계가 없거나 발달하지 않은 곳에서
진흥회가 신설된 유형(III-a형)과 기존의 동계가 사회변화를 수용하여 진흥회
로 전환한 유형(III-b형)이 있다. 그리고 절충형(II형)에는 동계와 진흥회가
병존함에 따라 자치와 행정의 분리에 따른 '동리운영의 이원구조'와는 또
다른 형태의 이원구조가 수립된다. 동계와 진흥회가 병존하면서 촌락내
권력구조에 따라 전통적인 조직이 중심인 유형(II-a형)과 관제자치조직이
중심인 유형(II-b형)이 있다. 그리고 병존과는 달리 전통적인 것의 식민지적
변용이나 근대적인 것의 전통적인 변용이 일어나는 유형(II-c형)도 과도형의
하나라고 볼 수 있다.

다음 <표 4-11>은 촌락내 주민조직의 내용을 보여주는 사례를 유형별로
정리한 것이다. 먼저 동계형(I형)에는 어서리와 석교리, 간현리, 그리고 오미동
이 해당할 것이다. 동계형이라 하더라도 그 내부를 들여다보면, 동계와 동회가

---

73) 김경일, 1984, 「朝鮮末에서 日帝下의 農村社會의 洞契에 관한 연구」『한국학보』
    35, 204쪽.

같이 있거나 하나만 있으면서 같은 역할을 하는 곳, 또는 양반가문이 주도하는 동약이 중심인 곳 등 다양한 형태가 있다. 그러나 촌락 내에서 전통적인 자치질서와 근대적인 행정질서가 분리되고는 있지만, 여전히 전통적인 자치질서에 의해서 촌락이 운영되고 행정은 보조적인 기능을 수행하고 있어 같은 유형으로 보아도 무방할 것이다.

진흥회형(Ⅲ형)에는 크게 촌락의 공공사업을 주도하거나 기존의 각종 계 등을 진흥회로 흡수하여 자치조직으로 발전한 유형(Ⅲ-a형)과 기존의 동계가 사회변화를 수용하여 진흥회로 전환한 유형(Ⅲ-b형) 두 가지가 있다. 전자의 대표적인 예로는 도장리와 장전리가 있다. 진흥회가 면행정과 구동리를 연결하면서 사실상 동회의 역할을 수행하였다. 웅곡동의 동약은 관의 지시로 만든 조직으로 진흥회와 같은 성격이다. 그리고 신천리와 대산리, 화곡리처럼 진흥회가 각종 계나 조합을 진흥회 산하로 두거나 흡수하여 농사개량사업과 촌락 개발을 주도하는 역할을 한 촌락도 있다. 진흥회형이라 하더라도 이런 모습을 가진 촌락이 더 많았으리라 생각된다. 동계가 진흥회로 전환한 대표적인 예로는 구룡리, 보체리, 수양리, 미룡리, 중생왕동과 황봉리를 들 수 있다. 이 가운데서 구룡리는 행정 지시에 따라 동계를 진흥회로 개편한 것으로 보이며, 나머지는 모두 경제적인 기능을 강화하여 1920년대에 자율적으로 전환한 경우이다.

절충형(Ⅱ형)의 경우 동계와 진흥회가 병존하면서 전자가 중심인 유형과 후자가 중심인 유형이 있다. 동계가 중심인 유형은 갱생지도부락 지정 등으로 진흥회가 설립되긴 했으나 그 힘이 미약하거나 형식적이어서 여전히 동계가 촌락운영의 중심인 촌락이다. 모산리와 명천동, 방경동 사례가 여기에 해당한다(Ⅱ-a형). 반면 진흥회가 중심이 되어 촌락을 운영하면서 동계가 보조적인 역할을 하는 촌락으로 모범부락으로 유명한 수양리와 명남동 등을 대표적으로 들 수 있다(Ⅱ-b형). 그리고 동계와는 별도로 진흥회를 조직하되 금자리처럼 일부 기능만 주민들이 받아들여 변용된 형태로 운영하거나 하금리의 보항조합처럼 근대적 형식과 사농공상이라는 전통적인 질서가 착종하여 운영된 유형이 있다(Ⅱ-3형).

<표 4-11> 촌락내 관료질서의 침투와 자치질서의 변화

유형	지명	촌락구성	기구1 (전통)	기구2 (신설)	양 기구의 관계	촌락구조와 지도자	비고	출전
Ⅰ	전남 장흥군 용산면 어서리	인천이씨 중심의 반촌	동계 중심	갱생회 (37)		동계=동회 동수, 지인 (공사원)		a[74]
	경북 영천군 순흥면 석교리	석교리 1구, 의성김씨 중심의 반촌	동약, 동회			존위=동장과 구장은 모두 의성김씨 동약장		b[75]
	강원 원주군 지정면 간현리	간현동(한산이씨 집성촌의 반촌)	동회, 동계 (43)			농회 중심, 동계의 재정 지원, 구장-행정		c[76]
	전남 구례군 토지면 오미동		동회 중심, 동계 없음	없음		동임→이장		d[77]
Ⅱ-a	전남 장흥군 용산면 모산리	갱생지도부락	동계와 각종 계 운영	진흥회, 공제회	동계와 긴밀한 관계			e[78]
	함북 명천군 하운면 명천동	'부근'으로 불리는 7개 마을				존위·공원은 구장과 별도, 존위·공원 주도	자율형	f[79]
	황해 평산군 세곡면 오포리 방경동	금융조합지도부락(31)	종계, 동계		종계·동계에서 집회장 건축 출자			g[80]

---

74) 이용기, 앞의 논문, 153쪽.

75) 鈴木榮太郎, 1973, 『朝鮮農村社會の研究』, 未來社, 216~230쪽 ; 김경일, 앞의 글, 180쪽.

76) 鈴木榮太郎, 같은 책, 75~97쪽 ; 이용기, 앞의 논문, 154쪽 ; 김경일, 같은 글, 184쪽.

77) 이용기, 같은 논문, 154~155쪽.

78) 이용기, 같은 논문, 179~180쪽.

79) 鈴木榮太郎, 앞의 책, 456~458쪽.

80) 梁村奇智城, 앞의 책, 443~449쪽.

	전남 강진군 성전면 수양리	광산이씨촌, 동령 신기 수암 백화 4개 동	동령 신기 수암의 3동계 운영	(민풍)진흥회(24)	진흥회와 동계의 병존			h[81]
Ⅱ-b	함북 명천군 서면 명남동	모범부락	산동동의 양반 주도 동약(향도향약), 병우답계	동계(11, 관제)	동약에 대립하는 동계	존위와 계수 폐지-구동리 지도자 실각		i[82]
	경기 포천군 소흘면 직동리	외촌외 6개마을, 2개구, 밀약 박씨 중심 집성촌	里中契, 부조계	공회당 2구-식산계, 부인회	모범부락	1구는 이재옥(왕족 후손) 2구는 구장	임업시험장 광릉 출장소	j[83]
	전남 장흥군 부산면 금자리	효자리(남평문씨 죽산안씨), 금장리(인천이씨), 관한리	금자리 산하 3개 마을에 별도 동계 운영	금자리민풍진흥회(27)	진흥회와 동계 별개 운영, 진흥회의 변용		진흥회-도덕 확립만 수용	k[84]
Ⅱ-c	전남 장흥군 용산면 하금리	인천이씨와 영광김씨의 반촌		보항조합(구동리, 40명의 노동계)	사농공상의 질서와 조합의 착종			l[85]
	황해 봉산군 만천면 유동리		동계(02)		동계 회의를 의원제로 변경(27)-개조		자치조직의 근대화	m[86]

81) 이용기, 같은 논문, 183~184쪽.

82) 靑野正明, 앞의 글, 24~27쪽 ; 善生永助, 1933, 『朝鮮の聚落』(中篇), 166쪽, 280~286쪽 ; 朝鮮總督府 內務局 社會課, 1928, 『優良部落調』.

83) 김영희, 앞의 책, 330~334쪽.

84) 이용기, 앞의 논문, 184~186쪽.

85) 이용기, 같은 논문, 186~189쪽.

86) 김경일, 앞의 글, 196쪽.

<table>
<tr><td></td><td>경북 선산군 무을면 웅곡동</td><td>모범부락</td><td>양반층의 영향력 없음</td><td>농사개량실행조합(26) 동약(27)</td><td>행정지도 하의 동약이 실시된 유형</td><td>동약 회비는 유지 출연, 촌민의 참여 부족, 梁壽慶</td><td></td><td>n87)</td></tr>
<tr><td></td><td>충남 천안군 목천면 도장리</td><td>중 규모 촌락, 소작농 다수, 모범부락</td><td></td><td>진흥회(22, 월 2회 개최, 동회 역할)</td><td>자치단체가 설치된 유형</td><td>진흥회가 면 행정과 구동리 연결, 진흥회장 주도</td><td></td><td>o88)</td></tr>
<tr><td></td><td>경북 함양군 함양면 신천리</td><td>신기 삼천 후동, 82호(소수 부농, 다수 영세농)</td><td></td><td>진흥회(21, 동계 역할), 면작개량계</td><td>계·조합이 진흥회의 보조기능</td><td></td><td></td><td>p89)</td></tr>
<tr><td>III-a</td><td>전남 장흥군 용산면 장전리</td><td></td><td></td><td>진흥회, 개량소조회(27), 자력갱생회</td><td></td><td></td><td></td><td>q90)</td></tr>
<tr><td></td><td>전남 보성군 웅치면 대산리</td><td>5개 마을, 2개 부락연맹</td><td>4개 마을에 동회</td><td>농촌진흥회(2개)</td><td>계→진흥회로 해소</td><td></td><td></td><td>r91)</td></tr>
<tr><td></td><td>평남 대동군 부산면 화곡리</td><td>황씨와 선우씨의 집성촌(반촌), 49호, 모범부락</td><td></td><td>산업계·위친계·서당계·양잠계(16)→화곡대화원(28)</td><td>각종 계를 화곡대화원으로 통합</td><td></td><td></td><td>s92)</td></tr>
<tr><td></td><td>충북 제천군 금성면 구룡리</td><td>구룡리와 4개의 마을</td><td>동계(32년까지 존속)→동회(농진운동)</td><td></td><td></td><td>5개 동에 각각의 존위=구장=부락연맹이사장, 면임은 무력 존위·부락사-실무</td><td>계산교부소 동재학기로 멸,</td><td>t93)</td></tr>
</table>

---

87) 靑野正明, 앞의 글, 28~30쪽 ; 善生永助, 앞의 책, 150쪽.

88) 靑野正明, 같은 글, 31~32쪽 ; 善生永助, 같은 책, 138쪽.

89) 靑野正明, 같은 글, 33~34쪽.

90) 이용기, 앞의 논문, 178~179쪽.

91) 김영희, 앞의 책, 322쪽.

92) 『朝鮮農會報』 3-10(1929년 10월호), 59~68쪽 ; 善生永助, 앞의 책, 159쪽.

93) 鈴木榮太郎, 앞의 책, 11~38쪽, 222~226쪽, 243~264쪽.

III-b	경기 안성군 미양면 보체리	모범부락	동계→농량계(19)	산미개량조합(24) 흥농회(28)	동계→농량계→흥농회	동계의 자율적 개조	u[94]
	전남 강진군 성전면 수양리	모범부락(23)	동계→積善契(14)	농림회(18)→진흥회(23, 전 동리민)	적선계→농림회→진흥회	면장, 구장 주도	v[95]
	전북 옥구군 미면 미룡리	3개 부락 중 용장리가 개량부락	대동계(09)	오리계→산업계→부락개량조합(26)	대동계도 부락개량조합에 통합		w[96]
	황해 송화군 송화면 중생왕동	모범부락	동계	흥풍회(23), 근검단, 공동작업단	동계→흥풍회	면장·면협의회원·농회 통상의원 등을 역임한 명망가	x[97]
	전북 금산군 남일면 황봉리	박씨 집성촌	同寅契(12)	부락개량조합(24) 노동계	동인계→부락개량조합		y[98]

　이상으로 촌락 내 질서의 변화양상을 자치조직의 유형을 통해 살펴보았다. 경향적으로 본다면 보수적인 전통이 강하게 남아 있는 반촌에 동계형의 자치질서가 강했다면, 모범부락으로 불리는 촌락에는 진흥회형의 관제자치가 발달하였고, 일반 촌락에는 양자가 절충되거나 변용된 형태의 촌락 조직이 형성되었을 것이다. 그리고 진흥회형으로 갈수록 촌락내에서 관료제 질서의 영역도 더 확장되면서 동리운영의 이원구조도 심화되어 갔으리라 생각된다.

　식민지기를 거치면서 과도하게 발달한 국가권력은 촌락 내에 관료제 질서의 구축을 강화하였고, 이로 인해 촌락 내부에는 새로운 질서구조, 즉 행정과

---

94) 『總動員』 1940년 3월호, 89쪽.

95) 김경일, 앞의 글, 200쪽 ; 『朝鮮農會報』 2-5(1928년 5월호) 40쪽 ; 『목포일보』 1929.11.10 ; 『경성일보』 1930.8.21~30 ; 善生永助, 앞의 책, 145쪽.

96) 朝鮮農會, 1931, 『優良農村と篤農家』 ; 『朝鮮地方行政』 11-8(1932년 8월호), 145~150쪽 ; 善生永助, 같은 책, 141쪽.

97) 梁村奇智城, 앞의 책, 449~452쪽.

98) 『朝鮮地方行政』 11-7(1932년 7월호), 128~132쪽 ; 善生永助, 앞의 책, 139쪽.

자치의 분화에 따른 이원구조가 성립되고 확대되는 모습을 띠었다. 더불어 관료질서를 매개로 한 새로운 세력의 등장은 전통적인 세력과 긴장관계를 유지하면서 촌락 내에서 또 하나의 지도자 유형으로 성장하고 있었다. 이 변동과정을 시기별로 조망하면 다음과 같을 것이다.

1910년대는 면리제 시행을 전후하여 신동리를 중심으로 관료제 지배기구가 수립되어 이른바 '동리 운영의 이원구조'가 만들어지긴 하나 전통적인 질서의 저항과 행정력의 미약으로 촌락내에 관료적 질서가 힘을 발휘하지 못한 시기이다. 1920~1930년대 중반은 면 행정이 확대됨에 따라 촌락 내에도 관료제 질서가 확대되어 자치질서와 긴장관계(포섭, 타협, 대립 등)를 갖게 되고, 관료제 질서의 영향하에 있는 세력들이 촌락지도자의 한 그룹으로 성장하기 시작한 시기이다. 1930년대 후반~1940년대 중반은 전시 총동원업무의 폭주와 행정 침투의 강화로 관료적 질서가 촌락 내에서 우세해진 반면 자치질서는 위축되었으며, 이에 따라 행정지도자의 역할이 강화된 시기이다. 또한 청장년을 중심으로 한 대대적인 인구이동(국외 노동력 강제동원 최소 150만 명, 국내 노동력 강제동원 연인원 700만 명)은 심각한 노동력 부족 사태를 가져와 촌락의 재생산 구조를 위협했을 뿐만 아니라 전통적인 지배질서를 사실상 무력화시켰다.

그리고 해방 이후는 농지개혁과 전쟁으로 인한 지주계급의 몰락과 전통질서의 붕괴, 그리고 산업화로 인한 사회적 이동의 가속화 등으로 촌락 내에 관료적 질서가 고착되는 한편, 영향력이 행정지도자 중심으로 이동되었다. 1960년의 한 현지 조사에 따르면,[99] 농지개혁과 전쟁이 지배계급으로서 지주계급이 몰락했음을 상징적으로 보여주고 있다.

충청북도 영동군 상촌면 고기리 높은터 마을은 사회·경제·문화적으로 면내에서 부유한 마을로 고성 남씨가 18세대, 나머지 25세대로 구성되어

---

99) 존 E. 밀스 편, 1960, 『사개 한국촌락 답사보고서』, 지역사회개발국 주한미국경제협조처. 제1판은 1958년 출간, 이때는 3개 촌락 보고서였으며, 개정판(1960)을 낼 때 1개 촌락을 추가한 것임.

있었다. 농지개혁으로 땅을 잃은 농가가 5세대였으며, 특히 농지개혁으로 동리의 약 70% 이상의 땅을 소유하고 있던 두 지주는 자기들 총 소유의 95%를 팔아야 했다. 전쟁으로 인한 인플레이션으로 그들이 예금한 95%의 돈은 가치가 없어져 과거의 지위는 붕괴되었다. 이들과 마을 주민들과의 관계는 다음과 같다. "전 지주들은 현재 곤경에 빠지고 있다. 그들은 교육도 받았고 지방적 유지이지만 그들은 노동력이 없고 농사에 대한 지식이 없고 모든 일에 노임을 지불하지 않으면 안 된다. 그러나 그들이 경제적으로는 쇠퇴되었으나 동리를 위해서 외부와 교섭하고 또 권위를 가지고 동리를 통솔할 수 있는 것은 역시 지주들의 역할이다. 고로 그들의 동리에서의 지위는 그전 같지는 않지마는 여전히 지도자의 입장으로서 통솔권을 가지고 있으며 또 동리사람들로부터 존경을 받고 있다."[100]

그러나 이러한 권위마저도 산업화와 도시화의 촉진으로 약화되어 1970년대 들면 촌락 내에서 관료제 질서가 지배적인 질서로 완전히 구축되었다. 1961년과 1971년 두 차례에 걸쳐 "이 부락에서 지도적 역할을 담당하는 사람은"이라는 질문으로 조사한 자료가 있다. 조사 결과를 정리한 것이 <표 4-12>로 촌락 내에서 지도적인 역할을 수행하는 사람이 변화되었음을 잘 보여주고 있다.

〈표 4-12〉 촌락 내 지도적 역할 조사[101]

응답내용 \ 연도	1961	1971
학식·재산의 소유자	165(39.1)	32(7.6)
조합장, 이·동장	133(31.5)	195(46.2)
독농가 호주	75(17.8)	147(34.8)
기 타	49(11.6)	48(11.4)
계	422(100.0)	422(100.0)

---

100) 같은 책, 20쪽. 충청남도 공주군 우성면 쌍신라 하신마을에 대한 조사도 같은 결과를 보여주고 있다.

101) 李秉東, 1989, 『농촌개발전략연구』, 형설출판사, 49쪽.

조사 결과 10년 사이에 촌로와 유지의 영향력이 빠른 속도로 감소하고 있으며, 그 공간을 조합장과 이장·동장으로 대표되는 국가권력이 채워나가는 한편, 경제적 실력을 갖춘 독농가 집단이 약진하는 양상을 띠고 있다.

이로써 근대 이후 촌락 내에 수립되었던 관료제 질서와 전통적인 자치질서의 이원구조는 해소되기에 이르렀다. 그렇지만 관료제 질서가 전일적으로 촌락 내부를 지배했다고는 할 수 없다. 촌락지도자가 갖고 있는 고유한 속성인 주민의 대표자이자 권력의 대리인이라는 이원성 때문에 일방적인 지배가 관철되기에는 구조적인 제약이 있었다. 또한 촌락이라는 직접적인 대면공동체에서는 행정과 자치가 완전히 분리될 수 없으며, 직접적인 참여가 상시적으로 일어나는 공간에서 권력에 의한 동원은 참여를 동반하고 있어 자율적인 공간은 지속적으로 열려 있었다고 할 수 있다. 결국 촌락지도자의 이원성과 촌락 자체가 가진 고유한 조건 때문에 촌락 내에서는 새로운 형태의 질서를 준비하고 있었다고 할 수 있다.

결 론

　이 책은 1930~1940년대 조선총독부의 촌락지배를 정책과 기구, 촌락지도자, 그리고 촌락사회의 대응이라는 네 가지 차원에서 재구성하여 식민권력이 어떤 방식과 수준으로 촌락까지 침투해 들어갔으며, 이에 대한 촌락사회의 변화와 대응양상을 밝힘으로써 식민지기의 村落像과 指導者像을 규명하려는 연구이다. 식민지 조선사회에 구축된 중앙권력은 강력한 무장력과 행정력을 통해 자신의 의지를 촌락까지 관철시키려는 정책과 제도를 구축하려 했으며, 이로 인해 촌락사회는 상품화폐경제의 침투와 함께 전통적인 질서가 해체되거나 위협받으면서 식민권력의 침투에 대응해야 했다. 식민지 조선의 주민에게 있어 1930~1940년대는 강력한 국가권력이 일상 속으로까지 침투해 들어와 각종 행정 요구와 동원에 시달리는 낯선 경험을 겪으면서 대응하는 시기였다. 대응은 거부와 수용, 변용 등 다양한 형태로 나타났으며, 이는 식민권력이 촌락사회의 대응에 따라 불균등하게 침투해 들어갔음을 반영하는 것이기도 했다. 비록 협소하고 제한된 공간이긴 하지만 촌락사회는 자치조직의 역량에 따라 식민권력에 대해 다양하게 대응했다고 할 수 있다. 따라서 이 책은 상대적으로 다른 식민지에 비해 고도로 발달한 중앙권력과 이에 대응해야만 하는 촌락사회라는 두 축을 중심으로 식민지 사회를 구성하고자 한 것이다.

　이를 위해 1장과 2장에서는 식민권력이 촌락 내부로 침투해 들어가기 위한 정책과 그 수준을 식민권력의 농가조사라는 측면에서 확인하였고,

촌락 외부의 지도기구 정비와 함께 촌락 내 자치조직의 官制化와 확대를 통해 일원적인 지배체제를 수립해 가는 과정을 정리하였다. 3장에서는 식민통치의 효율성을 높이기 위해 식민권력의 민간측 대리인을 육성하는 정책과 그 내용을 검토하였으며, 조선총독부가 이상으로 여긴 중심·중견인물의 실체를 파악하기 위해 사례를 통해 다양한 유형의 그룹들이 촌락지도자(또는 예비지도자)로 활동하고 있었음을 규명하였다. 그리고 4장에서는 권력침투에 따른 촌락 사회의 대응양상을 권력(자본) 침투와 촌락의 자율성이라는 측면에서 유형화를 시도하는 한편, 촌락내 이원구조의 성립과 질서의 변동양상을 다룸으로써 식민지기의 촌락상과 지도자상을 규명하려 했다. 이하, 각 장의 내용을 정리하면서 문제로 삼았던 과제를 검토해 보기로 한다.

1장에서는 식민권력의 침투 정도를 농촌진흥운동기와 전시총동원운동기에 시행된 농민조직화정책 중 농가지도의 수준과 방식을 중심으로 살펴보았다. 1932년에 시작한 농촌진흥운동은 農家更生計劃이 수립되어 更生指導部落과 農家가 지정되고, 면사무소를 비롯한 주요 행정기관이 총동원되어 지도를 한 시기(1932~1934), 10년간 농가갱생계획을 농촌의 모든 촌락으로 확충한다는 방침 하에 대상을 확대한 시기(1935~1936), 중일전쟁으로 운동의 목표가 농가경제의 안정에서 전쟁 수행을 위한 식량 증산과 안정적 공급으로 수정된 시기(1937~1939), 그리고 농촌진흥운동이 農山漁村生産報國運動으로 바뀌었고, 실행계획으로 部落生産擴充計劃이 전체 농가로 확대된 시기(1940~1945)로 나눌 수 있다. 부락생산확충계획은 '부락'을 실행 단위로 '국가' 요청에 따른 계획 생산의 완수를 목표로 한 것으로 전 촌락의 97%, 전 농가의 92.4%가 생산계획을 수립했으며, 총독부가 이를 파악했다는 것을 뜻한다.

이러한 정책의 변화에 따라 농촌진흥운동 이후 식민권력의 농가지도 대상도 '갱생지도부락의 선정과 갱생지도농가의 선정→ 갱생지도부락·농가의 전 조선 확충→ 모든 농가를 포함한 부락생산확충계획 수립'이라는 형태로 발전한 것이다. 이러한 변화는 당연히 식민권력의 주민 파악 수준과 밀접하게 연관되어 있다. 계획을 수립하기 위해서는 주민의 경제실태 조사가 선행되어

야 했다. '식민권력의 침투수준'을 나타내는 지표 가운데 하나라고 할 수
있는 조사 수준을 식민지배 전 기간으로 확대해서 정리하면 ① 1911년의
우량면 조사, ② 1926년의 모범부락·단체 조사, ③ 1933년 갱생지도부락
선정을 위한 지도농가 조사(→1935년 갱생지도부락 내의 모든 농가 조사),
④ 1940년 전체 부락에 대한 생산확충계획 수립을 위한 모든 농가 조사로
발전했음을 확인할 수 있다. 전시체제라는 극단적인 상황에서 만들어진
것이긴 하지만 조선총독부의 행정력이 전 조선의 농가경제를 개별호 단위로
까지 파악하는 수준에 이르게 되었음을 뜻한다.

한편, 농촌진흥운동을 추진하면서 총독부는 개별농가의 경제를 직접 지도·
관리하여 농가갱생을 달성한다는 방식을 선택했다. 모범부락 조성 정책의
단체(촌락) 지도가 안고 있는 문제에 대한 반성에서 나온 것도 있지만, 식민지
의 모든 권력을 한 몸에 지니고 있던 宇垣총독의 통치이념을 행정적으로
실현하겠다는 의욕에서 비롯된 것이기도 했다. 가계부 지도로 상징되듯이
국가가 개별농가의 가정경제까지 관리하겠다는 이 발상은 개별호와 국가를
무매개적으로 연결시킨 天皇制 國家主義의 통치이념을 농촌진흥운동에 적용
해서 종국에는 同化主義를 완성시킨다는 이념에서 나온 것이라 할 수 있다.
그러나 개별 농가의 행정지도는 행정력의 확대와 농민의 자발성이 수반되어
야만 가능했으며, 실질적인 효과도 낳을 수 있었다. 행정력을 확대하기 위해서
는 조선총독부의 예산이 증가되어야 했으나 일본제국의회의 반대로 예산
확보가 어려웠다. 이런 상황 하에서 가능한 방법은 농촌진흥운동과 관련이
없는 부서까지 행정력을 총동원하여 농가지도에 투입하는 것이었으며, 현실
은 이런 방식으로 진행되었다. 그렇지만 제한된 행정력과 가시적인 성과주의
때문에 현장지도를 맡고 있던 식민 관리들은 단체(촌락)지도와 개별지도
를 병행하여 실행하였다.

2장에서는 식민권력의 촌락지배 경로 가운데 경제와 사회 방면을 중심으로
촌락 지도기구의 정비와 촌락 내 자치조직에 대한 정책을 정리하고, 촌락
내 조직을 통합하여 일원적인 지배체계를 구축해가는 과정을 검토하였다.

농민에 대한 경제적 지배의 주요 기구로는 농사지도를 맡은 농회와 금융기능과 협동조합 기능을 수행한 금융조합, 그리고 산업조합이 있었다. 이 중에서 촌락 지배와 관련한 조직으로 중요한 역할을 한 것은 금융조합과 산하 조직인 殖産契였다. 농촌진흥운동의 추진과 더불어 금융조합은 조합원의 자격을 빈농층에게까지 확대하는 이른바 '하강운동'을 추진하여 1933~1937년 총세대의 50%, 1938~1942년 80%를 가입시킨다는 목표를 세웠다. 빈농들을 조합원으로 가입시킬 때 발생할 위험을 줄이기 위해 기존의 상호연대보증제도와 계와 유사한 소단체인 '준식산계'를 활용하여 촌락내 식산계를 설립한 뒤 법인자격을 부여하고 금융조합의 산하조직으로 만들었다. 그리고 구매·판매사업을 취급할 수 있게 된 금융조합은 식산계를 통해 촌락사회에 빠른 속도로 침투해 들어갔으며, 전시체제하에서는 생산력 확충과 국민저축의 조성, 집하배급의 통제까지 맡게 되어 조선 농촌의 유통기구까지 장악할 수 있게 되었다.

사회적 지배경로에서 총독부가 주목한 것은 전통적인 촌락 내 자치질서를 변용하여 만든 농촌진흥회였다. 식민지배 초기 지방관청이 인위적으로 지역 주민의 자치규약 형태로 진흥회를 만들었으나 이름만 남아 있거나, 주민들의 자발적인 참여를 통해 지방개량사업을 추진하는 자치조직체로서 활동한 것 등 다양한 형태들이 있었다. 총독부는 이들 조직들에다 국가관념 고취, 생산증대, 납세 철저 등 국가적 요구를 결합시켜 새로운 '관제' 자치조직의 성격을 강화시켜 주민들의 협력을 끌어내고자 한 것이다. 농촌진흥운동의 전면적 확대는 지도기구와 면리원의 확대를 필요로 했으나 통치비용면에서나 지도의 효율성 측면에서도 한계가 있을 수밖에 없었다. 이를 보완하기 위한 방법으로 식민권력의 민간측 대리인인 중견인물을 발굴·양성하는 일과 농촌진흥회를 통해 주민들을 적극적으로 참여시키는 일은 중요한 과제였다. 1937년 당시 전체 촌락 가운데 진흥회가 수립된 비율은 50%가 채 못 되었기 때문에 이를 모든 촌락으로 확대한다는 방침을 총독부는 수립하는 한편, 촌락 내 모든 民戶의 가입을 의무화하고 촌락 내의 契나 각종 경제조직 모두를 농촌진흥회 산하로 통폐합한다는 계획을 세웠다. 촌락 내 자치조직을 농촌진흥회로 단일화시킴으로써 촌락사회를 계통상으로 식민권력의 획일적인 지배체계에 포섭하려는 것이었다.

이처럼 권력침투의 매개 역할을 한 농촌진흥회는 1940년 국민총력부락연맹의 성립으로 해소되었지만, 총독부가 농민을 조직해서 총동원하려는 체계를 만드는 데 중요한 기초를 제공하였다. 즉 진흥회장이 부락연맹이사장으로, 진흥회 위원이 애국반장으로 전환한 것이다. 식민지배 전 기간에 걸쳐 양적, 질적으로 발전하던 식민권력은 전시하라는 비상한 상황에 대응하기 위해 극단적인 양태를 띠면서 주민에 대한 통제력을 확보하고자 하였다. 愛國班 체계와 더불어 1943년을 전후하여 區長과 部落聯盟理事長, 그리고 殖産契 主事를 한 인물로 통합함으로써 촌락 단위에서 행정과 사회, 그리고 경제적인 지배를 전일적으로 수행할 수 있는 체계 구축을 완료했다. 이로써 국민정신총동원운동 때부터 기획되었던 一元的인 지배체계가 '형식상' 완료된 것이다. 해방 이후 북한에서 통제경제체제가 그토록 빠른 속도로 자리 잡을 수 있었던 것이나 남한에서 주민을 동원·통제하기 위해 애국반체제를 활용했던 것도 이러한 제도의 유산과 경험이 있었기 때문에 가능했다고 할 수 있다.[1] 그러나 식민권력의 촌락 침투와 주민 조직화는 한계를 갖고 있었다. 행정권력이 최고도로 발달한 전쟁 말기에서조차 국내외로 강제동원된 주민들의 도주율이 20%를 넘었으며, 동원 자체를 피하기 위한 파산 후 떠돌아다니기, 도주와 곡물 은닉 등 소극적인 저항도 일상적으로 일어나고 있었다.

3장에서는 먼저 식민권력의 민간측 대리인 중 하나인 중견인물에 대한 총독부의 정책과 한계를 다루고, 중심인물과 중견인물의 실상을 규명하기 위해 사례를 통해 유형과 성격 등을 분석하였다.

1930년대 이후 주민 동원이 일상화됨에 따라 식민권력과 주민 사이에 적절한 매개 인물, 즉 민간측 대리인(agent)이자 촌락지도자를 '발굴'하거나

---

1) 최근의 연구성과로는 김영미, 2005, 「일제시기~한국전쟁기 주민 동원·통제 연구―서울지역 정동회조직의 변화를 중심으로」, 서울대 박사학위논문이 있다.

'육성'하는 일이 중요한 정책과제로 제기되었다. 기존의 연구에서는 이들 민간측 대리인을 중심인물, 중견인물로 불렀으나 혼용함으로써 실체를 이해하는 데 혼란을 가져다준 측면이 있다. 이 책에서는 40~50대의 경제적 능력과 실무행정력을 가진 지역유력자로서 촌락과 면을 활동공간으로 삼아 영향력을 행사한 인물을 중심인물로 규정하고, 20~30대 중 '충량한 皇國農民'으로서 총독부의 농업정책을 밑에서부터 지탱해 줄 것으로 기대하면서 총독부에 의해 '육성'되거나 '발굴'된 인물을 중견인물로 규정하였다. 따라서 중견인물은 정책적인 개념이라 할 수 있다.

총독부기 종합적이고 체계적인 중견인물 육성정책을 수립한 것은 농촌진흥운동이 본격적으로 전개되는 1935년에 들어가서였다. 총독부는 갱생계획을 만료한 촌락을 자율적인 共勵部落으로 전환시켜 그 지도를 중견인물에게 맡기고, 행정관리는 확대되는 갱생지도부락을 맡는 일종의 역할분담 체계를 세웠다. 이에 따라 1935년부터 1937년까지 집중적으로 중견인물 양성시설을 설립하였으며, 실습을 중심으로 '皇國農民'의 윤리의식을 주입하고자 했다. 침략전쟁이 장기화되자 조선총독부는 중견인물에게 '부락갱생'의 선도자에서 '부락생산확충계획' 실천의 중심이자 국민총력부락연맹의 중견으로서 역할하기를 기대했다.

일제의 농촌정책을 촌락 단위에서 실행하도록 요구받은 중견인물은 크게 두 개의 흐름이 있었다. 하나는 보통학교 졸업생 지도, 중견인물양성소, 청년훈련소, 농업보습학교, 도군 주최 강습회 등을 이수한 청년층이 주류였다. 다른 하나는 지방개량 사업이나 신농법 도입 등을 통해 농업문제 개선에 앞장서거나 자수성가한 인물로 조선총독부가 '파악'하여 정책적으로 지원한 부류였다. 그리고 졸업생 지도와 중견인물양성훈련소에 참가한 사람들은 자작·자소작농의 중농으로 개량농법의 도입 등을 통해 농사개량에 적극 나선 계층과 순소작농의 빈곤에서 출발하여 노동력의 완전 全燒와 총독부의 지원을 통해 경제 자립을 지향하는 계층으로 구분할 수 있다.

중심인물과 중견인물의 실상을 밝히기 위해 사례를 통해 분석한 결과,

크게 '지역유지형, 독농가형, 농장관리형, 사회운동가형, 중견청년형'으로 구분할 수 있었다. '지역유지형'은 자산가로서 직접 농사개량사업과 지역개발을 주도하는 한편, 군과 면을 활동무대로 면장·면협의회원·농회평의원·금융조합평의원·학무위원 등 각종 공직에도 진출하여 영향력을 행사한 유형이다. 이에 비해 '독농가형'은 지역유지형에는 다소 못 미치나 중농 정도의 경제적 능력을 갖추고서 촌락 단위에서 영향력을 행사한 유형이다. 여기에는 구장, 근농공제조합 보도위원 등을 통해 촌락 지도에 힘쓰고 있는 유형과 청년단 간부 등을 역임하면서 중견인물에서 중심인물로 성장해 나가는 유형이 포함된다. 지역유지형과 독농가형이 총독부가 이상으로 설정했던 중심인물의 전형이라 할 수 있다. '농장관리형'은 식민지지주제를 선도적으로 이끌었던 미곡단작지대의 농장에서 그 전형을 볼 수 있으며, 자본의 요구에 충실한 유형이었다. 따라서 소농경영의 자율성을 바탕으로 경제적 실력을 축적한 모범부락의 중심·중견인물과 자본의 요구에 충실할 수밖에 없는 농장의 중심·중견인물은 그 성격이 매우 다를 수밖에 없다. 중심·중견인물에서 많은 비중을 차지하지는 않지만 민족운동이나 사회운동을 하다가 농촌진흥운동에 편입된 '사회운동가형'이 있다. 주체의 의지에 따라 식민권력과 긴장관계를 유지하거나 깊숙하게 편입되어 들어간 경우가 있을 수 있다. 총독부가 정책적으로 육성하려 했던 '중견청년형'의 경우, 중농의 자제로 생산 증대에 주력하면서 촌락의 차기 중심인물로 성장하기를 기대하는 층과 빈농 출신으로 식민당국의 행정지원을 통해 갱생에 성공함으로써 다른 농가에 모범이 되기를 기대하는 층이 있다. 이들은 대개 보통학교의 졸업생 지도와 중견인물 양성시설을 통해 배출되었으며, 농촌진흥운동기에 집중적으로 양성되었다. 그러나 同化敎育의 세례를 받은 농촌 청년이 총독부의 정책에 충실한 精農家, 미래의 농촌지도자로 성장하여 총독부의 조선 지배를 '아래'로부터 지탱해줄 것으로 기대된 중견인물 중 다수는 좀 더 나은 직업(관공리)을 얻기 위한 수단으로 총독부의 정책을 활용했다.

4장에서는 식민권력의 침투에 따른 촌락사회의 대응양상을 사례를 중심으로 살펴보면서 이론적 모형을 통해 유형화하는 한편, 촌락사회에 새로운 질서가 성립한 뒤 변화해 가는 과정을 분석하였다.

식민권력의 촌락 침투에 따른 촌락사회의 대응을 권력·자본의 침투 정도와 촌락의 자율성을 기준으로 구분한 결과, '농장형'과 '행정형(지도부락형과 사상통제형)' '모범부락형' '자율형' '낙후형'의 유형을 확인할 수 있었다.

'농장형'에는 농업경영에서 소작인의 자율성이 사실상 부정되고 지주자본의 요구에 충실한 신용리가 대표적인 사례였다. 농장형은 농민에 대한 자본의 지배와 행정의 지배가 함께 관철되고 있기 때문에 크게 행정형의 범주에 속하지만 자본의 지배가 진면화되어 있는 득징을 살려 구분하였다. 농장형은 식민지지주제를 선도하고 있던 미곡단작지대를 중심으로 발달하였다.

'행정형'은 집중적인 행정지도와 지원을 통해 농사개량을 추진한 지도부락형과 반일적 성향이 강한 촌락에 정책적인 지원을 통해 체제내로 수렴하려는 사상통제형으로 세분화될 수 있으나, 사상통제형은 적은 비중을 차지하고 있다. 농촌진흥운동 당시 농가갱생계획을 수립한 촌락이 모두 지도부락형에 해당할 수는 있겠으나 계획을 수립한 모든 촌락과 농가에 같은 정도의 행정지도와 지원이 투입되지 않았다. 계획을 수립한 촌락 가운데서 행정지도자가 집중적인 지도를 하거나 촌락 내 지도자가 중심이 되어 행정지도와 지원을 받아 촌락개발을 추진해 소기의 성과를 낸 곳을 지도부락형으로 규정했다. 이들 지도부락 가운데서 성적이 우수한 마을이 모범부락으로 발전한 것이다.

'모범부락형'에는 주민의 자율성이 선행한 경우와 행정지도가 선행한 경우 두 가지가 있다. 유천부락처럼 자율성이 훨씬 더 발달한 곳도 있고, 화곡리처럼 권력에 스스로 접근한 경우도 있어 그 내부는 복잡하고 다양하다. 다만 경향적으로 볼 때 1920년대 중반부터 1930년대 초에 걸쳐 모범부락으로 알려진 곳은 주민의 자율성이 선행하면서 식민당국의 행정지도와 지원이 뒷받침하였다면, 1930년대 중반 이후 홍보되는 모범부락(우량부락)은 대개 갱생지도부락 중 집중적인 행정지도와 지원이 앞서고 주민이 참여하여 성공한 경우도 많았다. 따라서 모범부락형의 경우 기존의 연구에서 주장하듯이 식민권력에 의해 일방적으로 형성된 촌락이 아니라 행정의 침투와 주민의 참여가 상호 보완적으로 작용한 유형이라 할 수 있다. 그러나 전시체제가 강화되어 가면서 행정의 요구가 주민의 자율을 압도함으로써 자치적인 영역이 심하게 훼손되어 갔음은 분명하다.

'자율형'은 보수적인 자치질서가 발달하였거나 종교상의 목적으로 구성되었기 때문에 행정 침투력이 상대적으로 낮은 촌락에 해당한다. 전통적인 양반가문이 지역을 지배하고 있는 촌락에서는 전통적인 지배층에 비해 행정지도자의 영향력이 매우 낮기 때문에 식민행정의 침투력도 그만큼 강하게 작동하지는 않았다. 반면 '낙후형'은 행정력의 침투 정도와 촌락의 자치 수준도 함께 낮은 유형이다. 자율형과는 달리 촌락의 경제적인 능력이 매우 취약하기 때문에 촌락의 자치력은 물론 식민정책의 효율적인 집행도 지체된 곳으로 둔산부락이 그 대표적인 예이다. '자율형'과 '낙후형'은 앞의 다른 유형과는 달리 상대적으로 식민권력의 관심이 적은 촌락이었다.

그리고 외부의 변화(식민권력과 상품화폐경제의 침투)에 대한 대응력을 개발이라는 관점에서 볼 때, 모범부락처럼 적극적으로 대응하여 촌락 개발에 성공한 경우는 촌락지도자의 유형과 주민의 단결력에 크게 의존하였다고 할 수 있다. 모범부락으로 성공한 마을들의 다수는 지역유지나 독농가 등이 중심이 되어 농사개량 등을 주도하고 졸업생 지도나 중견인물훈련소를 수료한 중견인물이 청년회나 농촌진흥회 등의 간부로 활동하고 있는 구조를 갖고 있었다. 그리고 모범부락의 계급구성을 조사한 결과 자작농과 자소작농의 비중이 일반 촌락보다도 훨씬 더 높았음을 알 수 있다. 농민층 분해가 심화되어 지주-소작관계가 발달한 곳보다는 자작농이 많은 촌락에서 주민의 단결력도 높아 공동의 이익을 위한 사업이 좀 더 효율적으로 추진될 수 있었던 것이다. 또한 동족구성에 따른 대응의 변화정도를 추론한 결과, 동족촌이면서 민촌인 경우가 반촌인 경우보다 능동적으로 대응했으며, 2개성 이상의 동족촌은 문벌간의 대립이나 반상간의 갈등이 있는 곳은 개발이 부진한 경향이 컸다. 각성촌에서는 역시 지도자의 역할이 중요한 요소로 작용했다고 할 수 있다.

한편, 식민권력의 촌락 침투로 주민의 자치조직에도 변화가 일어났다. 식민지기 주민의 자치조직은 전통적인 주민조직인 '동계형(Ⅰ형)'과 총독부가 주도하여 설립한 관제자치단체인 '진흥회형(Ⅲ형)', 그리고 두 유형 사이에 있는 '절충형(Ⅱ형)'으로 구분할 수 있다. 동계가 전 주민이 참여하여 촌락의 공동사업을 수행하는 자치조직으로서 村落共同體적인 성격을 띠고 있었다면, 진흥회는 식민국가의 요구를 촌락 단위에서 관철시키기 위한 관리기구로서 전통적인 자치조직을 활용한 擬制共同體적인 성격을 갖고 있었다. 절충형에는 동계와 진흥회가 병존하거나 양자의 성격이 혼용된 조직들이 농촌사회에서 조직되어 있었다. 결국 농촌진흥회는 촌락 내 권력구조에 따라 자치질서와는 별개로 존재한 경우, 농촌진흥회가 기존의 자치조직을 흡수하여 단일한 조직체로 간 경우, 전통적인 질서와 관료적 질서를 절충해서 조직을 운영한 경우 등 다양한 방식으로 작동하고 있었다. 이것은 조선총독부가 강력한 권력을 배경으로 촌락사회에 강요한 농촌진흥회가 기존의 주민 자치조직을 완전히 대체하지는 못했으며, 주민들도 전면적인 거부를 할 수 없는 상황에서 다양한 방식으로 대처했음을 말해 주고 있다.

그리고 조선총독부의 촌락 지배는 촌락 내에 행정과 자치의 분화에 따른 이원구조를 만들어냈다. 이는 이중의 의미를 갖는다. 하나는 말 그대로 행정과 자치의 분화에 따라 촌락 내에 관료제 질서와 자치질서가 공존하게 되었다는 의미이며, 다른 하나는 촌락 내에 관료제 질서를 대변하는 권력의 대리자라 하더라도 주민의 대표자라는 양면성을 갖고 있다는 의미이다. 일제의 식민지배로 촌락 내에 수립된 행정과 자치의 이원구조는 전시체제기로 들어가면서 관료제 질서가 더욱 더 강화되는 방향으로 나아가 촌락 내의 자치 역량도 심하게 훼손되기에 이른다.

이 책은 사회변동과 관련해서 몇 가지 해명하지 못한 과제를 갖고 있다. 먼저 중심·중견인물의 경우, 유형화를 통해 다양한 모습과 양면성을 밝히긴 했으나 이후의 궤적들을 다루지 못함으로써 현상적인 분석에 머물렀다.

이는 촌락의 경우도 마찬가지이다. 각 유형을 대표하는 촌락들이 어떻게 변화되어 갔는가를 알기 위해서는 현지조사가 필요하며, 그럴 때 비로소 유형화가 더 큰 설득력을 얻을 수 있으리라 생각한다. 그리고 촌락사회의 이원구조가 해소되고 난 뒤 촌락 내에 새롭게 수립된 질서 역시 해명해야 할 과제로 남는다.

참고문헌

1. 신문 · 잡지 · 기관지류

『東亞日報』, 『每日申報』, 『時代日報』.
新聞切拔(서울대 소장 신문스크랩 : 『群山日報』, 『木浦日報』, 『民衆日報』, 『釜山日報』, 『鴨江日報』, 『朝鮮民報』, 『朝鮮新報』, 『中鮮日報』, 『中央新聞』, 『牛壤每日』, 『湖南日報』).
『農民生活』, 『新民』, 『朝鮮通信』, 『實生活』, 『第一線』, 『農業朝鮮』.
『國民總力』, 『金融組合』, 『同胞愛』, 『文敎の朝鮮』, 『府邑面雜誌』.
『自力更生彙報』, 『調査彙報』, 『朝鮮』, 『朝鮮農會報』, 『朝鮮社會事業』.
『朝鮮總督府調査月報』, 『朝鮮行政』, 『總動員』, 『通報』, 『朝鮮總督府官報』.
『朝鮮總督府統計年報』.

2. 총독부측 단행본 및 문서류 자료

京畿道, 1936, 『第四會京畿道會會議錄』.
慶尙北道, 1933, 『農村中心人物指導要項』.
慶尙北道, 1933, 『農村振興施設要項(附錄)』.
慶尙北道, 1935, 『農村中心人物臨地指導要項』.
國民總力朝鮮聯盟, 1943, 『國民總力運動要覽』.
國民總力朝鮮聯盟, 1945, 『朝鮮に於ける國民總力運動史』.
吉村伝, 1916, 「慶南矯風會聚議書」 『面行政指針』.
大橋淸三郞, 1915, 『朝鮮産業指針』.
大野保, 1941, 『朝鮮農村の實態的硏究』, 滿洲行政學會.
大藏省 管理局, 1946, 『日本人の海外活動に關する歷史的調査』.
梁村奇智城, 1935, 『朝鮮の更生』, 朝鮮硏究社.
山口盛, 1936, 『庶政一新の根本義と行政の道德化－實際化』, 山崎文庫 611.1-7.
山口盛, 1966, 『宇垣總督の農村振興運動』, 友邦シリーズ 제5호, 友邦協會.
森幸次郞 編, 1935, 『更生部落を訪れて』, 平壤每日新聞社.

善生永助, 1933, 『朝鮮の聚落』(前篇), 龍溪書店.
善生永助, 1933, 『朝鮮の聚落』(中篇), 龍溪書店.
善生永助, 1935, 『朝鮮の聚落』(後篇), 龍溪書店.
小早川九郎, 1944, 『朝鮮農業發達史－政策編』, 友邦協會.
全羅南道, 1938, 『昭和十二年度 更生指導部落設置概要』.
全羅北道, 1934, 『農村は微笑む』.
朝鮮金融組合聯合會 調査課 編, 1934, 『組合員は斯くして身を起す』.
朝鮮金融組合聯合會, 1944, 『朝鮮金融組合聯合會十年史』.
朝鮮金融組合聯合會 調査課, 1939, 『金融組合の部落的指導施設』.
朝鮮金融組合聯合會 調査課, 1941, 『殖産契の經營事例』.
朝鮮農會, 1931, 『優良農村と篤農家』.
朝鮮總督府, 1911, 『朝鮮各道ニ於ケル優良面調査』.
朝鮮總督府, 1934, 『道參與官會同諮問事項答信』.
朝鮮總督府, 1934, 『道知事會議諮問答申書』.
朝鮮總督府, 1935, 『朝鮮總督府施政二十五周年記念表彰者銘感』.
朝鮮總督府, 1935, 『朝鮮に於ける農山漁村振興運動の第一次農家更生計劃實績』.
朝鮮總督府, 1935, 『農村振興運動の全貌』.
朝鮮總督府, 1935, 『朝鮮における社會公共事業に關す諸調査』.
朝鮮總督府, 1936, 『農家更生講本』.
朝鮮總督府, 1937, 『農山漁村に於ける中堅人物養成施設の概要』.
朝鮮總督府, 1937, 『道知事會議諮問答申書』(1937년 4월).
朝鮮總督府, 1937, 『農山漁村振興功績者銘感』.
朝鮮總督府, 1938, 『農山漁村に於ける中堅人物養成施設要覽』, 山崎文庫 610.7-4.
朝鮮總督府, 1938, 『農漁家更生計劃の實施概要』.
朝鮮總督府, 1939, 『更生共勵部落ニ於ケル部落是ノ實施狀況』.
朝鮮總督府, 1939, 『道知事會議諮問答申書』, 山崎文庫 317-32.
朝鮮總督府, 1939, 『地方改良助成補助關係』.
朝鮮總督府, 1940, 『施政三十年史』.
朝鮮總督府, 1940, 『朝鮮に於ける國民精神總動員』.
朝鮮總督府, 1941, 『半島ノ國民總力運動』
朝鮮總督府 內務局 社會課, 1928, 『優良部落調』.
朝鮮總督府 內務局 社會課, 1930, 『優良部落史蹟』.
朝鮮總督府 內務局, 1937, 『道知事會議諮問答申書』.
朝鮮總督府 內務局 社會課, 1930, 『小農生業資金貸付事業に於ける勤農共濟組合勤農

　　　　　輔導委員事績』.
朝鮮總督府　農林局, 1942, 『部落生産擴充計劃實施槪要』.
朝鮮總督府　農林局, 1942, 『農山漁村に於ける中堅人物養成施設要覽』.
朝鮮總督府　農林局　農政課, 1942, 『朝鮮に於ける部落生産擴充計劃實施槪要』.
朝鮮總督府　農林局　農村振興課, 1939, 『朝鮮農村振興關係例規』.
朝鮮總督府　圖書館, 1939, 『道參与官會同諮問事項答申』.
朝鮮總督府　社會課, 1936, 『高松宮家御選奬關係』.
朝鮮總督府　學務局　社會敎育課, 1933, 『昭和八年度　鄕約事業補助書類』.
朝鮮總督府　遞信局, 1937, 『朝鮮簡易保險模範部落』.
忠淸南道, 1933, 『伸び行く農村』.
忠淸南道, 1935, 『振興の忠南』.
忠淸南道, 1936, 『共勵組合擴充計劃表』.
平安南道, 1933, 『部落指導ニ就テ』, 山崎文庫　611.9-21.
韓興, 1932, 『(忠北北部)五郡産業紹介誌』.
咸鏡南道, 1937, 『地方振興實績槪況』, 山崎文庫　611.1-10.
黃海道, 1934, 『農村振興彙聚』.
『(경상남도 통영군) 둔덕면서기 이력서철』(복사본, 국사편찬위원회 소장)

3. 일기

『觀瀾齋日記』(2001, 국사편찬위원회, 韓國史料叢書 第44).
『求禮柳氏家의 생활일기』(1991, 한국농촌경제연구원).
『定岡日記』(필사본).
『致齋日記』(1994, 한국정신문화연구원, 韓國學資料叢書4).

4. 연구논저

1) 저서

고승제, 1977, 『한국촌락사회사연구』, 일지사.
공제욱·정근식 편, 2006, 『식민지의 일상, 지배와 균열』, 문화과학사.
국사편찬위원회 편, 2006, 『'지방을 살다' 지방행정, 1930년대에서 1950년대까지』(구
　　　　술자 김영한, 면담자 한상구, 한긍희, 허영란), 국사편찬위원회.
권태억 외, 2005, 『한국근대사회와 문화Ⅱ』, 서울대학교출판부.
김동노 편, 2006, 『일제 식민지 시기의 통치체제 형성』, 혜안.
김석준, 1996, 『미군정 시대의 국가와 행정』, 이화여자대학교출판부.

김영희, 2003, 『일제시대 농촌통제정책 연구』, 경인문화사.

김일철 외, 1998, 『종족마을의 전통과 변화－충청남도 대호지면 도리리의 사례』, 백산서당.

김장권, 1994, 『국민국가 형성과 지방자치－일본 국가주의의 사회적 기반』, 서울대학교출판부.

김필동, 1999, 『차별과 연대』, 문학과지성사.

文定昌, 1961, 『韓國農村團體史』, 一潮閣.

文炳鑠, 1969, 『한국의 촌락에 관한 연구』, 중앙대학교출판국.

미야타 세스코 지음, 이형랑 옮김, 1997, 『조선민중과 황민화정책』, 일조각.

미야타 세스코 해설 감수, 정재정 역, 2002, 『식민통치의 허상과 실상』, 혜안.

박섭, 1997, 『한국근대의 농업변동』, 일조각.

방기중 편, 2004, 『일제 파시즘 지배정책과 민중생활』, 혜안.

방기중 편, 2006, 『식민지 파시즘의 유산과 극복의 과제』, 혜안.

빈센트 브란트·이만갑, 1979, 『한국의 지역사회개발(4개 새마을부락의 사례연구)』, 유네스코한국위원회.

빈센트 S. R 브란트 著, 김관태 譯, 1975, 『한국의 촌락』, 시사문제연구사.

신기욱·마이클 로빈슨 엮음, 도면회 옮김, 2007, 『한국의 식민지 근대성』, 삼인.

申幸澈, 1989, 『제주 농촌 지역사회의 권력구조』, 一志社.

안병직·이영훈 편, 2001, 『맛질의 농민들』, 일조각.

양회수, 1967, 『韓國農村의 村落構造』, 고려대학교출판부.

에릭 홉스봄, 1997, 『극단의 시대 : 20세기 역사』, 까치.

A. J. 그라즈단제브 저, 이기백 역, 2006, 『한국현대사론』, 일조각.

윤충로, 2005, 『베트남과 한국의 반공독재국가형성사』, 선인.

윤해동, 2006, 『지배와 자치－식민지기 촌락의 삼국면구조』, 역사비평사.

위르겐 오스티함멜 지음, 박은영·이유재 옮김, 2006, 『식민주의』, 역사비평사.

이경란, 2002, 『일제하 금융조합 연구』, 혜안.

李萬珪, 1947, 『朝鮮敎育史』下, 乙酉文化社.

李秉東, 1989, 『농촌개발전략연구』, 형설출판사.

이송순, 2008, 『일제하 전시 농업정책과 농촌경제』, 선인.

장규식, 2001, 『일제하 한국 기독교민족주의연구』, 혜안.

猪口孝 저, 이형철 역, 1988, 『국가와 사회』, 나남.

전택부, 1994, 『한국 기독교청년회운동사』, 범우사.

정용덕, 2002, 『한일 국가기구 비교연구』, 대영문화사.

조승연, 2000, 『한국농촌사회변동과 농업생산구조』, 서경문화사.

존 E. 밀스 편, 1960, 『사개 한국촌락 답사보고서』, 지역사회개발국 주한미국경제협조
　　　　처.
지수걸, 1993, 『일제하 농민조합운동연구-1930년대 혁명적 농민조합운동』, 역사비
　　　　평사.
C. 틸리 지음, 경남대학교극동문제연구소 옮김, 1995, 『동원에서 혁명으로』, 경남대학
　　　　교극동문제연구소.
최원규, 1987, 『일제말기 파시즘과 한국사회』, 청아출판사.
최재석, 1975, 『한국농촌사회연구』, 일지사.
프랜시스 후쿠야마, 2005, 『강한 국가의 조건』, 황금가지.
한국역사연구회 근현대청년운동연구반, 1995, 『한국근현대청년운동사』, 청년사.
韓基彦, 1971, 『韓國敎育史』, 博英社.
홍성찬, 1992, 『한국 근대 농촌사회의 변동과 지주층』, 지식산업사.

久間健一, 1943, 『朝鮮農政の課題』, 成美堂書店.
文定昌, 1942, 『朝鮮農村団体史』, 日本評論社.
金正明 編, 1967, 『朝鮮獨立運動』 5卷, 原書房.
大日方純夫, 2000, 『近代日本の警察と地域社會』, 筑摩書房.
木板順一郎, 1979, 「日本ファシズム國家論」 『体系 日本現代史』 第3卷, 日本評論社.
朴ソブ, 1995, 『1930年代朝鮮に農業と農村社會』, 未來社.
ソ聯邦科學アカデミ-國家·法硏究所, 藤田勇 監譯, 1973, 『マルクスレーニン主義國家·
　　　　法の一般理論』(上·下), 日本評論社.
松本武祝, 1998, 『植民地權力と朝鮮農民』, 社會評論社.
雨宮昭一, 1996, 『戰時戰後体制論』, 岩波書店.
鈴木榮太郎, 1973, 『朝鮮農村社會の硏究』, 未來社.
印貞植, 1943, 『朝鮮農村再編成の硏究』, 人文社.
重松韻修, 1941, 『朝鮮農村物語』, 中央公論社.
池田順, 1997, 『日本ファシズム体制史論』, 校倉書房.

2) 논문
고영복, 1966, 「부락공동체를 중심으로 한 행정침투의 효과적 방안」 『지방행정』
　　　　150.
권태억, 2000, 「근대화·동화·식민지유산」 『한국사연구』 108.
김경일, 1984, 「朝鮮末에서 日帝下의 農村社會의 洞契에 관한 연구」 『한국학보』
　　　　35.

김경동·안청시, 1984, 「한국지방 정치체제와 지역사회발전」 『사회과학과 정책연구』 6-4, 서울대 사회과학연구소.

김민철, 2003, 「전시체제하(1937~1945) 식민지 행정기구의 변화」 『한국사학보』 14, 고려사학회.

김민철, 2004, 「조선총독부의 농촌중견인물 정책 연구」 『한국민족운동사연구』 41, 한국민족운동사학회.

김민철, 2005, 「식민지조선의 경찰과 주민」, 한일관계사연구논집편찬위원회 편, 『일제 식민지지배의 구조와 성격』, 경인문화사.

김민철, 2006, 「일제의 농민조직화 정책과 농가 지도(1932~1945)」 『역사문제연구』 18, 역사문제연구소.

김영미, 2005, 「일제시기~한국전쟁기 주민 동원·통제 연구-서울지역 정동회조직의 변화를 중심으로」, 서울대 박사학위논문.

김영희, 2003, 「충청남도 연기군 서면 봉암리 유지 윤봉균의 사회활동」 『일제시대 농촌통제정책 연구』, 경인문화사.

金春秀, 1997, 「1930년대 일제의 농촌지배와 ‘중견인물’ 양성」, 성균관대 석사학위논문.

金宅圭·呂重哲, 1979, 「부락구성과 새마을운동-동족부락과 각성부락의 비교연구-」 『새마을연구』, 영남대학교.

嶋陸奧彦, 1983, 「한국농촌 촌락구조 연구노트」 『한국문화인류학』 15, 한국문화인류학회.

문영주, 2002, 「조선총독부의 농촌지배와 식산계의 역할(1935~1945)」 『역사와 현실』 46, 한국역사연구회.

신기욱, 2001, 「식민지 사회운동과 역사변동」, 석현호·유석춘 공편, 『현대 한국사회 성격논쟁-식민지, 계급, 인격윤리』, 전통과 현대.

신정희, 1992, 「일제하 향약을 통한 지방통치에 대한 소고」 『서암조항래교수화갑기념 한국사학논총』, 아세아문화사.

신행철, 1995, 「제주 농촌지역사회의 권력구조」, 신행철 외 지음, 『제주사회론』, 한울.

안자코 유카, 2006, 「조선총독부의 ‘총동원체제’(1937~1945) 형성 정책」, 고려대학교 사학과 박사학위논문.

염인호, 1983, 「일제하 지방통치에 관한 연구-朝鮮面制의 형성과 운영을 중심으로」, 연세대학교 사학과 석사학위논문

윤충로·송광성, 2005, 「식민지 조선과 베트남에서의 지방 통제체제 비교연구」 『담론 201』.

이경란, 2004, 「총동원체제하 농촌통제와 농민생활」, 방기중 편, 『일제 파시즘 지배정책과 민중생활』, 혜안.

이기훈, 2000, 「일제하 농촌보통학교의 '졸업생 지도'」 『역사문제연구』 제4호, 역사비평사.

이상찬, 1986, 「1906~1910년의 地方行政制度 변화와 地方自治論議」 『한국학보』 42.

이정은, 1992, 「일제의 지방통치체제 수리와 그 성격」 『한국독립운동사연구』 6.

이정환, 2001, 「식민지 국가권력과 관제자치－1930년대 한국지방농촌사회의 국가－사회관계 연구－」, 서울대학교 외교학과 석사학위논문.

이준식, 2006, 「혁명적 농민조합 운동과 일제의 농촌통제정책－함경북도의 관북향약을 중심으로」, 김동노 편, 『일제 식민지 시기의 통치체제 형성』, 혜안.

이철우, 1997, 「순천의 농민운동」 『순천시사(정치사회편)』, 순천시사편찬위원회.

이태일, 1989, 「한국농촌부락의 지배구조 : 국가'끄나불'조직의 지배」, 한국농어촌사회연구소 편, 『한국농업농민문제연구』, 연구사.

이하나, 1994, 「1910~32년 일제의 조선농촌 재편과 '모범부락'」, 연세대 석사학위논문.

장세옥, 1997, 「일제하 부여지역 동족마을의 농민운동 연구」, 고려대 교육대학원 석사학위논문.

정문종, 1992, 「1930년대 조선에서의 농업정책에 관한 연구－農家經濟安定化政策을 중심으로」, 서울대 박사학위논문.

정진원, 1991, 「한국의 자연촌락에 관한 연구－형성과 형태를 중심으로」, 서울대학교 지리학과 박사학위논문.

정미성, 2004, 「1930년대 전반기 面 행정 강화정책과 面民들의 대응」, 서울대 국사학과 석사학위논문.

鄭用德, 1993, 「'資本主義國家論'에 의한 韓國 中央國家機構의 類型別 分析」 『한국행정학보』 27-3(1993년 가을호), 한국행정학회.

조담, 1987, 「1930년대 농촌금융의 실태」 『전남 무안군 망운지역 농촌사회구조 변동 연구』, 전남대학교 호남문화연구소.

지수걸, 1984, 「1932~35년간의 농촌진흥운동－식민지 "체제유지정책"으로서의 기능에 관하여－」 『韓國史硏究』 46호.

지수걸, 1998, 「일제하 충남 서산군의 '관료－유지지배체제'－『瑞山郡誌』(1927) 분석을 중심으로」 『역사문제연구』 3, 역사문제연구소.

지수걸, 1999, 「일제의 군국주의파시즘과 '조선농촌진흥운동'」 『역사비평』 47호, 역사비평사.

지수걸, 2005, 「일제시기 충남 부여·논산군의 유지집단과 혁신청년집단」『한국문화』 36호.

지수걸, 2007, 「일제하의 지방통치 시스템과 프로세스」『역사와 현실』63, 한국역사연구회.

최재석, 1974, 「한국농촌의 권력구조 연구」『아세아연구』51.

최창호, 1973, 「새마을 모범부락 비교연구」『지방행정』242.

최협, 1982, 「동족부락과 비동족부락의 사회구조적 특성」『호남문화연구』12, 전남대학교 호남문화연구소.

한긍희, 2000, 「일제하 전시체제기 지방행정 강화 정책 – 邑面行政을 중심으로 –」『국사관논총』88, 국사편찬위원회.

한상구, 2002, 「일제시기 지역사회의 '二重權威構造'에 대한 연구 시론」(역사문제연구소 월례발표회 발표문).

허수, 1999, 「전시체제기 청년단의 조직과 활동」『국사관논총』88, 국사편찬위원회.

허영란, 2007, 「시가지 개조를 둘러싼 지역주민의 식민지 경험 – 안성의 철도·시장·공원 그리고 지역주민」『역사문제연구』17, 역사비평사.

金翼漢, 1996, 『植民地期朝鮮における地方支配体制の構築過程と農村社會変動』, 東京大學 博士學位論文.

大和和明, 1988, 「植民地期朝鮮地方行政に關する一試論」『歷史評論』1988年 5月號.

馬淵貞利, 1975, 「第1次大戰期韓國農業の特質と3·1運動」, 朝鮮史研究會編, 『朝鮮史研究會論文集』12(淺田喬二 외, 『抗日農民運動研究』, 1982, 동녘에 재수록).

木板順一郎, 1970, 「日本ファシズムと人民支配の特質」, 歷史學研究會, 『歷史における國家權力と人民鬪爭』.

富田晶子, 1981, 「農村振興運動下の中堅人物の養成」『朝鮮史研究會論文集』18.

浜口裕子, 1996, 「朝鮮金融組合政策と朝鮮農村社會」『日本統治と東アジア社會』, 勁草書房.

松本武祝, 1991, 「植民地期朝鮮の農業政策と村落」『朝鮮史研究會論文集』29.

安部博純, 1981, 「日本ファシズム体制論」, 日本現代史研究會, 『日本ファシズム』(1).

庵谷由香, 1995, 「朝鮮における戰爭動員政策の展開」『國際關係學研究』21, 津田塾大學.

井口和起, 1990, 「朝鮮總督府の農村支配に關する覺書」, 後藤靖編, 『近代日本社會と思想』, 吉川弘文館.

靑野正明, 1990, 「植民地期朝鮮における農村再編成政策の位置付け」『朝鮮學報』136, 朝鮮學會.

靑野正明, 1991,「朝鮮農村の'中堅人物：京畿道驪州郡の張合」『朝鮮學報』141, 朝鮮
　　　學會.
板垣龍太, 1997,「植民地朝鮮における官僚制と村落－文書を介した支配の普及と社會
　　　變化」東京大學大學院 修士學位請求論文.

부록

【부록 1】 지배경로별 식민권력의 주요 정책과 기구

	행정1	행정2	경제	학교	사회조직	조사
1911				조선교육령 제정		우량면 조사
1912						
1913						
1914	군면 통폐합		지방금융조합령 발포			
1915						
1916						
1917	면제 실시(일본인 면장 임명)					
1918				서당규칙		
1919					동계규칙 (평북)	
1920		헌병파출소 →주재소	산미증식계획 토지개량사업보호규칙 금융조합령 개정(도단위)	도훈령 (청년회 조직)		
1921						
1922				2차조선교육령		
1923						
1924						
1925						국세조사
1926						모범부락·단체 조사
1927	모범부락 조성					
1928			근농공제조합	졸업생 지도 (경기도)		
1929						
1930				1면1교		
1931						
1932				졸업생 지도 확대		

1933	갱생지도부락 조성	위생지도부락 조성	금융조합연합회령 자작농창정 대출 면화장려 조선농지령		부락진흥회	갱생지도부락내 갱생지도농가조사
1934						
1935			식산계령, 금융조합의 부락지도	농촌중견인물 양성시설 정비	청년단	갱생지도부락내 모든 농가 조사
1936	도부읍면제 시행규칙 개정			조선연합청년단 결성		
1937				사립학교규칙	부락진흥회 전 부락 설치	
1938				3차조선교육령(황국신민화)		
1939		경제경찰제				
1940	국민총력조선연맹 발족		단체정비령(식산계 중심)	4차조선교육령(국민학교)	애국반 체제	부락생산확충계획(전 농가조사)
1941						
1942			식산계확충5개년계획			
1943	부락연맹이사장=구장=식산계장 완료					
1944						
1945						

308

【부록 2】 식산계 중 실적이 우량한 단체

주소	계명	설립 연도	가입 계원	계급 구성	타 단체와의 관계	기타
경기 김포군 양촌면 양곡리	곡촌 식산계	1936. 3.20	46호 중 46호	지주5 자작2 자소작11 소작28	부주사=이사장 =애국반장=구장	갱생지도부락
경기 고양군 독도면 동독도리	독도 식산계	1937. 9.14	48호 중 23호	지주1 자작8 자소작14	주사가 반장을 통할	총 1,562호
경기 파주군 월농면 영태리	오십정 식산계	1936. 3.27	17호 중 17호	자작1 자소작16	주사 무보수로 헌신	전부 자작농 창정, 부락작업반
경기 광주군 서부면 춘궁리	선산 식산계	1936. 3.31	115호 중 80호	자작3 자소작14 소작63	부주사=애국반장	
경기 여수군 여주면 점봉리	점봉 식산계	1936. 7.16	59호 중 57호	자작3 자소작22 소작34	주사=이사장	총 68호, 양우 식산계(전), 갱생지도부락
충북 청주군 강내면 정봉리	정봉 식산계	1936. 8.29	77호 중 72호	자작2 자소작25 소작45	주사=이사장=면협의원	총 80호, 애국반을 통해 집하배급
충북 청주군 북일면 우산리	우산 식산계	1936. 7.10	81호 중 81호	지주4 자작6 자소작35 소작36	주사=이사장=근농조합장	갱생지도부락(32)
충북 보은군 삼승면 상가리	상가 식산계	1937. 8.30	85호 중 84호	지주1 자작20 자소작30 소작34	주사=이사장=구장, 부주사=중견청년=애국반장	상가.신가부락 구역, 총 87호 전원, 갱생지도부락(33)
충북 청주군 오창면 여천리	여천 식산계	1936. 6.30	95호 중 95호	자작8 자소작68 소작19	주사＝이사장, 부주사=이사	총 98호, 갱생지도부락
충북 옥천군 이원면 지정리	지정 식산계	1938. 1.31	55호 중 51호	지주2 자작5 자소작17 소작27	주사＝이사장, 부주사=이사	총 57호, 진흥회
충북 천안군 목천면 도장리	도장리 식산계	1936. 2.20	87호 중 87호	자작10 자소작40 소작37	주사(왕천광)의 지역개발	총 90호, 진흥회(20), 산미개량조합(29), 공려조합(32), 부인회(33), 진흥청년부(35), 구역내 도장연맹과 신지연맹, 유축농업경영지도부락(평리34호)

지역	계명	설립일	호수	구성	임원	비고
충북 논산군 논산읍 금정	덕지 식산계	1939. 9.18	37호 중 37호	자작8 자소작24 소작5	주사=독농가=이사장=저축조합장, 부주사=애국반장=청년분대장	자작농창정 32호
충북 논산군 채운면 상리	상리 순촌 식산계	1936. 7.2	32호 중 32호	자소작9 소작23	주사=구장=이사장	총34호, 공려조합, 계-제1부(공판사업), 제2부(산업지도), 제3부(공동시설 등), 노무단, 생활개선단체
전북 익산군 용안면 칠목리	칠목식 산계	1938. 2.28	59호 중 59호	자소작25 소작34	주사＝덕망가, 부주사=이사장	금조 지도부락(29), 자작농창정 22호, 소작권 유지에 노력
전북 임실군 둔남면 오산리	오산 식산계	1938. 3.31	60호 중 60호	자작4 자소작43 소작13	주사=연맹 고문, 부주사=이사장	진흥회, 부인단 활동
전북 남원군 송동면 묵송리	퇴계 식산계	1936. 6.5	58호 중 57호	자소작20 소작37	주사, 부주사=애국반장	우량부락, 5개 애국반
전북 김제군 봉남면 구정리	유정 식산계	1938. 12.22	39호 중 39호	자소작11 소작28	주사=이사장	총48호 중 42호 가입, 원평금조 지도부락→ 갱생지도부락
전북 순창군 순창면 복실리	복실 식산계	1936. 8.18	114호 중 114호	자작24 자소작23 소작67	부주사＝이사장, 애국반장=계 조장	총 116호, 근농공제조합, 갱생지도부락(33), 김규남
전남 고흥군 과역면 도천리	도천 식산계	1936. 12.26	100호 중 100호	지주1 자작5 자소작45 소작49	주사＝면서기, 부주사＝이사장, 애국반장=중견청년	총 113호, 갱생지도부락, 절미저금계, 자작농계, 공려회, 부인회
전남 진도군 의신면 침계리	침계리 식산계	1936. 7.2	72호 중 67호	자작13 자소작46 소작8	주사=면서기	농촌진흥회(23)→농촌진흥실행조합, 갱생지도부락(33), 공동판매이용조합
전남 해남군 옥천면 영신리	영안 식산계	1938. 10.25	40호 중 40호	자소작9 소작31	주사=이사장	총 42호, 공려회, 공동작업대(3대), 4개 반
전남 장성군 삼서면 소룡리	소도식 산계	1939. 1.27	47호 중 47호	자작4 자소작31 소작12	주사=이사장=군농회 총대	갱생지도부락

전남 영광군 서면 마읍리	마읍 식산계	1939. 4.20	75호 중 76호	자소작36 소작34	주사=이사장	전 마읍부락, 총 81호, 갱생지도부락
경북 청송군 현서면 복동	복동 식산계	1938. 1.31	113호 중 113호	지주2 자작25 자소작45 소작41	주사=전 진흥조합장=이사장, 부주사=이사	총 123호
경북 영일군 포항읍 죽도동	죽도 식산계	1936. 10.31	73호 중 73호	자작3 자소작21 소작49		갱생지도부락(34), 애국반을 그대로 활용
경북 경산군 하양면 서사동	서사식산계	1938. 1.31	50호 중 50호	지주1 자작5 자소작34 소작10	주사=전 면장, 부주사=구장	총 60호 중 53호, 학교 지정 공려조합
경북 예천군 하리면 탑동	한감 식산계	1936. 11.19	29호 중 29호	자작5 자소작11 소작13	주사=이사장, 부주사=진흥조합장—애국빈장	총 32호, 갱생지도부락(34), 3개반
경북 영양군 석보면 화매동	화매 식산계	1938. 1.31	150호 중 150호	자작5 자소작115 소작25		2개부락연맹, 13개 애국반, 상호연대보증조, 유지가 임원
황해 연일군 봉북면 소성리	안현동 식산계	1938. 7.25	54호 중 54호	자작2 자소작32 소작20	주사=이사장	청년단, 흥풍회, 갱생지도부락, 3개애국반
황해 송화군 송화면 옥현리	옥현동 식산계	1937. 10.30	56호 중 56호	지주10 자작13 자소작26 소작17	주사=이사장(3개부락연맹 관장)	총 58호(공리2), 갱생지도부락, 5개애국반
황해 재령군 청주면 부천리	정상동 식산계	1936. 7.29	21호 중 21호	자작4 자소작13 소작7	주사=면 서기, 부주사=서당교원=애국반장	총 26호 중 24호, 사상 악화, 금조 지도부락(31), 갱생지도부락(34), 위반자 일시 배급 중지
황해 은송군 이도면 고정리	영촌 식산계	1937. 11.12	32호 중 32호	자작5 자소작27	주사.부주사=연맹 임원	갱생지도부락(34), 애국반을 그대로 활용, 부인회
황해 재령군 신원면 가국리	석우동 식산계	1938. 9.8	21호 중 21호	지주1 자작3 소작17	주사=이사장=경방단장=면연맹평의원=흥풍회장	흥풍회(33), 공려부락, 소작인 전원 주사 땅 소작
황해 평원군 검산면 송양리	송양리 식산계	1936. 11.14	43호 중 39호	지주2 자작4 자소작21 소작12	주사=이사장, 부주사=애국반장	갱생지도부락(33), 근로대
황해 용강군 귀성면 감박리	엄수동 식산계	1936. 3.26	75호 중 72호	지주5 자작18 자소작33 소작16	주사=이사장, 부주사=대감박동락부연맹이사장	금조의 고리채정리부락 지정(33)

황해 강서군 잉차면 삼리	삼리식 산계	1940. 4.24	116호 중 116호	자작12 자소작 64 소작40	주사=이사장	총 136호, 기독교 마을, 면 지정 갱생 지도부락
평남 안주군 대니면 금계리	금계리 식산계	1936. 7.18	44호 중 42호	지주1 자작4 자소작4 소작33		총 45호 중 43호, 금조 지도부락(35), 5인조 조직, 갱생회, 통제위반자는 필수품 배급 정지
평남 강서군 강서면 거장리	거현식 산계	1939. 2.15	109호 중 80호	지주8 자작20 자소작35 소작17	주사=이사장, 부주사=애국반장	3개 부락 관할
평남 정주군 관단면 관삽동	당우식 산계	1936. 11.2	69호 중 58호	지주1 자작5 자소작6 소작46	주사=애국반장 =자치계장	총 71호, 자력갱생(41년 해산), 자치계(공동판구매), 저축계, 야학회, 조나 반 편성 없이 주사 직접 관할, 지주 영향력 절대적
평남 철산군 서림면 연산동	연산동 식산계	1937. 7.2	112호 중 112호	지주13 자작24 자소작41 소작34	주사=이사장=구장=부인회 고문	총 165호, 갱생지도부락(33), 공동경작계, 부인회(36), 구내 15개 애국반, 우량조합원 표창(37)
평북 태천군 남면 대흥동	복흥식 산계	1936. 3.31	49호 중 49호	지주3 자작10 자소작21 소작15	주사=부주사=이사장	총 70호 중 50호, 갱생지도부락, 산업조합 지정 구역으로 조정 곤란, 부인회
평북 정주군 고안면 대양동	금송식 산계	1937. 6.11	40호 중 40호	자작9 자소작9 소작22	주사=이사장, 부주사=청년회장	갱생지도부락, 축우식산계, 산림계, 산미식산계
평북 용천군 내중면 응산동	응산동 식산계	1936. 6.23	57호	자작53 자소작2 소작2	주사=응산동야소교회 집사=이사장, 부주사=애국반장	총 153호, 산간지대, 모범부락, 공동경작계(35년, 38명)
강원 양구군 남면 황강리	황강식 산계	1936. 12.9	31호 중 31호	자작6 자소작23 소작2		
강원 통천군 벽양면 가평리	가평식 산계	1936. 11.7	74호 중 74호	지주2, 자작12 자소작18 소작42	주사=지주=구장=금조 지도위원=면협의원	총 74호, 갱생지도부락(36), 퇴비모범부락

강원 금화군 근북면 백덕리	백덕식산계	1936.11.14	53호 중 48호	지주3 자작10 자소작22 소작13	주사=이사장, 부주사=구회서기, 간사=애국반장	총 58호, 갱생지도부락(33, 종합지도), 자생조합
강원 철원군 북면 회산리	율목식산계	1938.7.9	47호 중 30호	자작2 자소작16 소작12	주사=구장=이사장, 부주사=농민학교 출신	총 49호, 갱생지도부락(34), 애국반, 청년대, 부인회
강원 금화군 통구면 보막리	보막식산계	1937.3.6	90호 중 73호	자작6 자소작29 소작26	주사=구장=금조 지도위원	총 97호, 소비조합(32)→식산계(36, 임의), 부인회, 청년단
함남 홍원군 용포면 동평리	동평리식산계	1936.12.23	68호 중 67호	지주2 자작27 자소작35 소작3	주사=용포공려수리조합장=독농가	총 70호, 유신회(31), 모범부락, 갱생지도부락(33), 노무반(40세 미만 남녀), 농촌진흥회 기금 2천원, 부인회
함남 홍원군 경운면 좌상리	좌상리식산계	1936.3.31	74호 중 74호	지주6 자작11 자소작33 소작24	주사=경운면장=이사장, 부주사=금조와 학교 역원	총 82호 중 75호, 갱생지도부락(33)
함남 단천군 단천읍 문호리	문호리식산계	1936.12.15	73호 중 73호	지주3 자작55 자소작13 소작2		갱생지도부락, 연맹과는 구체적 협조 관계 없음
함남 함주군 주지면 구만리	구만리식산계	1936.12.13	142호 중 138호	지주1 자작43 자소작64 소작31		총 143호, 청년단(60명)
함남 정평군 상면 상흥리	상흥리식산계	1936.2.15	60호 중 59호	자작15 자소작30 소작14		총 75호, 양잠조합
함북 명천군 하문면 거문동	거문식산계	1936.3.20	184호 중 184호	자작139 자소작31 소작14	주사=구장=학무위원=조합 평의원	총 205호 중 203호, 갱생지도부락(33, 26호 지정), 상설 판매알선위원 5명
함북 명천군 하우면 함진동	함진식산계	1936.3.20	154호 중 145호	지주31 자작77 자소작37	주사=구장	총 158호, 갱생지도부락
함북 경성군 주북면 시면동	시면식산계	1936.3.31	58호 중 58호	지주2 자작22 자소작25 소작4	주사=이사장=국민학교후원회장	총 61호 중 61호, 6개 애국반

출전 : 朝鮮金融組合聯合會, 1941, 『殖産契の經營事例』

【부록 3】 振興會規約準則

제1조 본회는 ○○(부락명)진흥회로 부르며 사무소를 회관(또는 회장집)에 둔다.

제2조 본회는 ○○부락에 거주하는 부락민을 회원으로 한다.

제3조 본회원은 황국신민이라는 본분을 완전히 하기 위해 一致團結, 忍苦持久, 剛健不拔의 정신을 기르고, 각자의 직분에 공부를 더해 이로써 생업보국의 實을 거둠과 동시에 부락의 경제적, 자치적 진흥을 약속함을 목적으로 한다.

제4조 본회원은 전조의 목적을 달성하기 위해 다음 사항을 遵守必行하도록 한다.

 1) 매일 아침 가정에서 궁성요배를 하여 황은에 감사하고 황실의 안위를 기원할 것.

 2) 근로정신을 함양하고, 잉여노동력의 합리화를 도모한다. 특히 부인의 옥외노동의 철저를 기할 것.

 3) 생업에 힘쓰고 당국의 지도장려 사항을 嚴守實行할 것.

 4) 농업경영과 어업경영조직의 합리화를 도모하여 생산확충에 노력할 것.

 5) 공동경작, 공동작업을 勵行하여 협동근로의 미풍을 일으킴과 동시에 수입 증가를 도모할 것.

 6) 수입 증가를 도모하고 소비 절약에 노력하여 부채의 완전 변제와 부채 방지를 기할 것.

 7) 각각의 능력에 따라 매월 몇 전 이상을 저축하는 외에 匙米 등의 방법으로 비황저축의 실행에 노력할 것.

 8) 어선·어구의 건조, 구입, 보수나 어업자금 축적을 목적으로 어획물이나 그 제품을 판매할 때마다 판매고의 몇 할을 天引貯金하여 평시의 어업자금이나 불시의 재해에 대비할 것.

9) 생활개선을 위해 다음 사항을 반드시 이행할 것.(생략)

10) 지주 소작인간의 융화친선을 도모하고, 소작관행의 개선에 노력하여 공존공영의 실을 거둘 것.

제5조 본회에 다음의 역원을 둔다.(중략)

제6조 회장은 회를 대표하여 일체의 사무를 통리한다.(중략)

제7조 본회에 고문을 둔다.(중략)

제8조 본회는 사항 수행상 산업장려부, 생활개선부, 교육보급부, 납세독려부, 위생개선부, 청년부, 부인부 등을 설치하도록 한다. 회장은 간사로 하여금 각부의 주임을 임명하도록 한다. (이하 생략)

출전 : 「全羅南道に於ける農村振興實行組合の名稱と振興會規約の制定」 『自力更生彙報』 第70號(1939년 7월 20일), 36~37쪽.

【부록 4】 중심·중견인물과 촌락 데이터

	이름	출생	지역	계급(지위)	학력	관공리	주요활동 (1910~1945)	주요이력 (1910~1945)	참고1 (재산, 표창)	참고2(부락)	조사시점	출처
1	宋昌鎭		강원	준화전민 ↑ 소지주		구장(33)		대화금융조합원(21.9~), 금조 조장 겸 총대(33)	답 2정 전13정보 임야10정보(31)		1934	a 149~150
2	金南壽		강원 강릉군 강릉읍 홍제리			구장		진흥회장, 근농공제조합보도위원	농산어촌진흥공적자표창(35)	갱생지도부락(34)	1935	b3618호(19350213)
3	崔慶集	1880	강원 강릉군 옥계면 남양리			왕산면장 (17~26)	일본 유람, 춘풍회(29), 경노회, 부인회, 명성단(청년회), 납세조합(29), 단주회(29)			음존, 양촌, 호명동, 진목정, 칠치부락으로 구성, 230호 가운데 자작50호, 자소작140호, 소작40호, 토비모범리 지정(1928.6), 노동야학	1930	c(4-7) 60~67
4	崔覺圭		강원 강릉읍 포남리	지주			산양지주소작인협조조합(30.12, 35명)	현 산양조합장, 강릉읍회의원		조합—소작면적 답27정4반보 전13정 8반보 호당 답 8반 약 전4반 약, 소작계약 체결방법 전답은 5개년, 상전은 20년으로 일정한 소작계약서에 따라 이를 체결하고 모두 정조로 수확고에 대해 45%의 소작료로 한다.	1935	d 671
5	徐鍾樂	1886	강원 고성군 신북면 신흥리			구장(16)		근농 보도위원(28), 농촌진흥회장(32)	2회 표창	3개 부락, 답 90정3반보 전 87정6반보, 호수 105호, 지주5 자작35 자소작40 소작25	1935	d 682~686

6	尹松風	1907	강원 고성군 신북면 신흥리		장 전 보 교 졸 (21)		근농공제조합 가입(28), 농촌진흥회 가입(33.12)			분가(1924), 제승기 1대 구입하여 잉여노동 소화, 2,000평 소작, 1933년 전 20C평과 논 500평 구입	1935	d 681~682
7	徐顯玖		강원 고성군 신북면 신흥리				자작농지 설정(33)	진흥회 농민계장			1938	e(14-1)
8	尹夏奎	1904	강원 고성군 오대면 화포리	자 소 작 농				勤農共濟組合輔導委員(40) 농진회장(40)	농산어촌진흥공적자표창(40)		1940	b호외(1940. 2.11)
9	沈佖之	1890	강원 금화군 근동면 하소리			구장(25)	근농공제조합 2개 창설시(29) 118호 중 60호 가입, 주민 설득하여 전원 참가하는 번영회(부회장, 현 농촌진흥회) 조직, 부인회, 호상계	금화보교 학무위원(28), 근동면협의회원·농회통상의원(29), 농촌진흥회장, 근동면협의회원, 도촌근농보도위원, 하소축우생사지도원, 부인회와 소방조 간부		120호 중 지주자작17 자소작55 소작48, 우량부락(31.4), 공동경작장 건조(1930), 자비로 일본 모범부락 시찰(1932), 자비로 공동우물 설치, 공동경작지(답3반, 전10반), 각종 저축(저축부예금 245원, 납세부예금 223원, 護衷部예금 150원, 匙米部예금 74원), 진흥회 기금 35원	1933 1935	f(중, 267~270), d 696~699
10	朴孝焌	1893	강원 금화군 근북면 두촌리						농산어촌진흥공적자표창(40)		1940	b호외(1940 00 211)
11	金東鎮	1898	강원 금화군 근북면 백덕리			근 북 면 서기, 백덕리 구장	중하덕농촌진흥회	근북면협의회원, 금화수리조합 평의원, 농촌진흥회		총호수 51호, 지주 5인 46인 빈농, 시미저곡(32), 비황저곡(40호), 공회당 및 공동작	1935	d 699~702

								장		업장 건설		
12	韓晟履	1888	강원 금화군 근북면 백덕리			근북면장	중하덕농촌진흥회	근북면백덕리협의회원, 학교평의회원, 금화수리조합평의원		총호수 51호, 지주 5인 46인 빈농, 시미저곡(32), 비황저곡(40호), 공회당 및 공동작업장 건설	1935	d 699~702
13	崔昌煥		강원 금화군 금성면 경파리					모범연맹 이사장	표창		1940	g(1940.3) 91
14	朴孝鎭		강원 삼척군 노곡면 하군천리	중심			구민계(19), 소비조합			下軍川갱생지도부락(33), 60여호의 소작농촌	1936	h32호 15~16
15	尹錫奎		강원 삼척군 노곡면 하군천리	중심			구민계(19), 소비조합			下軍川갱생지도부락(33), 60여호의 소작농촌	1936	h32호 15~16
16	金鍾錫		강원 양구군 앵구면 정림리					모범연맹 이사	표창		1940	g(1940.3) 91
17	金世鎔		강원 양구군 양구면 고대리				납세조합(21)			지주 3, 자작 5, 자소작 47, 소작 14, 기타 6	1933	f(중) 162
18	崔圭璿		강원 양구군 양구면 고대리	지주	埼玉縣競進社養蠶業學校 졸(11)		소유지의 소작인 36명에게 소작조합 결성(5개년 계약), 種牝牛契(23)			도 모범부락(26.4), 소유답 1반보 소작인조합에 무료 제공	1931	i
19	李玉璇		강원 양양군 내촌면 물걸리				본창근농부인회(33.3, 35명)	부인회장		鄭鍾淵(내촌보교 교장, 부인회 직접 지도)	1935	d 667~669

20	孫秉煥	1897	강원 양양군 서면 서선리		양양현산학교졸(11)	서면 수리 이장(16), 면서기(17~19)	농사개량실행조합(29), 농촌진흥회(33)	진흥회장, 경노회(33), 사재 거출하여 선행 청년과 부인 표창, 부인회 지도	서선리 이주(1924), 답 412반, 전 81반보 소유	진흥회 - 회장(손병환), 간사(李喆雨), 지도위원(李挺雨, 李鍾福), 진흥회원수(31명), 5인계장(6명), 5인계원수(29명), 부인회장(李德伊), 부인회원수(22인)	1935	d 661~666
21	吳致根	1893	강원 양양군 현북면 중광정리		한문		농우십인계(33, 10호), 농촌진흥회(32.11)	진흥회장	2,000원	퇴비모범부락(28), 도 지정부락(31), 호수 45호, 자작4 자소작28 소작13, 1호당 평균 경지 13반8무, 묘대개량계(32, 420반 45명 7契)	1935	d 655~661
22	林南圭	1914	강원 양양군 현북면 중광정리		농업학교 2년수업		농우십인계(33, 10호), 농촌진흥회(32.11), 오인계 주도			퇴비모범부락(28), 도 지정부락(31), 45호, 자작4 자소작28 소작13, 1호당 평균 경지 13반8무, 묘대개량계(32, 420반 45명 7契)	1935	d 655~661
23	林秉斗	1893	강원 양양군 현북면 중광정리		한문	구장	농우십인계(33, 10호), 농촌진흥회(32.11)		3,400원	퇴비모범부락(28), 도 지정부락(31), 45호, 자작4 자소작28 소작13, 1호당 평균 경지 13반8무, 묘대개량계(32, 420반 45명 7契)	1935	d 655~661
24	辛在榮		강원 영월군 북면 세곡동				근농공제조합(28), 농사개량조합			총 68호 중 자작 21, 자소작 19, 소작 28	1933	f(중) 163
25	郭魯一	1893	강원 원주군 건등면 취병리			구장(17.2~18.3), 면협의회원(20.11.20~)	翠屛里 흥풍회(22), 야학회, 보안조합, 농업창고(26.8)			총 58호 중 자작 8, 자소작 15, 소작 35, 내평대동 61호 318명, 평신대동 43호 217명, 단원수 104명, 총독 조성금 400원(28)	1928 1930 1933	j, k, f(중) 163

26	劉世亮	1874	강원 원주군 건등면 취병리			문막수리조합장(23.6 ~) 홍풍회장(28)	翠屏里 홍풍회(22), 야학회, 보안조합, 농업창고(26.8)	경성주식회사공익사문막출장소 주임(14.9~22. 4)		총 58호 중 자작 8, 자소작 15, 소작 35, 내평대동 61호 318명, 평신대동 43호 217명, 단원수 104명, 총독 조성금 400원(28)	1928 1930 1933	j, k, f(중) 163
27	朴南圭		강원 원주군 소초면 평압리				근농공제조합, 실업청년회, 주부회, 농사개량 실행조합			총 188호 중 지주자작 33, 자소작 63, 소작 92, 방한희, 김계환, 윤덕인, 고상진	1933	f(중) 163
28	辛在舜	1902	강원 원주군 소초면 평압리 두독동				청소년 지도	공려회장(39), 모범연맹 이사	농산어촌진흥공적자표창(35), 표창(39)	제1차갱생지도부락(33)→ 갱생공려부락(38)	1935 1939 1940	b3618호(1 9350213), h65호, g(1940.3) 91
29	元亨圭		강원 원주군 지정면 신평리 구면동				주부회(28), 근농공제조합(29)	보도위원(29)		총 51호 중 자작 1, 자소작 15, 소작 35, 주부회 총독 조성금 200원(31)	1933	f(중) 163
30	丁奎五	1909	강원 원주군 호저면 만종리	중농	경성사립중졸(31)	구장, 식산계 주사(36~)	만종실업청년단→關東明德청년분단(35), 농촌진흥회(32), 만종부인단(34)	농촌진흥회장(32~), 청년분단장(35~)		갱생지도부락(35), 소작권 이동 방지 합의(5년)	1937	l 168
31	黃七星	1900	강원 원주군 흥업면 사제리						농산어촌진흥공적자표창(40)		1940	b호외(194 00 211)
32	朴章緒		강원 철원군 무장면 가단리				강습소 수강(32.10), 관동명덕청년단(면) 활동	진흥회장			1934	m(12-9) 91~100
33	南鄕信	1904	강원 철원군			구장(43)			농산촌지도공적		1943	b4807호(1

	夫		철원읍 외촌리						자표창(43)			9430212)
34	朴完燮		강원 춘천군 동내면 거두리			구장(31)	청년단(28)	청년단 고문(31)		모범부락(27), 본부 조성금 250원(28), 군농회퇴비우승모범리(29), 81호 중 소사육호 50호, 98호 중 자작 8, 자소작 67, 소작 23(33)	1931 1933	i, f(중) 162
35	朴潤源		강원 춘천군 동내면 거두리			면장(31)	청년단(28)	청년단 고문(31), 월례회 회장(31)		모범부락(27), 본부 조성금 250원(28), 군농회퇴비우승모범리(29), 81호 중 소사육호 50호, 98호 중 자작 8, 자소작 67, 소작 23(33)	1931 1933	i, f(중) 162
36	朴應燮		강원 춘천군 동내면 거두리			구장	내지모범농촌 시찰	청년단 고문(31), 월례회 부회장(31)		모범부락(27), 본부 조성금 250원(28), 군농회퇴비우승모범리(29), 81호 중 소사육호 50호, 98호 중 자작 8, 자소작 67, 소작 23(33)	1931 1933	i, f(중) 162
37	金章會		강원 춘천군 동래면 석사리						농산어촌진흥공적자표창(35)		1935	b3618호(1 9350213)
38	柳殷永		강원 춘천군 신남면 송암리 송현			구장(31)		부락청년단 고문(31)		본부 조성금 300원(27), 73호중 소사육 58호, 송현부락 51호 중 자작(지주) 5, 자소작 18, 소작 28	1931	i, f(중) 162
39	池奎汶	1883	강원 춘천군 신남면 송암리 송현	대지주		신남면장(23), 면협의회원, 학교평의회원 학	種牡牛契(23), 청년단 조직(23), 노동야학회(24)	부락청년단 고문(28~31)	한완궁전하어하사 산업장려금(29.4.1), 도지사 표창(29, 산업공로자), 일본적십자	모범상원 경영, 농사개발, 소작인 위로회 개최, 퇴비모범부락(26), 3년 연속 품평회에서 우승, 본부 조성금 300원(27), 73호중 소사	1928 1930 1931 1933	j, c(2-4) 35~43, i, f(중) 162

							무위원(28), 군농회특별의원(28)		사에 500원 기부, 4회조선총회에서 유공장 수여	육 58호, , 송현부락 51호 중 자작(지주) 5, 자소작 18, 소작 28(33), 도농회 퇴비증제품평회 표창(28), 공동시설(우물, 욕장, 작업장) 설치, 변소 개량, 농사 개량, (양계)원종 생산부락 지정하여 일본종 도입		
40	池奎爀	1901	강원 춘천군 신남면 송암리 송현		보교(20) 경성부기강습원(20) 속성강습원(23)		도주최 내지모범농촌 시찰(23), 청년단 조직(23), 노동야학회(24)	부락 청년단장(24~31), 군농회 통상의원(28) 학교평의회원(28)		본부 조성금 300원(27), 73호중 소사육 58호, 송현부락 51호 중 자작(지주) 5, 자소작 18, 소작 28(33), 도농회 퇴비증제품평회 표창(28)	1928 1931 1933	j, i, f(중) 162
41	大山春澤	1913	강원 춘천군 신남면 증리	중심					농산촌지도공적자표창(43)		1943	b4807호(19430212)
42	李錫周		강원 통구군 통구면 삼태리	소작농↑자작농		구장(33)		통구금융조합원(26.2~), 금조 지도원(32)	전 4508평 답442평 임야4정6반 소1두(33)		1934	a 141
43	陳正源		강원 통천군 순령면 구항리			구장(17)	농계(17.12.3, 계장 金漢弘)→구항리농회(23.11.30), 주택개조계(27), 진흥회(26)	농회장(31)	산업공로자(28.3.31)	회원 67호 중 지주2 자작19 자소작34 소작12호→72호 자소작39(33), 퇴비모범리(26), 농촌교육회, 학우회, 보안조합, 의무저축조합, 애친계	1931 1933	i, f(중) 163
44	朴永源	1905	강원 평창군 봉평면 무이리 백운동	빈농↑부농	서당				빈농에서 부락 최고의 부농이 됨	백운동갱생지도부락(35), 산간부락, 농촌진흥회 조직(29), 야학회	1937	l 164, n36권(37.5) 83~84
45	金聲泰		강원 평창군				강습소 수강(32)			관동 명덕 평창 청년 단	1934	m(12-8)

			평창면 하리							(1932.5, 55명), 도서관 설치 (1934.5 완성 예정)		46~56
46	金鍾元		강원 평창군 평창면 행동리				모범연맹 이사장	표창			1940	g(1940.3)91
47	石麟均	1905	강원 홍천군 남면 상오안리	중심					농산어촌진흥공적자표창(40)		1940	b호외(19400211)
48	吉駿錫	1889	강원 화천군 하남면 용암리				청년회, 부인회, 농사개량실행조합, 납세조합	전 문묘 장의, 농촌진흥회장		호수 78호, 소작농 36호 중 도지방비 4호와 금조 자금 이용한 8호 합계 12호의 자작농 창정, 1925년 대홍수로 폐허, 길호경 등의 분발 지방개량에 주력,1932년 지도부락 선정	1935	d 649~653
49	吉浩慶	1900	강원 화천군 하남면 용암리		보교 졸	화천면서기, 구장	대두개량조합(31), 농촌진흥회, 양잠계(공동상원, 추잠공동사육), 납세조합	청년회장, 근농공제보도위원	1932년 도지사 표창	吉南植, 길씨 동족촌 75호, 稚樹보육부락(1931, 1933년 총독 조성금으로 임야4정4반보 구입), 금융조합지도부락, 퇴비모범리(1927), 축우생사지도부락, 졸업생지도부락, 근농공제조합, 답35정보, 전 68정보, 75호 중 15호에 자작농창정자금 6,000원 투하	1934 1935	c(8-3) 40~47, d 649~653
50	李秉珪	1893	강원 횡성군 동급면 하수백리	자산가			갱생계획 수립(34)	진흥회장(39)	농산어촌진흥공적자표창(35), 표창(39)		1935 1939	b3618호(19350213), h65호
51	魏昌來	1896	강원 횡성군			구장	농촌진흥회(32),근농	보도위원	동산 4백원 부동	교통이 불편하고 토질이	1930	o 105~107

			횡성면 영영포리			(26.2.4)	야학 개최, 3·1운동 때 만세 시위 주도	(28~)	산 3570원	척박한 산간부락, 모범부락 지정	1935	p(1935121 7)
52	黃尙璧		강원도 울진 평해면 오곡리				흥풍회(23, 납세 기일 엄수, 부업 장려)			총 58호 중 자작 22, 자소작 26, 소작 10, 손영식, 손두환	1933	f(중) 162
53	朴張龍		경기 가평군 군내면 승안리				강습소 수강(33), 상조회(30.11)→승안리농사개량조합(33.3)			30호 자소작 6호, 소작 24호, 부인회, 탁아소 경영, 야학, 중견청년강습회 출석 여비로 도에서 받은 경비 중 일부를 아껴 램프 구입, 왕복 24㎞를 걸어서 절약	1934	m(12-9) 91~100
54	李宇垞	1901	경기 가평군 남면 이화리	자산가	보교 3년 수료		이화리근농공제조합(29.1), 본부 주최 남선 시찰 단원(30.3)	근농 보도위원(30)	도지사 표창(30.3)		1930	o 75~76
55	金龍澤	1896	경기 강동군 만달면		경성사립중학, 순천은사잠업전습소	면 서 기(17~29)					1937	n36권(37.3) 55
56	朴贊榮	1893	경기 강화군 불은면 고릉리						농산어촌진흥공적자표창(40)		1940	b호외(194 00 211)
57	權重根		경기 개성군 대성면 풍덕리	소작농 ↑		식 산 계 장(33)	상호연대보증조, 양우식산계 조직	풍덕금융조합원(31.1~)	소작 답7반전5반(31)→자작 답 1605평(33)		1934	a 6~7
58	金載采	1890	경기 개성군 진봉면 회동			개량桑 재식(03)	단기여자잠업전습소(농회) 촉탁		년 23만本 상묘 육성	모범양잠부락, 30명의 잠업전습생이 잠우회 조직	1931	i

			리					강사		(28)		
59	鄭建錫	1895	경기 개풍면 풍동면 대오족리	소농↑				진흥회장(40)	농산어촌진흥공적자표창(40)		1940	b호외(1940 00 211)
60	洪泰潤		경기 경성부 혜화동	독행자		군수	식수, 교화사업				1916	q(1916.1)
61	高允默		경기 고양군 용강면 東幕上契	독행자			학교설립, 부업 장려				1916	q(1916.1)
62	李昌和		경기 고양군 지도면 화정리 제2구(냉정동)				강습소 수강, 근농공제조합, 공조회(28), 순산계	보도위원		57호 중 54호가 소작농, 면장과 협의하여 최빈곤자 25명 선발 조합 조직, 조합원 당 20원씩 차입하여 25원의 제승기 구입(부족한 5원은 구장과 보도위원 융통), 면의 지도 강화, 화정리 제1구도 자극받아 1929년 조합 조직, 도비 조성금 100원(30)	1931 1933	m(9-10) 48~50, f(중) 129
63	劉載哲		경기 광주군 남종면 수청리					모범연맹 제1애 국반장	표창		1940	g(1940.3) 89
64	李榮夏		경기 광주군 동대면 가락리				강습소 수강(33)			진흥회(29명, 자작겸 소작농 8명), 극빈 부락, 1933년 7월 갱생계획 조사, 부채 절반 상환	1934	m(12-8) 46~56
65	兪鎭沼	1879	경기 광주군 동부면 덕풍리	빈농↑	독학		자강회(29,간부)→진흥회(32,회장)	덕풍리갱생지도부락 진흥회장(33~37)	논6반, 밭2정8반, 대2반보	역촌 식량부족농26호	1937	l 92

66	趙鍾欣		경기 광주군 동부면 신장리							자작 2, 자소작 6, 소작 23, 근로와 양잠 장려마을	1933	f(중) 130
67	李秉完		경기 광주군 초월면 대도령리	중심						자작 5, 자소작 20, 소작 10, 기타 16, 퇴비지도리(29) 도농회 표창	1933	f(중) 130
68	玄晸運		경기 김포군 고촌면 신곡리				강습소 수강(32)	신곡리농사개량협동판매조합 조합장(108명)		면사무소 소재지, 217호 1,216호 농업, 비옥지이며 1호당 1정6반보 이상, 공조회(1930.11)-1932년 10월 공조회령 폐지로 신곡리농사개량협종판매조합으로 개칭, 장서청년단, 조기회, 상조회(1932.1, 관혼상제), 소년단, 천등공동경작, 장서공동경작1,2조, 협동공동경작, 소비조합	1934	m(12-8) 46~56
69	李大泳		경기 김포군 양동면 가양리 舊陽川				정풍회(19), 부인저축회(22)			지주 9호, 자작 2호, 자소작 15호, 소작 9호, 2백원(23), 1백원(24), 1백원(29), 250원 조성금(30)	1933	f(중) 133
70	金昌洙	1884	경기 김포군 월곶면 갈산리	독농가		이 장 구 장 (1910~1940)	진흥회(32), 청년단, 부인부, 계몽야학	구한국 군인, 진흥회장(32)	농산어촌진흥공적자표창(40)		1940 1941	b호외(194 00 211), r(3-1) 82
71	小峰源作		경기 부천군 계남면	독행자			교통기관개선, 학사장려, 미풍양속장려, 자위단 조직				1916	q(1916.1)
72	李鍾聲		경기 부천군							30호 중 지주자작 3호, 자소	1933	f(중) 132

			계양면 목상리 木霜							작 12호, 소작 15호, 농잠장려, 심우택, 이계삼		
73	張良煥		경기 부천군 덕적면 서포리				一學契(12)			150호 중 자작 135호, 자소작 10호, 소작 5호 (오정근, 정영섭, 이재관, 장기선, 문세훈, 인태훈)	1933	f(중) 132
74	金昌鎭	1893	경기 부천군 문학면 문학리, 관교리		경성고보부설임시교원양성소졸(13)	훈도(13) 문학면장(31)	富民會(호주회, 24.3, 면장 金斗鉉이 회장), 주부회(28.4), 근농공제조합(29.11), 내지시찰단원	富民會 간사(24)→회장(27.4), 부천보교 학무위원(20.4)		120호 중 지주5 자작3 자소작41 소작39 기타56, 졸업생지도마을로 유명	1928 1933	j, f(중) 177
75	黃光秀	1901	경기 부천군 문학면 문학리, 관교리		경성고보사범과졸(17.3)	훈도(17)	부민회 조직(24.3, 면장 金斗鉉회장), 도주최내지시찰단원(26)	부민회 상임간사, 부천보교 학무위원(21.6~)		120호 중 지주5 자작3 자소작41 소작39 기타56, 졸업생지도마을로 유명	1928 1933	j, f(중) 177
76	大浦茂彦		경기 부천군 문학면	독행자			농사개량, 학사장려, 교통개선, 위생, 민심융화				1916	q(1916.1) s92
77	李鳳鎭		경기 부천군 서곶면 新峴里							65호 중 자작 3호, 자소작 35호, 소작 27호, 김진성, 퇴비장 설치, 우사 개조, 납세관념양성	1933	f(중) 132
78	朴在碩	1913	경기 부천군 소사면 대응절리	빈농	소사보교졸		제1회 졸업지도생(30.4)		全家勞動의 家, 답8반 전1정3반 소작(30)		1933	h3호 8~11
79	李順義		경기 부천군 영종면 雲南里				납세조합			26호 중 자소작 6호, 소작 20호	1933	f(중)132

80	尹學榮	1899	경기 수원군 성호면 외삼미리				삼미학계조직, 서당 개설, 농촌진흥회 조직, 삼미저곡조합 조직, 화남흥산조합 조직	농촌진흥회장			1937	n36권(37.4) 49~50
81	李鍾熙	1909	경기 수원군 송산면 소강리		보교 졸(24)		송산보교 졸업지도생(27.4), 도종묘농업실습생		순소작농(9인 가족 답2정, 전7반)→답7반, 전 7반 농지 구입 예정(34)		1932	e(11-3) 115~116
82	朴濟成	1904	경기 수원군 수원읍 우만정					부락 진흥 회장(32), 정진흥회장(39)	농산어촌진흥공적자표창(35), 표창(39), 2,800원 부채 상환	갱생지도부락(33)	1935 1939	b3618호(19350213), h65호
83	吳舜泳	1889	경기 수원군 일장면 영통리	지 주 겸 자작							1931	i
84	尹秀榮	1878	경기 수원군 팔탄면 가재리	마름			양잠전습소 경영(28), 소작인조합 조직, 각종 시설 설치	이주(14)	소작지 38정보 관리		1931	i
85	成耆哲	1878	경기 시흥군 북면 영등포리	소작농↑자작농		구장		영등포금융조합원(14.11.5~), 조합평의원 가학리식산계장 겸직(33) 면협의회원, 학무위원	소작 17단보(14)→전2200평 답1500평(33)		1934	a 7~9
86	李淵哲		경기 시흥군				梧里洞共助會(20)			영등포 금조 모범부락	1931	i

번호	성명	출생	주소	신분	학력		활동1	활동2	토지	부락 상황	연도	출처
			서면 소하리 오리동							(28.5), 시흥군 특별공조회 (28.8), 54호 중 농가 52호, 인구 218명		
87	李會德	1912	경기 시흥군 수암면 장상리	양반가문(50석) 몰락	보교졸(27)		졸업지도생 지원	부락농촌진흥회 간사	답1반 전2반(28)→답2반 전4반(29)→답5반 전4반 소작(31)		1933	h2호 14~15
88	李謙在		경기 안성군 공도면 萬家垈					모범연맹 이사장	표창		1940	g(1940.3) 89
89	鄭寅肅	1891	경기 안성군 미양면 보체리	부농			수원농사시험장 참관, 농량계(19), 흥농회(28, 청년부에 소비조합 부설), 산미개량조합(24, 도 보조금300원, 현미 제조, 공동판매)	만주 유랑 후 1916년 귀향후 농사개량, 퇴비지도원	답6정보, 논4정보, 도와 군 표창(18)	45호 중 자작1, 자소작8, 소작36, 퇴비지도리동(도지방비 보조, 26), 금조모범부락, 里契 설치, 45호, 토지 척박하고 협소, 1919년 정인숙 주도 농사 개량, 축산지도부락, 조림지도부락, 양잠지도부락 등 지정(정인숙 지도원). 1928년부터 공동답 2정보 조성	1928 1929 1931	c(2-6) 40~45, c(3-7) 40~49, i
90	閔泳鍾		경기 안성군 양성면 미산리				하계(29), 잠업조합(24), 공조회(23)			97호 중 지주자작 16호, 자소작 31호, 소작 50호	1933	f(중) 131
91	吳孟根		경기 안성군 원곡면 용이리				근농공제조합(31)			36호 중 지주자작 1호, 자소작 2호, 소작 33호	1933	f(중) 132
92	李圭西		경기 안성군 원곡면 칠곡리							41호 중 지주자작 2호, 자소작 5호, 소작 34호	1933	f(중) 131

번호	성명	연도	주소	계층	학력	경력	단체 활동	직책	표창	재산/기타	연도	출전
93	李仁鎬	1912	경기 안성군 이죽면 매산리	빈농			갱생계획 수립(35, 가축 증산, 자급비료 증산, 생활 개선에 전력)→갱생지도농가(39)		농산어촌진흥공적자표창(35)		1935 1939	b3618호(1 9350213), h65호
94	申敬烈		경기 안성군 홍도면 신두리				산미개량조합, 순산계			46호 중 지주자작 2호, 자소작 7호, 소작 37호	1933	f(중) 131
95	尹元世	1890	경기 양주군 시둔면 금오리		경성 보성중 3년 중퇴	토지조사국(13), 구장(21)	남자야학회 개설(17), 여자야학회(20), 금오청년회 조직(24, 34명)	금오청년회 회장, 천도교청년당, 면협의회원, 군농회특별의원, 금융조합 평의원, 경기도 주최 교화단체간 부내지 시찰단원(26)		공동재산(청년회 공동경작답 5반보, 저금 300원 산림묘목 1000원, 부인회:저금 200원, 상묘목150원), n재무협회장 포상(납세모범부락, 31), 도비 보조금 100원(26), 도비 보조금 100원(28), 44호 중 지주자작 4, 자소작 5, 소작 35	1931 1932 1933	i, e(11-11) 128~132, f(중) 130
96	李弘奎	1915	경기 양주군 시둔면 신곡리 신촌		의정부 공립농잠실습학교 졸업(30)		신촌농사개량실행조합(31)				1935	d 148
97	李鍾烈	1911	경기 양주군 시둔면 신곡리 추동	자소작농	의정부 공립농잠실습학교 졸업(29.3)		楸洞농사개량실행조합(29.4)			양반부락, 부채상황(1929년 당시 1호당 234원이 현재는 1호당 62원), 토지구입(자소작 3명 증가), 공동재산(450원, 건물 1동 포함)	1935	d 146~147
98	玄桂俊	1913	경기 양주군		의정부		하금오리농사개			하금오리는 32호의 소부락	1935	d 147

			시둔면 하금오리		공립농잠실습학교졸업(31)		량실행조합(30.4)					
99	韓鼎錫		경기 양주군 은현면 용암리			면 장(10~현)	근검저축조합			이 堆肥指導里洞(26), 73호	1931	i
100	金元成	1876	경기 양평군 갈산면 백안리	자산가				39살 때 50석 지주, 기부활동, 국방의회 경비(34)	600석 소작료, 200석 자작. 900원 세금		1934	h16호 9~11
101	權龍虎		경기 양평군 양평면 용암리					모범연맹이사장	표창		1940	g(1940.3) 89
102	李鍾泰		경기 여주군 가남면 건장리	중심		구장(36)	월례회, 야학회			지도부락(33), 22호	1936	h32호 13
103	元世成		경기 여주군 북내면 장암리	소작농↑				여주금융조합원(31.10~), 부인 許난순 부인회 간사(32)	소작 답3반 전2반5무(31), 군농회 포상(32), 리산업조합포상(32)		1934	a 4~6
104	李漢仁	1896	경기 연천군 남면 두곡리			퇴비지도원(27)	공립보통학교 설립시(12) 전재산 기부, 수도재배법 개량(25)			퇴비지도리(도지방비 보조, 27)	1931	i
105	金子光邦	1906	경기 연천군 삭령면 여척리			구장(43)			농산촌지도공적자표창(43)		1943	b4807호(19430212)
106	楠川義	1912	경기 연천군			구장(43)			농산촌지도공적		1943	b4807호(1

緒			삭령면 여척리						자표창(43)			9430212)
107	閔根植	1900	경기 연천군 삭령면 여척리			부락연맹이사장(43)			농산촌지도공적자표창(43)		1943	b4807호(1 9430212)
108	野元治	1896	경기 연천군 삭령면 여척리			부락연맹이사장(43)			농산촌지도공적자표창(43)		1943	b4807호(1 9430212)
109	柳村榮	1911	경기 연천군 삭령면 여척리			구장(43)			농산촌지도공적자표창(43)		1943	b4807호(1 9430212)
110	鶴川輔貞	1896	경기 연천군 삭령면 여척리			구장(43)			농산촌지도공적자표창(43)		1943	b4807호(1 9430212)
111	張樂珍	1890	경기 연천군 영근면 은대리	적빈↑			갱생지도농가(39, 34년 계획수립)		농산어촌진흥공적자표창(35)		1935 1939	b3618호(1 9350213), h65호
112	鄭明好	1900	경기 용인군 내사면 양지리	소작농↑	양지보교부설간이농업학교입학(15)		송병준가 소작(16) 경기도내지우량농촌시찰단(36)	암곡리갱생지도부락진흥회장(33~37)	자작논4반,소작논6반,밭자작1정7반,임야5정보	20호	1937	l 89
113	成載憲		경기 용인군 수지면 동천리 동막동				부업청년단, 근로부인단, 공동축우계, 농계			54호 중 지주자작 8호, 자소작 8호, 소작 30호, 기타 8호(윤승보, 윤창보, 권중성, 계중협)	1933	f(중) 131
114	趙斗衡		경기 용인군 수지면 상현				홍산회, 부인단			114호 중 지주자작 9, 자소작 29, 소작 76 (한영교, 윤용	1933	f(중) 131

			리							식, 정계렬, 안병렬)		
115	李喜哲		경기 용인군 외사면 근삼리 내수곡				납세계			28호 중 지주자작 4호, 자소작 3호, 소작 21호	1933	f(중) 131
116	申鉉範		경기 용인군 원산면 좌항리 항곡							35호 중 지주자작 8호, 자소작 7호, 소작 20호	1933	f(중) 131
117	洪璧	1888	경기 용인군 이동면 묘봉리			축우生飼지도원(28.11)	裝農會 조직, 납세조합 설립		용인군농희 深耕犁 1정 수여(25), 경기도농회 화발1개 수여	양계모범부락, 묘대품평회 상금으로 공동우물 개발	1931	i
118	尹貴孫	1913	경기 용인군 이동면 송전리	적빈↑	송전보교		송전보교 지도생(28), 도종묘농업 실습생(28)		도산업장려금200원 차입 1탄3보 논구입, 면장의 소작지 지원, 부채 감소		1932	e(11-3) 117~129
119	申鉉鼎		경기 용인군 이동면 천리 죽동				교풍회(24.8)→공조회(24.9), 조기회, 야학회			35호 중 지주자작 3호, 자소작 13호, 소작 19호, 수차례 도비 보조, 총독 조성금(29)	1933	f(중) 131
120	權衡奎		경기 용인군 포곡면 삼계리 도토동				근농공제조합, 사설 학술강습회			46호 중 지주자작 2, 자소작 10, 소작 34	1933	f(중) 131
121	李麟采	1880	경기 이천군 마장면 목리				농사소조합 설립(24), 공조회			42호 중 자작 7, 자소작 22, 소작 7, 기타 6, 퇴비지도리(도지방비 보조, 26) 군농회에서 산업장려금 차입-가마니짜기, 우량부락으로 표창	1931 1933	i, f(중) 130

122	趙延根		경기 이천군 신둔면 수하리				리계(도로수리, 납세기일 엄수)			66호 중 자작 4, 자소작 16, 소작 46, 토목사업공적자 표창(29, 도), 납세 표창(29, 군)	1933	f(중) 130
123	柳淵奎		경기 이천군 율면 월포리1구				농사소조합(25)→공조회(28), 부인회			63호 중 지주 3, 자작 3, 자소작 3, 소작 54, 우량부락 표창(28, 도농회)	1933	f(중) 130
124	趙炳稷		경기 이천군 율면 월포리1구		죽 남 보 교		졸업 후 지도생 교육, 내지시찰단(29) 자작농지 설정	부인회 간부, 진흥회 간사		63호 중 지주 3, 자작 3, 자소작 3, 소작 54, 우량부락 표창(28, 도농회)	1933 1934	f(중) 130, t
125	郭璣鉉	1902	경기 이천군 이천읍 율현리	적빈↑		구장(26, 25세)	갱생계획 수립(33), 거촌보국의 적성-적극 협력	리진흥회장(39)	농산어촌진흥공적자표창(35), 표창(39)		1935 1939	b3618호(1 9350213), h65호
126	李明浩		경기 인천부 송림정					모범연맹 이사장	표창		1940	g(1940.3) 89
127	閔載卿	1905	경기 장단군 군내면 정자리 신촌		보교졸		亭子里共組會(25.3.14), 농비절약저축부(25), 납세조합(26), 부인저축부(27), 소년회(28)	亭子里共助會長(31, 고문 崔翼相), 도주최교화단체간부내지시찰단원(28)		23호 중 자소작 17, 소작 6, 도지방비(27,28 각100원), 장단군향교재산(27,28 각 20원), 본부(29, 350원), 공조회원 23호	1931 1933	i, f(중) 133
128	崔翼相	1892	경기 장단군 군내면 정자리 신촌		관립한성일어학교(08)	장단보교훈도(23)	亭子里共組會(25.3.14), 농비절약저축부(25), 납세조합(26), 부인저축부(27)	亭子里共助會 고문(31), 도주최교화단체간부내지시찰단원(26)		23호 중 자소작 17, 소작 6, 도지방비(27,28 각100원), 장단군향교재산(27,28 각 20원), 본부(29, 350원), 공조회원 23호	1931 1933	i, f(중) 133
129	朴亨得		경기 장단군 대문면 위천				강습소 수강(33.5),수양회(매				1934	m(12-4) 48~53

			리				월 3회), 농촌진흥회의 남녀 대상 야학, 청년단의 공동작업					
130	姜俊馨		경기 진위군 북면 갈관리				농사조합 조직 (19)			본부 堆肥指導里洞(26), 도 지방비보조(26), 40호 내외 (대부분이 소작농)	1931	i
131	韓弼鎬		경기 진위군 북면 갈관리				농사조합 조직 (19)			본부 堆肥指導里洞(26), 도 지방비보조(26), 40호 내외 (대부분이 소작농)	1931	i
132	이승구		경기 진위군 송탄면 모곡리						도지사 표창(1929)	서정리지도학교의 지도생 4명, 정무총감 방문지	1930	c(4-1) 10
133	金大經	1883	경기 진위군 오성면		경성중학교 졸 (12.3)	토지조사국 기수(15.6~16.10), 오성면장(22~28)	군주최내지시찰단원(23.4), 오성면 부인회(23.5.23), 도주최내지시찰단원(24)	오성면부인회장(28)		350호	1928	j
134	黃鉉周	1907	경기 파주군 임진면 사목리		문산보교졸		문산보교 지도생(27), 경기도종묘장 제1회 실습생		부친 재산 답4정, 전1정3반, 산1정보		1930	u(4-7)
135	閔景植	1901	경기 파주군 임진면 선유리		문산보교졸		문산보교 지도생(27)	축우계 조직			1930	u(4-7)
136	朴炳洙		경기 파주군 임진면 선유리				선유리순후회 대표				1932	v 815

137	金奎泰	1897	경기 파주군 임진면 임진리 주남동		한학	문산보교 훈도	周南洞醇厚會(20.11.4), 산미개량조합(24), 대두개량조합(26), 周南洞醇厚青年團(간사 鄭南熏~농잠실수학교), 부인회(27.6.1, 鄭炳舜회장), 야학회(27)	순후회 간사(31), 도주최교화단체간부내지시찰단원(27), 1928년 御大典奉祝 전국청년대회 경기도청년회 대표로 출석	순후회-면장, 회장군수 표창 상품(27), 자산가로 지역 발전에 각종 기부, 순후관 건립	27호, 자작2 자소작5 소작20, 9명의 문산지도학교지도생 소재지로 유명, 사이토총독 방문지(30.6.19), 축우생사지도부락, 우량퇴비지도리동(1928), 본부 조성금 350원(29) 도지방비 100원(24) 도지사 50원(24), 파주군삼림보호조합 표창, 도농회 표창 상품(소 1두,28), , 금융조합 가입 비율 80%, 주남동순후회(파주향약의 영향)	1930 1931	c(4-1) 7~8, (4-8) 57~70, i
138	金榮矍	1901	경기 파주군 임진면 임진리 주남동	적빈	문산보교졸		문산보교 지도생(27)		7반보 소작, 타인 소유 산 2반보 개간		1930	u(4-7)
139	金榮胄	1912	경기 파주군 임진면 임진리 주남동	빈농	문산보교졸		문산보교 지도생(27)				1930	u(4-7)
140	金鍾建	1889	경기 파주군 임진면 임진리 주남동				周南洞醇厚會(20.11.4), 산미개량조합(24), 대두개량조합(26), 周南洞醇厚青年團(간사 鄭南熏-농잠실수학교), 부인회(27.6.1, 鄭炳舜회장), 야학회(27)	순후회장(31), 도주최교화단체간부내지시찰단원(27)		본부 조성금 350원(29) 도지방비 100원(24) 도지사 50원(24), 순후회-면장, 회장-군수 표창 상품(27), 파주군 삼림보호조합 표창 상품, 도농회 우량퇴비지도리동 표창 상품(소 1두,28)	1931 1932	i, v 815

141	鄭南薰	1905	경기 파주군 임진면 임진리 주남동	지주	중동학교 본과		문산보교 지도생(27)	경기도사회교화단체간부 내지시찰단원(28)	농사개량 소작인 지도		1930	u(4-7)
142	金允培		경기 파주군 임진면 장산리	자산가			長山里醇厚會(21.4.4, 회원수 62호), 계란출하조합(30.4)	순후회장(30)		퇴비지도부락(28), 도지방비 보조(28)	1930 1932	w60호 72~73, v 815
143	李澤俊	1908	경기 파주군 파주면 이천리	소작농	문산보교졸		문산보교 지도생(28)		농사개량, 다수확으로 토지구입		1930	u(4-7)
144	權寧喆	1885	경기 파주군 회현면 낙하리	지주		구장, 퇴비지도원(31)			도농회장 표창(29)		1931	i
145	金裵泳	1903	경기 평택군 오성면 대반리	자소작농				진흥회장(40)	농산어촌진흥공적자표창(40)		1940	b호외(19400 211)
146	李慶均		경기 포천군 소걸면 이동교리 용상동				龍翔共組會(1914.1.27-동민), 치산소작조합, 동명학술강습회, 소작인계			堆肥指導部落(26)	1931 1933	i, f(중) 130
147	李慶鈺		경기 포천군 소걸면 이동교리 용상동			면장(현)	龍翔共組會(1914.1.27-동민)			堆肥指導部落(26)	1931	i
148	李性		경남 거창군 지하					근농 보도위원(30)	표창금액 13円(掛時計 1)		1930	x(1-4) 32
149	黃宗柱		경남 고성군 거류면 가려					근농 보도위원(30)	표창금액 13円(掛時計 1)		1930	x(1-4) 31

			리									
150	嚴權泰	1887	경남 고성군 거류면 은월리				교풍회(회장)			회원 194명, 부락에 가마니 기계와 새끼기계 보급 등 부업 장려	1935	d 412
151	黃宗柱	1884	경남 고성군 거류면 은월리				근농공제조합(29)			조합원 33명, 저금액 1,074원 공동경작지 구입, 10년 후 1인당 논 1반보 소유 목표	1935	d 412
152	崔允中	1918	경남 고성군 동해면 외곡리	빈농						아버지는 근농공제조합원(빈농)	1935	d 414
153	李鎭畿		경남 고성군 회화면 녹명리	부농			일본 농촌 시찰			46호 회원 조직, 2년마다 회장 평의원 선출, 납세자금 준비, 채종답과 전 조성, 새끼, 가마니 부업, 부녀자 노동 등	1922	c(17-9) 73
154	尹奎石		경남 김해군 녹산면 녹산리			녹산리구장, 녹산면장	일신교육회(1921.5)-부락개량 중심기구, 녹압학교 설립자, 일신교육회장, 야학회(23), 납세조합(28)	근농 보도위원(30), 교풍회장	표창금액 13円(掛時計 1)	총호수 80호, 자작 2호 자소작 13호 소작 65호 빈촌	1930 1932 1933	x(1-4) 31, p19321203, f(중) 155
155	朴在煥		경남 남해군 차산면					근농 보도위원(30)	표창금액 13円(掛時計 1)		1930	x(1-4) 32
156	李善根	1900	경남 동래군 장안면 좌동리					금조총대(40) 농촌지도위원(40) 농진회장(40)	농산어촌진흥공 적자표창(40)		1940	b호외(194 00 211)

157	朴茂春		경남 동래군 장전					근농 보도위원(30)	표창금액 :3円(掛時計 1)		1930	x(1-4) 32
158	金三生		경남 밀양군	자 소 작 농 독농 가			금조 가입(19), 조합원 지도	밀양금융조합원 (19.2~), 금조 총대 겸 지도원(33)	모범조합원 표창 (조합), 답8단 전4단보(19)→자작 답1정3단 전1정 소작4정보(30)		1934 1938	a 63~64, y 503~504
159	金瑀泰		경남 밀양군 단장면 구천리				강습소 수강 (33.10)			교풍회, 부인근로회(32.2), 군 모범부락, 위생모범부락, 단산금조 지도부락, 자조회 조직 공동경작지 3반보 구입, 청년연구회, 조기회(33)	1934	m(12-9) 91~100
160	金龍伊		경남 밀양군 밀양읍 내2동 신촌부락					모범연맹 이사장	표창		1940	g(1940.3) 90
161	李起鎬		경남 밀양군 삼량진면 미전리				미전근농공제조합(30호), 미전리 저축회(근농공제조합 미가입 농가 10호 대상)	보도위원, 내지 모범농촌 농촌진흥 시설사업 시찰단원으로 선발(28)		68호, 조합원 중 소 구입 14호, 양잠 12호, 동척에서 소작 전1정보, 답 3반보를 개인명의로 빌려 조합원에게 공동경작, 잉여금은 진흥회 경비 충당. 청년 5명을 도 주최 중견청년강습회 파견 비용 충당, 裁桑우량리로 도농회 표창(28)	1931	c(5-3) 78~82
162	朴末南	1903	경남 밀양군 하남면 대사리	면 서 기 부인			부인근로단(32.7)			단원 90명, 단원을 10조에 나누어 부인야외노동을 장려하여 제초, 피뽑기, 퇴비재료 수집 등	1935	d 412

163	趙亨植	1896	경남 밀양군 하동면 송지리				삼량진청년회 청년회노동야학교(25.4)	삼량진청년회장(28), 묘목조합부조합장, 삼량진보교 학무위원 금조평의원		174명	1928	j
164	佐谷龍太郎		경남 부산부 부산진	독행자			報德主義 보급, 농진협회 설립			도지방비 보조금(12)	1915	q(1915.8)
165	李光源		경남 사천군 곤양면	독행자			공립보교 설립, 소방조합 조직		경무총장 포상(14)		1915	q(1915.8)
166	三木吏壯		경남 사천군 남양면 죽림리		군립농업학교(11)		동척이민(12.3), 竹林근농공제조합	근농 보도위원(30), 남양양잠조합장(30), 부락진흥회장(30), 학교조합평의원 면협의회원(30)	동산 부동산 3만원, 도지사 표창(30.3.27)	죽림리 林內부락 표창(29.2.11), 죽림근농공제조합 도지사 표창(30.3.27), 75호 중 일본인 9호(5만원1, 5천원 이상 2, 1천원 이상 3, 500원 이상 2), n인 66호(2천원 이상 1, 1천원 이상 4, 500원 이상 6, 300원 이상 24, 빈궁자 31)	1930 1932	o 93~96, e(11-3) 106~107
167	金明出	1903	경남 사천군 삼천포읍 신수도리		서당		어업종사, 일용잡화상(26), 탁주제조업(27), 청년회 조직(30)	신수도리갱생지도부락진흥회장(34~37), 삼천포어업조합 통상의원(26)	답20두락, 전1만평 구입(33~34), 경남도농회 표창(36.11)	반농반어, 부락전원 농진회원(37), 본부락 112호, 소부락 20호. 농업상업 전업호 11호. 1918년엔 56호	1937	l 131
168	李鐘十		경남 사천군 용견면 신복리	독농가				근농공제조합(30), 교풍회(31)			1935	d 93
169	姜柄	1902	경남 사천군 정동면 고전리							10년 전부터 국유지 불하받아 채소 재배, 연수 300원, 부락 장려	1935	d 414

170	吳壽	1916	경남 산청군 산청면 부리	졸 업 생 지도			정진단(29, 30명, 산청공보 교장 지도)				공동경작지 5반보 구입, 부인근로단과 더불어 지도부락의 중추단체	1935	d 413
171	李圭文		경남 산청군 산청면 부리						근농 보도위원(30)	표창금액 13円(掛時計 1)		1930	x(1-4) 32
172	金喆甲	1899	경남 선산군 선산면 완동				갱 생 지 도 농 가(39)					1939	h65호
173	金正吉		경남 양산군 상서면 가촌동						근농 보도위원(30)	표창금액 13円(掛時計 1)		1930	x(1-4) 32
174	金鳳五		경남 울산군 강동면 정자리						근농 보도위원(30)	표창금액 13円(掛時計 1)		1930	x(1-4) 32
175	金鳳出	1912	경남 울산군 웅촌면 대대리				자작농지 설정(36), 갱생지도농가(39)	진흥회 경방부장(39)		농산어촌진흥공적자표창(35), 36년(논3반, 밭5묘), 35년(자작논2반, 소작논 1반)		1935 1939	b3618호(19350213) h65호
176	金弘祚		경남 울산군 하상면 반구리	독행자	일본 유학	학무위원						1915	q(1915.8)
177	元善		경남 의령군 정곡면 가현리				납세독려조합				50호, 지도부락(31), 가마니 생산 6,000장(33.11~ 34.1), 부인면작공작업포, 도로수선	1935	d 413~414
178	李相修		경남 의령군 정곡면 중교리				진흥회(28), 야학회(27)		근농 보도위원(30)	표창금액 13円(掛時計 1)	120호 중 지주 9, 자작 12, 자소작 35, 소작 53, 기타 11	1930 1933	x(1-4) 31, f(중) 153

번호	이름	생년	주소							연도	
179	石本淸太郎	1915	경남 의령군 칠곡면 도산리	중심				농산촌지도공적 자표창(43)		1943	b4807호(1 9430212)
180	高在日		경남 진주군 금산면 갈전리			진흥회, 홍산계, 협동상회, 농민조합(16)→실업청년회(29)			221호 중 지주 1, 자작 45, 자소작 130, 소작 37, 기타 8, 생활개선 부락, 중심인물 高在日, 許舜錫, 李文救, 도박음주 근절, 1931년 공동경작지 500평과 부인공동작포 960평 설치	1933 1935	f(중) 153, d 92
181	姜鎔琪		경남 진주군 도동면 초전리				근농 보도위원(30)	표창금액 13円(掛時計 1)		1930	x(1-4) 31
182	김용한		경남 진주군 명석면 외율리				양잠조합장 갱생조합 이사(34)		갱생지도부락 선정(34)	1934	z
183	양덕견		경남 진주군 명석면 외율리				농촌진흥회장(34), 소비조합장		갱생지도부락 선정(34)	1934	z
184	정태진		경남 진주군 명석면 외율리		구장(34)		금주회장(34)		갱생지도부락 선정(34)	1934	z
185	姜千秀	1893	경남 진주군 정촌면 예하리	중앙 대졸(25)			예하리청년단장, 진주일신여고보 상무이사, 학무위원, 면협의회원, 군농회 부회장	사회공적자 표창(38)	강씨 동족촌	1938	b3320호(1 9380213)
186	白祥基		경남 진주군 집현면 대암리						1929년 면작계량계 조직, 부인면작공동작포 4반보	1935	d 92

			리							설치, 1930년 축우생사 실시		
187	金海弘	1901	경남 창녕군 대지면 창산리			구장(43)		농산촌지도공적자표창(43)			1943	b4807호(19430212)
188	張碩鳳		경남 창녕군 부곡면 대곡리	독행자			저축장려	국유지소작인조합장			1915	q(1915.8)
189	成泰根		경남 창녕군 성산면 냉천리	독행자				성산산림조합장			1915	q(1915.8)
190	成讚鎬		경남 창녕군 창락면 용석리	중심			석유계, 절미저축계, 교풍회(31)			漁島갱생지도부락(33)	1936	h32(14)
191	黃義豚	1906	경남 창녕군 창락면 용석리	중심			석유계, 절미저축계, 교풍회(31)			漁島갱생지도부락(33)	1936	h32(14)
192	金敬濯	1907	경남 창원군 상남면 가음정리							136호, 1923년부터 노력, 사지에서 갱생	1935	d 412
193	潘至雲		경남 통영군 둔덕면 거림리			구장(43~44)		근농보도위원(37), 진흥회 면작개량계 축우개량계 간부, 면협의회원(37)	도지사 표창(37)		1937	ⓐ 45
194	柳柄秀		경남 통영군 둔덕면 방하리					근농보도위원, 면협의회원(37)	도지사 표창(36)		1937	ⓐ 45

195	鄭奎顯		경남 통영군 둔덕면 방하리							도지사 표창(36)		1937	ⓐ 45
196	尹定根		경남 통영군 왕산						근농 보도위원(30)	표창금액 13円(掛時計 1)		1930	x(1-4) 31
197	李三得	1909	경남 통영군 일연면 문동리							농산어촌진흥공적자표창(40)		1940	b호외(19400211)
198	徐正元		경남 통영군 통영읍 정량리 제2구						모범연맹 이사장	표창		1940	g(1940.3) 90
199	辛周松		경남 통영군 하청면 하청리 성동부락	빈 농 ↑ 독농가	한문				하청금융조합원(25~)	답60 전35두락 산림12정 동산 기타 2천원(33)	금조 지도부락	1934	a 58~59
200	金思培		경남 하동군 동면 고리리						근농 보도위원(30)	표창금액 13円(掛時計 1)		1930	x(1-4) 32
201	朴鳳鐘	1903	경남 하동군 악양면 입석리 하덕부락				갱생조합(110명)				44호 중 자작 4, 자소작 13, 소작 27, 지도부락으로 실시해오던 사항을 더욱 철저하게 실행, 군내 제1의 모범부락	1933 1935	f(중) 154, d 413
202	朴永鎭		경남 하동군 진교면 양포리				강습소 수강(33.10), 교풍회, 청년회 활동				이 모범부락, 부인단 조직(5 부락 순회강화회 추진 결과, 도의 보조 공동욕장 공동이발관 추진	1934	m(12-9) 91~100
203	李泰炫	1897	경남 하동군 진규면 관곡리						진흥회장(35~39)	농산어촌진흥공적자표창(35), 표창(39)	갱생지도부락(35), 가마니 짜기 연간 12000매	1935 1939	b3618호(19350213), h65호

204	李炳文	1885	경남 함양군 서상면 도천리				저축계(24), 학술강습회(27), 교풍회(120명)			119호 중 지주 3, 자작 29, 자소작 38, 소작 49, 도로청소, 색의착용(90명), 고무신절용(80명), 절미저축(6원 60전), 자력갱생저금(100명, 12원)	1933 1935	f(중) 154, d413
205	韓宗煥	1892	경남 함양군 서하면 봉전리				이주(25), 자작농지 설정(35), 갱생지도부락 지도	진흥회부회장(39)	농산어촌진흥공적자표창(35), 표창(39)	갱생지도부락	1935 1939	b3618호(19350213), h65호
206	余鳳奇	1894	경남 함양군 수동면 원평리						농산어촌진흥공적자표창(40)		1940	b호외(19400211)
207	朴奎東	1853	경남 함양군 유림면 유평리			면장(04.10)	산업계 조직(23.1.10)	산업계장(23), 향교掌議(07.9.3) 면협의회원(26.11.20)		171호	1928	j
208	金淳見		경남 함양군 유림면 화촌리					근농 보도위원(30)	표창금액 13円(掛時計 1)		1930	x(1-4) 31
209	趙翰奎	1880	경남 함양군 함양면 신천리				新泉里部落振興會, 저축계(28. 6,), 부인 노동단(28.6), 신천리면작개량계(육지면모범작포)	진흥회장(31)		신기동 삼천동 후동의 3부락으로 구성, 안광선2등도로, 82호 중 지주2 자작3 자소작17 소작60	1931 1933	i, f(중) 154
210	崔洪照	1887	경남 함양군 휴천면 호산리				교풍회(114명)			60세 미만은 전부 흑의 착용하여 실행자 90%, 단발이행자 62명, 절미저축으로 소와 땅 구입	1935	d 413

번호	성명	연도	주소							내용	연도	출처
211	柳遠洪		경남 합천군 묘산면 관기리			구장(28)				畜牛生飼지도부락, 군내 생사 발상지, 민둥산으로 둘러싸인 한촌. 1932년 말 인근 부락까지 전부 3,721호에서 실시	1935	d 92
212	鄭夏容	1906	경남 합천군 묘산면 안성리	자산가				경방단장(40) 진회장(40) 농	농산어촌진흥공적자표창(40)		1940	b호외(1940 0211)
213	吳道浩	1892	경남 합천군 적중면 상부리				교풍회			297호, 1931년 10월 회의 부흥과 함께 공동경작지 구입, 조기회 조직, 조서봉독, 향약, 보덕문 낭독, 국민체조 실시, 부인부원 중 42명은 행상. 부인부에서 농촌 탁아소와 공동양잠 계획, 동조합 경영하여 사치품 판매금지, 납세사상 철저 등에 노력	1935	d 414
214	盧應亭	1893	경남 합천군 청덕면 삼학리		한문사숙		사회운동, 설계사, 귀향(32)	교풍회장(33)		42호, 우량부락, 제1차 농가갱생지도부락(33)	1937	n36권(37.1) 184~185
215	卞榮甲		경남 합천군 초계면 관평리		面勸業事務 종사		야학회(鄭昌庸 許範, 17.10), 농사개량실행조합, 양계조합(26), 부인회, 기업전습소(30)			퇴비지도리동(26), 육지면 부인공동작포(29.4), 時鍾 설치(28)	1931	i
216	鄭昌庸		경남 합천군 초계면 관평				농사개량실행조합(27, 15명), 잠업			卞, 鄭씨의 동족촌락으로 대한제국의 吏屬, 使丁으	1931 1933	c(5-4) 90~98,

			리				실행계(25), 관평리機業전습소 설치(30.5), 야학계(14, 55명, 1921년 교사 건축, 100여명), 진흥회(27.11), 근농공제조합(29), 육지면 공동작포(29)				로 구성된 촌락, 병합으로 실업자 속출 면장 金炳斗, 卜榮原, 許範(京都고등잠사학교 출신), 卜榮甲(권업서기 겸 기수, 독농가 소개), 137호 중 지주1, 자작11, 자소작69, 소작52, 잡업4호, 경지면적 답17정보, 전17정보로 열악한 상태, 추수저금(37명, 1929년 현재 741원), 시미저금(55명, 165원)	f(중) 154
217	盧八龍	1901	경남 합천군 초계면 대평리	빈농			자립(27세)		농산어촌진흥공적자표창(35)		1935 1939	b 3618호(19350213), h65호
218	盧浩容	1899	경남 합천군 초계면 대평리	양반(3천석)가문			草溪私立正養義塾塾長(21.4~24.4), 진주일신여자고보 이사(22.4~25.3)	대평리갱생지도부락교풍회고문(32.10~37)		대평리갱생지도부락(32)	1937	l 136
219	朴昌基		경북 경산군 경산면 임당동	지도자	경산공보(19)	군면작조수, 압량면서기(20), 면회계원(30), 군회계원(32)	자성회(26), 근농공제조합, 농사개량계(26)→林堂農事改良實行組合, 노동야학회, 부인회, 소년회, 춘잠조합	향교 장의, 자성회 회장(26)		145호 중 지주 18, 자작 30, 자소작 43, 소작 54, 보천교 마을, 1928년 이후 16회의 표창	1931 1933 1935	i, f(중) 149, d 381~385
220	吳永述	1906.	경북 경산군	적빈, 갱	자 인 보	구장(29)	졸업지도생(30, 3	강서부인회 서기,	소작지　3반보→	갱생지도부락 선정	1933	ⓑ, ⓒ, d

		4.8	압량면 강서동	생	교 졸 (26)		반보 소작), 자작 농지 설정(33)	강서농촌진흥조합 부조합장 겸 간사(32), 조합장(35)	논 7반 밭4반 계 1정1반 중 밭 2반1무 자작, 군수 금일봉(33), 도농회장 금일봉(34), 경성일보사장 시계(34)		1935	365~369
221	朴炳采	1885	경북 경산군 압량면 조영동 1구	명망가	한문	면 장(16.8~19.6, 24.4~38), 농사개량실행조합장, 지주조합 평의원, 면협의회원, 학무위원, 도 자문회위원 촉탁, 학교 평의원	농사개량계(25)→造永農事改良實行組合(26.1), 근농공제조합(28.10), 부인 등 129명 대구시찰단 조직, 조합장 일본농촌 시찰(28), 부인회(27), 농촌진흥조합(33.2)	1933년 도 주최 농촌진흥 중심인물의 강습회에서 강연	대정박람회 육지면 출품 목배(14), 경북물산공진회 녹비대두 1등상(14), 면치개선 표창장(18), 산업개량증식공로자(22, 24), 사회공적자 표창(38)	33호, 조합원에는 지주1, 자작농3, 자소작11, 소작18호로 경작 1호당 평균 답 5반7무, 전 5반보의 빈촌, 공동 기본재산은 답 1정8반3무 소유, 부락민 거의 근농공제조합 가입, 자금 태반은 소 구입 이용, 조합원 일제 단발(26), 부인노동(공동경작 답 모심기는 부인이 실행), 군농회 조성금 100원(25), 산미개량우량리동 표창금 50원(26), 본부 400원(27), 도보조금 100원(28), 군농회 산미개량우량동리 50원 표창금(26), 기본재산 총 900원	1928 1930 1931 1932 1933 1935 1938	j, c(4-4) 51~60, i, e(11-5) 130~134, ⓑ, ⓒ, d 319~323, b 3320호(19 380213)
222	金正同龍	1892	경북 경주군 경주읍 사정리			부락연맹이사장(43)			농산촌지도공적자표창(43)		1943	b4807호(1 943.2.12)
223	崔明敎	1898	경북 경주군 외동면 냉천	소작농(답 4반	사립동명학교	제1구장(23.4~25.2),	진흥계→부락조합(32)→농촌진	芝草제1공려조합장(37)	1정3반보(자소작농)	39호, 조합총호수 20호 갱생지도농가 선정(33), 잔여	1935 1937	ⓒ, l 123

			리	보)↑	졸(23)	면서기 (25.3~30.6)	흥조합			농가 선정(36), 자작농창설 연합계 조직(27)		
224	韓永源		경북 경주군 인북면 물천리					근농 보도위원(30)	표창금액 20円		1930	x(1-4) 31
225	吳時煥	1883	경북 고령군 성산면 무계동			면서기 구장(28)	노동야학교, 소비조합, 정속회, 예월회, 부인회		우량자 선정(25.3)	무계역 특수부락, 우량부락 도농회 표창(26), 보조금 350원, 107호 중 자작4 자소작49 소작33 일가노동2	1928 1933	j, f(중) 152
226	朴用鎭	1898	경북 고령군 쌍동면 산당동	자본가			山塘洞輔農貯穀組合(우량조합원 10명 도종묘장과 n박람회 시찰, 29)	조합 경영자(전 대구상업회의소 회두 朴基敦 차남)		조합원은 모두 박용진의 소작인	1931	i
227	金南洙		경북 군위군 군위면 서부동			면장	농사계(19.4, 48명) 성적 우수			계원의 공존공영, 계의 理事者는 면장 金南洙, 본부 표창	1924	c(19-7) 57
228	朴喜彰		경북 김천군 김천면	독행자			농사개량, 빈민 구제				1916	q(1916.5)
229	孫昌大		경북 달성군 수성면 상동				강습소 수강(32)-모범지도생, 농촌진흥조합 조직(23호)			수성공립보통학교 졸업생 지도부락(31.4), 학교가 엄밀하게 준비조사한 후 실시한 부락, 가계부 작성, 퇴비제조 주력	1934 1935	m(12-1) 30~33, d 91~92
230	文義秀	1906	경북 달성군 화원면 본리동	자작농	보교 졸(27)		제1기 지도생(33), 중견청년강습회 참가(33)	면작 퇴비 묘대 지도원(31)			1935	ⓒ
231	李春興	1906	경북 문경군	적 빈 ↑,			17세 가장, 갱생		농산어촌진흥공		1935	b3618호(1

			가은면 왕릉리	일 가 노동			지도농가(34, 39), 자작농지 설정(34)		적자표창(35)		1939	9350213), h65호
232	姜信默		경북 문경군 마성면	독행자			농사개량, 근검 저축, 부업장려, 학사장려				1916	q(1916.4)
233	姜信元		경북 문경군 마성면 오천리	명망가			치잠공동사육소(10), 권업조합(14, 50여명)			춘궁기 때 저리 대부	1924	c(19-7) 57
234	金漢植	1882	경북 문경군 호계면 가도리				노동계(26), 가도리농촌진흥회(30), 부인회(공동상원 2반보), 근농공제조합(28), 청년회			총 62호 중 자소작20, 순소작 16, 자작26호, 진흥회 소유 국유지 76정보 무상불하받음. 근농공제조합(소구입자금, 630원 대출, 30명 저축액은 202원), 1932년 총독부 조성 부락	1933 1935	f(중) 151, d 374~377
235	金村昌裕	1906	경북 봉화군 내성면 해저리			부락연맹이사장(43)			농산촌지도공적자표창(43)		1943	b4807호(1 9430212)
236	金載鳳	1918	경북 상주군 모동면 신천리	몰락 양반가, 갱생	中牟 보교 졸(31)		졸업지도생(31, 2반6무 소작)		2반6무의 소작논 모범논		1933 1935	ⓑ, d 362~365
237	黃占岩	1918	경북 상주군 상주읍 복룡리						농산어촌진흥공적자표창(40)		1940	b호외(194 00 211)
238	權重熙		경북 상주군 합창면 척동리 관암동			면장(33)	근농공제조합(30), 농촌개량조합(30), 자작농지 설정(31)			21호, 남 57, 여 57명, 자작 3호, 자소작 12호, 소작 6호, 공황으로 부락 전체 파산, 권중희 주도 농촌개량조	1933 1935	ⓑ, d 359~362

											합 조직, 金冕洙, 韓文教, 申熙哲, 吳應鎬, 趙範鎬, 金漢翊		
239	呂錫堪	1892	경북 상주군 화동면 이소리		경성사립중 중퇴, 일본대학법률전문학교(17)		마을 고리채 정리사업	사립紫明학원 설립, 강사(21.5~28)	논 1정7반, 밭3반 소유	부락 40호의 과반이 채무로 고통 받자, 동산 부동산 처분하여 부채 정리, 23대의 입직기 구입 배부, 부락이 고지대에 위치하고, 토질 열악, 합리적 시비로 토질 개선		1933 1935	ⓑ, d 359~362
240	許寅	1898	경북 선산군 고아면 파산동	양잠업자	한문	구장(29~)	桑園개량조합 설치	파산동양잠조합장(27)	모범양잠업자표창(29)			1931	i
241	小田島右衛門	1878	경북 선산군 산동면 봉산동	동척이민	군마현고산사갑종잠업학교졸업		산동면산미개량조합(26), 부인회(29.2), 청년회(29.4, 37명 야학회 운영), 근농공제조합(29.9)	봉산동농사개량실행조합장(22), 선산군특별평의원 촉탁(24), 장천금융조합평의원(25)	대일본농회 농사공로자 포상(25), 총독 지방개량사업공로자 포상(29)	지주 2, 자작 14, 자소작 19, 소작 78, 기타 12, j성으로 국고 400원, 지방비 100원 수여		1931 1933 1935	i, f(중) 150, d 335~339
242	金□甲		경북 선산군 선산면 원동						농산어촌진흥공적자표창(35), 갱생3개 목표 달성			1935	b3618호(19350213)
243	元再道	1912	경북 선산군 장처면 하장동					공려조합간사	농산어촌진흥공적자표창(40)			1940	b호외(1940 0211)
244	權中善	1904.7.7	경북 성주군 초전면 봉정동	지주, 독농가	대구사립중등학교 졸		양잠조합(27) 자각회(28), 鳳亭근농공제조합(28), 도농회 주최 내	봉정근농 보도위원(28~), 초전면 협의회원, 군농회 특별평의원, 학교	답69정4반2무 전 71정6무 坐3반 임야75정7반 동산5천원, 신망, 모범	35호 중 자작1, 자소작20, 소작14호, 자작농의 전답 약 4정보를 제외하고 1호 평균 1정1반보 경작, 동심		1930 1932 1933	o 90~93, ⓓ(2-4) 24~26, c(6-5)

							지시찰단(29), 총독부 주최 근농공제조합 모범부락 시찰, 농사개량실행조합(29, 30명), 납세조합(29), 야학회(27)	평의회원, 산림조합평의원	양잠가 표창(29)	계(28, 28명, 저축액 450원), 절미저금(부인회원 전부, 27년 현재 228원) 근농공제조합의 저축 성적 우수하여 총독부 사회과에서 활동사진으로 촬영		60~68, ⓑ, f(중) 149
245	金七潤		경북 안동군 안동읍 安幕洞					모범연맹 이사장	표창		1940	g(1940.3) 90
246	朴東淑		경북 영덕군 영해면 연평동				강습소 수강(32), 흥산상농조합(영해보교 졸업생 12명 조직, 1932) 연평위생조합, 연평간이소방조합(조합장)	졸업지도생, 흥산상농조합 부회장	n광제회 표창(모범중견청년), 군경찰서장 우량모범청년 표창		1934	m(12-1) 84~92
247	李□仁	1899	경북 영양군 청기면 무진동					공려조합장	농산어촌진흥공적자표창(40)		1940	b호외(194 00 2011)
248	中谷竹三		경북 영일군	독행자			납세독려	학교조합 관리자			1915	q(1915.7)
249	方萬赫	1882	경북 영일군 기계면 화대동						농산어촌진흥공적자표창(40)		1940	b호외(194 00211)
250	朴權祚	1899	경북 영일군 신광면 호리동	소작농↑양잠업자	興海보교졸 경주잠업	면 서 기(20~29.3), 면장(35.8)	축우개량증식계(26.9)→호리동 근농저축조합	양잠순회교사(18)	총독 조성금 250원(31)	박씨동족촌, 주민은 거의 부재지주의 소작농, 85호, 본부 조성금 250원(31), 조	1933 1935	ⓑ, ⓒ, f(중) 148, d 332~335

					강습소		(28.8), 근농공제조합(29), 부인회(29,2), 노동야학회			합원 30인 모두 저축, 대부 생업자금은 모두 마을 공용 수레 구입하여 목탄 운반에 종사, 1인 평균 10원 저축, 군면의 지도장려방침에 순응 개량묘대, 정조식, 녹비, 대두재배, 양잠, 양축산업 모두 개선		
251	朴永鎬		경북 영일군 신광면 호리동	중농					답7500평 전3500평	촌민 존경	1935	ⓒ
252	崔石鳳		경북 영일군 연일면 유주동				강습소 수강(33.5)			매월 1회 農談會 개최	1934	m(12-6) 44~48
253	李東雨	1911	경북 영일군 청하면 서정리	빈농↑, 자작농			분가후 수년내 자작농, 부락 지도	공려조합간사(39)	농산어촌진흥공적자표창(35), 표창(39)	갱생지도부락(34)	1935 1939	b3618호(1 9350213), h65호
254	李豊煥		경북 영주군 풍기면	독행자		군참사	종자개량, 치잠 공동사육소, 巡山契, 蔘業조합, 사립安定학교 설립-공립보교 전환, 일본시찰(11)	학무위원			1916	q(1916.5)
255	朴永煥		경북 영천군 금호면 신월동					근농 보도위원(30)	표창금액 20円	자소작 20, 소작 60	1930 1933	x(1-4) 31, f(중) 149
256	金聲峻		경북 영천군 지곡면 삼창동				석유계(26,11,10)+金聲峻의 석유계(27.1)→漢川	면협의회원		36호(자작14, 자소작15, 소작7), 부인절미금, 계란판매저금, 비황저금(부락민	1932 1933 1935	e(11-4) 106~109, f(중) 149,

							근검저축계(27, 계장 김성준, 간사 정연철), 동약			전원 비황저축조합 가입), 교풍-고리대 자금 일소, 단발(31.4, 부락민 남자 전원, 상복자3, 노인1 제외), 교육-야학회, 보통학교 졸업생 중 1인 선발하여 영천공립농업보습학교 입학.		d 339~344
257	鄭淵澈		경북 영천군 지곡면 삼창동	유지			석유계(26,11,10)+金聲峻의 석유계(27.1)→漢川근검저축계(27, 계장 김성준, 간사 정연철), 동약			36호(자작14, 자소작15, 소작7), 부인절미금, 계란판매저금, 비황저금(부락민 전원 비황저축조합 가입), 교풍-고리대 자금 일소, 단발(31.4, 부락민 남자 전원, 상복자3, 노인1 제외), 교육-야학회, 보통학교 졸업생 중 1인 선발하여 영천공립농업보습학교 입학.	1932 1933 1935	e(11-4) 106~109, ⓑ, d 339~344
258	金濟龜	1888. 4.1	경북 영천군 청통면 호당동	자산가	한문		용담근농청년단(30.2, 21명), 1930년 유지 규합하여 36명 우량부락 시찰. 용담근농계(30.6, 산명 총지도역, 김제구 계장)→용담진흥조합(33.1)	보교기성회위원, 비황저축조합위원, 농촌진흥조합장(33), 공려조합장(37)		순 농업자 31, 자소작 8, 소작 23, 남 99명, 여 73명, 노동가능자 106명, 조선농회장 표창(36.4.4), 도내 최우수 부락. 총독조성금 2백원(34.2.11), 우량부인회 조성금 50원(36.2.11), 영천금조지도부락(31.9)	1933 1935	ⓑ, d 345~351
259	山名禮二	1894. 7.24	경북 영천군 청통면 호당동		吳取縣立第一中學校	육군보병소위	영천군재향군인간부(37), 호당동 3개부락 중 용담	용담갱생지도부락중견인물(37), 영천공립보교 교	1929년부터 호당동에서 주조업, 우랑중심인물(도지	순 농업자 31, 자소작 8, 소작 23, 남 99명, 여 73명, 노동가능자 106명, 조선농회장	1935 1937	d 345~351, 1 120, h32호

							부락 지도(30), 金濟龜와 청년단, 용담근농계 조직(31.6)→농촌진흥조합	편, 면협의회원 (36)	사표창)	표창(36.4.4), 도내 최우수 부락. 총독조성금 2백원(34.2.11), 우랑부인회 조성금 50원(36.2.11), 영천금조 지도부락(31.9)		14
260	張星井		경북 예천군 보문면 독양동	자작농				예천금융조합원(25.10~), 금조 총대(33)	자작 답5 전20두락(25)→자작 답19 전7두락, 소작 답6 전3두락(33)		1934	a 57
261	金鍾熙		경북 예천군 용궁면 금남리				강습소 수강(33)			청년단→진흥조합 청년부(부인부 동일), 상업8, 농업3, 보교졸업자8, 반농반도의 용궁면	1934	m(12-8) 46~56
262	朴奎昌		경북 울산군 울산읍 옥리					모범연맹 이사장	표창		1940	g(1940.3) 90
263	四都炳	1886	경북 청도군 각남면 녹명동	양 잠 업 자(일)				농사개량조합 간사(29)			1931	i
264	金明玉		경북 청도군 대성면	독행자			사립開明학교 설립, 일본시찰(13), 양잠전습소 설치, 자선사업, 학교조합 기부	금융조합 평의원, 감사, 일본적십자 사위원			1916	q(1916.5)
265	卜鍾台		경북 청도군 풍각면 봉기동				농사개량실행조합(26.9), 노동야학회, 양잠조합, 부인회, 양진단, 사설학술강습회, 양진야학원, 자			자작 20, 자소작 50, 소작 88, 퇴비지도리동, 군농회 50원 표창(26) 도농회 80원 표창(27) 도농회 보조금 150원(27)	1931 1933	i, f(중) 152

							각회					
266	藤村竹藏	1891	경북 청도군 화양면 삼신동	자작농 (일)			동척 이민	동양잠조합 간사	상전 1정9반보, 잠종 35매 사육	농사개량실행부락	1931	i
267	芮鎭國		경북 청도군 화양면 소라동				所羅農事改良組合(27), 부인회, 야학원, 저곡계			군내 우수 모범부락(26), 군농회 50원(27.7.10), 도농회 50원(27.7.10), 본부 400원(29.3.20), 도지사 600원(27.7.10), 61호 중 자작16, 자소작33, 소작12, 부촌	1931 1933	i, f(중) 152
268	申經漢	1883	경북 청송군 서면 복동		한문	구장(20.7.30~32)	농촌진흥회 조직(25)	진흥회장(32)		126호 중 지주2 자작20 자소작40 소작20, 퇴비모범 지도리동(29)	1933	f(중) 221~222
269	申興漢	1892	경북 청송군 서면 복동			면 서 기 (19.3.31~32)	농촌진흥회 조직(25)	진흥회 총무(32)		126호 중 지주2 자작20 자소작40 소작20, 퇴비모범 지도리동(29)	1933	f(중) 221~222
270	李相圭	1906	경북 칠곡군 왜관면 왜관동	자소작농	대구고보졸(28)		내지모범농촌 시찰(28), 농촌중견청년강습회(28)		자작 1정1반, 소작 3정9반(중답7두락), 야채		1933 1935	ⓑ, d 355~358
271	朱載勳		경북 칠곡군 인동면 금전동				金田洞農事改良實行組合(25)	조합장(31)		90호 중 자작 9, 자소작 34, 소작 46, 기타 1, 도농회장 표창(26), 도지사 표창(29), 도농회 장려금(28)	1931 1933	i, f(중) 150
272	朴八岩	1910	경북 칠곡군 인동면 임수동	적빈			일본 도항(27), 귀향 농업(30), 거촌 애국의 적성	공려조합 간부(31), 간사(36~39)	농산어촌진흥공적자표창(35), 표창(39)		1935 1939	b3618호(1 9350213), h65호
273	金秉坤		경북 칠곡군 칠곡면 금호		대구 양잠 전습		양잠조합(25.7)			양잠모범부락(31), 65호, 357명, 농가1호당 수입 자	1931	i

			동		소 졸 (11)					작농 754원 소작농 427원 (26)		
274	韓東鶴		경북 칠곡군 칠곡면 사수동					근농 보도위원(30)	표창금액 20円		1930	x(1-4) 31
275	鄭盛和		경북 풍기군	소 작 농 ↑			고리채100원, 장리곡 4석 부채(30), 자작농지 설정 이후 1정 2반보 소지주				1938	y 64
276	尹相浩		전남 강진군 성전면 도림리			구장, 면장	홍익계, 동심계, 부인계, 규약저금계, 신용조합, 납세조합 등 8종(8회), 진흥회(19.5)			총호수 107호, 모범농리 지정(1913.7, 수양리보다 10년 앞섬), 이영찬(전 구장, 현 면장-수양리), 尹英浩(도림리진흥회장), 李周源(도림리진흥회 부회장), 모범농리 지정(12.7), 109호 중 자작 11, 자소작 65, 소작 27, 기타 6, 616명(남223, 여293), 답 123정3단, 전 27정3단, 계 150정6단	1928 1929 1930 1933	c(2-5) 40, ⓖ1929111 0, p19300821 ~30, f(중) 145
277	尹英浩	1869	전남 강진군 성전면 도림리		한문	구장(05)	桃林里민풍진흥회(19.5;尹相浩, 윤영호, 부회장 李周源)	민풍진흥회장(28)		109호, 모범부락(13.7) 도지방비 보조금 300원(수도정조식, 입직, 녹비재배, 26→예산은 900원으로 잡힘) 면비 보조금 20원은 집행안됨	1928 1930	j, k
278	金致福		전남 강진군 성전면 수양				積善契(14)→농림회(18)→진흥	민풍진흥회 간부	도 보조금 400원(26), 본부 조성금	모범부락(23), 162호 지주 없음. 모범부락B형(13개	1931 1934	i 139~146, h9호

번호	성명	생년	주소										연도	출처
			리					회(부락민 전원, 23.10), 산미개량조합(26)		300원(28), 도 보조금 500원(31)	저축계, 2개 협동조합, 진흥회 저금), 모범진흥회(31.3)			10~11
279	吳時局		전남 강진군 성전면 수양리					積善契(14)→농림회(18)→진흥회(부락민 전원, 23.10), 산미개량조합(26)	민풍진흥회 부회장, 회장(34.5)	도 보조금 400원(26), 본부 조성금 300원(28), 도 보조금 500원(31)	모범부락(23), 162호 지주 없음. 모범부락B형(13개 저축계, 2개 협동조합, 진흥회 저금), 모범진흥회(31.3)		1931 1934	i 139~146, h9호 10~11
280	李永贊		전남 강진군 성전면 수양리				구장(14~), 면장(34.5)	積善契(14)→농림회(18)→진흥회(부락민 전원, 23.10), 산미개량조합(26), 구매조합(22, 162호 전원 가입, 호당 7원씩, 1천원 차입), 모범진흥회(31.3)	민풍진흥회장(23.10), 강진문묘 직원(27.2.19)	도 보조금 400원(26), 본부 조성금 300원(28), 도 보조금 500원(31)	모범부락(23), 총호수 160호(30), 695명, 자작19 소작70 자소작 72, 1926년 동척에서 1600평 토지 차입하여 수도 공동경작, 1925년부터 정조식, 모범부락형(13개 저축계, 2개 협동조합, 진흥회 저금), 1914년 현구장 이영찬이 동지 김치복, 오시문과 협력하여 부락진흥		1928 1930 1931 1933 1934	j, p19300821~30, i 139~146, f(중) 145, h9호 10~11
281	姜洪秀		전남 곡성군 목사동면 동암리						근농 보도위원(30)	표창금액 30円			1930	x(1-4) 31
282	趙哲會		전남 곡성군 목사동면 동암리						모범연맹 이사장	표창			1940	g(1940.3) 90
283	朴佑榮		전남 광산군 대촌면 지석리	중심					민풍진흥회장(36)			갱생계획 수립(34)	1936	h32호 14
284	崔在明	1889	전남 광산군						농촌진흥실행조	농산어촌진흥공			1935	b3618호(1

			지산면 지야리					합장(34~39)	적자표창(35), 표창(39)		1939	9350213), h65호
285	金彩盈	1904	전남 광양군 광양면 덕예리					진흥회장	농산어촌진흥공적자표창(40)		1940	b호외(194 00211)
286	崔珆鉉		전남 광양군 진월면 오사리	지주, 유력자			廬田7정보 개간 소작시킴, 이우 公의 소작지 관리		독농가, 양잠공로자, 산림공로자로 표창	우수 양잠모범리, 부락민 반대 누르고 紫雲英 보급	1931	i
287	金정태		전남 광주군	독행자, 대지주		군수	김가소작인조합 설립				1915	q(1915.10)
288	金仁煥	1879	전남 광주군 대촌면 칠석리	자작농			청년회 창립, 야학회 개설. 농사 개량(18)	이주(1894), 학교 평의원	답2정7반, 춘잠8매 추잠14매		1931	i
289	金永奎		전남 광주군 서방면 두암리			면장(22)	진흥회(22)			역둔토 불하마을, 29년 완납, 68호 중 지주2 자작10 자소작30 소작26, 퇴비제조지도리동(26), 면작지도리동(22)	1931	i
290	李子俊		전남 광주군 서방면 두암리				진흥회(22)			역둔토 불하마을, 29년 완납, 68호 중 지주2 자작10 자소작30 소작26, 퇴비제조지도리동(26), 면작지도리동(22)	1931	i
291	金裕中		전남 구례군	소작농	간문보교졸	-	간문보교 지도생	구례금융조합원(32.12~)			1934	a 40~41
292	趙治燮	1909	전남 구례군 토지면 금내						농산어촌진흥공적자표창(40)		1940	b호외(194 00211)

			리									
293	朴萬祚		전남 구례군 토지면 오미리				강습소 수강(31), 하죽부인회(20명) 활동			다른 마을에 부인회 설립 영향	1934	m(12-8) 46~56
294	金容在		전남 구례군 토지면 파도리				진흥회(22), 토지청년실업동지회(25), 면작비료대금저금계	진흥회장(31)		144호 중 자작 20, 자소작 37, 소작 40, 기타 18, 퇴비면작지도리동(27), 도지방비 200원(26), 본부 300원 조성금(28), 학술강습소(135원 보조금)→보통학교	1929 1931 1933	w50호 122~123, i, f(중) 144
295	金容休	1898	전남 구례군 토지면 파도리				진흥회(22), 토지청년실업동지회(25), 면작비료대금저금계	토지청년회 부회장(25.8.1~), 청년 유력가		144호 중 자작 20, 자소작 37, 소작 40, 기타 18, 퇴비면작지도리동(27), 도지방비 200원(26), 본부 300원 조성금(28), 학술강습소(135원 보조금)→보통학교	1929 1931 1933	w50호 122~123, i, f(중) 144
296	林周鉉	1860	전남 구례군 토지면 파도리	독농가			진흥회(22), 토지청년실업동지회(25), 면작비료대금저금계	토지청년회장(25.8.1~), 동내 장로		144호 중 자작 20, 자소작 37, 소작 40, 기타 18, 퇴비면작지도리동(27), 도지방비 200원(26), 본부 300원 조성금(28), 학술강습소(135원 보조금)→보통학교	1929 1931 1933	w50호 122~123, i, f(중) 144
297	千斗渥	1888	전남 구례군 토지면 파도리			면장(29)	진흥회(22), 토지청년실업동지회(25), 면작비료대금저금계	토지청년회 이사(25.8.1~)		퇴비면작지도리동(27), 도지방비 200원(26), 본부 300원 조성금(28)	1929 1931	w50호 122~123, i
298	崔盤石 (松山盤石)	1900	전남 나주군 다도면 송학리				진흥회 설립(1927)	진흥회장		갱생지도부락(1933) 설정 뒤 월 30전씩 모아 돼지 추첨, 소작지 구입 공동경작	1940	ⓔ(3-9) 36~42

번호	성명	주소	직업		공직	활동			비고	연도	전거
									운영하다 1939년 개인에게 분배, 40호 중 20호만 갱생부락원, 자작1 자작겸 소작6 순소작13(갱생부락 실시 초에 자작0 자작겸 소작1 순소작18호)		
299	李敬化	전남 나주군 문평면 옥당리			구장(09)	금옥진흥회(20), 면작기념공동저금(21), 면작비료대금저축계(26)			퇴비지도리동(26), 32호, 142명, 답24정9반5무 전16정8반4무, 상업 및 관리(보교 교원) 각 1호, 빈민부락	1931	i
300	李東炫	전남 나주군 문평면 옥당리	교육가		보교 교원 의 원 면 직(24)	금옥진흥회(20), 면작기념공동저금(21), 면작비료대금저축계(26), 노동야학, 부인야학			퇴비지도리동(26), 32호, 142명, 답24정9반5무 전16정8반4무, 상업 및 관리(보교 교원) 각 1호, 빈민부락	1931	i
301	金東鉉	전남 나주군 평동면 옥동리	독행자			산업 미작 비료개량, 식림 장려, 부업장려, 공동경작				1915	q(1915.6)
302	崔複初	전남 담양군 무면 오봉리				근농 공제조합(28, 조합내 근농공제계)	근농 보도위원(30)	표창금액 30円	90호 중 자소작 63, 소작 27	1930 1933	x(1-4) 31, f(중) 143
303	藤森利兵衛	전남 목포부	독행자			근검저축, 교육, 위생, 도로수축, 조합 창설				1916	q(1916.4)
304		전남 무안군 용암리							1914년 모범촌 표창, 면장과 동장의 노력으로 모범조합 설립, 채종전2반, 採種	1914	c(9-11) 22~24

									畑1반, 모범상원2반, 모범림2정보 조성		
305	趙鐘俠	1879	전남 무안군 지도면 광정리			면장 (19~23)	무안군농회통상의원, 면작개량실행조합장, 농사개량소조합장, 민풍진흥회 고문		사상단체 속출한 곳	1931	i
306	崔奉益	1882	전남 무안군 지도면 자동리			협소경작자 경지 알선, 부인노동조합 설치 면작지도	리 실행 조합장(39), 부락진흥회장(30)	농산어촌진흥공적자표창(35), 표창(39)	갱생지도부락(35)	1935 1939	b3618호(19350213), h65호
307	姜珠祺		전남 순천군 낙안면 이곡리			저축계 조직하여 대부활동, 청년회 조직(29)			50호, 10년 전에는 가난하고 깡패가 많았으며, 3·1운동의 지도자가 나와 관헌의 압박까지 받던 곳	1930	ⓕ19300119
308	李奉桓	1900	전남 순천군 도소면 교량리	소작농		맥작시험답 위탁재배(24)		소작지 1정8반, 도농회장(25) 도지사 표창(26)		1931	i
309	許垓	1883	전남 순천군 서면 선평리	중농		진흥회 조직(26, 회원45)	선평갱생지도부락농촌진흥실행조합장(34~37)		63호, 성주금조모범부락(32) 갱생지도부락(34)	1937	l 117
310	全尙烈		전남 순천군 서면 죽평리			강습소 수강(33.5), 서면중견청년단(32.10) 활동	사회주의, 보천교, 태을교 등 신앙 후 전향			1934	m(12-9) 91~100
311	金學洵		전남 순천군 순천면 저전리	독행자		산업개량, 조림, 군농회 조직, 교육				1915	q(1915.6)

312	姜義淵	1884	전남 순천군 외서면 금성리			면장(38)	이주(19), 금성리 농촌청년단(25), 개량서당(35), 진흥회(25.7)	진흥회장(25.7)		89호 중 자소작 43, 소작 46, 농촌진흥실행조합 지정 (33)	1933 1939	f(중) 144, h66호 16~22, 67호 12~15
313			전남 순천군 주곡면 약촌리								1935	d 293~294
314	朴化實	1878	전남 여수군 쌍봉면 봉미리	독농가				진흥회장, 근농공제조합보도위원, 육지면작개량실행반장, 농사개량소조합장	조선면업공진회, 전남도물산공진회 면업공로자(16)	122호 중 자작 12, 자소작 78, 소작 32 / 전남도 原採種 田 114정보, 군채종전 200 정보 경영	1931 1933	i, f(중) 144
315	黃日性	1901	전남 여수군 쌍봉면 여천리	자 소 작 농	한학, 순천잠업전습소입소(17)	이 장 (15~17)		여천갱생부락농촌진흥실행조합장(33~37)		쌍봉면 농촌진흥지정면, 여천리 지정부락(32)	1937	l 114
316	申斗安	1899	전남 여수군 쌍봉면 해산리				양우번식공제계, 공려회(81호, 총회 매년 구정월 중, 월례회 매월 15일), 부인회(81호), 상애계(5~6인을 1조로 11조의 상애계, 공동노작과 대부금 연대보증책임)			촌락 구성 : 해산 36호, 고막 8호, 대평 15호, 산곡 7호, 해일 15호 / 자작2, 자소작61, 순소작18, 자작지 답 228반, 전 189반, 소작지 답 597반, 전 84반 계 답 825반, 전 273반, 1호당 10반 강, 전 3반3, 부락공유 기본재산 - 임야 15정7반, 공동과 수원 경영하여 부락과 개량서당의 유지비에 충당, 지도부락(31.3)	1933 1935	⑧19330827~28, d 295~302

317	東原碩模	1909	전남 영광군 대마면 성산리			구장(43)			농산촌지도공적자표창(43)		1943	b4807호(19430212)
318	金仁鐘	1908	전남 영광군 불갑면 응봉리					진흥회장	농산어촌진흥공적자표창(40)		1940	b호외(19400211)
319	金有聲	1882	전남 영광군 염산면 축동리	병으로 가산 탕진			갱생지도농가(39)		농산어촌진흥공적자표창(35), 부채 81원 완제		1935 1939	b3618호(19350213), h65호
320	佐佐木仙助		전남 영암군 영암면	독행자			농사개량, 식수, 양잠	영암학교조합 관리자			1916	q(1916.4)
321	兵頭一雄	1885	전남 영암군 영암면 회문리	농장주(일)			축산동업조합, 잠업조합 설립 발기인	이주(09), 간척사업(5건 160정보) 민선도평의회원, 영암학교조합관리자	지방개량공로자, 농사개량공로자로 표창		1931	i
322	陸昌植		전남 옥천군 이원면 수묵리					모범연맹 이사장	표창		1940	g(1940.3) 90
323	李南璉		전남 완도군 완도면 정도리					근농 보도위원(30)	표창금액 30円		1930	x(1-4) 31
324	崔奇男	1915	전남 장성군 삼서면 소룡리	소작농			16세 가장	갱생지도농가(35, 39)	농산어촌진흥공적자표창(35), 부채100원 완제		1935 1939	b3618호(19350213), h65호
325	金肯鉉		전남 장성군 황용면 맥정리	독행자			사립보교 설립, 洑개축, 製紙개량전습소				1915	q(1915.6)

No.	이름	출생	주소		학력		활동(조합)	활동(직위)	재산·비고	내용	연도	비고
326	金明植		전남 장흥군 안량면 수양리	중심			근농공제조합(28.9-저리자금 600원)	근농 보도위원(31)		면작지도리동(23.4), 녹비지도리동(26), 양계조합(27), 喪賻契	1931	i
327	白炳寅		전남 장흥군 안량면 수양리			면장(31)	근농공제조합(28.9-저리자금 600원)	근농공제조합장(31)		면작지도리동(23.4), 녹비지도리동(26), 양계조합(27), 喪賻契	1931	i
328	金明植	1901	전남 장흥군 안량면 수양리		경성보성고보졸		귀농후 농사개량으로 도농회 주최 手稲 다수확 품평회 경작자로 지정. 근농공제조합(28.9, 30명)		김익송의 자	70호 중 자작3, 자소작35, 소작25, 잡업7, 1호 평균 5단보 경작, 면작지도동리 지정(1923), 한때는 부인지도원을 두었으나 독농가 金益漸이 지도 담당하여 군농회에서 연 50원 보조 받아 비료구입자금으로 배분(신망), 안량면 잠업부락 지정(23), 면지정 채종답 경영	1931	c(5-1) 90~96
329	金相淳		전남 장흥군 안량면 수양리		1885년경 동경유학	대한제국경시				1910년경 거주, 동계 부흥, 포상계 조직, 각종 공동사업(조림, 도로공사, 공동우물 등), 1921년 광주로 이사, 이후 의제 金益宋이 마을 지도	1931	c(5-1) 90~96
330	鄭庸植		전남 장흥군 장동면 조양리				朝陽근농공제조합	근농 보도위원(30), 민풍진흥회 부회장(28~), 산미개량조합 이사(30)	부동산 5천원, 동산 1천원		1930	o 87~90
331	朴鍾成		전남 진천군				모범연맹 애국반	표창			1940	g(1940.3)

번호	성명	생년	주소								연도	출처
			진천면 상덕리					장				90
332	李龍均		전남 청주군 청주읍 석교정 1구					모범연맹 이사장	표창		1940	g(1940.3) 90
333	尹養秀		전남 충주군 암정면 미내동					모범연맹 이사장	표창		1940	g(1940.3) 90
334	林炳允	1893	전남 함평군 학교면 촌정리						농산어촌진흥공적자표창(40)		1940	b호외(194 00211)
335	李萬三	1871	전남 해남군	빈농				해남금융조합원(15.8~), 금조 총대(33), 공려회장(33)	자작 답3 전6두락(15)→자작 답24 전30두락, 소작 답35두락(33)		1934	a 37~38
336	新本成局	1888	전남 해남군 계곡면 방춘리			구장(43)			농산촌지도공적자표창(43)		1943	b 4807호(19 430212)
337	朴致星	1890	전남 해남군 산이면 금호리		해남보교 졸(07)	구장(09) 군면 작 조 합 지 도 위 원(21)	錦湖里민풍진흥회(20.10), 납세조합(23.10), 양계조합(25)	민풍진흥회장(23~), 납세조합장(23~)		섬, 128호 중 11호는 船頭 또는 日稼業, 대일본제국 농회 표창, 민풍진흥화 도농회 표창, 면화와 농작물 증수, 금검저축으로 섬내 모든 소작지 환매, 112호 중 지주2 자작18 자소작63 소작29(33)	1928 1933	j, c(2-7) 33~38, f(중) 145
338	中城喜之助		전남 해남군 삼산면 구림리	농장주(일)				이주(10.3)	답22정7반8무, 전 33정7반3무, 가옥 18동, 시정5주년		1931	j, i

									기념공진회 표창			
339	荒木音兵衛	1858	전남 해남군 삼산면 평활리	농 장 주 (일)				이주(14.11)	답25정, 전20정, 대5반, 도농회장 도지사 표창		1931	i
340	金文一		전남 해남군 옥천면 송산리	자작농			n실업주식회사 북창지방 농사장 려원(13~ 31), 시찰단(29)	리농사개량조합장(28)	概算畓8반, 전2정1반, 택지 5반5무	퇴비제조지도리동(27), 축산모범부락	1931	i
341	吉浩燮		전남 화순군 하남면 용암리 1구				진흥회(31.11), 청년회, 부인회, 근농공제조합, 대두개량조합, 비황저곡, 농민납세조합(27)			총호수 86호 250명, 길씨 동족촌, 군 지정부락(32), 군 농회, 금조, 학교, 경찰서 등의 집중적 지도부락	1934	p19340408
342	千翼鎬	1902	전북 고창군 무장면 월림리				야학회, 부녀자 機織 장려, 국민정신 앙양, 생업 보국 적극 협력	리공려조합장(39)	농산어촌진흥공적자표창(35), 표창(39)		1935 1939	b3618호(19350213), h65호
343	商山謹鎬	1888	전북 고창군 상하면 하장리			부락연맹이사장(43)			농산촌지도공적자표창(43)		1943	b4807호(19430212)
344	白南伊		전북 고창군 흥덕면	소 작 농 ↑ 자산 가			금조 가입(25)		소작논10두락, 밭 3두락→자작 밭 3,358평 논 3301평, 대지 1320평 임야 3정보 등 순자산 4천원		1938	y 226
345	朴賢䒑		전북 금산군 남일면 황봉				同寅契(12)→부락개량조합(24),			박씨동족부락, 황봉리46호(개량부락)+사미리64	1932 1933	e(11-7) 128~132,

			리				노동계			호, 지주4(4,4) 자작7(3, 3) 자소작14(7, 3) 소작21(26-5년전, 25-10년전), 공동경작지 2반5무는 노동계에서 경작		f(중) 139
346	安相熙	1894	전북 금산군 제원면 명곡리					진흥회장	농산어촌진흥공적자표창(40)		1940	b호외(194 00211)
347	柳台鉉	1883	전북 김제군 공덕면 마현리				부락 개량 조합(31.6)→진흥회(33.1), 근농공제조합(31.8)	부락개량조합장(31.6)→진흥회장(33.1~), 근농공제조합장(31. 8)			1934	t 115~116
348	金鎭基		전북 김제군 수류면			면장	龜尾부락개량조합(32.6.30)→구미 진흥회(33.1.16)			구미부락(41호의 빈민부락), 院坪금조 지도부락(전호 80% 조합원 가입), 위생모범부락	1934	t 7~10
349	金昌淳		전북 김제군 수류면 용호리 舟坪			면서기(34)				28호, 완평보교 지도생(30)→지도부락(33)	1934	t 95~97
350	金菖熙		전북 김제군 수류면 용호리 舟坪			구장(34)				28호, 완평보교 지도생(30)→지도부락(33)	1934	t 95~97
351	高在喆		전북 김제군 초처면	극빈	院坪 보교 졸(30)		백부의 원조, 졸업지도생		자작 답2단 소작 답7단 전2단보		1934	t 60~62
352	姜順琪		전북 남원군 기해면		보교 졸(27)		제1기 졸업지도생 선정, 수양단(32)	면 소방조 20명 중 13명 참가(小頭)	부채 120원(약값, 30)→자작농창정 1427평 구입	학교 지도부락	1934	t 62~67
353	黃東顯		전북 남원군				양잠조합, 개량	양잠조합장	상전1정3반보, 잠	산간부락	1934	t 112~113

			대산면 주월리				서당(보교생 1명도 없음)		실			
354	鄭碩鎭		전북 남원군 동면 서무리	자작농		면서기(28)	진흥회 조직(33), 소작권 확보와 소작지 분배	진흥회장(33)	15두락 자작 10두락 소작(36)	65호 중 43호 갱생지도농가, 중농과 지주와 교섭 빈민14호에 소작지 분양	1934 1936	t 26~27, h31호 10~11
355	朴海龍		전북 남원군 수지면 노평리 양촌					모범연맹 제1애국반장	표창	.	1940	g(1940.3) 90
356	梁海集		전북 남원군 주생면 정충리			구장		진흥회장(34)		85호, 금조지도부락(32), 1930년 장리곡부채 나락 200여석→없음	1934	t 10~12
357	申永均	1873	전북 무주군 무주면 대거리			구장(17, 31)	大車里부락개량조합(26.5), 근농공제조합(28), 학동봉사단(28.7.31, 단장=부락조합장)	부락개량조합장(26.5~)		165호 중 농업자 160호 중 지주1 자작16 자소작106 소작42(27년), 159호 중 지주2 자작20 자소작77 소작48호(31년) / 우량부락(26), 본부 조성금 300원(28), 천혜의 채소재배지, 소비조합 매점 설치	1928 1932 33	j, e(11-6) 112~117, f(중) 205~209
358	河橋菌	1901	전북 무주군 무풍면				전작개량조합, 진흥회(33)			국기계양 실천(축제일 자기집과 공회당)	1934	t 86~88
359	趙慶範	1877	전북 무주군 무풍면 마곡리	한말 관리, 중류		구장 학무위원		근농 보도위원(30), 마곡리갱생지도부락진흥회장(33~37) 연초경작조합 총대	표창금액 15円	우량부락 표창, 34호, 무주군 연초포장용 가마니 8천매 중 5천매 납입 부락계약(부업)	1930 1937	x(1-4) 31, 1 106
360	金商植	1906	전북 무주군 설천면 장덕리	자 소 작 농		구장(40)		진흥회장(40)	농산어촌진흥공적자표창(40)		1940	b호외(194 00211)

361	宋淳憲		전북 부산군 왕궁면 발산리					근농 보도위원(30)	표창금액 15円		1930	x(1-4) 31
362	林宗伯	1874	전북 부안군 동진면 동진리	중심				근농 보도위원(30), 진흥회장(36), 송덕비	내무부장으로부터 소 1두 포상	42호 중 40호 갱생지도농가, 長津갱생지도부락(33), 내선인 대지주와 협의, 조합원의 소작권을 소개하거나 토지 개간, 제언 수리, 공사 등을 청부하여 조합원에게 공동작업. 답20두락의 공동경작, 40석의 나락 저축(비황저축)	1935 1936	d 285~286, h32호 14
363	金可善	1912	전북 부안군 보안면 신복리	소 작 농 ↑ 자 작 농				신복경생지도부락 중견인물(34~37), 진흥회 갱생농가 지정(34)	논1정5반 밭1정보	33호	1937	l 110
364	高伯相	1900	전북 부안군 상서면 가상리	적 빈 ↑ 소작농				청년단장(망나니에서 단장까지!)	전 5두락 소작		1934	t 119~121
365	李純根	1911	전북 부안군 주산면	빈농	한문, 보교 졸		흥업회 조직(33)	학교 소사(28), 면 급사(30), 흥업회장, 모교야학교사	논8두락=1800평 구입(32)		1934	t 46~48
366	朴姓女	1883	전북 순창군 순창면 복실리	빈농, 임 노동↑			갱생 지도 농가(39)		농산어촌진흥공적자료표창(35), 부채 전부 상환 1460원 축적		1935 1939	b3618호(1 9350213), h65호
367	吳吉生		전북 순창군 풍산면		보교 졸		야학 설립, 계몽 활동	청년단장, 진흥회 간부			1934	t 44~46
368	李亨魯	1915	전북 옥구군	빈농	보교 졸		도지방비 학비		춘인리도곡농장		1934	t 49~60

			개정면 하동리		(30)		보조, 졸업지도생 선정(31), 조합원을 3개조로 편성(자력조, 진흥조, 갱생조)		에서 수전3000평 소작권(33)			
369	椎名辰次郎		전북 옥구군 대야면 지경리	대창농장 지배인			勇進청년회(25명), 진흥회(저축목적, 1920년 5,000원), 근농공제조합			부근에 철도공사, 수리공사 등으로 일고가 많아 부락의 풍기 퇴폐, 大昌농장 지배인 椎名辰次郎의 노력으로 1928년 부락개량조합 설립, 94호 중 농업 85, 상업 4, 운송업1, 大工職1, 이발업1, 일고2호, 농업85호 중 지주4, 자작10, 자소작18, 소작53호, 금조 가입자 21호, 조합원 94명을 12개 반으로 구성(1개 반 7~8명), 반장을 통해 통제	1931 1933	c(5-8) 51~59, f(중) 142
370	金相德		전북 옥구군 미면 미룡리 용두동	독농가		군산부가마니장려 촉탁(13)	五厘契(12)→산업계(21.10)→미룡리부락개량조합(26.9), 흥학계, 共信조합(구매조합), 근농공제조합(28)		산업공로자(총독 금일봉, 27년 28년), 도지사 표창(15)	옥구평양지대로 옥구서부 수리조합 저수지, 대동계 조직 부락개량, 미용리는 미제리, 원당리, 용장리 3개부락으로 구성, 개량부락은 용장리부락, 67호(65, 30) 중 지주1, 자소작7(6, 8), 소작59(59-5년전, 22-10년전), 총독 표창금 400원(29), 도지사 표창금 100원(29), 부업은 매우 부진	1931 1932 1933	i, e(11-8) 145~150, f(중) 141

371	良原 稔	1912	전북 옥구군 서수면 마룡리			부락연맹이사장(43)			농산촌지도공적자표창(43)		1943	b 4807호(19430212)
372	李昶濟	1906	전북 옥구군 성산면 창오리				倉梧里振興청년단(32.12.10), 농촌진흥회(33.6.1)	청년단장		성산면향약(27.7), 단원 직업별/공리1 농업24, 영농별/자작2 자소작8 소작15, 연령별/18-20(8) 21-25(6) 26-30(11), 문맹별/학교15 사숙10	1934	t 100~104
373	金在顯		전북 완주군 봉동면 각평리 신기부락					모범연맹 제3애국반장	표창		1940	g(1940.3)89
374	金仁洙	1885	전북 익산군	지도자	경성고보부설임시교원양성소	훈도, 퇴임(27.4), 익산군 교화주사	농촌지도자강습회 개최(읍면기수 농촌진흥담임서기 금조서기 농회기수 등 50여명, 33)		별명'개똥선생'		1934	t 1~6
375	羅宗煥		전북 익산군 문평면 오윤동	소농↑(5두락)	서당			錦南조합 조합장(33)	논258두락 밭53두락 임야15정보 순자산2만원	모범부락(금조, 1933)	1933	ⓗ(1933-4)
376	宋淳憲		전북 익산군 왕궁면 발산리	동척 마름			흥농조합(조합장), 근농공제조합(28), 농가조합장(32), 농촌진흥회(33.1.1)	보도위원(28)	도지사 표창, 위생모범부락 지도 공로로 경찰부장 표창(1930)	10여년 전 이주, 금융조합원 18명에서 44명 신규 가입시킴.	1935	d 256~257
377	朴炳琦	1911	전북 익산군 웅포면 송천리		보교 졸		자산가의 3남으로 졸업 지도생(29)	근농공제조합 이사(30.6)로 부락 개량 주도	분가 후 3반보, 소1두 돼지2두, 200원 소유	납세우량부락(30), 위생우량부락(30), 관혼상제시 음주 절대 금지	1932	e(11-8)153~154

378	金順基	1891. 2.24	전북 익산군 함열면 다송리 2구	품 팔 이↑ 자작농	서당	구 장 (32.5.10~)	다송리 이거(19)		답2정 전5반 임야 1정3반(34)	면 농촌진흥회부락 지정(32), 麥作지도포	1934	t 97~100
380	朴基周		전북 임실군 관촌면	소 작 농↑ 부농			館村금조 가입(27) 3반보, 부채 100 여원, 자작농지 설정(33)	농촌진흥회 위원장(38), 금주단 단장	소작 3단보→2300 여원 부동산, 200 여원 동산		1938	y 228
381	吳種周		전북 임실군 둔남면 대명리	적빈↑	樊樹보교 졸(수석)		오수보교 졸업지도생(전가 노동)		자작농창정 답4두락 구입		1934	t 104~106
382	金顯直	1887	전북 임실군 둔남면 대명리 1구			순 사 (09~12) 이장(13) 구장 (17.10)	大明里부락개량조합, 학자금저축계(22.12), 노동저축계(23.6), 농곡계(24.4), 납세조합(26), 喪布契(15.4), 보안조합(27, 56명)	순사 퇴직후 이주, 대명리부락개량조합장(28), 熬樹보교 학무위원(22.6) 오수금조평의원(25.4) 면협의회원(26.11)	병 합 기 념 장 (11.8.1)	57호(28), 59호(30) 중 자작5, 자소작15, 소작39, 답30정보, 전7정보 중 마을 소유 답13정보, 전6정1단보, 위생모범부락, 부락개량조합 지정(26), 60호(32), '자작농 변화 : 3호→8호→10호' 토지소유 정도 : 3정보 이상 논1(밭0), 1정보 이상 5(1), 5반보 이상 8(6), 1반 이상 6(5), 1반 이하 1(2), 무 39(45)	1928 1930 1932 1933	j, c(4-12) 71~79, e(11-4) 99~105, f(중) 140
383	金禎基	1886	전북 임실군 둔남면 오산리				진흥회 (32.11.1)	조합장		개량조합 설립 이후 군면의 지도에 부응, 농우자금저축계(29.7, 15명, 현금 100원), 공동저축계(29.7, 40명 부락 전원, 답750평), 농우저축계(29.7, 40명, 나락15	1935	d 258~259

										석), 진흥회원저축계(23.5, 보통학교생 9명이 조직, 야학회 운영, 빈곤학생 수업료 보조, 중심인물-金顯折(52), 金鍾殖(30)		
384	金正坤		전북 임실군 임실면 갈마리		대졸		회사원, 농촌진흥회 운동	진흥회장, 전북일보 지국장		부회장 노병춘 매일신보 지국장, 동아일보 고창국장 오동균 진흥회장 겸임	1937	n36권(1937.1) 172
385	晉準鈺	1917	전북 임실군 임실면 갈마리						농산어촌진흥공적자표창(40)		1940	b호외(19400211)
386	黃德九	1867	전북 임실군 임실면 대곡리	소농		公錢영수원 면서기 구장(23.6)	大谷근농공제조합(28.10.25)	근농 보도위원(28~)	답6반5무 전2반5무, 동산 300원 부동산 150원		1930	o 82~87
387	朴宗厚	1885	전북 장수군 계남면 신전리				갱생 지도 농가(32), 부락 지도	리공려조합장(39)	농산어촌진흥공적자표창(35), 표창(39)		1935 1939	b3618호 (19350213), h65호
388	金永斗		전북 장수군 계내면 무농리				경남에서 이주, 부락개량조합 조직			제남동과 구무농리(모범부락), 60호(지주을 3, 자작 7, 자소작 19, 소작 31), 공동답 7두락 중 2두락 소작; 5두락 공동경작	1932	e(11-5) 125~130
389	張京爕		전북 장수군 반암면 노책리					모범연맹 애국반장	표창		1940	g(1940.3) 89
390	柳在雲		전북 장수군 장수면 송천리			구장	노동공제회(20), 부락 개량 조합(26.4)→진흥회	노동공제회 회장, 진흥회장		63호 중 자작 4, 자소작 35, 소작 16, 기타 8, 군내 유일의 모범부락, 진흥회(60명,	1932 1933 1935	e(11-4) 105~106, (11-5)

No.	성명	연도	주소	계층	학력	공직	활동	단체	표창·사업	부락 현황	연도	출처
							로 통합(32.11), 근농공제조합(28.11, 소농 30명)			회관1동 외 기본재산 소유, 노동야학회(24, 60명), 진흥부인단(60명), 혼상계(24, 60명), 납세조합(28, 60명), 보안조합(60명), 근농공제조합(28, 30명), 공화회(60명)		121~125, f(중) 140, d 303~309
391	尹應善		전북 장수군 장수면 홍천리				강습소 수강(33.5)			60호, 토지 척박, 부락개량조합(26)→진흥회(32. 1), 청년단, 부인회, 근로공제회 조직	1934	m(12-9) 91~100
392	許鍾		전북 정읍군 우순면 우산리			면 회 계 원(35)	일전계(26), 부인계(28)	진흥회장	축산조합 공로자로 표창, 상금 20원 회원에게 국기 배부, 공동집회소 건축 공비 절반 기부(33)	정읍서부금조 지도부락과 군축산조합의 퇴비지도부락 선정(32), 32호 남자 88명, 여자 73명으로 부락 기본재산 답6반6무, 치우 1두, 야학회 설립 비용은 진흥회에서 지급, 부락공동우물 개설과 마을길 개수, 공동퇴비사 건축(32)	1935	d 253~254
393	李奉俊	1887	전북 진안군 마령면	소농				부락갱생회 부회장(33.11)			1934	t 89~93
394	全壽南	1907	전북 진안군 마령면	중농	한문, 마령보교졸(24)		야학회(27~), 여성의 옥외노동 실천	노동조합 이사(29)→개량부락 상무간사(31~), 농촌진흥회 상무위원(32~)	답10두락 전5두락 현금 100원(20)→답20두락 전40두락 현금 200원(34)		1934	t 67~70
395	全永鮮		전북 진안군 마령면	유지		토지개량계장, 학교평	진안사립文明학교 설립위원(28	梧桐 진흥회장(29.3~34),	답26,159평 전20,624평, 임야 29	개량부락, 蠶室회관 기부	1934	t 27~31

						의원, 학무위원, 문묘직원, 군농회 특별 의원, 면협의회원,, 금조평의원 마령농촌진흥위원	세), 馬靈학교 설립대표자, 농촌공제조합(16.2), 노동조합(29.3), 야학강의, 부인옥외노동 장려(부인 직접 노동)		정73반무의 면내 제1 재산가, 총독표창(도로토지 기부 14.10) 조선잠사회표창(모범 養家, 29. 10)			
396	全吉柱		전북 진안군 마령면 오동리				강습소 수강(33.5), 청년단 조직, 국기계양			진흥회장에게 매월 짚신 6족씩 제출	1934	m(12-10) 47~53
397	高夏相		전북 진안군 용담면 수천리				강습소 수강(33.5), 수천리진흥청년단 활동	용담금조 수천리 총대, 옥거리갱생회장		진안연초경작조합에서 가마니와 藁연 제작 의뢰, 지도생 10명과 청년 31명 공동작업	1934	m(12-10) 47~53
398	宋琦環	1901	전북 진안군 용담면 월계리	자소작농				진흥회부회장(40)	농산어촌진흥공적자표창(40)		1940	b호외(194 00211)
399	具一基		전북 진안군 진안면				청년단(33.1. 15), 도주최 농촌중견청년지도강습회(33.8.27)	청년단장(34)			1934	t 93~95
400	吳潤煥		충남 공주군 계룡면 월곡리				강습소 수강(32), 야학 개최	진흥회장(1932), 납세조합장(1933), 부흥회장, 부인회 고문		계룡청년단은 1면을 단위로 조직되어 실효성 없음	1934	m(12-4) 48~53
401	金世培	1882	충남 공주군 반포면 하신			구장(29)	갱생지도농가 경지 알선 소작료	리공려조합장(30)	농산어촌진흥공적자표창(35), 표	계획후 3년만에 부락전호 목표 완성	1935 1939	b3618호(1 9350213),

											h65호
			리			율 개정, 부락민의 자부		창(39)			
402	金鍾洛		충남 공주군 신상면 유구리	소 작 농 ↑ 중농		금조 가입(19), 한약상(20.2), 자작농창정자금 400원 차입(29)		모범조합원 표창(24.4), 답2정보 전3정보 소유		1938	y 131~132
403	尹志炳		충남 논산군 광석면	독행자		미작개량, 과수재배, 산림보호, 자선사업				1916	q(1916.3)
404	方鍾九		충남 논산군 광석면 갈산리	동척 마름	구장(22)	교풍조합(15,오이선,金性培)→진흥회(16), 護喪契 설립(18. 12), 부인진흥회(19), 양잠조합(26)	진흥회 회장(16~25), 호상계 계장(18.12)	천황 표창, 동아일보 농촌개조 공로감사장	논산에 국무농장 설립 이후 일본인 토지 매수, 전주민 소작농→부촌, 39년 이후 쇠퇴, 14회 표창: 총독부 활동사진으로 선전(26)	1928 1933	j, f(중) 137
405	方태영		충남 논산군 광석면 갈산리	동척 마름		방종구 아들, 靑木 뒤를 이어 마름, 한국전쟁 때 피살	군금조 감사		논산에 국무농장 설립 이후 일본인 토지 매수, 전주민 소작농→부촌, 39년 이후 쇠퇴, 14회 표창: 총독부 활동사진으로 선전(26), 모범부락A형(농장)	1928 1933	j, f(중) 137
406	吳怡善	1885	충남 논산군 광석면 갈산리			호상계(18.12), 양잠조합(26-재원결핍), 노동야학회, 부인회(19)	진흥회 교풍부장(16.12) 회장(25.12)	도지사 표창(23)	논산에 국무농장 설립 이후 일본인 토지 매수, 전주민 소작농→부촌, 39년 이후 쇠퇴, 14회 표창: 총독부 활동사진으로 선전(26)	1928 1933	j, f(중) 137
407	靑木喜八	1897	충남 논산군 광석면 갈산리	동척 마름			진흥회 부회장(23.12), 國武농장 갈산리소작인조		논산에 국무농장 설립 이후 일본인 토지 매수, 전주민 소작농→부촌, 39년 이	1928 1933	j, f(중) 137

								합장(24.3)		후 쇠퇴, 14회 표창. 총독부 활동사진으로 선전(26)		
408			충남 논산군 광석면 갈산리				호상계(248원), 교풍조합(조직시 소작지 호당 평균 3단보→1정보 이상), 부인회(107명), 농우회(27, 80명)			1918년 우량진흥회로 20원 포상, 모범상원 개설, 갈산리민으로 금융조합원 107호 중 51명, 국무농장소작인조합, 동척소작인조합, 세금은 진흥회에서 거둬 납부, 자작2 자소작39 소작76, 일본인5	1928 1932	c(2-12) 35~52, v 913
409	金商琦		충남 논산군 양촌면 인천리	독행자			농사개량, 培養학교 설립-사립 육영학교로 개칭				1915	q(1915.10)
410	宋秉直		충남 논산군 채운면 제내리	독행자			채운신용조합, 농사개량계, 사립옥성야학교				1915	q(1915.10)
411	李種商	1866	충남 당진군 송산면 유곡리	유지			柳谷里 진흥회(17.2.9)	진흥회장(17.2.9~현)		123호 중 지주자작 5, 자소작 46, 소작 50, 기타 22, 농업대부자금 운영, 소작쟁의 방지 위해 조정,중견청년 양성 위해 파견(26), 본부 조성금 150원(28.3)	1928 1931 1933	j, i, f(중) 137
412	朴濟萬	1913	충남 대덕군 회덕면 와동리	적 빈 ↑ 자작농	독학(한글)		14세 가장, 갱생지도농가(34, 39)	갱생지도농가(34, 39)	농산어촌진흥공적자표창(35), 畓 600여평		1935 1939	b3618호(1 9350213), h65호
413	李東基	1895	충남 대전군 기성면 용촌리				삼정보안조합(29.4)			부락 호수 35호	1929	① 291205
414	久納淺		충남 대전군	독행자			종자개량, 수리				1915	q(1915.10)

	太郎		대전면 본정			관개, 공익사업비 기부					
415	朴公緒		충남 대전군 동면 신하리			강습소 수강(33.5), 동명청년단원(면)			20호, 인구 125명, 빈촌으로 양반동성부락, 공려조합 설립(34.4), 일기 시작, 청년단 활동, 청년단 주최 농촌진흥 강연회 개최, 생활 개선, 공동경작	1934	m(12-1) 30~33, (12-9) 91~100
416	金載漢	1863	충남 대전군 북면 목상리			木上里진흥회, 木下공려조합(33)	공려조합장(33~)		38호→34호(32→34), 자작 130무→130무 소작1580무→1850무(32-34) 경지분배 알선	1935	ⓙ 89~96
417	□浪竹雄		충남 대전군 산내면 낭월리			낭월근농청년회(26.5, 38명)			잠업장려 위해 桑苗 500本을 식재, 模範桑園 설치, 회장 松浦善次(37세, 목축, 1926.12), 부회장 沈洛柱(38세, 현 구장)	1929	ⓘ 19291205
418	宋錫大	1879	충남 대전군 산내면 상소리			상하소진흥회(23.7, 198명)	진흥회장, 면협의회원, 학무위원, 소농공제조합 보도위원			1929	ⓘ 19291206
419	김□中	1903	충남 대전군 유성면 노은리 덕미동			노은리진흥회	전 회동면장		李承達(44세, 현 면협의회원) 회원수 30명, 부락호수 29호	1929	ⓘ 19291206
420	宋龜憲	1884	충남 대전군 유천면 평리		구장(29)				27호, 양잠마을(20호)	1929	ⓘ 19291206
421	崔順翼		충남 대전군 진령면 교촌리			강습소 수강(33.5), 청년단보 발행, 지부 결성			총독부 보조금 300원으로 수전 구입 2모작	1934	m(12-9) 91~100

422	朴漢緖	1893	충남 보령군 주포면 관산리	몰락 가문 소작농	사설강습소	면 서 기 (35~36.12)	강습회 개설(22 →간이학교) 간이소방조 조직	산천동공려조합 부락진흥회회장 (33~37)	소작 논10두락 밭8두락 춘추잠1매 소1 돼지2	역촌	1937	l 104
423	洪思中	1886	충남 보령군 청라면 소양리						농산어촌진흥공적자표창(40)		1940	b호외(194 00211)
424	李峻範		충남 부여군 구룡면 동방리					근농 보도위원(30)	표창금액 20円		1930	x(1-4) 31
425	金鍾翁		충남 부여군 홍산면	독행자			권업계, 제언, 자선사업, 산림보호, 저포제조				1916	q(1916.3)
426	黃鳳俊	1880	충남 부여군 홍산면 교원리			헌병보조원(08) 구장(22~)	校院里진흥회근농공제조합(28, 30명)-정미사업	근농 보도위원(30)	자산 약 1300원		1930	o 79~82
427	朴商皓	1898	충남 서산군 성면 오천리	자 소 작 농				진흥회장(40)	농산어촌진흥공적자표창(40)		1940	b호외(194 00211)
428	崔永儀		충남 서산군 원북면 신두리						근농 보도위원(30)	표창금액 20円		1930	x(1-4) 31
429	李基升		충남 서산군 태안면 남문리	독 행 자, 대지주			일본시찰(01), 華陽義塾 설립(02)				1915	q(1915.10)
430	趙□夏	1880	충남 서천군 서천면 사곡리						농산어촌진흥공적자표창(40)		1940	b호외(194 00211)
431	尹浚植		충남 연기군 서면 봉암리	유지			改良契(13)-분열, 鳳岩里振興會	진흥회장(19)		1909년부터 가마니부업 시작, 작물 재배 개량, 진흥회	1922 1931	c(17-9) 72, i, v, ⓙ

							(19.10.11), 양잠조합(28), 영재교육계(20.3), 청년교육계(19.12.10), 부인부(32, 50명 옥외노동)			활동으로 공동저금 2천여원 / 동족부락(尹씨가 절반), n부업공진회에서 우등상(23), 인구 1200여명, 鳳鳴義塾, 자작농설정(32년 2명, 34년 2명), 근농공제조합(29, 33명), 총200호(자작31, 자소작66, 소작87, 기타16)	1932, 1935	
432	權五泳	1881	충남 연기군 전동면 노장리	유지		면(12~34) 도 평의원	蘆長里 진흥회(16), 산미개량조합(28), 근농공제조합(28), 보안조합(29), 위생조합(31), 부인회(32), 황폐산야복구조합(32), 양잠조합(32), 上蘆長공려조합(33)			녹비모범부락(30.4), 전작개량지도포 설치(31.4), 면작지정리(32.4), 採肥양돈부락(32.4), 부인공동桑園 설치(32.10), 모범진흥회(33.5), 30호→29호(32→34)	1935	ⓙ 96~105
433	權五亨	1881	충남 연기군 전동면 노장리			구장	蘆長里 진흥회(16), 산미개량조합(28), 근농공제조합(28), 보안조합(29), 위생조합(31), 부인회(32), 황폐산야복구조합(32), 양잠조합(32), 上蘆長공려조합(33)	진흥회 간부, 공려조합장(34)		녹비모범부락(30.4), 전작개량지도포 설치(31.4), 면작지정리(32.4), 採肥양돈부락(32.4), 부인공동桑園 설치(32.10), 모범진흥회(33.5), 30호→29호(32→34)	1935	ⓙ 96~105
434	安富榮	1911	충남 연기군	日稼↑	부채로		갱생지도농가	진흥회장(34)	농산어촌진흥공		1935	b3618호(1

			전의면 고등리		학업 중단		(34)		적자표창(35), 부채 70원 상환(36), 밭 5반보, 임야4정보		1939	9350213), h65호
435	李範洪	1888	충남 연기군 전의면 고등리	빈 농 지주	독학	구장(37)	마름(04) 서당개설(29, 자비) 장학계(29)	三技공려조합장(33~37) 진흥회장(37) 사방조림지보호조합장(37)	근면으로 논 3만평, 밭 1만여평, 산 1백정보, 소작료 300석 이상	자작2, 자소작30, 소작28호, 갱생부락 지정(1932) 40호→60호(현재), 논 35정보, 밭 30정보, 식산계에서 벼 공동판매(잡곡 미시행), 가마니 부업이 유명, 1년에 25,000잎 생산, 농업사항 이행 충실	1937 1940	l 101, ⓔ(3-10) 38~45
436	柳重鳳		충남 천안군 광덕면 대덕리 덕암					모범연맹 이사장	표창		1940	g(1940.3) 90
437	趙鑽		충남 천안군 목천면 도장리				진흥회(21)→공려조합(32.11), 저축계(24), 공동작업계(24), 산미조합(29), 상혼계, 노동야학회, 납세계, 근농공제조합(28.9~35.10)	진흥회장(21~32)	1915년 이주, 도지사 표창(25) 등, 본부 조성금 250원(30.3)	83호 자작7 자소작25 소작51, 천안군연합진흥회 2회, 군수 2회, 도농회장 1회, 총독 1회, 도지사 2회 표창. 공려조합 호구수 57호(자작 5 자소작 39 소작 13), 갱생저금 365원(57명), 절미저금 180원(57명), 금융조합저금 228원(57명), 계 1,507원, 납세조합, 간이학교에서 활동사진 상영(중선)	1933 1935	f(중) 200~204, ⓙ, ⓚ350904~05
438	孔在鉉		충남 천안군 성환면	소작농			미곡상 실패, 금조 가입(27), 10인		고리채 변재		1938	y 133~134

						가족 입직 짜기					
439	沈相冕		충남 천안군 영성면	독행자			근검저축, 농사 개량, 산림보호, 교육장려				1916	q(1916.3)
440	閔載祺	1887	충남 천안군 직산면 군서리				미곡상(23) 실패, 귀농, 극빈자에게 소유지 제공 자작농지 설정	리공려조합장(39)	농산어촌진흥공 적자표창(35), 표창(39), 총독부 '영세저축지도체험담' 현상모집 3등	저축과 소비 절약, 판매, 구매의 이용시설 창설 확충, 축우의 사육장려 등 부락 진흥	1935 1939	b3618호(1 9350213), h65호
441	金薿權		충남 천안군 풍세면 미죽리	중심				공려조합장(36)		70호 중 61호 갱생지도농가(지주1, 자작10, 자소작15, 소작35), 진흥회 조직(16), 청년단, 부인근로계		1936	h32호 13
442	金在克		충남 천안군 풍세면 미죽리	중심				공려조합위원(36)		70호 중 61호 갱생지도농가(지주1, 자작10, 자소작15, 소작35), 진흥회 조직(16), 청년단, 부인근로계		1936	h32호 13
443	尹岐炳		충남 한산군 동하면 남성리	독행자	이장	권농, 교육					1913	①(1913.1)
444	金夏鎭		충남 한산군 북부면	독행자	면장	종자개량		서천지방금조 설립위원, 공전영수원			1913	①(1913.1)
445	姜永弼	1872	충남 홍성군 광천면	양반		종자개량		광천금융조합원(22.8~), 금조 조장 겸 총대(33)	답7 전20두락 임야12정보　소2두 저금60여원, 고리채124원 정리		1934 1938	a 20~21, y 132~133
446	片光宇		충남 홍성군				양잠조합(28)	조합 이사		76호, 답45정6반, 전46정6	1931	i

			귀항면 태봉리							반, 임야 152정보		
447	金一濟		충남 홍성군 금마면 신곡리			구장	진흥회(16), 근농공제조합(28)			홍주금조 양계모범부락(28), 70호,답82정9반, 전38정7반, 임야 약100정, 면작개량리	1931	i
448	李魯□	1888	충남 홍성군 금마면 죽림리					진흥회장	농산어촌진흥공적자표창(40)		1940	b호외(19400211)
449	李仁周		충남 홍성군 홍북면 갈산리			구장	진흥회(16)	진흥회장(16~현)		군농회 퇴비지도리(29), 홍주금조 양돈부락(28), 납세우량리로 표창, 57호,답91정, 전40정, 임야 21정3반, 빈촌	1931	i
450	한동우	1895	충남 대전군 기성면 흑석리				부업계(23.7, 25명→34명)→수내동식산조합(25.7)→수내부업진흥조합(28.7)	면협의회원		許淑, 李哲宰, 韓東宇	1929	ⓘ19291205
451	金漢培	1895	충남 대전군 진금면 내동리			구 장(24~29), 면작동리 지도원(26), 진흥회 회장(27),	면작계(26), 내동교촌진흥회	보통학교후원회 부회장(28), 내동보안조합 조합장(28, 160명)		면작계 조직(1926), 면작지 도동리 지정	1929	ⓘ19291203
452	金章會	1888	충북 괴산군 문광면 신기리	중심						59호, 우량부락, 계급투쟁 없음. 장려사항(양잠 연초 蠶箔 가마니)	1932	ⓜ89
453	李聖魯	1888	충북 괴산군	중심						32호, 우량부락, 경지 풍부,	1932	ⓜ88

			증평면 송산리						농사 발달, 장려사항(산미개량증식 양잠)		
454	洪淳禹		충북 괴산군 칠성면 송동					청년단 단장	야학회 개설(생도40명)	1933	ⓝ, 19330304
455	李允宰		충북 괴산군 칠성면 율지리				우량부락호주회(30.3)→농촌진흥회(32.12), 권농공제조합(31.1), 부인노동단(32)		세농 28호, 권농공제조합-1932년 군농회 주최 퇴비품평회에서 선발 도농회 출품, 자발적으로 설립해서 공동작업, 1반보 밭에 육지면 재배, 부업으로 특산물 n 雨笠 미사리 제작	1933	ⓝ, 19330304
456	李應敏		충북 괴산군 회평면 연탄리						129호, 799명, 육지면작지:51정 1반(29), 경작인원:129명, 綿作模範里	1931	i
457	趙東民		충북 단양군 단양면 북하리	중심			청년단, 야학회, 소작인조합		84호, 우량부락, 주민 공동심 강함, 장려사항(산미개량증식 양잠)	1932	ⓜ92~93
458	金學柱		충북 단양군 단양면 증도리	노농					甌島里陸地綿集約栽培指導里洞, 산간촌 전24정	1931	i
459	劉載懿		충북 단양군 매포면 안동리	중심			호주회(27)		49호 중 지주자작2 자소작27 소작20, 우량부락, 임야경지 분포, 장려사항(산미개량증식 양잠)	1932 1933	ⓜ93, f(중) 138
460	表天壽	1906	충북 단양군 매포면 우덕리	빈농↑	보교 입학(14)		청년단장(33)	금조 총대겸 지도위원(33) 식산계 주사 갱생지도부락진흥회부회장(35~37)	25호	1937	199

461	金瀅權	1864	충북 보은군 내북면 산성리		한학	면장(19), 면장(34)		산성리 진흥회장, 보은군 명륜회장(34)	사회공적자 표창(38)		1938	b 3320호(1938, 2, 12)
462	朴慶敦		충북 보은군 내북면 산성리				강습소 수강(32), 청년단(32) 진흥회(32) 부인회(33) 소년단(33)			근농공제조합(28)	1934	m12-1, 84~92
463	全相翼	1887	충북 보은군 보은면 풍취리					진흥회장	농산어촌진흥공적자표창(40)		1940	b호외(194 00211)
464	禹鍾福	1902	충북 보은군 회북면 당수리						농산어촌진흥공적자표창(40)		1940	b호외(194 00211)
465	朴云夏	1910	충북 영동군 심천면 괴목리						농산어촌진흥공적자표창(40)		1940	b호외(194 00211)
466	金佐熙	1884	충북 옥천군 안남면 종미리	몰락 농 ↑ 자산가				리진흥회장(39)	표창(39), 농산어촌진흥공적자표창(35), 면내 3위 자산가		1935 1939	b3618호(19350213), h65호
467	李康泰	1889	충북 옥천군 옥천면 대천리	빈 농 ↑ 자산가	독학	면협의회원	戶主會(32) 식산계 설립(36) 때 3천원 대부	송산리갱생지도부락 진흥회장(33~37)	56만원	신흥부락 50호	1937	l95
468	金時煉	1871	충북 옥천군 이남면 장찬리	양반, 자산가		구장(28.2~)	근농공제조합(28.8), 경노회(28), 야학회(28), 간담회(27.8), 봉사단(28.4), 근검저축회, 경작지	근농 보도위원(30~)	자산 약 6천원	납세 성적 면내2위, 55세대, 모범양잠리(25), 군농회 보조금 50원 52호 중 자작20 자소작21 소작11호	1928 1930 1933	j, o 76~79, f(중) 190~193

No.	성명	생년	주소	유형	학력		알선				연도	출전
469	金樂先	1876	충북 옥천군 이원면 건진리	독농가			농법개선		답 2,400평 전 4,700평,대300평반		1933	h3호 15
470	趙明善	1917	충북 음성군 소이면 금고리		보교졸(33)		청년단, 부인단, 진흥회 등 지도	보통학교 졸업지도생 선정, 갱생지도농가(39)	농산어촌진흥공적자표창(35)		1935 1939	b3618호(19350213), h65호
471	朴德天		충북 음성군 원남면 상당리	소작농↑자작농			금조 가입(29)		20두락 소작인→자작농		1938	y 179~180
472	潘采璜	1898	충북 음성군 원남면 포천리	중심			양잠조합			60호 중 지주1 자작20 자소작20 소작19, 우량부락, 잠업, 위생모범리, 장려사항(근검 양잠 가마니)	1932 1933	ⓜ89~90 f(중) 135
473	廉炳和	1885	충북 음성군 음성면 평곡리	중심			사설강습소(24, 아동교육), 汗愛會(27.10. 근검저축기관), 위생조합			40호, 238명, 우량부락, 경지비옥, 장려사항(산미개량증식 가마니 축산 온돌 개량)	1931 1932	i, ⓜ 89
474	崔翼犀		충북 음성군 음성면 평곡리 약현				사설강습소(24, 아동교육), 汗愛會(27.10. 근검저축기관), 위생조합(29)			43호 중 자작12 자소작20 소작11	1931 1933	i, f(중) 135
475	平野實		충북 제천군 백운면 방학리	소작농↑자작농				이주(22)			1931	i
476	李載益	1983	충북 제천군	중심						40호, 우량부락, 경지풍부,	1932	ⓜ 92

			제천면 하소리							양잠 발달, 장려사항(산미 개량증식 양잠 가마니 근검저축)		
477	柳甲洙	1896	충북 제천군 청풍면 양평리	중심						52호, 우량부락, 경지풍부, 육지면 양잠, 장려사항(육지면 가마니 근검저축)	1932	ⓜ 92
478	柳海元	1895	충북 제천군 청풍면 양평리	중심						52호, 우량부락, 경지풍부, 육지면 양잠, 장려사항(육지면 가마니 근검저축)	1932	ⓜ 92
479	金泓		충북 진천군 덕산면 삼덕리	지주			백미5석 출연 연1할 이자로 고리채 방지(26), 근농공제조합			25호(자소작6, 소작19)→26호(지주1 자소작3 소작22, 33) 경성 이주 후 南星祐가 토지관리	1931 1933	i, f(중) 135
480	李鍾權	1886	충북 진천군 덕산면 상신리 상가부락	중심			진흥회 조직(32.11), 청년단, 부인단	진흥회장(36)		上加갱생지도부락(33, 종합지도), 31호, 진흥회설립(32.1.14), 부인회, 청년회, 소년단, 자경조합 조직	1936 1937	h32호 13, n36권 (37.3) 68~69
481	尹圭勳	1885	충북 진천군 만죽면 실원리	극빈↑양잠가			개량잠종구입(13)		소작료 인70석, 춘잠종8매, 추잠종4매 掃立	총 30호가 양잠가	1931	i
482	林相玉		충북 진천군 문백면 장월리				자비로 양수기와 발동기 2대 구입, 근농공제조합(28)			41호(10년전 20호, 자작1, 자소작11, 소작29), 200명	1931 1933	i, f(중) 135
483	金普泳		충북 진천군 이월면 송두리	소작농↑부농			금조 가입(20)		답3단보 전2반보 →나락 150석 수확		1938	y 178
484	李奎洪		충북 진천군				강습소 수강			청년단원은 15명(보교졸)	1934	m(12-6)

			진천면 행정리				(32.10), 근로향상회→청년단(33, 단장)			업자 8명)		44~48
485	張八童	1911	충북 진천군 진천면 행정리				자작농지 설정(32), 3개년 계획 갱생 3목표 달성	갱생지도농가(39)	농산어촌진흥공적자표창(35)		1935 1939	b3618호(19350213), h65호
486	金禹貢	1906	충북 청주군 북이면 옥수리		보통학교졸		유랑, 부락 진흥 중견청년	청년분단장(34~39)	농산어촌진흥공적자표창(35), 표창(39)	갱생지도부락(32, 34)	1935 1939	b3618호(19350213), h65호
487	朴信東		충북 청주군 사주면 가경리	중심			진흥회(32.11, 회장), 朴魯康, 宋憲祚(청주농업학교 졸) 합류, 야학 개설			63호, 청년단 사업으로 24평 서당겸 공회당 설립, 교사 3명 초빙 주간 98명 아동, 야간은 68명 성인 교육, 갱생부락(34)	1936	◎ 67~70
488	鄭樂薰	1887	충북 충주군 가금면 장천리	중심			유년단			56호 지주자작4, 자작2 자소작11 소작39, 모범양잠리, 장려사항(산미개량증식, 근검저축)	1932 1933	ⓜ 91, f(중) 135
489	安□淳	1886	충북 충주군 동량면 화암리					진흥회장	농산어촌진흥공적자표창(40)		1940	b호외(19400211)
490	李建崙	1889	충북 충주군 충주면 연수동		보교 졸	고원, 통역, 기, 금조 면서 구장 (23~)	교풍회		자산 약 4천원	99호 중 자작2 소작11 자소작 47 연초경작자9호	1928	j
491	全義錫	1893	충북 충주군 충주읍 연수동	중심						58호, 우량부락, 주민융화, 납세와 부업 성적 양호, 관지도, 장려사항(산미개량증식, 근검저축)	1932	ⓜ 90

492	金基鉉	1914	평남	소작농	보교 졸 (28)				斧山보교동창청년단원	전가노동으로(10인) 재산 증식, 5정보 가운데 자작지 1/3	1930년 동창청년단 설립 시 楸洞이 모범분단으로 지정, 부락공동시설 건축	1935	d 505~506
493	金奐俊		평남	갱부					대보보교동창청년단원		양반부락의 빈민, 주민의 신망을 얻어 소작, 부채 청산	1935	d 507~511
494	朴承柱	1918	평남		보교 졸 (30)				온천보교 동창청년단원	전3000평 수전 2000평 소유, 용인 해고 직영		1935	d 516~517
495	朴仁錫		평남						사천보교 모범분단원	경작지 14,400평을 개량농법으로 경작		1935	d 512~513
496	徐相駿		평남						가룡보교 동창청년단원	20세 때 분가, 논 100평, 밭3500평 소유	토질 개량에 노력, 1933년 면에서 모범부락에 치잠 공동사육소 설치하려 할 때 주도하여 추진, 부락에 양계 장려	1935	d 517~519
497	吳昌諭		평남						증산보교 동창청년단원	분가 후 밭 1천평 구입, 논 1천평과 밭 3천평 소작		1935	d 536~537
498	鄭守連	1913	평남					조선교육회 주최 천일육영자금 농업실습생 愛知현 中彥농장 실습 (32)	신창보교 동창청년단 수원분단장		3,400평의 개간지에 정조식 실행, 반당 2두락 이상 수확한 이후 전 부락에 정조식 실시, 군면의 모범전 설정에 자원	1935	d 529~534
499	朱吉孫		평남		보교 졸 (28)			청년단 가입(31)	대동보교 동창청년단원		청년단에서 자금 융통(특이 사례, 학교에서 알선), 개량영농법 적용	1935	d 547~548

500	韓連吉	1912	평남					순천보교 동창청년단 분단장		1931년 중국인 배척 이후 소작지 1,400평에 채소 재배 소득 증대, 韓豪吉(22세, 단원)	1935	d 522~529
501	金昌東	1909	평남	빈농 출신				기양보교동창청년단 제4분단장(30, 분단원 36명)	근면으로 6년 동안 부채 청산, 답 2반1무 구입	50호 부락의 모범	1935	d 491~494
502	朴致德		평남		보교 졸(25)			해압보교동창청년단원	종모돈 20여두 소유	토질 척박하여 가난한 마을, 졸업 후 감자 재배 연구, 다수확 성공 뒤 부락 지도	1935	d 489~490
503	吳禀均	1916	평남	빈농	보교 졸(28)			강서보교동창청년단원(29)	가마니짜기 부업 시작(29), 전 7반, 답 1반5무 소작)33)	30호의 빈촌, 순소작농 6호	1935	d 495~498
504	金載南		평남 순천군 내남면 용천리 관대동					진흥회부회장(39)		양주김씨 동족부락, 40호, 조성금(도, 본부), 갱생지도부락(33.8, 內南공립심상소학교장 近藤勇 지도부락)	1939	h71호 26~31
505	金采洙		평남 순천군 내남면 용천리 관대동					진흥회회장(39)		양주김씨 동족부락, 40호, 조성금(도, 본부), 갱생지도부락(33.8, 內南공립심상소학교장 近藤勇 지도부락)	1939	h71호 26~31
506	朱正淑	1879	평남 강동군 강동면 지리 지소동	재산가		전 구장	명륜야학회(29, 60명) 경영, 토요회(30), 노동청년회(30)	면협의회원, 명륜야학회 회장		양계부락으로 유명, 도지사 표창(31), 53호, 曺芝山 세거지였으나 쇠퇴 각성부락, 1920년대초부터 개량, 13정보 수전 개답(21), 60호(지주1 자작8 자소작23 소작18 일고10), 동창청	1932	e(11-10) 151~156

No.	성명	생년	주소								연도	출전
										년분단(30)		
507	韓士彌	1881	평남 강동군 강동면 지리 지소동			구장	명륜야학회(29, 60명) 기부, 토요회(30), 노동청년회(30)			양계부락으로 유명, 도지사 표창(31), 53호, 名儒 曹芝山 세거지였으나 쇠퇴 각성부락, 1920년대초부터 개량, 13정보 수전 개답(21), 60호(지주1 자작8 자소작23 소작18 일고10), 동창청년분단(30)	1932	e(11-10) 148~150, 151~156
508	黃錫柱	1862	평남 강동군 강동면 지리 지소동				韓士珍, 朱鉉斗			江東금조 양계부락(28.2.11), 53호 중 41호(지주1 자작5 자소작22 소작13) 갱생계획, 표창(우량부락, 납세 등)	1935	℗ 265~271
509	尹觀燮	1900	평남 강동군 강동면 하리 장항동				鷲岩청년회(27, 부락 전원), 장항저축조합(29)	취암회 부회장, 저축조합장, 전작개량조합 고문, 강동보교 학무위원, 동창청년분단 고문	도지사 표창(31)	양반동족부락, 강동면 지리 지소동부락과 함께 양계모범부락으로 유명, 도지사 표창 50원(30), 36호 중 32호(지주5, 자작10, 자소작12, 소작5), 동창청년분단(30, 12명), 강동금조양계부락 설정(27)	1932	e(11-7) 133~139
510	金洛鏞	1889	평남 강동군 고천면 동서리	지주							1931	i
511	李元一		평남 강동군 삼등면 봉래리 상답동	중견			明和청년회(28.1)~교육 권업 조사 사교부, 청년회관 건립(30),			70호→30호→44호(잡성부락) 중 계획수립 36호, 면지도부락(34.5.13)-소년부(2500평 粟畑), 부인부 설립	1935	℗ 23~28

							개량서당					
512	姜德弼		평남 강동군 삼등면 청탄리					동창청년단 단장		28호	1932	e(11-10) 148~150
513	李潤根		평남 강동군 원탄면 원흥리			구장(19)→면장(24.12)	식산계(24)			면작지도부락, 반촌	1931	i
514	車成孝		평남 강서군 강서면 삼묘리	독농가						35호	1932	e(11-10) 148~150
515	鄭國鎬		평남 강서군 동진면 신교리	중견	수원고등농림교 졸		부인교풍회, 소년근로회, 야학회			27호 150명, 지양보교 모범분단(33.3)→지도부락, 각 호 목면 자급, 大國旗게양탑(34.11)	1935	ⓟ 129~139
516	尹在書	1904	평남 강서군 함종면 미석리	중견	보교졸	면서기	美風會 조직(31)	미풍회 총무(35)		윤씨 동족부락, 함종금조 지도부락(32), 부락서당계 경영 미풍회-부업 尹仁植 토목 위생 尹箕煥 농사개량 尹惠植 사제 吳昌億 경제계 尹景煥	1935	ⓟ 83~91
517	李基徐	1911	평남 강서군 함종면 범오리	자 소 작 농 출신	보교 졸(22)		강습소 수강(33.5), 동창청년단	함종보교 동창청년단원, 청소년금주금연회 회장(30)	식림과 채소, 벼 등 耕種 개량으로 다수확, 각종 품평회에서 우승	청소년금주금연회 조직 회장 추대(30), 동창청년단원에서 야학회 운영, 학교 지도부락(34)	1934 1935	m(12-1) 84~92, d 480~483
518	李泰律	1882	평남 강서군 함종면 홍범리						농산어촌진흥공적자표창(40)		1940	b호외(194 00211)

519	朴景柱		평남 강서군 함종면 홍범리 천동		함종보교 졸	함종보교동창청년 모범분단(30.1), 청년단, 진흥회, 저곡계, 소년단, 부인회	청년단 간부(朴學柱, 尹豊`植)		함종보교 지도분단(30.1)→지도부락(33.6), 본부 조성금(33, 34-230원)	1935	Ⓟ 120~128
520	李文擧	1906	평남 개천				북원보교 동창청년단원		50호 산촌, 화전 단속으로 생활 궁핍, 닥나무 연구, 밤나무 재배 부락 전체로 확대(1만 그루)	1935	d 519~522
521	金智植	1910	평남 개천군 개천면 마장리	중견			동창청년단마장리분단장(35)		介川보교 동창청년분단(30.7)→지도부락(33.5), 23호 중 지주겸 자작5 자소작7 소작11	1935	Ⓟ 271~280
522	李承道		평남 개천군 북면 삼봉리 호동참				면협의회원		1922년 도지사 유고 4대강령에 기초 부락진흥, 양잠 활발, 35호	1932	e(11-10) 148~150
523	玄善基		평남 개천군 외서면 삼포리 상중참		구장				36호, 金 玄 全 3성부락으로 협력	1932	e(11-10) 148~150
524	金桂湫	1909	평남 개천군 조양면 저리 남산참	중견		조양보교동창청년단(29), 소년단 (특색)	청년분단장(29~)		朝陽보교 지도분단(29)→모범부락(32.2)→지도부락(33), 도와 군 조성금(30)	1935	Ⓟ 112~120
525	李龍淳		평남 개천군 조양면 화리 남산참	중견			근농청년단 단장		이씨 동족촌, 32호	1932	e(11-10) 148~150
526	姜鳳朝	1874	평남 개천군 중남면 삼소리				갱생회장(35, 부회장 姜禎禧1895)		無盡보교동창청년단분단(29)→지도부락(33.2), 20호 중 19호 갱생계획 참여, 도지사표창(35.2)	1935	Ⓟ 206~212

번호	이름	생년	주소		학력					비고	연도	출전
527	金希文	1885	평남 대동군 고평면 문발리		한문, 평양숭실중 3년 수료		교풍회(22.2.11), 저축조합, 공제회	사립문흥학교장(21~26), 교풍회장(28)		81호 중 지주3 자작4 자소작20 소작20 기타33, 빈민집단에서 지주와 자소작농으로 발전, 총독과 도지사 표창(27)	1928 1933	j, f(중) 159
528	許燮	1874	평남 대동군 고평면 문발리		한문	군농회통상의원(26.4)	교풍회(22. 2.11)	사립문흥학교장(26~), 교풍회 고문(28)		80호, 빈민집단→지주2 자작27로 성장	1928	j
529	崔道業	1893	평남 대동군 고평면 차리 최동부락			구장				최씨 동족촌, 36호, 군의 양계모범부락, 태평금조 靴下조직, 대동서 위생모범부락	1932	e(11-10) 148~150
530	吳吉福		평남 대동군 남곳면 평호리				강습소 수강(33), 청년단, 갱생회(33.5, 24명) 부인회(33.7, 32명)			청년단 11명, 강남공립보교와 강남공립농업보습학교 졸업생 구성	1934	m(12-1) 84~92
531	崔石崇		평남 대동군 남관면 리신리		보교졸		비황저곡조합(24), 식산조합(28), 正進저축조합(31)	갱생회장(35)		25호 인구137명,공려부락	1935	Ⓟ 91~96
532	皇志鐘		평남 대동군 대동강면 두단리	중심			교풍회(25), 대동채소조합(공설시장에 직매부)			20호(지주6 자작4 자소작2 소작8), 면 지도부락(35), 분재와 채소, 기독교 마을(교풍회장=장로=조합부조합장)	1935	Ⓟ 47~54
533	全盒模	1916	평남 대동군 대동강면 석암리					석암리보교 동창 청년단원, 도 桑田 실태조사원, 군 추경지도원(33)	개량쟁기 사용의 선구자, 답 1정8단4무, 전 3정보 소작(33)		1935	d 514~515

534	鮮于오	1897	평남 대동군 부산면 수산리	한문, 평양광성학교 3년, 경성중앙학교 2년 수료		청년회 조직(25)	壽山청년회장(28)		116호, 회원60명	1928 1933	j, f(중) 159
535	鮮于賢鎬	1900	평남 대동군 부산면 수산리	평양농학교졸(23)	조선총독부 임업시험장 평안남도 시식지묘표 고원, 면기수	청년회 조직(25)	壽山청년회 부회장(28)		116호, 회원60명	1928 1933	j, f(중) 159
536	李宗元		평남 대동군 부산면 용성리	소작		갱생회, 자작농지 설정, 출정군인 환송회, 유가족 위문, 각종 헌납 주도	갱생지도농가(33)	농산어촌진흥공적자표창(35), 계획 4년에 부채 550원 완제		1935	b3618호(19350213)
537	鮮于淑		평남 대동군 부산면 화곡리			평양고보 학교장의 설득으로 양잠과 과수 재배 시작, 1916년 유지 黃禮鏽과 산업계, 위친계, 서당계, 양잠계 등 조직→1928년 화곡대화원(단장 선우숙, 부단장 黃龍三, 고문 황예			49호 중 황씨 25호, 선우씨 12호, 기타 12호의 동족부락(반촌), 자작17, 자소작 32, 소작5호, 답30정보, 전 80정보, 산림80정보로 경지는 적으나 농업조직은 비율이 양호, 밤모범전 경영, 퇴비제조지도동리 (1929), 郡種鷄부락(1929), 種牡牛부락(1926) 지정, 본부 조성금(28), 모범부락C	1929 1933	c(3-10) 59~68, f(중) 159

							용)			형(국민정신)		
538	黃禮鏞		평남 대동군 부산면 화곡리	유지			1916년 선우숙과 산업계, 위친계, 서당계, 양잠계 등 조직→1928년 화곡대화원(단장 선우숙, 부단장 黃龍三, 고문 황예용)			49호 중 황씨 25호, 선우씨 12호, 기타 12호의 동족부락(반촌), 자작17, 자소작 32, 소작5호, 답30정보, 전80정보, 산림80정보로 경지는 적으나 농업조직은 비율이 양호, 밤모범전 경영, 퇴비제조지도동리(1929), 郡種鷄부락(1929), 種牡牛부락(1926) 지정, 본부 조성금(28), 모범부락C형(국민정신)	1929 1933	c(3-10) 59~68, f(중) 159
539	李鍾根	1907	평남 대동군 부산면 화곡리 추동부락			금융조합 서기	청년회 조직			총독부 조성금 수여(31)	1932	c(11-10) 148~150
540	許文赫	1897	평남 대동군 임원면 용성리	자작농	평양농림교 졸(16)	면기수	채무 보증으로 파산 후 상업→귀농(21)	綾城會 간부(35)		大同금조 지도부락(33), 능성회관 내 의료부 이발부 도서부, 소비조합 상품고, 능성회소년단사무소	1935	Ⓟ 145~150
541	林寬益	1809	평남 대동군 재경리면 간리 대평부락				교풍회	면협의회원, 군농회 특별의원		20호	1932	c(11-10) 148~150
542	姜學奎		평남 덕천군 덕천면 제남리 제남동	중심		구장 (27.1~36)	朝草會(28), 전작개량조합(31), 소년근로단(30.1, 덕천보교 졸업생 15명)	姜村部落 진흥실행회 간부(姜義根, 姜應柱)	모범양잠가 표창(1929), 수의술로 병든 소 치료	1920년 강씨 일족 20호 제남동 이주, 25호 중 지주겸 자작3, 자작22 1호 평균 8,000평, 姜村갱생지도부락(33), 30호 중 20호 지도(지주1 자작10 자소작3 소	1931 1932 1933 1935 1936	h32호 15, c(6-3) 76~80, f(중)160 Ⓟ 163~171, i

번호	성명	출생	주소	구분		직	단체·활동	협의		활동 내용	연도	출전
										작6), 德川보교 지도부락, 種牝牛부락(29), 종계부락(26), 종우부락(32), 위생모범부락, 퇴비품평회 등 각종 대회 수상, 표창(30, 50원)		
543	李鏡龜		평남 덕천군 성양면 연당리					면협의회원		37호, 이경구 주도로 잠업 농사개량, 지사 표창(32)	1932	e(11-10) 148~150
544	白殷俊		평남 덕천군 일화면 달하리			면장	청년회 금주계(26), 보안조합			105호, 동창청년단모범분단	1932	e(11-10) 148~150
545	趙爀俊		평남 덕천군 잠도면 삼동암리	중심			진흥회(33)			17호(지주1 자소작10 자작3 소작1) 전원 금조원, 北倉 금조 지도부락(33.2), 産資會(갱생저금)	1935	ⓟ 34~40
546	余基鐵		평남 덕천군 풍덕면 송정리	중견			1933년 10월 강습소 수강, 귀향 후 국기계양대 건립, 게시판, 신호종 설치			저곡계 설립, 23호 40구 가입, 도로 개선, 농업 개선	1934	m(12-6) 44~48
547	朴順愛		평남 맹산군 동면 소요리			구장	금주금연회, 진흥회(회장은 형인 朴順燁), 진흥회관(36.6.10)			농회 지도부락, 13호(자작6, 자소작5, 소작2)	1935	ⓟ 242~248
548	方觀柱		평남 맹산군 동면 여전리 정포					면협의회원		38, 방씨동족촌, 면소재지(관의 지도에 잘 따라 성적 양호)	1932	e(11-10) 148~150
549	趙大奎	1891	평남 맹산군			구장				38호, 납세와 애림사상 발	1932	e(11-10)

			맹산면 화리 고성동							달		148~150
550	金京櫂	1886	평남 맹산군 봉인면 송남리		구장(32)			근농 보도위원(30)	표창금액 20円(농업 생산 성적 우수)	59호, 근농공제조합 타의 모범	1930 1932	x(1-4) 32, e(11-10) 148~150
551	張應龍	1873	평남 맹산군 옥천면 신석리 석동		구장	근농공제조합 (28) 설립				32호	1932	e(11-10) 148~150
552	金基元		평남 맹산군 옥천면 연리					水砧洞진흥회장 (35)		12호 중 자소작4 소작6 자작2(독농가집단), 北倉금조 지도부락(35.2), 자발적인 신청, 금조원 12호중 8호	1935	Ⓟ 173~180
553	朴村順恒	1889	평남 맹산군 지덕면 두암리				부락연맹이사장(43)	농산촌지도공적 자표창(43)			1943	b4807호 (19430212)
554	崔益範		평남 성천군 능중면	적빈				능중보교 동창청년단원	二宮尊德을 존경, 황무지 개간, 납세 철저		1935	d 544~545
555	張翰鵬		평남 성천군 영천면 송강리 송탄동					면협의회원, 향교장의		장씨 동족촌, 70호	1932	e(11-10) 148~150
556	魯崇鎭		평남 성천군 영천면 유동리	광양만 보교 졸 (25,17 세)				광양만보교 동창청년단원, 유동리 모범분단 분단장(34)	상급학교 진학하지 않고 농업 전념	도로 수선, 절미저금, 양계저금 모집 등 부락 지도	1935	d 538~539
557	金觀鐘		평남 성천군 통선면 덕암리	중심	면장, 도회의원(35)	繩 입 연 조합 (21.10) 기업조합 (23.11) 덕암농촌				德岩보교 지도부락(33), 50여호(답동20호, 신흥동20여호), 본부 300원보조,	1935	Ⓟ 235~242

							진흥회(32.11)						
558	朴漢模	1874	평남 성천군 통선면 문흥리	자산가						15000원 자산		1931	i
559	金載南	1892	평남 순천군 내남면 용천리					공려부회장		농산어촌진흥공적자 표창(40)		1940	b호외(194 00211)
560	李益燮		평남 순천군 선소면	독행자			교풍, 농사개량, 부업저축조합 설립, 도로개선, 납세, 법령주지	조합장		군모범농(13), 모범금융조합원(14), 독행자표창(15)		1916	q(1916.7)
561	李文鑣		평남 순천군 순천면	지도자			강습소 수강(32.10), 보교 교원 취직(34), 순천보교 지도부락 순천면 평리 지도, 동창청년단과 본교 평리지도부락 주임				평리부락, 70호 810명, 농가 61호 중 자작 11호, 자소작 21호 소작 29호. 평리부락 진흥회(33.11)-호주회, 부인회, 청년회, 소년회, 반별 집회, 역원회동, 사무별 집회, 10錢貯錢조합 70호, 280구(1934.2), 부인1匙米저금(34.4), 저미계(34.11), 납세조합(34.12)	1934	m(12~6) 44~48
562	金利根		평남 순천군 순천면 성암리	중견	한문사숙(1895)	구장(19.6~20.6, 21.5~)		성암리보안조합장(17.1, 초대)	기독교인		18호, 순천금조 지도부락(33.1), 공영회, 부인회(18명, 33)	1935	Ⓟ 41~46
563	韓錫豊	1891	평남 순천군 순천면 평리				지도적 인물은 아님				順川보교 동창청년단 평리 분단(29.11)→지도부락(33.2), 조성금(본부 300, 도 200, 31), 채소왕국, 41호 중 지주2 자작8 자소작18 소	1935	Ⓟ 151~157

										작13, 덴마크 농업교육 모방인 중견농민교 운영(1학년생 15명)		
564	趙燉軾		평남 순천군 신창면 귀천리					강습소 수강(31), 선린공영조합(공동판구매, 빈농 영농자금 융통), 위생조합 부활, 機業조합(부인 부업)			신창보교 동창청년단 귀천리모범분단(정단원:졸업생 중 농업 종사자 7명, 준단원:지도를 받은 청년 7명) 수전 1천평 소작	1934	m(12-1) 30~33
565	趙斗柄	1875	평남 순천군 신창면 귀천리	독농				동창청년단 지도			조씨 동족촌, 30호, 1880년대부터 각종 조직 통해 개량사업 추진	1932	e(11-10) 148~150
566	金斗元		평남 순천군 자산면 용연리	중견	정주농교 졸(24)	면기수(24)		2년3작식 집약농법 보급, 용연리 공영회			안동김씨, 35호(34), 慈山금조 지도부락	1935	Ⓟ 68~74
567	金泰翼		평남 순천군 자산면 용연리					2년3작식 집약농법 보급, 용연리 공영회	공영회장(부회장 金斗洪, 金斗星)	면기수 김두원의 부	안동김씨, 35호(34), 慈山금조 지도부락	1935	Ⓟ 68~74
568	金敬燁	1914	평남 순천군 제현면 임강리					동창청년단 조직(29)	자산보교 동창청년단원	자작지 전3정보 외 1정2반보 전 소작	임강리분단이 특별지도분단 선정(31), 보교 미졸업생 13명 준단원 가입 共同杞柳園 600평 경영	1935	d540~544
569	金榮瑞		평남 안주군 대니면 용호리					교풍회(26), 근농 공제조합	근농 보도위원		60호 중 지주 2, 자작 4, 자소작 10, 소작 44, 지사 표창(32), 총독 조성금 200원(30)	1932 1933	e(11-10) 148~150 f(중) 160
570	卓寬成		평남 안주군 안주면 도회리			구장		농우회 조직	근농 보도위원(30)	표창금액 20円	49호, 동창청년단 활동, 총독 조성금(32)	1930 1932	x(1-4) 32, e(11-10) 148~150

571	金仁□	1871	평남 안주군 안주면 명학리			구장(35)	저축계, 권농공제조합, 납세조합, 전개개량조합, 치산계, 간이학교(16명)	기독교 장로, 갱생회장		안주군농회지도부락, 35호	1935	℗ 180~187
572	東原滋一	1888	평남 안주군 안주읍 용연리			구장(43)			농산촌지도공적자표창(43)		1943	b4807호(19430212)
573	金碩鎭	1878	평남 안주군 안주읍 장흥리	적 빈 ↑ 자산가			청년 지도-군내 최우량 청년단	진흥회장(35), 갱생공려회장(39)	농산어촌진흥공적자표창(35),	동학운동 주모자 吳承周 이후 쇠퇴 / 하류부락(11호) 상류부락(12호-1인 지주 전횡),안주공립보교 지도부락,동창청년단모범분단 조직(30)	1935 1939	℗ 74~81, b3618호, h65호
574	崔勇鎭		평남 안주군 입석면 송산리	중심, 중견 혼용				갱생회 부회장(35)		立石금조 지도부락, 47호 중 지주1 자작3 자소작14 소작29, 30-31년 안주적색농민조합 활동, 한때 도박 성행	1935	℗ 212~219
575	朴元煥		평남 양덕군 대윤면 토기리 덕동			면서기(28)	근농공제조합(28) 설립 후 경영 지도			45호 중 계획호(자작10 자소작8 소작1), 연초 재배, 우량납세부락, 국기계양대, 東陽금조 지도부락 (33.7.14)	1935	℗ 61~67
576	崔達宜	1882	평남 양덕군 대윤면 토기리 덕동					면협의회원, 근농보도위원		43호, 근농공제조합 성적 우수하여 선장(30)	1932	e(11-10) 148~150
577	孫成河		평남 양덕군 동양면 성북	행상, 곡물 중매				갱생지도농가(34)	농산어촌진흥공적자표창(35)	면장의 노력으로 고리채 정리, 계획 4년에 부채365	1935	b3618호 (19350213)

			리						원 상환		
578	孫應俊		평남 양덕군 동양면 성북리				면협의회원		열부명사 배출한 손씨부락과 김윤씨부락인 제촌으로 구성, 32호	1932	e(11-10) 148~150
579	孫治珏	1888	평남 양덕군 양덕면 태평리	한학	구장, 면회계원(23), 면장(25.3~31.5)	태평리세발전조합 조직(26.5.31, 당시 구장 崔尙珍이 조합장), 삼림보호조합(26), 태평보 기공(12)	양덕군향교제장, 태평리勢발전조합장(33~35~), 고문(26)		전주최씨 손 박 이씨거주, 25호, 陽德보교 지도부락(33)퇴비증산우량부락(27, 군농회), 군농우생산부락, 납세표창(30,군), 본부보조금 300원(31), 도지사 상금 100원(33)	1932 1933 1935	e(11-10) 148~150, h2호 15~17, Ⓟ 249~255
580	孫致祚	1916	평남 양덕군 양덕면 태평리			繩筵조합	양덕보교동창청년단 분단장(29)		모범부락, 1933년 우가키 총독이 평남도 시찰 때 방문한 부락, 실습지 외 試作地 운영하여 개량농법 실험(30), 유지 孫治珏과 협의하여 집회소 건축(31, 기부금+부역+도지도비)	1935	d 501~504
581	李龍龜	1893	평남 양덕군 양덕면 태평리	독농가	구장(40)		농진회장(40)	농산어촌진흥공적자표창(40)		1940	b호외(194 00211)
582	崔尙珠		평남 양덕군 양덕면 태평리		현 면장	里勢발전조합(26.1, 현 조합장 孫治珏 47세)			평원선 1등도로에서 약 3정여 거리, 총호수 104호, 조합원 97호, 부업으로 연 5천여원, 1호 평균 50여원 수입, 1932년 총독 상금 300원 받음.-지역개발 사례	1932	n(1932.1) 9~13
583	金鍾源	1892	평남 양덕군 온천면 일양				학교 평의회원		80호, 각종 실행사항 양호	1932	e(11-10) 148~150

번호	성명	출생	주소		학력	직	단체활동				연도	출전
			리									
584	李泰周	1912	평남 영원군		연원보교 졸업(28)		修農會(28)	영원보교 동창청년단원			1935	d 534~535
585	金秉禧		평남 영원군 영원면 문곡리	독농가						30호, 면농업조합 지도부락(28), 총독 조성금(32)	1932	e(11-10) 148~150
586	崔炳導		평남 영원군 영원면 문곡리	중견		구장 (27.2~)	근농공제조합 (28)	근농 보도위원 (28~)	자급 수준, 농회 주최 퇴비증산경진회 1등(28). 우량 보조원 선장	98호 중 자작 30, 자소작 28, 소작 37, 기타 3, 모범부락, 도농회주최 제1회퇴비증산경진회 1등(28)	1930 1933	o 98~101, f(중) 160
587	韓炳宣	1907	평남 영원군 영원면 성장리		고보졸		사회주의에서 전향, 벽해군농민도장, 내지시찰, 야학회			군농회 지도부락, 32호(자작8, 자소작4, 소작10), 한씨부락, 생사시험부락	1935	Ⓟ 1~11
588	韓昌燦		평남 영원군 영원면 성장리	적 빈↑ 자작농		구장(33)	부락 전체 상호연대보증제도 조직(33.3.23)	영원금융조합원(18.1), 금조 총대(33), 금조 지도부락 부장	자산 800원	군농회지도부락, 32호(자작8, 자소작4, 소작10), 한씨부락, 생사시험부락	1934 1935	a 98~99, Ⓟ1~11
589	金秉柱		평남 영원군 온화면 회양리			구장				25호, 지도부락(23)	1932	e(11-10) 148~150
590	魯鎭涉	1875	평남 용강군 금곡면 유동리		서당	구장, 학무위원	교풍회(31.12, 호주 회원)→대성회(32)	大成會 부회장(33~37)		반촌, 66호, 廣梁금조 담임 지도부락(33), 용강군내 45 지도부락 중 우수	1935 1937	Ⓟ 200~206, 155
591	盧一□		평남 용강군 금곡면 유동리 절동					면협의회원		65호, 노씨부락, 근농공제조합, 동창청년단 활동	1932	e(11-10) 148~150

592	李炳豹	평남 용강군 신녕면 근송리			면장	근농공제조합, 전작개량조합			61호	1932	e(11-10) 148~150
593	李謙鏞	평남 용강군 양곡면 문애리				金川공영회 조직(大城里공영회칙 참조, 문애리 천교리 초뉘리 3개리, 31), 공동판매소				1935	ⓟ 197~200
594	洪基斗	평남 용강군 용강면 서부리					근농 보도위원		70호, 동창청년분단(11명) 중심 개량사업	1932	e(11-10) 148~150
595	林學根	평남 용강군 용강면 서부리 장수동	중견			호주부회→교풍회(34), 산업진흥조합			龍岡보교 모범분단(31)→면 지도부락(32.9), 본부 조성금 300원(33.2), 1호 평균 36원 자작농창정자금 640원-670원 합계 3,272원 대부	1935	ⓟ 220~227
596	印永輔	평남 용강군 지운면 대성리 대양부락			구장	大城里 공영회(30.7.15음), 부인회(李永豊 부인회장)	대성리공영회 간부(全隆俊, 이영풍 : 중견-金應億, 林觀九)		眞池洞금조 지도부락, 32호 중 자작7 자소작 22 소작 3, 공영회의 엄한 규칙으로 갈등, 반대자의 회원 소작지 박탈 위협, 소작답 전주가 매각하자 금조와 도 지원받아 공동명의로 답 33557평 구입	1935	ⓟ 159~163
597	金東鉉	평남 용강군 지운면 만하리			구장		근농 보도위원		65호, 도지사 표창(31)	1932	e(11-10) 148~150

번호	성명	출생년	주소	배경	학력	직위	조직	활동	표창	비고	연도	출처
598	金鼎鎭		평남 용강군 지운면 안성리			구장(35)	안영회 조직 (32.10)	安榮會장(32, 부회장 宋中洛)		46호, 지주3 자작12 자소작15, 眞池보교 지도분단(청년단, 30.1)→지도부락 (33.1)	1935	Ⓟ 97~104
599	林在麟	1915	평남 중화군	몰락 가문				중화보교동창청년단원(30.10, 준단원으로 입단)	개량농법 습득, 근면성실로 밭 1정1반보 소작지 얻음		1935	d 483~487
600	金蓮鎬		평남 중화군 간동면 상하리	중심						14호(자작3 자소작9 소작3), 看東보교 지도부락, 청초 채취 도 1등, 四大節, 국기교육	1935	Ⓟ 28~33
601	文廣魯		평남 중화군 동두면 채송동	독행자			채송동부업저축조합 설립, 권농, 자선사업				1916	q(1916. 7)
602	金成玉	1914	평남 중화군 상원면		보교 졸(29)			상원보교 동창청년단원	1932년 근농공제조합에서 표창		1935	d 546~547
603	金俊基		평남 중화군 상원면 신읍리 위동			구장		면협의회원, 근농보도위원		23호, 保安養鷄田 개량하는 조합 조직, 성적 우량	1932	e(11-10) 148~150
604	龍祥雲		평남 중화군 중화면 관리			구장				54호, 동창청년분단 중심으로 실행	1932	e(11-10) 148~150
605	朴光柱	1882	평남 중화군 천곡면 용곡리 소내				저곡계(평남 최초), 보인금주계, 輔仁會(23)→교풍회(29)	근농 보도위원, 갱생회장(35), 자치공려회장(39)	농산어촌진흥공적자표창(35), 표창(39)	24호(32)→26호 양반부락, 본부표창금 200원(35), 군농회 지도부락(33)	1935 1939	Ⓟ 139~145 b3618호 (35.2.13) h65호
606	金憲旭	1911	평남 중화군 해압면 화호		海鴨보교 졸			청년단 모범분단장, 갱생회장(35)		해압보교 지도부락, 김씨 양반부락(자작13, 자소작	1935	Ⓟ 11~16

			리		(22)					14, 소작 2), 중요작물모범전, 저곡창		
607	金基鍾		평남 평원군 동송면 백석리					근농 보도위원(30)	표창금액 20円		1930	x(1-4) 32
608	金炳善		평남 평원군 동암면 송석리		보교졸	구장(35)	진흥회 조직(33.7),동창청년단원(金益善, 李璟德),야학회, 강습회	진흥회장(33.7~)	도농회, 순안금조 표창	신흥 부락(사금 채굴 06~18), 東岩보교 지도부락(33), 18호(자작4 자소작4 소작10)	1935	Ⓟ 105~112
609	金基弘	1877	평남 평원군 숙천면 사직리						농산어촌진흥공적자표창(40)		1940	b호외(1940.2.11)
610	楊炳燨		평남 평원군 숙천면 사직리		신의주고보졸(30)		내지 선진농촌 시찰, 양병구 장남	동창청년분단장		위는 楊씨 아래는 金씨부락(30), 45호, 肅川보교 지도부락, 금조 주재소 숙천소학교 등의 종합적 지도 받음, 위생모범부락(주재소)	1935	Ⓟ 189~196
611	楊成九		평남 평원군 숙천면 사직리			면장(35)	양병섭 부	진흥회장		위는 楊씨 아래는 金씨부락(30), 44호, 肅川보교 지도부락, 금조 주재소 숙천소학교 등의 종합적 지도 받음, 위생모범부락(주재소)	1935	Ⓟ 189~196
612	朴仁淳		평남 평원군 순안면 남산리	지도자	순안공립농업보습졸	면기수, 평원군농회기수(35)	동창청년단(31),이용조합(34.4, 총자금386원)-정미기 구입			35호, 박씨 양반부락, 순안보교 지도부락, 공회당, 본부 조성금 300원(33), 군 보조금 300원	1935	Ⓟ 54~60
613	朴重彬		평남 평원군 순안면 남산	중견	순안보교졸		동창청년단(31),이용조합(34.4,	모범분단장(34)		35호, 박씨 양반부락, 순안보교 지도부락, 공회당, 본	1935	Ⓟ 54~60

			리				총자금386원)-정미기 구입			부 조성금 300원(33), 군 보조금 300원		
614	蔣弼明	1901	평남 평원군 양화면 평리	중견			사립학교 교원, 3·1운동 주도(요시찰인), 양계조합(31), 저축계(34)	진흥회장(35)-구장 朴宗赫 부회장 申永敏		順安금조 지도부락, 150호 중 지주5 자작11 자소작22 소작3 계 41호에 갱생계획, 500명, 平安수조 몽리구역	1935	ⓟ 227~234
615	盧德模	1906	평남 평원군 한천면 신성리	중농	평양고보 3년 중퇴(25)		과수원에 청소년 집회장 건립, 근농계 교풍회 조직, 37년 간석지 9정보 허가, 3정보 근농계에 기부	진흥회장(33), 문맹타파운동	수차례 표창, 자선가	농촌갱생부락(33), 노씨동족부락, 23호, 지주3인	1937	l 152
616			평북 강계군 간성면 별하동				부인회(33.4 면장, 학교장 발기, 23명)			산간부락, 공동부업, 저금계, 공동상원 설치	1935	⑨1935112 7
617	金若瑞	1885	평북 강계군 고산면 춘산동		한문	간이국세조사원, 이장, 植桑장려위원, 토지조사위원	春山洞約(18)	축산조합 중개인, 동약 간사		195호 중 동약원 187호, 200호 중 지주 16, 자작 80, 자소작 22, 소작 82(33)	1928 1933	j, f(중) 162
618	李德潤	1891	평북 강계군 고산면 춘산동			면서기, 간이국세조사원, 구장, 면협의회원	春山洞約(18)	春山洞지주총대, 동약협의원→동약장(28)		195호 중 동약원 187호, 200호 중 지주 16, 자작 80, 자소작 22, 소작 82(33)	1928 1933	j, f(중) 162
619	李德鴻	1894	평북 강계군 고산면 춘산동			춘산동구장		춘산동 지주총대, 면협의회원		호수 145호, 지주 13 자작 35 자소작22 소작75, 공유림 7정2반 조림, 색복착의 130호, 양돈 가옥 121호, 도	1935	d 570

									표창과 본부 조성금 1회		
620	吳昰壃	1882	평북 강계군 곡하면 흥주동	자산가		면장 학교 평의원		농진회장(40)	농산어촌진흥공적자표창(40)		1940	b호외(194 00211)
621			평북 강계군 이서면 송하동							총호수 42호, 1931.4 지도부락 선정, 도 보조금(1932, 100원), 공동녹비채종포 운영	1935	⑨1935112 7
622	金洙洙		평북 고원군 내면 하고읍리	자산가				학무위원 금조감사 농진회장(40)			1940	ⓢ 66
623	許善行		평북 구성군	적 빈 ↑ 자산가	한문	금 융 조 합 총대(33)	특수산업저리자금 600원(32), 고리채정리자금 200원(33.1)	구성금융조합원(24.12~),	연수입 600원 자산 1천원		1934	a 124~125
624	許賛福		평북 구성군 오봉면 선모동				種牡牛契			135호 중 지주 2, 자작 57, 자소작 36, 소작 40, 1929년 지방비 보조금 1,000원과 축우성적우량으로 조선박람회에서 금패 받음	1933	f(중) 161, 253
625	羅綺重		평북 박천군 남면 동이동	자산가			진면소년단(36명), 근농공제조합(39명)			호수 124호, 지주 6 자작 18 자소작 30 소작 70 부촌, 졸업생지도동, 진명소년단(논2반 전2반보), 근농공제조합(논6반3무), 양잠(20호), 가마니짜기(108호) 양돈(41호), 본부 조성금 1회	1935	d 565
626	羅仁俉	1880	평북 박천군 남면 동이동				東二洞約(18), 근농공제조합(29.6)	동약장(28.3.22~32)		122호, 박천수리조합 몽리구역	1933	f(중) 263~265

627	金澤根	1907	평북 벽동군	몰락 양반				벽동금융조합원(30.7~), 금조 총대(33), 부락농사산업조합 간사(33), 근농 지도위원(33)	전2일경 소 대소2두(33)		1934	a 136~137
628	金璘柱	1887	평북 벽동군 벽동면 대덕리		면서기		대덕리진흥회			호수 44호, 지주 12 자작 12 자소작 14 소작 7, 33호 답1정1반보 공동경작, 22호 공동상원 3반보 경작(청년단 관리), 야학, 공동임야 6정보, 공동경작전 1정8반보, 1인 1전 저금으로 소 9두 소유, 도 표창과 본부 조성금 1회	1932 1935	v 817, d 568~569
629	金殷甲		평북 벽동군 송서면 송이동				강습소 수강(33), 청년단(32.12) 야학 개설, 국기게양				1934	m(12-8) 46~56
630			평북 삭주군 구곡면 송정동								1935	d 564
631	吳鳳振	1868	평북 삭주군 삭주면 남평동	명망가		탁지부 의주지방위원, 삭주군 참사	남평동약	남평동약장(32)		호수 135호, 자작 54 자소작 31 소작 50, 공동경작지(15명, 밭 2정보), 전호 양돈, 도 표창	1932 1935	v 817, d 564
632	崔海淸	1897	평북 삭주군 양산면 답풍동	자작농	서당	구장(31.4.20~)	제2차 갱생지도농가(34)	답풍동갱생부락공려회장(37), 군농회 촉탁강사(35,		답풍동갱생지도부락(34), 115호(유축농가81), 生飼장려1차계획 지도부락(34)	1937	l 159

								36)				
633	이원욱		평북 선천군 수청면 고읍동							내부동, 쌍봉동, 장야동, 상동, 중동, 하동 6개 부락으로 구성, 총호수 215호, 지주갑 6호 지주을 24호 자작 44호 자소작 50 소작 91호, 1932.11 면민대회 개최 후 농진운동 전개	1935	ⓠ1935120 1
634	金炳洙		평북 선천군 신부면 승지동					갱생지도농가	농산어촌진흥공적자표창(35), 부채85원 상환 부족 식량 3석1두, 충실		1935	b3618호 (19350213)
635	田燐祥		평북 선천군 신부면 승지동				전작개량조합 설립(31) 지도포 2 정보 설치 공동 경작			자작겸지주 3, 자작 5, 자작겸소작 8, 소작 25, 계 41호 263명으로 1호당 6.4명, 경지면적 논 297반, 밭 288반, 계 585반 1호당 평균 14.2반, 특설지도부락 지정(31)	1932	ⓡ1932101 1
636	吉在億	1896	평북 영변군 고성면 사오동	독농가	한문		개량서당, 공립보통학교설립, 동약회, 기업강습회, 고성보교 신설 기부	면협의회원(20), 근농공제조합보도위원(28), 기업강습회	자산 1만원, 도지사 표창(30.3)	산간벽지, 54호, 지주1 자작 6 자소작 16 소작31, 공동경작지(10명, 논 2반보), 전호 양잠, 도 표창	1930 1935	o 101~105, d 563
637	崔岐淳	1883	평북 영변군 북신현면 용응동			1910년 이래 구장	용응동약	용응동약장(32)		호수 127호, 자작 51 자소작 19 소작 50, 식우계 조직 부락소유 소 15두, 산간부락으로 축우 210여 두, 소 사육 호수 120호, 공유림 44정보, 200여평의 공동작포, 도 표	1932 1935	v 816, d 567

번호	이름	생년	주소			직책	단체			활동 내용	연도	출전
										창과 본부 조성금 1회		
638	梁健伯		평북 영변군 소림면 용추동				소년회 조직, 서무부, 지육부, 산업부, 체육부			귀향 후 농민강습회 개최하였는데, 경찰관리, 면사무원 농민 남여 200여명 참여	1934	m(12-6) 44~48
639	韓基龍	1884	평북 영변군 연산면 신천동			면공금영수원, 구장	新泉洞約(20)			98호 중 동약원 92호, 藁細工組合(25.12)	1928	j
640	韓基高	1882	평북 영변군 연산면 신천동			구장 (19.10)	新泉洞約(20)	서당 교사, 향교 장의, 의생 면허(15), 新泉洞約長(25)		98호(28) 중 동약원 92호, 藁細工組合(25.12) / 80호(35) 중 지주5 자작10 자소작21 소작44, 공동답 1정보, 가마니짜기 부업으로 저금액 1,639원, 집회소 소유, 도 표창과 본부 조성금 2회 교부	1928 1932 1933 1935	j, v 816, f(중) 161d 573
641	崔觀寔		평북 용천군 양서면 북평동					모범연맹 제2애국반장	표창		1940	g(1940.3) 91
642	崔禎祿		평북 용천군 중원면 응산동			구장	납세조합(32, 45명)			김흥준, 김여준, 1931. 모범부락 지정, 부업으로 연료 생산 판매 연 1,500원	1935	⑨1935 1202
643	金泳彬	1901	평북 운산군 동신면 성지동			도순사, 구장, 운산금조 평의원, 운산학교평의회원, 군축산장려위원, 농회 퇴	聖旨동약(18), 작업단(298), 청년야학회(27), 근농공제조합(29)	근농공제조합장(32), 聖旨洞約長(32)		평산김씨 부락, 51호(지주5, 자작8, 자소작9, 소작 31-32년), 공동 적립금 252원, 저축(45명, 350여 원), 퇴비제조 작업단(10씩 4개조로 구성) 공유재산 320원 축적, 양잠 성행, 공동상원	1932 1933 1935	ⓡ1932 1028, v 817, f(중) 256~257, d 571~572

						비 장 려 위원, 식상장 려위원, 면 협의회원				700평 20호가 운영, 납세저금 55원(48명), 매일신보 강독회람, 도 표창과 본부 조성금 2회		
644	金王性		평북 운산군 운산면 조양동					근농공제조합장(30)	표창금액 15円(銀製1口)		1930	x(1-4) 33
645	金館仁	1903	평북 운산군 운산면 조양동 간침부락				조양진흥농회 조직	조양동 춘강원 잠종제조서 관리		호수 72호, 공동경작지 3정보를 삼림조합에서 대부	1932 1935	v 817, d 74
646	李根默	1888	평북 운산군 운산면 화옹동			구장(12.11)	化翁洞約(18)	洞約長(18.7~)		67호 중 동약원 67호, 도지사 포상금 100원(27), 총독 조성금 250원(28), 300원(29)	1928 1930 1932	j, e(9-7) 99~104, v 817
647	李聖默	1883	평북 운산군 운산면 화옹동			구장(24.12~26)	化翁洞約(18)	산림견취도 제작 기술원, 면협의회원, 동약장		67호 중 동약원 67호(28)→76호(35), 지주8 자작13 자소작27 소작28, 월례회, 공동답 8반보 6호가 경작, 양잠호수 48호, 산간부락으로 양돈·양계·양봉 성행, 도 표창과 본부 조성금 2회	1928 1930 1935	j, e(9-7) 99~104, d 580
648	李賢默	1880	평북 운산군 운산면 화옹동			구장(26.12~30)	化翁洞約(18)	면 협 의 회 원 (26.11)		67호 중 동약원 67호	1928	j
649	李興範	1899	평북 위원군 서태면 신천동			구장(35)	동약(18), 근농공제조합(28)	신천동약장(32)		호수 85호, 동약 월례회 개최, 개량서당, 압록강변 제방 조림, 송아지 사육하여 種付料 적립, 기본재산으로 100원과 서당 건물 소유,	1932 1933 1935	v 817, f(중) 162 d 569~570

										도 표창과 총독 조성금 1회		
650	宋允瑞	1892	평북 위원군 서태면 용문동			구장(27)	생활개선동맹회(31)	향교 장의, 면협의 회원(29)		산악지대로 축산 방면 성공 부락, 호수 199호 중 농가 171, 지주 17 자소작 33 자작 42 순소작 79, 총독 조성금 210원(32), 도농회 퇴비품평회 2등상(30), 전작개량지도포(31), 녹비지도동(31), 치잠공동사육소(31), 축산증식계획에 따라 축우사육호 138호, 축우수 204두, 공동경작계(졸업생 10명, 29), 용문동제2구납세조합 도지사 표창(27)	1932 1935	e(11-9) 132~142, d 566
651	崔德弘		평북 위원군 서태면 용문동	독농가				갱생지도농가(33)	농산어촌진흥공 적자표창(35), 고리채 150원 상환, 부족식량 8석7두	호수 199호 중 농가 171, 지주 17 자소작 33 자작 42 순소작 79, 본부 조성금 1회	1932 1935	e(11-9) 132~142,b 3618호(19350213)
652	金昌和	1885	평북 의주군 광평면 청성동							30호, 군내 퇴비품평회 1등, 공회당 건설	1935	⑨19351208
653	李順吉		평북 의주군 비혀면 원동	빈농↑, 精農家, 면 양 업 자			면양장려 2두 위탁(21)		답1정 전2정 소작줌, 成牛 5두 예탁		1933	h4호 12
654	朴信模	1895	평북 의주군 주내면 홍남동						농산어촌진흥공 적자표창(40)		1940	b호외(19400211)
655	金應尙		평북 자성군	소 작 농		구장(33)		자성금융조합원	역둔토 소작(16),		1934	a 134~135

				↑ 자작농				(16.12~), 금조 총대(33)	자산 1,600여원 (33)			
656	金裕豊	1877	평북 자성군 여정면 중상동(안도리)	빈농↑, 자산가			서당 개량 보명의숙 설립(2교실 130명, 31)		30살 때 자작농, 1만여원 자산		1934	h14호 11
657	白文奎		평북 자성군 장토면 벌동			구장				3·1운동 후 민심동요로 자산가 이주 후 빈촌, 1931.2 지도부락 지정, 공동작업포 설치, 총호수 25호, 전원소작	1935	⑨19351126
658	□成奉	1885	평북 정주군 임해면 동로동						농산어촌진흥공적자표창(40)		1940	b호외(19400211)
659	金成淳	1870	평북 정주군 임해면 원단동 우동부락				製叺契(30.10, 14명 선발 가마니 제조사업 지도), 납세조합(30), 부인회(30.3), 야학회	현 동약장, 납세조합장		김씨 동족촌 20호, 1930년 원단동 동약이 범위가 넓어 우동부락만의 독자적인 동약회 조직, 공동노동과 저축으로 1932년 현재 기본재산 143원 보유. 회관건립	1932 1935	c(6-4) 90~97, e(11-11) 121~124, d 568
660	金(金澤)孝淳	1905	평북 정주군 임해면 원단동 우동부락			부락연맹이사장(43)		모범부락연맹 이사장(43)	표창(40), 농산촌지도공적자표창(43)		1940 1943	g(1940. 3) 91, b4807호(19430212)
661	姜籠國	1913	평북 창성군 동창면 대유동		농민훈련소 수료(36)			청년단장(39)	농산어촌진흥공적자표창(35), 표창(39)		1935 1939	b3618호(19350213), h65호
662	崔鎭垓	1912	평북 창성군 창성면 봉성동	빈농↑ 소농	창성보교졸(27)		중견청년강습회(33), 정주농촌청	구봉청년단 부단장(37), 면농진위		구봉지도부락(35), 인근 평로동, 모범부락으로 자극	1934 1937	m (2-10) 47~53, 1

		동				년 훈 련 소 (35.5-12), 청년회 (회장-교장), 부인회 조직, 장기 야학회 개설(31), 가계부 검사 등 지도	원(37)					157
663	康濟健	평북 창성군 창성면 평로동	중심, 독농가			부업조합(동약 간사 강혁조 알선, 34명), 부인회(29명), 농사개량조합 조직, 청년단(32명)	농사개량조합장, 동약장(28), 면협의회원			54호 중 24호 제1차갱생지 도농가 지정(33), 강씨동족부락, 1918년 동약회 설립, 1928년 부활, 동약원수 145명, 기본재산 210원, 공회당 신축, 공동경작포(10명, 밭 600평), 공동퇴비사 운영, 퇴비 수집 위해 인부 고용, 본부 조성금 1회	1935 1936	⑨1935120 3 d 565~566 h30호17~ 19, 32호 15
664	金志學	평북 철산군 여한면 가봉동				농무조합(25)				철산군 유일의 모범부락, 1931년 도농회 주최 퇴비품평회 1등, 농학원 운영(90여명)	1935	⑨1935112 9
665	김승희	평북 초산군 고면 부평동				사곡농우회(32.4, 21명. 기본재산 70원 염출 식리)				김익제, 홍준빈, 윤동호	1935	⑨1935112 8
666	趙基元	평북 초산군 고면 영풍동				강습소 수강 (33.10)				졸업생 지도부락, 청년회 (1932.7) 활동	1934	m(12-4) 48~53
667	李元伯	평북 초산군 도원면 회목동				1931년 주민 10명 인솔 운산, 영변 등 선진부락 시찰 후 개선 사업					1935	⑨1935112 8

							추진, 공동경작단(10명씩) 조직					
668	李夏榮	1899	평북 초산군 초산면 와인동				부락 대표, 식산계 운영	공려부락지도원(39)	농산어촌진흥공적자표창(35), 표창(39)		1935 1939	b3618호 (19350213), h65호
669	白時泰		평북 태천군 군장림면 취흥동				납세조합(30호 저금액 5원), 야학회	현동약장, 전 향교 직원		호수 30호, 자작 16 자소작 7호 소작 7호, 도표창	1935	d563
670	安英民		평북 태천군 동면 원흥동				강습소 수강(33.5), 청년단(31)			단원 12명 야학회 개최, 군 지도부락 선정되어 각 방면의 기수가 지도	1934	m12-1, 84~92
671	白石東駿	1902	평북 태천군 장림면 첩남동	중심					농산촌지도공적자표창(43)		1943	b4807호 (19430212)
672	金炯奎		평북 태천군 태천면 남흥동	중심				남흥동약장(32)		順安금조 지도부락, 150호 중 지주5 자작11 자소작22 소작3 계 41호에 갱생계획, 500명, 平安수조 몽리구역	1932 1935	
673	李準範	1886	평북 태천군 태천면 왕정동			면서기	납세조합(44호 저금액 133원)			호수 44호, 자작 2 자소작 5 소작 37, 월례 집회, 공동경작지(12명, 3반보), 도 표창	1935	d 562
674	崔鎭溪		평북 함천군 함천면 상도리				成都향약(30)	약장(32)		성도향약관혼장제비 절약, 생복장려, 여자결발 개선)	1932	v 818
675	羅職憲	1866	평북 희천군 동면 갈현동			문묘 직원	동약(23), 개량서당(교사 2명, 학생 50명), 농민야	約長(27~), 근농공제조합장		137호 중 지주 19, 자작 30, 자소작 22, 소작 66, 근농공제조합(소작농 30명, 연1	1929 1932 1933	w50호 119~122, v 817, f(중)

							학, 동약장의 장남 羅彰恬 교사로 무보수			할, 면 차입금에서 600원 충당)		
676	徐鶴攝		평북 희천군 동면 갈현동				농업실승생으로 일본 1년 파견 퇴비개량증식실행계(25), 근농공제조합, 개량서당, 야학회			140여호(대부분 자작농), 도지방비 100원(27) 본부 조성금 300원(28.3)	1931	i
677	梁寅瑾	1890	평북 희천군 동면 갈현동	독농가		동장, 구장	동약(1920), 개량서당(교사 2명, 학생 50명), 농민야학, 동약장의 장남 羅彰恬 교사로 무보수	초대 약장		근농공제조합(소작농 30명, 연1할, 면 차입금에서 600원 충당)	1929	w50호 119~122
678	俞祉淳	1881	평북 희천군 동면 갈현동	자 수 성 가						호수 140호, 지주 25 자작 35 자소작 30 소작 50, 양돈(110호), 동약 월례회, 공동림 8정보, 도 표창과 본부 조성금 1회	1935	d 566~567
679			평북 희천군 북면 명문동 부락							호수 340호, 양잠호수 증가(10호→50호), 남자부 1호당 30전, 여자부 1숟갈씩 저축 총액 121원25전	1935	d 575
680	金風輾	1880	평북 희천군 신풍면 동동	지 방 유 력자				농진회장(40)	농산어촌진흥공적자표창(40)		1940	b호외(194 00211)
681	金翰洙	1893	함남 고원군 군내면 하고읍리		원산사립보광중학교,	고원, 면협의회원 학무위원, 군	邑安근농공제조합, 부업품공진회 시찰(27), 양잠	근 농 보 도 위 원(29.1), 퇴비지도원, 농사개량계장	군수 표창(25.9), 농산어촌진흥공적자표창(40)	모범농리(25)	1930 1940	o 107~110, b호외(194

				경성사립경신학교 졸	농회특별의원	개량입제조조합 조직	(21~25), 진흥회장(40)				00211)
682	大原勇吉	1898	함남 고원군 상산면 석교리	중심				농산촌지도공적 자표창(43)		1943	b4807호 (19430212)
683	金龍元	1894	함남 고원군 상산면 회목리			면에서 2정보 경지 알선(34)	갱생지도농가(34, 39)	농산어촌진흥공적자표창(35), 부채 145원 완제		1935 1939	b3618호 (19350213), h65호
684	朴奎和		함남 대평리		소작위원, 보통학교 촉탁	야학회, 청년부, 부인부 지도	식산계 주사(33), 洞首(36), 야학회장, 금조 지도원	모범조합원 표창 (조합)	금조 갱생지도부락(36)	1938	y 642
685	鄭雄和		함남 덕원군 현면 성북리			진흥회(33), 안평조합(35.7), 구매조합(36.5)-두 조합 사립명성소학교 400원 부담, 부인회(36.11)	원산어업조합 특별위원(39, 전 감사)		정착문벌 없음, 45姓. 166호 인구 954명의 반농반어촌, 도제1차어가갱생지도부락(36), 간이보험모범부락(38), 위문금 110원 거출(39)	1939 1941	h75호 38~42, r(3-6) 51-55
686	朴勝桂		함남 덕원군 현면 세동			강습소 수강(32)			야학 개설(산술, 일어, 농사 개량 등), 일반 사항 시행, 주재소와 협의하여 80세 노인까지 단발-행정형(스스로 권력에 다가감)	1934	m(12-1) 30~33
687	董大顯	1900	함남 북청군 이곡면 인동리					농산어촌진흥공적자표창(40)		1940	b호외(194 00211)
688	金圭里		함남 북청군 차서면 월근대				근농 보도위원(30)	표창금액 1인당 8.53		1930	x(1-4) 33

689	姜哲模	1882	함남 북청군 하거서면 임자동리			군서기 면장(28)	下車書농촌청년단(24)	청년단장(28) 도평의회원(28)		113호, 수리조합 설립(24), 모범농리(25)	1928	j
690	李廈演		함남 삼수군 강진면 민탕리				농사개량계, 축우조합	근농 보도위원(30)	표창금액 1인당 8.53	70호 중 지주 4, 자작 45, 자소작 10, 소작 11	1930 1933	x(1-4) 33, f(중) 165
691	洪魯童	1912	함남 삼수군 관흥면 소청계리	중농	사립학교졸, 농업보습학교(31), 중견청년강습회(35)		갱생지도농가(33), 부채정리조합 조직	진흥회 청년부장(36)	답1정2반(4일경), 전4정(10일경)	갱생지도부락(33), 22호, 군 지정 유축모범부락(36)	1937	l 174
692	禹長得	1911	함남 삼수군 금수면 용천리	적빈↑중류			이주(30), 청년회지도, 갱생계획 수립(35), 각종 영농기구 발명	진흥회 청년부장(39)	농산어촌진흥공적자표창(35), 표창(39)		1935 1939	b3618호 (19350213), h65호
693	許錫龜		함남 서천군 하다면 연대					근농 보도위원(30)	표창금액 1인당 8.53		1930	x(1-4) 33
694	李孝周		함남 신흥군 동상면 광대면 4구					모범연맹 이사장	표창		1940	g(1940.3)91
695	金錫弼		함남 안변	소작농↑자작농				안변금융조합원→신고산금조(19.9), 금조 평의원, 금조 조합장(33)	면등급 15등→4등		1934	a 154
696	金起俊		함남 안변군				강습소 수강(31)			자력갱생회, 안변공보 후	1934	m(12- 10)

		학성면 옥리							원으로 조직(32.12, 56명)		47~53
697	金鳳起	함남 연흥군 요덕면 대숙리 직둔동					모범연맹 이사장	표창		1940	g(1940. 3) 91
698	梁承郁	함남 영흥군 덕흥면 원흥리		보성전문 법과 졸(24)		강습소 수강(32)			사설학습원 설립하여 원장 취임(120여명 아동)	1934	m(12-4) 48~53
699	林廷順	함남 영흥군 요덕면 인흥리	중심		면장(36)				49호 중 자작 20, 자소작 20, 仁洞갱생지도부락(33), 사금 채취로 불량부락화 39호	1933 1936	f(중) 164, h32(16)
700	裴永奉	함남 영흥군 진평면 진수리	일고			자작농지 설정	갱생지도농가(35)	농산어촌진흥공적자표창(35)		1935	b3618호 (19350213)
701	姜範洪	함남 이원군 남면 수항리				농사개량계, 양잠조합, 청년단	농사개량계 서기(30), 군농회 통상의원		보수성향의 반촌, 지주12% 자작농28% 자소작농34% 소작농16%(동족촌)	1933	f(중) 164, 474~479
702	姜錫俊	함남 이원군 남면 수항리				농사개량계, 양잠조합, 청년단	진흥청년단장(30)		보수성향의 반촌, 지주12% 자작농28% 자소작농34% 소작농16%(동족촌)	1933	f(중) 164, 474~479
703	姜秀珉	함남 이원군 남면 수항리				농사개량계, 양잠조합, 청년단	사립협성학교장, 양잠조합장(30)		보수성향의 반촌, 지주12% 자작농28% 자소작농34% 소작농16%(동족촌)	1933	f(중) 164, 474~479
704	姜鎭壁	함남 이원군 남면 수항리				농사개량계, 양잠조합, 청년단	농사개량계장, 민풍진흥회장(30)		보수성향의 반촌, 지주12% 자작농28% 자소작농34% 소작농16%(동족촌)	1933	f(중) 164, 474~479
705	姜泰求	함남 이원군 남면 수항리				농사개량계, 양잠조합, 청년단	민풍진흥회장, 농사개량계장(30)		보수성향의 반촌, 지주12% 자작농28% 자소작농34%	1933	f(중) 164, 474~479

										소작농16%(동족촌)		
706	姜顯奇		함남 이원군 남면 수항리			구장(30)	농사개량계, 양잠조합, 청년단	이원군 농회 통상의원(30)		보수성향의 반촌, 지주12% 자작농28% 자소작농34% 소작농16%(동족촌)	1933	f(중) 164, 474~479
707	趙昌鍊		함남 이원군 서면 원전리					근농 보도위원(30)	표창금액 1인당 8.53		1930	x(1-4) 33
708	廷安斗然	1872	함남 이원군 이원면 봉현리	중심					농산촌지도공적 자표창(43)		1943	b4807호 (19430212)
709	金興洙	1899	함남 장진군 상남면 양거수리			구장(36.2)	만주 이주, 당지 이주(33)		화전 약 3정보		1937	n36권(37.4) 49~55
710	康昌燮	1891	함남 장진군 상남면 황포측리	빈농↑				洞首(40) 진흥회장(40)	농산어촌진흥공적자표창(40)		1940	b호외(194 00211)
711	張昇瓚		함남 장진군 서한면 수리					모범연맹 이사장	표창		1940	g(1940.3)9 1
712	李鍾麟		함남 정평군 선덕면 신남리			통신사 전화과 주사	소액생업자금대부(28)	근농 보도위원(32), 정평금조평의원 도산업위원		102호 중 자작64 자소작36 소작2, 兪氏촌	1933	f(중) 274~275
713	尹載源	1915	함남 정평군 주이면 신경리						농산어촌진흥공적자표창(40)		1940	b호외(194 00211)
714	朴貞基		함남 정평군 춘류산림보호구			산림주사보	강습소 수강(31), 사상선도와 개별 농가 지도				1934	m(12-1) 84~92
715	趙種郁		함남 풍산군 안수면 수동					근농 보도위원(30)	표창금액 1인당 8.53		1930	x(1-4) 33

			리									
716	崔昌爕		함남 함주군 기곡면 동흥리					모범연맹 애국반장	표창		1940	g(1940. 3)91
717	朴奎和	1893	함남 함주군 덕산면 대평리	중류층			衆望, 갱생지도 농가 지도	洞首(~39)	농산어촌진흥공적자표창(35), 표창(39)		1935 1939	b3618호 (19350213), h65호
718	韓範埰		함남 함주군 동천면 풍남리				강습소 수강(33.10), 갱생회, 부인회, 국기게양 등				1934	m(12-4) 48~53
719	金周洛		함남 홍원군 용원면 중동					근농 보도위원(30)	표창금액 1인당 8.53		1930	x(1-4) 33
720	李周凡	1885	함남 홍원군 용포면 동평리	독농가		면서기(18~31)	농사장려조합(17, 사상통제)→진흥회	진흥회장(37)	다각영농의 독농가	갱생지도부락(33), 45호(제승19, 양잠45, 양봉5, 과수원10, 양돈38, 축우21, 양계7, 機織4)	1937	l 172
721	權英㺵	1911	함북 경성군 경성읍 성북동	독농가	보교졸(28)	구장, 총력연맹이사장			연 수천원 수입, 채소 장사	40호	1941	r(3-3) 98
722	森園廣吉		함북 경성군 나남면 미길정			학교조합평의원, 정총대	도선(05), 이주(11), 나남농사조합 조직, 북선종묘조합 창립	나남농사조합장, 果物동업조합장, 북선장유주식회사 취체역,	30정보 소유, 농사조합 산림 206정보 경영		1931	i
723	嚴東一	1891	함북 경성군 주북면 시남동			구장(24.5~)	동계(13), 납세장려회(24), 퇴비제조실행조합, 향약(29.2), 본부 주	퇴비지도리동 독려위원, 퇴비제조실행조합장, 雲坪 근농 보도위원, 군	퇴비제조독행자(28), 모범양잠가(29), 자산 15000원	퇴비제조지도리동(26.4), 농가호수 30여호, 경지면적 약 53정보	1930 1931 1933	o 110~112, i, f(중) 166

번호	성명	생년	주소			경력	활동	직책	표창	비고	연도	출전
724	金炳奎		함북 경성군 주북면 운곡동			군참사, 명륜학원평의원, 참의	향약(32.8, 83명), 청년단(38명), 부인회(43명), 최 선내우량부락 시찰단(30.3.3)	도평의원, 경성군 향약부장, 약장, 농회시남분구 간사, 축산동업조합 이사		총호수 93호 가운데 운평 부락 73호, 성북보교 졸업생훈련회 지도생 18명	1935	d723~724
725	宮本昌龍	1905	함북 경성군 주을온면 중향동			구장(43)			농산촌지도공적자표창(43)		1943	b4807호 (19430212)
726	尹玭		함북 경성군 주을온면 중향동	중견			5인조 제도 도입			농사개량실행조합(31), 퇴비지도리(32), 仲鄕洞갱생지도부락(33), 산간벽촌 50여호	1936	h32호 16
727	尹秉球	1892	함북 경성군 주을온면 팔향동	한문			양잠조합(27), 日新 청년회(회원 40명), 서당, 양수기 발명(26), 농민 야학, 교회 설립			56호	1928	j
728	金鼎浣	1907	함북 경원군 동원면 중평동					지도위원	농산어촌진흥공적자표창(40)		1940	b호외(194 00211)
729	유관현		함북 경흥군 경흥면	독행자			민심융화, 도로 수선, 1500평 기부				1915	q(1915. 7)
730	趙在善	1900	함북 길주군 길성면	소 작 농 ↑ 자작 농		경찰서 용인	길주금조 가입(21)		모범조합원 표창(조합) 납세16등→5등		1938	y 424
731	金基漢	1902	함북 길주군						농산어촌진흥공	142호 중 지주자작 78, 자소	1933	f(중) 166,

			덕산면 위남동						적자표창(40)	작 33, 소작 7, 기타 24, 산미개량조합(24), 퇴비제조실행조합(27), 승입제조조합(27), 근농공제조합(29)	1940	b호외(19400211)
732	卜日奉	1910	함북 명천군 상우북면 하장동	적빈↑			단기간에 목표 달성	진흥회장(39)	농산어촌진흥공 적자표창(35), 표창(39)	갱생지도부락(36)	1935 1939	b3618호(19350213), h65호
733	任周燮	1895	함북 명천군 서면 명남동		명천보교(13) 경성학원(13)	구장(26~32)	동계(11)→해산→부활(26), 丙午畓契(23. 3.4)	사립학교 교원		175호→188호(32년, 지주을78 자소작105 소작2), 군농회 보조금 150원(26) 본부 조성금 400원(28)	1928 1933	j, f(중) 280~286
734	黃用革	1881	함북 명천군 하우면 하평동		한문	구장			농사개량명예상장(일본농회, 25)	모범농리(19, 150여호)	1931	i
735	李鎭洙		함북 명천군 하운면	독행자			근검저축, 교풍, 부업장려, 농사개량, 산림보호, 단기농사강습회 개설, 민심융화				1916	q(1916.6)
736	朴光叔		함북 무산군 무산면 독소동					모범연맹 이사	표창		1940	g(1940. 3) 91
737	朴秉權		함북 부령군 부거면	독행자			산업개선, 식수장려, 동계, 도로수선, 민심융화				1916	q(1916. 6)
738	朴鳳鶴	1893	함북 부령군 삼해면 남랑동	빈농			18세 소면적 소작, 갱생지도농가(36, 39)		목재운반으로 고리채 700원 변제, 농산어촌진흥공 적자표창(35)		1935 1939	b3618호(19350213), h65호

739	韓命述		함북 북청군 양가면 상리 현상동			면장	납세저축조합, 전작개량조합(31, 조합장 韓昌廉), 근농공제조합(31, 한명돈 보도위원)			한씨 동족촌락, 42호 중 자작13, 자소작24호, 소작인5, 노년조(흥농단), 청년조(청년단), 퇴비지도부락(28), 사유림모범구(30), 사환미제도 실시, 본부에서 다액의 조성금 수여	1934	c(8-5) 40~47
740	許英龍	1912	함북 성진군 학동면 용호동						농산어촌진흥공적자표창(40)		1940	b호외(19400211)
741	梧川淵徽	1918	함북 성진군 학동면 하천동	중심					농산촌지도공적자표창(43)		1943	b 4807호(43.2.12)
742	朴昌允		함북 성진군 학중면 춘동							총호수 300호(상촌, 중촌, 하촌), 향약 내 소년부 203명, 청년부 82명, 부녀부 130명	1935	d 721~723
743	朴毒欄	1908	함북 성진군 학중면 춘동 상촌	독농가	임명보교, 농업보습학교(33)	춘동상촌갱생지도부락 지도위원(36), 구장(37)	유축농업경영지도농가(37), 야학회 개설	향약 간사(33), 춘동하촌갱생지도부락지도위원(33)	답 자작4반 소작1정1반, 전 자작1정1반, 상전4무	65호, 하촌 갱생지도부락(33), 상촌 갱생지도부락(36), 본부 조성금(34)	1937	l178, n36권 (37.4) 63
744	金亭元	1876	함북 온성군 유포면 풍서동	빈농			고리채 정리차 소유지 방매(27), 일고	갱생지도농가(33, 39)	농산어촌진흥공적자표창(35)		1935 1939	b3618호 (19350213), h65호
745	林庭萬	1911	함북 종성군 행영면 수동	적빈↑			부락지도 모범청년	자작농지 설정(35), 농사지도원(39)	농산어촌진흥공적자표창(35), 표창(39)		1935 1939	b3618호 (19350213), h65호
746	崔斗烈	1884	함북 회령군	빈농↑,	한문		남선지방모범농		답2000여평, 전		1931	i

			벽성면 대덕동	자작농			촌 시찰(공로자)		9700평			
747	崔時豊	1912	함북 회령군 벽성면 대덕동	독농가집안	사설강습회, 중견청년강습회(27)		분가후 자작농창정(32), 갱생지도농가(33), 야학회 개최	대덕동(鳳儀底)갱생지도부락 가계부정리독려위원(33)			1937	l 186
748	金宣基	1909	함북 회령군 팔을면 창효동	빈농↑, 자작농, 정농가	회령보교졸(26)		강습소 수강(33)		답2반 전4정8반 임야9정보(34)	청년회 주도로 도로 확장, 동향약 후원으로 청년회관 건축, 향약에서 공동저곡 고리대 예방	1934	h15호 10~12, m(12-8) 46~56
749	申晚松	1905	함북 회령군 포을면 운기동	빈농↑		구장(40)		농진회장(40)	농산어촌진흥공적자표창(40)		1940	b호외(194 00211)
750	朴南杓	1876	황해	자소작농 독농가				홍현금융조합원(27.12~), 금조 총대(33)	자작 답2000 소작답4000(27)→자작답5000 전8000평(33)		1934	a74~75
751	李永驤		황해 금천군	소작농↑자작농			자작농창정자금 770원 차입(29)	금천금융조합원(26.12~), 금조 총대(33)	자산2000여원, 금조 산업조합 표창		1934	a81~82
752	禹相俊		황해 금천군 구이면 송천리 비천동				비천동부업연구회 조직(25, 10명)→진흥회(28, 34명), 야학회, 우계, 양잠조합			43호 중 자작6, 자소작7, 소작30, 1호 평균 전 2정4반보, 답 3반보, 45호 소 소유, 각종 조성금 합계 800원, 퇴비 지도부락(29), 양계양돈부락, 水田과 田作物 모범작포 경영, 공동저축 1931년 2,345원	1931 1933	i, c(5-11) 73~79, f(중)

753	康在鳳	1890	황해 금천군 서북면 원산리				원산리흥풍회(22.8, 44명), 납세조합(31, 기한내 납부 불능자에게 대부)			개량서당 구입(1930, 주간부20명, 야간부 35명), 신무천황제 기념 4정보 구입하여 공동 식수	1935	d 432~433
754	金永燮	1910	황해 금천군 토산면 상리						농산어촌진흥공적자표창(40)		1940	b호외(194 00211)
755	李鍾德	1892	황해 김천군 백마면 장지리				장동근농공제조합(29.9, 32명)	근농 보도위원		저축 860원(곡물, 임야, 밭, 현금), 공동작업장 겸 집회장 건축(30), 면에서 빌린 생산자금으로 소 구입, 현재 소12두, 송아지 23두 소유	1935	d 449~452
756	李景沃	1891	황해 봉산군 구연면 구산리				근농공제조합(28.8, 30명), 야학회(29)	근농 보도위원		공동작업장 겸 집회소 건축, 집회소에서 신문잡지 열람, 저축 160원	1935	d 452~454
757	李錫烈	1876	황해 봉산군 구연면 구산리			면장(27), 면협의회원(26), 군농회통상의원	야학(29), 양잠조합(30)	흥풍회장, 구산농촌청년단 부인진흥회 소년단 고문		흥풍회(총독부 조성금 200원, 도비 우물 신설비 100원), 농촌청년단(도비 150원), 근농공제조합(도비 조성금250원) 양잠조합(군농회 조성금 200원) 면비 조성금 100원	1932	e(11-11) 126~127
758	張錫祿	1877	황해 봉산군 구연면 구산리			구장	야학(29), 양잠조합(30)	흥풍회 부회장, 양잠조합장, 구산농촌년단 부인진흥회 소년단 고문		흥풍회(총독부 조성금 200원, 도비 우물 신설비 100원)	1932	e(11-11) 126~127
759	李達元		황해 봉산군 만천면 만금리				萬金里興風會(21, 胡永哲　李楨憲), 일진학습소, 일			153호 중 지주자작 3, 자소작 28, 소작 113, 기타 9	1931 1933	i, f(중) 159

							신청년회(27)					
760	金成寬	1875	황해 봉산군 서종면 추진리	빈농 출신		추진리 구장 역임	흥풍회(23), 양잠장려(24~), 치잠공동사육 지도, 청년야학회	봉산군 향교 장의, 서종공보 학무위원, 은파금조 평의원, 강습소 강사(25~)	근검으로 7,000원 자산 축적, 도 표창(30)	110호 중 자소작 9, 소작 91, 기타 10	1933 1935	f(중) 158, d 456~458
761	金德萬		황해 서흥군 목감면 흥수리	소작농↑자작농				홍수금융조합원(19.3~), 금조 조장 겸 총대(33)	소작2정(19)→자작 답2500평 전5000평 자산880여원(33)		1934	a 70~71
762	李成魯		황해 서흥군 서흥면 성운리				農勵會			농려회(1925년 한해 때 이재농 구제 위해 설립)	1932	v 818
763	郭鐸鎭		황해 서흥군 하회면 신막리	용인↑			자작농창정	신막금융조합 총대, 평의원(33.4.18)	모범조합원 표창(32.4), 면호별할 3등급		1934 1938	a 94~95, y 276
764	吳濟華		황해 송화군 송화면 중생왕동	명망가		대한제국기 약산 면장(송화면 편입), 송화면 협의회원(20,23~24) 학교 평의회원(27, 30)	중생왕근농 보도위원, 동계를 중생왕흥풍회로 개조(23, 회장), 공동작업단, 금검단(29, 12~20세 17명)	송화군연초경작조합 평의원(18), 송화보교 학무위원, 금융조합 평의원, 농회 통상의원, 재상장려위원, 삼림조합 부조합장	조선잠사회로부터 모범양잠가 표창, 농회 표창 4회	회관 건립, 퇴비지도부락(1929), 種牛부락, 금조 지도부락(34명), 38호 중 지주겸 자작2, 자작14, 자소작17, 소작5	1932	c(6-1) 91~101
765	李承律	1898	황해 송화군 연방면 마산리						농산어촌진흥공적자표창(40)		1940	b호외(194 00211)
766	李丙穆	1897	황해 송화군 연방면 명례				명례흥풍회(21. 대표)			저축조합(29, 40명, 32년 385원), 부인저축조합(27,	1935	d 429~432

No.	성명	생년	주소	농		면협의회원					연도	출전
			리							19명, 32년 90원), 야학회 (29, 80명), 공동경작(32, 답6 두락, 전3단보)		
767	趙仁濟		황해 송화군 율리면 대림리					모범연맹 애국반장	표창		1940	g(1940.3) 91
768	呂運淵		황해 송화군 천동면 대야리					근농 보도위원(30)	표창금액 30円		1930	x(1-4) 32
769	呂運淵	1895	황해 송화군 천동면 석탄리	빈농 ↑ 자소작농		면협의회원(33)		송화금융조합원(17.7~), 금조 총대(33), 근농 보도위원(33)	자작 전4000평 소작 답280평(17)→전10정 답1정8반		1934	a 97~98
770	李聖順		황해 송화군 풍해면 세교리				청년단 부인단 지도		농산어촌진흥공적자표창(35)	부락민 직접지도, 식재의 확장을 도모하는 부락의 연산액 2만여원의 달성	1935	b3618호 (19350213)
771	李聖訓	1907	황해 송화군 풍해면 세교리				과수 재배 지도 부락생산액 2만여원	興風會長(39)	표창(39)		1939	h65호
772	河龍國	1886	황해 송화군 하리면 두복리				두복리흥풍회(21.9, 80명), 저축조합(32.6, 16원)			집회소 건축(1932), 야학회 (1931년 겨울 3개월간)	1935	d 436~438
773	全林孫		황해 수안군 율계면 창석리	소작 ↑ 자작농					농산어촌진흥공적자표창(35), 4년 만에 전1정4단보 구입		1935	b3618호 (19350213)
774	李萬洙	1888	황해 신계군 고면 태을리				신계리근농공제조합(28.8, 20명)	근농 보도위원(30)	표창금액 30円	밭 2정보(200원) 구입 조기회에서 공동경작(31)	1930 1935	x(1-4) 32, d 455~456

775	池田鍾殷	1907	황해 신계군 적여면 대정리			구장(43)		농산촌지도공적 자표창(43)		1943	b4807호 (19430212)
776	安貞五		황해 신천군 가산면 용천리 입석동			강습소 수강(33.5), 입성동청년흥풍회(31.1, 25명) 활동		가족 3명, 고용남 1명의 자소작농	입석동농사개량조합(31.3), 부인회(31.9), 입석동납세조합(32.1), 소비조합 설립 계획	1934	m (12-10) 47~53
777	柳炳鎬		황해 신천군 북부면 석당리	자소작농		자작농창정저리 자금 400원 차입(29)	신천금융조합원(18.2~), 조장 겸총대(31.12)	자작 전3994평 소작 답5803평(18)		1934	a 71~72
778	李昌夏		황해 신천군 북부면 승도리			강습소 수강(32), 청산리농촌청년회, 흥풍회, 부인회, 경노회				1934	m(12-1) 84~92
779	金致龜		황해 신천군 신천면 원암리 박촌	지주		우계, 농사계량조합(28.6), 근농공제조합(28)			42호 중 지주 1, 자작 1, 자소작 5, 소작 35, 猿岩里畜産指導里, 堆肥指導里, 농가호수 39호(99%가 소작인)	1931 1933	i, f(중)158
780	三正秉輦	1897	황해 신천군 온천면 온천리			부락생산위원(43)		농산촌지도공적 자표창(43)		1943	b4807호 (19430212)
781	孫秉模		황해 안악군 안악면 동정동				근농 보도위원(30)	표창금액 30円		1930	x(1-4) 32
782	金斗燮		황해 안악군 안악읍 수삼리				모범연맹 이사장	표창		1940	g(1940. 3) 90
783	李鳳珪		황해 연백군			강습소 수강(33)	청년회 회장(37명)		군농회 지정 양계부락, 70	1934	m(12-1)

			유곡면							여호 부락		30~33
784	趙鍾泰	1892	황해 연백군 해성면 초양리		한문	군고원(13), 면장(19), 해성보교 학무위원(28), 군농회통상의원(28)	초양리양잠조합, 勸桑會(장려위원), 기업계, 興風會(26.1), 농사개량실행계(28), 근농공제조합, 저축공동계, 근로장려회	기업조합 이사, 농사개량실행계장, 초양리권업회 植桑독려위원(28), 초양리흥풍회장(28)		36호 중 지주자작 3, 자소작 9, 소작 24, 모범상원(3,050평)	1928 1931 1933	j, i, f(중)156
785	李根燮	1899	황해 옹진군 당민면 천상리					부락위원장	농산어촌진흥공적자표창(40)		1940	b호외(194 00211)
786	金斗圭	1896	황해 옹진군 동남면 어화도리		구장	내지시찰(26), 어업계(26.6)→어업조합(27.6), 개량서당		어업계 감사		112호(28)→115호 중 지주 1, 자작 15, 소작 5, 기타 94(33)	1928 1933	j, f(중) 157
787	金俊興	1901	황해 옹진군 동남면 어화도리		경성사립中東교(24)			학술강습소 교원, 어업조합 감사→이사(28)		112호(28)→115호 중 지주 1, 자작 15, 소작 5, 기타 94(33)	1928 1933	j, f(중) 157
788	盧根源	1871	황해 옹진군 동남면 어화도리	유지		공동저금(21), 어업계(26.6)→어업조합(27.6), 개량서당(21)				112호(28)→115호 중 지주 1, 자작 15, 소작 5, 기타 94(33)	1928 1933	j, f(중) 157
789	朴根永	1875	황해 옹진군 동남면 어화도리	중심		공동저금(21), 학술강습소(24.8), 내지시찰(26), 어업계(26.6)→어업조합(27.6), 개량서당(21)		어업조합장, 면협의회원, 도수산회의원		112호(28)→115호 중 지주 1, 자작 15, 소작 5, 기타 94(33)	1928 1933	j, f(중) 157

번호	성명	생년	주소								연도	전거
790	朴永植	1880	황해 옹진군 동남면 어화도리	유지			공동저금(21), 어업계(26.6)→어업조합(27.6), 개량서당(21)	어업조합 감사(28)		112호(28)→115호 중 지주 1, 자작 15, 소작 5, 기타 94(33)	1928 1933	j, f(중) 157
791	元容珪	1886	황해 옹진군 동남면 어화도리		구장		공동저금(21), 어업계(26.6)→어업조합(27.6), 개량서당(21)	어업조합 감사		112호(28)→115호 중 지주 1, 자작 15, 소작 5, 기타 94(33)	1928 1933	j, f(중) 157
792	金相淵	1881	황해 옹진군 흥미면 월례리				구월동흥풍회(26.9, 68명), 납세조합			어촌, 자산에 따라 관혼상제비 책정, 아편환자 퇴치하기 위해 예방조합 조직, 저축액 182원	1935	d 433~436
793	朴炳淳	1895	황해 은율군 북부면 동곡리 노촌	빈 농 ↑ 자작농		면협의회원(29, 31)	농계,금송계 등 조직(22), 야학회 개설	면농진위원(32), 흥풍회 부회장(32~37)	답8반, 전5정, 임야6정보, 우량중심인물(27.2, 도지사)	盧村갱생지도부락(33), 노씨동족부락, 29호, 자소작농 70%	1937	l 150
794	毛勝伊之助		황해 은율군 은율면 조산리				초등학교 훈도 퇴직(27), 근농공제조합 조직(29)	納稅取纏조합장, 면협의회원(29)			1931	i
795	朴一權	1903	황해 재령군 재령면 고산리 마산동				마산동청년흥풍회(31.8, 17명)			야학회 개최, 강습강화회 개최, 신문잡지 구독, 숙명농장에서 논 4,200평 임차하여 공동경작(32), 변소 개량, 야경 실시	1935	d 446~449
796	李大成	1870	황해 재령군 청천면 양대리	자작농					답5정, 전4정5반, 퇴비공로자(도농회, 29)		1931	i
797	趙辛綠		황해 평산군 고지면 대룡					모범연맹 애국반장	표창		1940	g(1940. 3) 91

			리 대촌동									
798	石炳哲		황해 평산군 보산면 두무리				근농공제조합	근농 보도위원(30)	표창금액 30円	71호 중 지주 60, 자작 5, 자소작 3, 소작 3	1930 1933	x(1-4) 32, f(중) 156
799	李百年		황해 평산군 보산면 운천리	적빈			자립(30세)	갱생지도농가(35)	농산어촌진흥공적자표창(35)		1935	b3618호 (19350213)
800	趙殷善	1888	황해 평산군 세곡면 오포리 방경동							금조 지도부락(31.8), 성업사 소유 답 3,300평 공동소작, 700평의 공동상원, 공동작업장 겸 집회장 건축 (종계 동계에서 30원, 금조에서 20원), 저축 24원, 고리채 1,190원 정리 930원으로 감소	1935	d 443~446
801	李鍾舜		황해 평산군 적암면	소작농 ↑ 자작농			상호연대보증계 조직	적암금융조합원(27~), 금조 총대(33)	소작 전1일경 답10두락(25)→전3일경 답7두락 대부 전2일경(33)		1934	a 73~74
802	李顯求	1898	황해 해주군 석동면 남파리			면서기 (17~23) 면장 (23~27)	書齋洞근농공제조합	보도위원(28), 翠野수리조합평의원(30), 군삼림조합특별의원(30), 군농회통상의원, 학무위원			1930	o 97
803	文熙尙	1890	황해 해주군 석동면 신광리				신광리흥풍회 (26.10, 63명)			월례회, 저축 190원, 야학(28, 연 25명), 산간지역- 주간강습회 개최(연평균 20명)	1935	d 438~440

번호	성명	출생	주소	신분	학력		활동	직책	토지	내용	연도	출처
804	朴俊遠	1903	황해 해주군 청용면 학월리 운동	지식인, 중농	경성치과의학전문학교		개업, 폐업후 귀농, 31년부터 농진운동, 斷烟契→진흥계→흥풍회	흥풍회장(33~37), 면농진위원(37), 延海수리조합미작개량위원(37)	자작답5반5무→전1정2반, 답2정, 우량중심인물(36.2, 도지사)	연해수리조합 몽리구역, 운동갱생지도부락(33), 부채 1,714원 완제(36), 형은 면장 朴永遠(36)	1937	l 143, h34호 36, 32호 15
805	吳世豊	1900	황해 해주군 추계면 만송리 만동	소지주	황해도립농학교 입학(12)		근로계(18)		부친이 3정보 소유한 소지주	42호 중 지주1 자작1 자소작20 소작20, 답473반 전557반, 쌀 품종 개량, 소작인에게 가마니제조 권유, 퇴비 장려	1930 1931	c(4-1) 57~61, i
806	李斗泳	1898	황해 황주군 천주면 외상리				인후흥풍회(21.10, 38명), 농곡저축조합(31), 청년흥풍회, 부인흥풍회			1930년 회원의 부채 조사 뒤 정리 4,539원(30)→3,140원(32), 공동욕장, 작업장 겸 집회소 건축(도비, 총독부 조성금과 회비 거출), 공동상원(28) 밭 1,126평, 저축액 451원	1935	d 440~443
807	李寬錫		황해 황주군 천주면 외상리 인후촌				外上里興風會(21.12.1)	흥풍회장		37호 중 지주 2, 자작 4, 자소작 20, 소작 11	1931 1933	i, f(중) 159
808	金允浩	1897	황해 황주군 천주면 이동리	소작농↑			이주, 월례회 이행, 부락의 중진	흥풍회장(39)	농산어촌진흥공적자표창(35), 표창(39), 부채2400원 완재,	갱생지도부락(36)	1935 1939	b3618호 (19350213), h65호
809	金承玉	1886	황해 황주군 청룡면 화산리					부락서무위원	농산어촌진흥공적자표창(40)		1940	b호외](194 00211)
810	崔丙善	1880	황해 재령군 재령면 한천리 합천동			구장(20~), 헌병대 통역	합천동흥풍회, 야학회(25, 남녀60명), 신명회(15			자작3, 자소작10, 소작19호, 일고14호(三菱鐵山), 삭령 최씨와 화순 최씨 각 10호,	1933	c(7-10) 78~80

						명의 청년조직), 근농공제조합(30호)			1926년 군에서 최병선에게 종용 모범농촌 경영 권유, 퇴비지도리(28), 양잠지도부락(26), 공동저축(30년 700원)	

비고 : 1) 괄호 안의 숫자는 연도를 말한다. 예를 들어 야학회(25, 남녀 60명)는 1925년에 설립되었으며 학생은 60명이라는 뜻이다.

비고 : 2) 출처의 자료는 다음과 같이 읽는다. 단행본으로 'a 105'라 표기한 것은 '조합원은 이렇게 일어섰다, 105쪽'으로 읽고, 잡지의 경우 'c(7-10) 78~80'은 '조선농회보 7권 10호, 78~80쪽', 'g(1940.3) 91'은 '총동원 1940년 3월호 91쪽'을 말한다. 신문은 발행일을 19370210(1937년 2월 10일)로 표기했으며, 관보는 호수(발행일)로 표기했으며, 발행일은 신문과 같이 표기했다.

비고 : 3) 인용한 자료는 다음과 같이 줄여 알파벳으로 표기했다.

a 조합원은 이렇게 일어섰다　b 관보　　　　c 조선농회보　　d 조선의갱생　　e 조선지방행정　　f 조선의 취락
g 총동원　　　　　　　　　　h 자력갱생휘보　i 우량농촌과독농가　j 우량부락조　　k 우량부락사적
l 농산어촌진흥공적자명감　　m 조선사회사업　n 조선　　　　　o 근농공제조합사적　p 경성일보　　q 조선휘보
r 국민총력　　　　　　　　　s 1910~32년 일제의 조선농촌 재편과 "모범부락"　　　　　t 농촌은 웃는다　u 농회보
v 향약사업보조서류　　　　　w 신민　　　　　x 조사월보　　　y 금융조합을 말한다　z 명석면사
ⓐ 둔덕면세개요　　　　　　　ⓑ 농촌진흥시설요항(부록)　　　ⓒ 농촌중심인물임지지도요항　　　　ⓓ 부읍면잡지
ⓔ 농업조선　　　　　　　　　ⓕ 부산일보　　　ⓖ 목포일보　　ⓗ 금융조합　　　ⓘ 호남일보　　ⓙ 진흥의충남
ⓚ 중선일보　　　　　　　　　ⓛ 조선총독부월보　ⓜ 충북북부오군산업소개지　　　　ⓝ 중앙신문　　ⓞ 동포애
ⓟ 갱생부락을 방문하며　　　　ⓠ 평양매일신보　ⓡ 압강일보　　ⓢ 일제시대 농촌통제정책 연구

찾아보기

근대 한국학 총서를 내면서

새 천년이 시작된 지도 벌써 몇 해가 지났다. 식민지와 분단국가로 지낸 20세기 한국 역사의 와중에서 근대 민족국가 수립과 민족문화 정립에 애써 온 우리 한국학계는 세계사 속의 근대 한국을 학술적으로 미처 정립하지 못한 채, 세계화와 지방화라는 또 다른 과제를 안게 되었다. 국가보다 개인, 지방, 동아시아가 새로운 한국학의 주요 연구대상이 된 작금의 현실에서 우리가 겪어온 근대성을 다시 한 번 정리하고 21세기에 맞는 새로운 모습으로 탈바꿈시키는 것은 어느 과제보다 앞서 우리 학계가 정리해야 할 숙제이다. 20세기 초 전근대 한국학을 재구성하지 못한 채 맞은 지난 세기 조선학·한국학이 겪은 어려움을 상기해 보면, 새로운 세기를 맞아 한국 역사의 근대성을 정리하는 일의 시급성은 아무리 강조해도 지나치지 않다.

우리 '근대한국학연구소'는 오랜 전통이 있는 연세대학교 조선학·한국학 연구 전통을 원주에서 창조적으로 계승하고자 하는 목표에서 설립되었다. 1928년 위당·동암·용재가 조선 유학과 마르크스주의, 그리고 서학이라는 상이한 학문적 기반에도 불구하고 조선학·한국학 정립을 목표로 힘을 합친 전통은 매우 중요한 경험이었다. 이에 외솔과 한결이 힘을 더함으로써 그 내포가 풍부해졌음은 두말할 나위가 없다. 연세대학교 원주캠퍼스에서 20년의 역사를 지닌 '매지학술연구소'를 모체로 삼아, 여러 학자들이 힘을 합쳐 근대한국학연구소를 탄생시킨 것은 이러한 선배학자들의 노력을 교훈으로 삼은 것이다.

이에 우리 연구소는 한국의 근대성을 밝히는 것을 주 과제로 삼고자 한다. 문학 부문에서는 개항을 전후로 한 근대 계몽기 문학의 특성을 밝히는 데 주력할 것이다. 역사부분에서는 새로운 사회경제사를 재확립하고 지역학 활성화를 위한 원주학 연구에 경진할 것이다. 철학 부문에서는 근대 학문의 체계화를 이끌고 사회과학 분야에서는 학제간 연구를 활성화시키며 근대성 연구에 역량을 축적해 온 국내외 학자들과 학술교류를 추진할 것이다. 이러한 연구들은 일방성보다는 상호 이해와 소통을 중시하는 통합적인 결과물의 산출로 이어질 것이다.

근대한국학총서는 이런 연구 결과물을 집약적으로 정리하기 위해 마련하였다. 여러 한국학 연구 분야 가운데 우리 연구소가 맡아야 할 특성화된 분야의 기초 자료를 수집·출판하고 연구 성과를 기획·발간할 수 있다면, 우리 시대 연구자들뿐만 아니라 학문 후속세대들에게도 편리함과 유용함을 줄 수 있을 것이다. 새롭게 시작한 근대 한국학 총서가 맡은 바 역할을 충분히 할 수 있도록 주변의 관심과 협조를 기대하는 바이다.

연세대학교 원주캠퍼스 근대한국학연구소

지은이 **김민철**

한국근현대사를 전공하는 연구자로 경희대학교에서 『조선총독부의 촌락지배와 촌락사회의 대응』이라는 주제로 박사학위를 받았다. 일제의 지배정책과 친일, 강제동원 피해자, 일본역사 왜곡 등 과거청산 문제에 관심을 가지고 연구와 시민운동을 함께 하고 있다. 민족문제연구소 연구실장, 친일반민족행위진상규명위원회 기획총괄 과장·조사팀장, 아시아평화와역사교육연대 상임운영위원장 등을 지냈으며, 지금은 태평양전쟁피해자보상추진 협의회 집행위원장, 민족문제연구소 책임연구원, 경희대 강사로 활동하고 있다.

『기억을 둘러싼 투쟁』을 썼으며, 『친일인명사전』을 비롯하여 『친일파란 무엇인가』, 『일본군'위안부' 문제의 책임을 묻는다』, 『일제 식민지 지배의 구조와 성격』, 『일제하 전시체제기 정책사료총서』, 『청산하지 못한 역사』, 『친일파 99인』 등을 함께 기획하고 썼다. 그리고 「지연된 정의—두개의 보고서」, 「過去事問題の認識と責任論」, 「전시체제하 식민지 행정기구의 변화」, 「'민족주의 비판론'에 대한 몇 가지 노트」, 「식민지 통치와 경찰」 등 다수의 글을 썼다.

연세근대한국학총서 71 (H-019)

기로에 선 촌락
식민권력과 농촌사회

김 민 철 지음

2012년 4월 10일 초판 1쇄 발행

펴낸이·오일주
펴낸곳·도서출판 혜안
등록번호·제22-471호
등록일자·1993년 7월 30일

주　소·⟨우⟩ 121-836 서울시 마포구 서교동 326-26번지 102호
전　화·3141-3711~2 / 팩시밀리·3141-3710
E-Mail·hyeanpub@hanmail.net

ISBN　978-89-8494-450-3　93910

값 30,000 원